国家哲学社会科学基金重大招标项目
中山大学人文学科中长期重大研究与出版计划

丛书主编
吴承学 彭玉平

中国古代文体学研究丛书

文体·文事·文学史
中古文体学研究

胡大雷 著

北京大学出版社
PEKING UNIVERSITY PRESS

图书在版编目(CIP)数据

文体·文事·文学史:中古文体学研究/胡大雷著.—北京:北京大学出版社,2021.4

(中国古代文体学研究丛书)

ISBN 978-7-301-32095-2

Ⅰ.①文… Ⅱ.①胡… Ⅲ.①文体论—研究—中国—中古 Ⅳ.①H152

中国版本图书馆 CIP 数据核字(2021)第 055262 号

书　　　名	文体·文事·文学史——中古文体学研究 WENTI·WEN SHI·WENXUE SHI ——ZHONGGU WENTI XUE YANJIU
著作责任者	胡大雷　著
责 任 编 辑	张　晗　郑子欣
标 准 书 号	ISBN 978-7-301-32095-2
出 版 发 行	北京大学出版社
地　　　址	北京市海淀区成府路 205 号　100871
网　　　址	http://www.pup.cn　新浪微博:@北京大学出版社
电 子 信 箱	pkuwsz@126.com
电　　　话	邮购部 010-62752015　发行部 010-62750672　编辑部 010-62752022
印 刷 者	大厂回族自治县彩虹印刷有限公司
经 销 者	新华书店
	965 毫米×1300 毫米　16 开本　26.25 印张　375 千字 2021 年 4 月第 1 版　2021 年 4 月第 1 次印刷
定　　　价	76.00 元

未经许可,不得以任何方式复制或抄袭本书之部分或全部内容。
版权所有,侵权必究
举报电话:010-62752024　电子信箱:fd@pup.pku.edu.cn
图书如有印装质量问题,请与出版部联系,电话:010-62756370

总　序

在中国著名的综合性大学中,中国古代文学这个传统学科都堪称历史悠久、积淀深厚。中山大学的古代文学学科也不例外——她的历史与孙中山先生所创立的中山大学(初名广东大学)同样悠久。鲁迅、郭沫若、陈中凡、方孝岳、容庚、商承祚、詹安泰、董每戡、王起等名字让我们回忆起来充满着自豪感。

然而,对后人来说,学科辉煌的历史与丰富的遗产同时也是压力。我们站在前人的肩膀上,固然占了"便宜",但也像是站在海拔极高之处,每一步攀升都异常艰难。仰望前辈,如何既继承学术传统又有所发展,是我们一直思考的问题。

当今,"独创"二字已经成为各个社会阶层的流行语。不过,各个领域不同,不同学科有异:有些贵在创造发明,有些偏重发掘发现。有些可能是"独创",有些则只能是"独特"。对于人文学者来说,我们似乎很难以创造发明自诩;形态上的"新"与"旧"也难以用来判断学术价值的高下。所谓"创新",未必意味着对于传统的抛弃。按照清代学者纪昀评点《文心雕龙》的说法,在历代文坛上,"新声"可能成为"滥调","旧式"也可能成为"新声"。新与旧不是绝对的,是会互相转化的。在传统断裂的时代,挖掘与发现传统文化资源,也是颇有价值的事。

在中国文学批评史中,文体学就是传统的学术资源。"以文体为先"是中国古代文学批评与文学创作的传统与原则。中国文体学成熟相当早,《文心雕龙》在文体学方面已经相当精深而自有体系,此后的文体学可谓久盛不衰。但近代以来,西学东渐,中国文体学日益式微,甚至被人所淡忘。从20世纪80年代起,在新的学术观念推动下,文体学研究成为古代文学研究的新视角之一。近年来,文体学研究更是越来越受到中国文学学术界的重视,成为一个极具研究价值的前沿学术领域和备受关注的学术热点。

尊重古代文学的历史事实,回到文体的历史语境,将文学观念和理论建筑在具体文学史实之上,以中国"文章学"的观念来"发现"、诠释和演绎中国文学自己的历史,尽可能消解自新文化运动以来套用西方文学分类法研究中国传统文学造成的流弊——这是近年来中国文学研究源于自身需要与反思所形成的重要发展趋势,也是中国文体学兴盛的背景。这一兴盛具有丰富的学术史意义,它标志着古代文学学术界的两个回归:一个是对中国本土文学理论传统的回归;一个是对古代文学本体的回归。

回归本土与本体,并不意味着满足于回归到"旧式"那里去。我们强调回归到中国文化与文学的原始语境与内在脉络,同时又不能也不可能排除现代意识。西哲曾云:"人不可能两次踏进同一条河流。"虽然,中国文体学之复兴,为"古人之旧式,转属新声",但可以肯定的是,这种作为"新声"的"旧式"已经完全不可能与古代的文体学相同。我们要站在21世纪的学术高度来研究中国文体学,回到中国文体的历史语境,但又不仅仅是要回到刘勰等古人的理论,同时必须具有当代的学术意识,反映出当代的学术眼光、学术水平与境界。

作为国家级重点学科,中山大学古代文学学科必须有自己鲜明的特色,有受到学界认可的学科方向。中国古代文体学研究就是近年来我们凝聚力量、重点建设的研究方向。经过多年的努力,它已经成为本学科影响最大的方向之一。同仁们在古代文体学研究方面成果丰硕,除了发表了大量论文之外,还撰写了不少专著,同时,也承担了一系列国家级和省部级科研项目,尤其是国家社科基金重大项目"中国古代文体学发展史",为了及时反映这些研究成果,我们组织出版这套"中国古代文体学研究"丛书。

本丛书是开放与持续的。作者除了中山大学古代文学学科的教师，还有其他高校教师与学界同仁。所收成果以中国文体学研究为重点，兼及相关领域的研究。我们希望能不断地吸收中国文体学研究成果到本丛书中来，共同推进中国古代文体学研究的发展。

吴承学
2010 年 12 月于康乐园郁文堂

中国古代文体学研究的现代视阈(代序)

——从吴承学《中国古代文体学研究》谈起

当今,我们的文体学研究追寻的,是对古代文体学给予现代性语境下的理论言说与论证。刘勰《文心雕龙·序志》曰:"若乃论文叙笔,则囿别区分,原始以表末,释名以章义,选文以定篇,敷理以举统。"①这是古人最经典的文体学研究的思路与方法。"五四"之交,中国学术起甚大变化,人们多有论述演绎;上世纪八九十年代之交,文体学研究渐成热门,其研究对象及研究方法又起甚大变化,并非《文选》《文心雕龙》《文章缘起》之类古人有关文体学的著作所能涵括。人们在文体学研究的实践中渐有建立现代意义上的中国文体学的宏愿,期望在文体学研究的各个方面有创新性的开拓,期望在整体的文体学研究中有系统性的构架。此中,吴承学先生的《中国古代文体学研究》是当前古代文体学研究领域用力最大、最有代表性的著作。著者对"建立有现代意义的中国文体学"有着高度的自觉,其云:"我们强调回归到中国文化与文学的原始语境与内在脉络,同时又不能也不可能排除现代意识。"②力求以现代视阈进行中国古代文体学研究,这是全书的出发点,也是其学术成就的归宿。"辨章学术,考镜源流"③,兹以《中国古代文体学研究》为例,论述文体学研究是现代视阈、现代性语境下的理论言说,以期文体学研究的进一步深入,开创更新的局面。

---

① [南朝梁]刘勰著,詹锳义证《文心雕龙义证》,上海:上海古籍出版社,1989年,第1924页。
② 吴承学《中国古代文体学研究》,北京:人民出版社,2011年,第4页。
③ [清]章学诚著,叶瑛校注《文史通义校注》,北京:中华书局,1985年,第945页。

一曰关注文体学研究对象的综合性、整体性，因此要大局在胸，论纲在手，方挥洒自如，进退裕如。首先该书的"中国古代文体学论纲"章全面讨论文体学研究对象的综合性、整体性问题，先称"辨体"为"学科的基点"，古来即称"文章以体制为先"①。其次，以"何谓文体"的问题引出"学科的起点"相关讨论，探讨中国式文体之"体"的多义性，包括体裁或文体类别、具体的语言特征和语言系统、章法结构与表现形式、体要或大体、体性体貌、文章或文学之本体六种含义②。这是视"文体"为一个综合的整体，哪一部分都不可或缺。再次是"学科的基本内涵与对象"，则又视文体学研究为一个综合的整体，将其内涵和对象分为古代文体史料学研究、古代文体学史研究、古代文体史研究、语体与语言形式、作为"风格"的文体学研究以及古代文体学的方法论和思维方式研究等。第四"与其他学科的互动关系"，这是文体学研究更大范围的综合性、整体性的表现。从著者的论述可以看到，著者所认定的研究对象——文体学包含面很广，和现代的文学、文体观念与实践的确存在着较大的差异。我们通读全书，初始的感觉就是全书的内容非常丰富，五光十色，似乎会觉得其中的某些内容不那么像是文体学研究的范畴，如"诗可以群""诗人的宿命""人品与文品"诸章。但细读下去，著者论述得丝丝入扣，都是与文体学相关的问题，上述诸章就是讲文体在诗人手中的产生、文体对诗人的意味、文体与文人的人品。仅此就显示出著者对文体学的整体性、综合性的注重。当然，文体学研究最为基础的论题不外乎文体的外在形态是怎样的、文体的内在形态是怎样的，即文体形态学、文体风格学二者。大凡某种研究的起步阶段，或以小而尖的问题作为入手点，渐而旁骛、繁衍，绝不自束手脚，乃至其兴盛阶段对研究范围的确定都会略微显得庞大而具体，而随着研究的深入，研究对象方日益精确化，著者的研究成果也显示了这一点，著者以文体形态学带动文体其他方面的研究，又强调文体学研

---

① ［明］吴讷、徐师曾著，于北山、罗根泽校点《文章辨体序说　文体明辨序说》，北京：人民文学出版社，1962 年，第 14 页。
② 吴承学《中国古代文体学研究》，北京：人民出版社，2011 年，第 17—20 页。

究的综合性、整体性。著者称自己二十多年前走入文体学研究领域,那么该书就是其研究成果的部分总结。而我们现在进行文体学研究,也一定是先要有一个论纲的,不管是否成文,有了对中国古代文体学一个总体的看法,才能大局在胸而指挥若定。

二曰创造性地发扬传统文学的研究方法。著者曰:"中国文体学兴盛,标志着古代文学学术界的两个回归,一个是对中国本土文学理论传统的回归,一个是对古代文学本体的回归。"①而据我看,全书还包括另两个回归:一是向文献的回归,一是向传统文学研究方法论的回归。前者如"文体学史料的发掘和处理"章所论,又如"任昉《文章缘起》考论"章的考证,在材料的运用上扎实有力,而不是空谈理论;就后者而言,著者强调中国化的文体学研究在方法论上的核心就是整体研究、综合研究,如著者说:"中国早期文体学不是单就文体来辨文体的,而是将文体之辨和政治人才之辨、人物品鉴、作家才性之辨等结合起来,在同构、平行的框架之中进行讨论的。"②本来,传统文论就体现出整体性的特点,其表现有二,一为其理论、评论、创作三位一体的构成。批评家提出一种理论,并不对它做抽象的纯理性的说明,而是把它贯彻于实际的作品评论、作家评论之中。实际的评论也不单单是裁判式的判断,而是为了指导创作,纠正不良文风也是为了提高创作水平,于是在裁判式的判断中,提出仍属于理论性质的几条来。二为思维方式体现出整体性的特点,此即朱立元所说"中国古代文论偏重于直觉、顿悟和对感性体验的描述"③,实质上就是传统文论重整体、重综合的特点,而不同于西方文论的重分类、重分析的特点。著者持"文体是一个和谐统一的有生命的整体"④的观念,进而认为文体学的研究方法也应该是一个和谐统一的有生命的整体。著者对传统文学重整体、重综合的研究方法不仅仅是继承,而且有所扩张、有所发展,即书

---

① 吴承学《中国古代文体学研究》,北京:人民出版社,2011年,第2页。
② 同上书,第14页。
③ 朱立元《走自己的路——对于迈向21世纪的中国文论建设问题的思考》,《文学评论》2000年第3期,第11页。
④ 吴承学《中国古代文体学研究》,北京:人民出版社,2011年,第26页。

中所言"继承经典研究模式,然后'鉴之以西学,助之以科技,考之以制度,证之以实物'"①,可谓新时代的重整体、重综合的研究,传统文论点点滴滴都是我们今日研究工作的宝贵资源。

三曰探寻老生常谈之常识的价值。近人强调学术研究要以理论本身的创新性、深刻性取胜,于是往往把古人的常识拒之门外,人们也觉得这样做是很正常的。殊不知常识之所以是常识,是因为它已成为人人都接受的传统,若能对常识做出新时代的更合理的阐释,其影响力必然大于某些冷僻的观点,正如著者所说:"常识在影响上所具有的普泛性与持久性却往往是理论所不及的,这正是常识的研究价值所在。"②比如"文本于经",是中国古代传统文学批评的基本观念之一,这个命题在古代被视为理所当然的常识,成为老生常谈的套语,少有人做出深切的论述,清人叶燮《与友人论文书》感慨说:"为文必本于六经,人人能言之矣。人能言之,而实未有能知之。"③但著者在上述观念的指导下,对"文本于经"的文体学内涵做出了自己的判断:一称"将文章之源追溯到五经,首先应该与古代学术源流说相关";二称"从经各有体到文体分类",显示了古代文体谱系学形成的路径;三称从"宗经到尊体",显示出古代文体高下尊卑的理论策略。④ 那么,"文本于经"就在古代文化意味上呈现其必然性。这样的论述似从平静之水搅出波涛,原来是深潭之中就有蛰龙。如此从常识入手的论述还不少,如我们现在认为《诗经》有艺术性,可谓老生常谈的常识,古代却坚持认为"诗三百"作为经来说"本不可以文论",如《四库全书总目》成伯玙《毛诗指说》提要,视该书"凡《三百篇》中句法之长短、篇章之多寡、措辞之异同、用字之体例,皆胪举而详之"为"说经之余论也",⑤大为鄙弃,而我们认为,这正是《诗经》回归文学的路径。著者通过对今日之常识而在古人却非常识的论述,得出《四库全书总目》的文体学

---

① 吴承学《中国古代文体学研究》,北京:人民出版社,2011 年,第 4 页。
② 同上书,第 33 页。
③ 《已畦集》,济南:齐鲁书社,1997 年,第 129 页上。
④ 吴承学《中国古代文体学研究》,北京:人民出版社,2011 年,第 33—45 页。
⑤ [清]永瑢等《四库全书总目》,北京:中华书局,1965 年,第 121 页上。

思想,进而展示古代文论观念演进的进程。上述所谓探寻常识的价值,一是重新阐释古代常识得出今日非常识的结论,一是追溯今日常识的源流得出于前人并非常识的结论,都有新的发现。

四曰对文体、文体学内在运行机制的探寻。作为一门学问,作为一个学科,必定有它的内在运行机制,著者在此下了大气力挖掘。如著者探寻古代以"从人体到文体"的"生命之喻"论文体的生命化运行形态,探讨艺术形式与生命形式的相似点,①这是对文体结构内在有机统一性的探讨,也是对文体内在运行机制的探讨。又如书中"文体形态:有意味的形式"章,直指文体内涵。但更多的文体运行机制往往是外在的,如表现在文体命名上,"由书写载体演变为文体名称的策、简、牍、札、刺、券、契约"②,"因篇而得名是中国古代文体命名方式之一"③,等等。但当说到"文体的名称,往往反映出文体的体制或文体用途的某些特征"④时,著者已渐由外而内探寻文体的现实运行机制了。又如"从章句之学到文章之学"章,论证"章句之学对于文本结构与层次的发现与分析为文章学的发展奠定了形式基础"⑤,指出文体学的探讨对象是怎样由其他学科促发的。"辨体与破体"章论"文体总体风格形成的内在原因",包括文体的特殊用途、题材,文体的形式因素如声律、结构、历史传统、地域特色,⑥等等。在对文体学内在运行机制的探寻上,著者论述了理论性的辨体与实践意义的辨体,后者即文体在总集或选本中的分布;又如文体谱系的形成,其中包括文体命名、文体分类与归类;又如文体的体制与价值体系,文体问题在传统文论运行体系中的地位与作用等,著者都有精彩的论述。著者还很注重文学创作者的作用,在"诗可以群"章,著者从魏晋南北朝诗歌创作形态探寻文体形态中承载的观念与文化意蕴,即诗歌创作在注重个人"吟

---

① 吴承学《中国古代文体学研究》,北京:人民出版社,2011年,第46—64页。
② 同上书,第255页。
③ 同上书,第323页。
④ 同上书,第342页。
⑤ 同上书,第282页。
⑥ 同上书,第113—119页。

咏情性"的同时,其集体性、功利性与交际功能越来越受到重视,这是儒学"诗可以群"观念的整体性体现。在"诗人的宿命"章,著者探讨中国古代对于"诗人薄命"的集体认同,而作为文体的诗的意味就充满着悲剧性的崇高。于是我们看到,对文体学内在机制的探讨大大深化了研究。

五曰从对立面的辨析中看古代文体发展的相反相成。事物有了对立面,就获得了发展的契机,在与对立面的冲撞中更上一层楼。因此,事物的对立面往往成为论述的热点。著者深谙此理,于是多捕捉古代文体学中的对立面加以辨析,如"文体有正变、雅俗、高下之分"①,如"体与性"章以及其中的"从情志论到体性论""才性与风格"两节,再如"人品与文品"章都含有相反相成或相辅相成的意味。又如文体分类学,《文章流别集》《文选》的文体不分大类,刘熙《释名》把文体分为"书契""典艺""言语"三大类,黄佐《六艺流别》"文本六经"的分类,分类的不同即谱系的不同,研究起来是很有意思的。又如"明代文章总集与文体学"章,由萧统《文选序》称"略其芜秽,集其清英"②,而徐师曾《文体明辨序》称明代总集为"假文以辨体,非立体而选文"③,指出两个时代两种总集在文体学上的意味不一样。又如萧统《文选》不录经、史、子,而"宋代文章总集一个非常重要的创举是把文学经典的范围扩展到子、史两部,重加采摘,而成文章经典"④,两相对照,文体学两大发展阶段的不同文体崇尚就展示出来了。最值得称道的是,著者在"辨体与破体"章中,以"宋代以后直到近代,文学批评和创作中明显存在着两种对立倾向:辨体和破体"为题⑤,指出古代"以诗为词与以词为诗""以古入律与以律入古""以文为诗与以诗为文"诸观念都是对立而又统一的,在对其一一考察辨析中述说古人在创作中如何处理,此即刘勰所云"虽复契会相参,节文互杂,譬五色之锦,各以本采为地矣"⑥,

---

① 吴承学《中国古代文体学研究》,北京:人民出版社,2011 年,第 130 页。
② [南朝梁]萧统编,[唐]李善注《文选》,北京:中华书局,1977 年,第 2 页上。
③ [明]吴讷、徐师曾著,于北山、罗根泽校点《文章辨体序说 文体明辨序说》,北京:人民文学出版社,1962 年,第 78 页。
④ 吴承学《中国古代文体学研究》,北京:人民出版社,2011 年,第 333 页。
⑤ 同上书,第 113 页。
⑥ [南朝梁]刘勰著,詹锳义证《文心雕龙义证》,上海:上海古籍出版社,1989 年,第 1129 页。

"指出各种文体的体制可以互相融合,然而必须保持其'本采'即文体的总体风格"①,著者从剖析古人的话语中得出了结论,可谓站在巨人的肩膀上去探寻新的高度。

六曰文体学研究注重对文学史的贯穿。隔断式的独立研究是有可能出现偏差的,而著者的文学史视野往往上追溯至先秦,下延伸到宋元明清。如著者称读《文苑英华》"不难发现有些在六朝非常盛行的文体在宋人总集中已被边缘化了"②,没有文学史眼光,是说不出这样的话的。又如"人品与文品"章,首论"人品文品说的历史发展",阐述其理论渊源为先秦儒家思想,以下依次叙说汉魏六朝唐宋,③凝聚着深厚的历史感。其他如下编之"任昉《文章缘起》考论"章、"宋代文章总集的文体学意义"章、"明代文章总集与文体学"章以及"论《四库全书总目》的文体学思想"章,再加上"《文心雕龙·章句》的文章学理论"④,与顺带述及的"从挚虞《文章流别集》与萧统《文选》开始,文章总集形成一种分体编录的体例"以及"从《文馆词林》残本来看,体例与《文选》相似",⑤从魏晋南北朝到唐宋元明清的线索一气贯通,可见著者的文学史观念是很强烈的。随着学术的专门化倾向强化,随着大学中古代文学的分段式教学程序化,我们现在的文学史研究已经越来越见不到通家了。吾人在叙说贯通文学史的必要性的同时,在实践上往往更关注自己打下基础的那一段文学史,笔者就是如此,太拘泥于汉魏六朝文学而难及其他。当然,贯通文学史也是有重点的,如著者称"明代是继南朝之后另一个文体学极盛的时代"⑥,自然著者最关注的是南朝与明清的文体学。又据悉,此书著者 2010 年主持国家社科基金重大项目"中国古代文体学发展史",其全力关注的正是先秦两汉文体学的研究,我们期待着著者的新成果。

---

① 吴承学《中国古代文体学研究》,北京:人民出版社,2011 年,第 128 页。
② 同上书,第 320 页。
③ 同上书,第 177—182 页。
④ 同上书,第 288 页。
⑤ 同上书,第 319 页。
⑥ 同上书,第 369 页。

七曰小中见大而对规律、通例的追寻。从全书的撰作来看,首先是强调大局视野下对个案的研究,其次是强调从小着手进而对规律、通例的追寻。吾人做文体学研究多有如何探寻规律、通例的困惑,但看看本书中对"破体"通例的概括:"在创作近体时可参借古体,而古体却不宜借用近体;比较华丽的文体可借用古朴文体,古朴文体不宜融入华丽文体;骈体可兼散体,散体不可带骈气。"①除了对"辨体与破体"在文学史上实实在在的作用可以领会得更深外,我们对如何从小处入手总结通例也有所体悟。再看看本书中对八股文的探讨:"它又被称作四书文、经义、制义、制艺、时文、时艺、时义、八比文,等等。这些不同的名称都反映出八股文在内容或者形式上的特点,同时也可窥见其源流的复杂性。"②确实如此。但实事求是地说,八股文每一个称呼都标志着某一特殊的意味,只解释这些名称,就足以把八股文的一切问题说得明明白白了,所谓集腋成裘,从而进入对八股文文体规律、构成通例的直接概括。又如书中通过论述宋代"《文章正宗》则开创了归类学的总集传统",而宋代文章总集多如此撰作,于是得出通例:"中国古代文体分类学其实应该包括'分体学'与'归类学'。"③书中又多规律性的概括话语,如对文体形态如何构成的概括,"作为一种语言存在体,文体形态是依照某种集体的特定美学趣味建立起来","个别作家的努力对于某些文体可能起了画龙点睛作用或者有综合集成之功",④把文体的本质、构成与作家之间的关系说得清清楚楚。而这样的概括,若不是对多种多样的文体形态做过切实的研究,是说不出的。又如"从某种角度看,中国古代文学史也正是一部文体形态演变史",正是看到"文体形态不断创造与融合、更新与超越"贯穿整个文学史,⑤才说出这样的规律来的。著者云:"从大量的文献中选择出能代表

---

① 吴承学《中国古代文体学研究》,北京:人民出版社,2011年,第134页。
② 同上书,第342页。
③ 同上书,第340页。
④ 同上书,第238页。
⑤ 同上书,第237页。

'文体'典范的'要文'来,这本身就含有文学批评的意味。"①著者体会到前人撰作类书要有理论指导,但这更是所有文体学研究者的甘苦,也只有站在更高的立足点,才能从一个个具体问题中概括出规律或通例。

八曰发现或引发启发意义极大的新问题。如书中说:"晚明八股学术重心下移,呈现标准多元化、批评民间化以及创作社团化种种趋势,出现'文统在下'的异常局面。"②之所以"异常",是因为按照我们的文学史经验:文学上惊世骇俗的东西,所谓"俗"的风格或"俗"的文体等,如鲍照诗风、南朝民歌之类,只有经过改进,方能被主流社会所接受,成为文学主流,这就是"文统在上"。而八股文的"文统在下"现象颠覆了文学史的一般观念,这必然有其时代、社会的原因,值得深入探讨。又如称《文选》在文笔之辨的背景下产生,于是"唯青睐'集',而基本不顾及经、史、子部。明代文体学把经、史、子、集都置于视野之内,发现和总结出大量文体或'前文体形态'"③,"前文体形态"给世人提出了新的研究课题。著者还十分关注古代人提出的新问题,如称黄佐"他的所谓'六艺流别',本质上是从文体功能出发,创造出一套新的文体分类法"④,"黄佐从特殊的艺术眼光去研究作品的文体,常有与众不同的胜解。如'乐艺'有'舞篇'一类:'舞篇者何? 装饰古事而述其一篇之辞也。'《董娇娆》:'舞者为女子,设男子问之。'《羽林郎》:'舞者为军装,入酒垆,胡姬拒之。'《木兰》:'舞者女子易男服,平虏后返初服而归。'《焦仲卿妻》:'此后世说故事所本,然高古不觉其繁。'黄佐指出这些舞篇在形态上与后世的戏剧和叙事文学样式之间有某些内在关系,这也是一般文体学家所未言及的"⑤。当研究者从古人文体学著述中发现了新颖之处,这恰恰可以成为后人进一步研究的对象。

九曰对文体学研究的文体的关注。文体学研究须有文本支持,这些文本是什么文体,或者说,中国古代文体学的论述出现在哪些文体中,标

---

① 吴承学《中国古代文体学研究》,北京:人民出版社,2011年,第253页。
② 同上书,第363页。
③ 同上书,第381页。
④ 同上书,第41页。
⑤ 同上书,第402页。

志着中国古代文体学的成熟程度。中国古代文体学在魏晋时兴起而盛行,论述迭出,其文体有作为某种论著组成部分的整体性论述,即曹丕《典论·论文》、桓范《世要论》的"赞象""铭诔""序作"、陆机的《文赋》;作为某种论著的组成部分的零星论述,如曹丕《答卞兰教》以"赋者,言事类之所附也,颂者,美盛德之形容也"①之类;依附在文学作品之前以序的面目论文体,如傅玄《连珠序》之类;又有独立的论著,如挚虞《文章流别论》、李充《翰林论》等,为日后文体学专著《文心雕龙》的出现打下基础。在全书的个案研究中,亦多涉及文体学的文本,如"明代文章总集与文体学"章论及"总集"与"序题",称后者:"从文学批评形式来看,序题形式盛行于整个明代,是明代最有特色、影响最大的文学批评方式之一。"②又如"《四库全书》与评点之学"章,虽论述《四库全书》对"评点之学"的批评中蕴含的文体学观点,而我们更看到,"评点之学"的文本亦是文体学的文本。又如"论《四库全书总目》的文体学思想"章,称"《四库全书总目》涉及的文体批评集中反映出中国古代后期社会的文体学思想观念"③,那么,"提要"亦是文体学的文体。所谓"伐柯伐柯,其则不远",我们执柯以伐柯,对文体学的文体必然应该多一点关注。

十曰在整个社会发展的脉络中关注文体学。中国古代文体学受到文学史的制约与影响,这是不言而喻的,但怎样探讨出中国古代文体学受到中国古代社会发展的制约与影响,还是要有一点眼光的,此书的著者对此亦多有心得。如书中说到"从礼学之'得事体'到文章学的'得文体'是一种理所当然的延伸。必须注意到,中国古代文体学具有礼学的基础与背景,这也许正是中国文体学固有之特色之一",正是有这样的大眼光,那么,"一系列的论题也就相应而生。比如,先秦的礼乐制度与文体产生、秦汉政治制度的建立与文体谱系形成、历代政治制度的变迁与文体演化、举士制度与文体演化……这些都有待我们去探讨"。④ 又如书中探讨"忏悔

---

① [晋]陈寿撰,[南朝宋]裴松之注,陈乃乾校点《三国志》,北京:中华书局,1959年,第158页。
② 吴承学《中国古代文体学研究》,北京:人民出版社,2011年,第374页。
③ 同上书,第432页。
④ 同上书,第7页。

文",称"中国人的忏悔,大致是出于实用目的,即为了禳灾求福,而不是出于内心道德自我完善的需求"①,进而称:"如果以文体史的眼光,考察从沈约的《忏悔文》到袁中道的《心律》之间的联系,对于研究佛教传入中国之后人们的思想意识从传统'自省'转变到'忏悔',是非常有价值的。"②著者是自觉地把文体学当作传统礼乐制度、政治制度的一种延伸来研究的,如果我们都自觉地把文体学当作社会现象的一种延伸,把它放在对古代社会的关照之下,那么,我们的研究必将颇有深度。

总括来说,《中国古代文体学研究》一书为读者展示出的古代文体学研究的现代视阈,体现在创新性的开拓及系统性的构架上。就创新性的开拓而言,著者视野所及的很多课题并非传统意义的文体学研究,如"诗可以群""诗人的宿命""人品与文品"等,但经著者的论证,一一成为文体学内在的发展动力。这表明文体学的本体是文体,离开了创造本体的作家及其"文心",问题是说不清楚的。就系统性的构架而言,著者视文体学为一个大的系统,包括整个社会发展的脉络、文学史、传统文论与文体、文体学的文体等,各自独立又相互关联。对现象的解释上,不仅要考察其独立的个体,更要考察它们之间的联系,著者于这里考察这种联系的总和,因此,得出的结论是整体水平上的。文体学研究是相当需要思路与方法的,《中国古代文体学研究》一书不但向读者展示了其研究成果,给予我们知识的享受,而且为读者显示出现代视阈下的古代文体学研究的思路与方法,提供给我们进行文体学研究的有益启示与借鉴。当然,文体学研究的思路与方法是多种多样的,甚或是无穷无尽的,著者说,"要建立有现代意义的中国文体学,我们必须在方法上有所继承、有所超越"③,关键在于具有现代视阈,那么,面对各种文体学材料,只有我们有心且用力,掌握既有的思路与方法,开拓新的思路与方法,才能产生出新的研究成果。著者已经做出了示范,我们还须有各自的努力。

---

① 吴承学《中国古代文体学研究》,北京:人民出版社,2011年,第243页。
② 同上书,第245页。
③ 同上书,第4页。

目 录

概说　文事与中国古代文学史　　　　　　　　　　　　　　　(1)

第一章　中古文体的命名与类别　　　　　　　　　　　　　　(3)
　　第一节　"文"辨　　　　　　　　　　　　　　　　　　　(3)
　　第二节　论中古时期文体命名与文体释名　　　　　　　　(14)
　　第三节　中古文体的扩张、互动及非常态化　　　　　　　(30)
　　第四节　从"诗笔之辨"到文体三分
　　　　　　——论赋在南北朝的再发现与其文体学意义　　　(43)
　　第五节　《诗品》：目录文体还是总集文体　　　　　　　(56)

第二章　"言笔之辨"与"文笔之辨"　　　　　　　　　　　　(69)
　　第一节　"言笔之辨"与古代文体学　　　　　　　　　　(69)
　　第二节　"文笔之辨"原始　　　　　　　　　　　　　　(85)
　　第三节　"文笔之辨"与中古政治、文化
　　　　　　——中古"文""笔"地位升降起伏论　　　　　　(96)
　　第四节　"文笔之辨"与中国文章学的成立
　　　　　　——"文话"出现于隋唐考辨　　　　　　　　　(115)

第三章　史学、玄学与文体　　　　　　　　　　　　　　　(126)
　　第一节　"左史记言,右史记事"与文体生成
　　　　　　——关于叙事诸文体录入总集的讨论　　　　　(126)
　　第二节　史学文献编纂与文章总集生成
　　　　　　——史书"载文"论　　　　　　　　　　　　　(143)
　　第三节　史书书、志体例的生成
　　　　　　——"文胜质则史"辨　　　　　　　　　　　　(159)

第四节　玄学与文体学　　　　　　　　　　　　　　（173）

第四章　小说、乐府文体论　　　　　　　　　　　　（187）
　　第一节　小说的文体特点　　　　　　　　　　　　　（187）
　　第二节　说体考辨
　　　　　　——兼论《文选》不录说体　　　　　　　　（203）
　　第三节　中古乐府歌辞的原生态状况　　　　　　　　（218）
　　第四节　吟唱体的非常态化与超常效应　　　　　　　（235）

第五章　诗歌文体论　　　　　　　　　　　　　　　（247）
　　第一节　诗歌文体功能与"诗言志"　　　　　　　　（247）
　　第二节　从抒情诉求到诗体探索
　　　　　　——从汉赋"乱曰"的改革谈起　　　　　　（261）
　　第三节　中古"学人之诗"的类型与诗体革新　　　　（274）
　　第四节　论"宫体"在南朝各体文字的蔓延
　　　　　　——"宫体之文"考述　　　　　　　　　　（289）
　　第五节　"以赋为诗"考辨　　　　　　　　　　　　（308）

第六章　辞赋文体论　　　　　　　　　　　　　　　（331）
　　第一节　赋与《尚书》的渊源关系　　　　　　　　　（331）
　　第二节　赋的文体象征
　　　　　　——"客主以首引"辨　　　　　　　　　　（340）
　　第三节　赋的纪实性　　　　　　　　　　　　　　　（355）
　　第四节　"连珠"与"对问"
　　　　　　——刘胜《闻乐对》为连珠雏形辨　　　　　（376）

主要参考文献　　　　　　　　　　　　　　　　　　（392）

后　记　　　　　　　　　　　　　　　　　　　　　（396）

概说
文事与中国古代文学史

　　文体,一般是指独立成篇的文本体裁,或称为文本样式、文本体制,是文本构成的规格和模式,它是某种历史内容长期积淀的产物。

　　文事的意味之一,即文体本身是有故事的。既然文体是历史内容的长期积淀,它一定是有故事的,就是围绕着它的发生、发展、鼎盛所产生的那些事,以及围绕着它的语言表达、段落结构、起首结尾所产生的那些事。这些有关文体自身性质的事,人们用各种方式向社会述说着。如就"诗"而言,南朝刘勰《文心雕龙》就称:"诗者,持也,持人情性;三百之蔽,义归'无邪',持之为训,有符焉尔。"诗的"持人情性"自然是有故事的,有了这样的故事,《论语》中孔子所称"《诗》三百,一言以蔽之,曰:思无邪"才能落到实处,才能证明以"持人情性"之义来命名诗这种文体的合理性。又如文体类分,人类最早的表达是身体语言,而文体的产生一定是在语言产生之后。在语言的表达中,文字表达又晚于口头表达,且文字表达与口头表达有着种种的不同,因此,最早的文体分类首先应该是"言笔之辨",即王充《论衡》所称"口出以为言,笔书以为文","言笔之辨"是有着种种故事的。随着时代的前进与社会的发展,"笔书"的文体繁多而类别纷杂,于是又有哪些为"文"、哪些为"笔"的归类,这也都是有故事的。

　　文事的意味之二,还在于世人对文体的运用与研究也是有故事的,如《左传》中就有许多"诗言志"的故事。还有各位作家在运用文体进行文章撰作时所产生的那些事,如宋玉、司马相如用赋这种文体来进行讽谏,而许多作家则用连珠这种文体来进行讽谏,文体不同,目标一致,可谓殊途同归。

文事的意味之三,又在于文体往往叙说文学思想。人们以文体研究来进行某种思想的叙说。文体本属于形式范畴,但文体又有属于内容范畴的一面,文体反映出一种文学观念、文学思想是通过什么样的形式范畴表现出来的。而长期以来如此运用,固化的文学观念、文学思想又支配着文体的选择,进而又对文体有所影响。所谓什么样的内容用什么样的形式,表达什么样的内容用什么样的文体,古代还是有着较为明晰的划分的。因此,无论是世人撰作的文体选择,还是文体形式的客观运用,无不与文学观念、文学思想紧密相关,因此,这又是中国古代文学思想的文体叙事,即以文体研究的成果叙说中国古代文学思想。就世人对文体的研究来说,比如班固与扬雄对赋这一文体的看法就不一样,这些不一样又是与时代思潮紧密联系在一起的。

文体学研究属文学史研究的范围,围绕着文体发生的一切故事,都是文学史的一部分。因此,叙说的是文体的故事,但其指向却是文学史,这是中国古代文学史的文事。文学史的基础是作品,一部文学史,从某种意义上来说,就是文学作品发展史。正因此,向无标明"文学史"的我国古代极为注重文学作品选集、总集,就是以此作为文学史的某种替代。而作品是有文体的,哪些时代流行哪些文体,那些文体的流行是经过了怎样的事件才得以实现的,当然也都是有故事的。本书文事的最终指向是中国古代文学史,是中国古代文学史的文事。

本书进行的是文体研究,文体的辨析是基础,追寻的虽然是文事,但指向归根结底是文学史探讨。故本书题名为"文体·文事·文学史",前部分旨在诸个节点上展开对文体的研究,以探求具有中国故事的古代文体学的逻辑构成与具体内容;后部分旨在文体学上诸个中国故事的叙说,探讨古代文学思想,探讨古代文学史。本书所进行的就是从文体学角度研究古代文学史,而文事是此两部分的关联点。

第一章
中古文体的命名与类别

第一节 "文"辨

《文选》书名即标榜为"文"之"选",萧统在《文选序》中数次述及"文",但其意味各有不同,此处辨析之。《文选》的选录标准涉及两方面的问题,一是录什么文体及为什么录,二是不录什么文体及为什么不录。而这两个问题,又都与《文选》之"文"的含义有关。因此,辨析《文选》之"文"的意义实超出其本身。

一、"文籍"之"文"、文化之"文"、文采之"文"

《文选序》所述之"文",首先是"逮乎伏羲氏之王天下也,始画八卦,造书契,以代结绳之政,由是文籍生焉"①之"文","文籍"之"文"即是泛指语言文字作品。《文选序》又说:

> 《易》曰:"观乎天文,以察时变。观乎人文,以化成天下。"文之时义远矣哉!

"文之时义远矣哉"就在于"文籍"作为"人文"来说,其作用为"化成天下"。这是文化之"文"。《文选序》又说:

---

① [南朝梁]萧统编,[唐]李善注《文选》,北京:中华书局,1977年,第1页。本节所引《文选序》均出自此,以下不再出注。

> 若夫椎轮为大辂之始,大辂宁有椎轮之质?增冰为积水所成,积水曾微增冰之凛,何哉?盖踵其事而增华,变其本而加厉。物既有之,文亦宜然。

什么东西"踵其事而增华,变其本而加厉"?那就是文采。这是说"文籍"之"文"应该有文采。

《文选序》对什么文体可录说得很明确。可录文体除赋、骚、诗外,还有颂、箴、戒、论、铭、诔、赞、诏诰教令、表奏笺记、书誓符檄、吊祭悲哀、答客指事、篇辞引序、碑碣志状,等等。《文选序》最后说道:

> 譬陶匏异器,并为入耳之娱;黼黻不同,俱为悦目之玩。作者之致,盖云备矣!

"譬陶匏异器"数句,是说为什么这些作品可录,或者说此即其所说之"文"。而"入耳之娱""悦目之玩",用现在的话来说,就是这些作品是作为一种审美对象提供给读者的。这就是有文采的"文籍"之"文",而其"时义"就是要这些"文"起到文化的作用。

《文选序》又曰:

> 自姬、汉以来,眇焉悠邈,时更七代,数逾千祀。词人才子,则名溢于缥囊。飞文染翰,则卷盈乎缃帙。自非略其芜秽,集其清英,盖欲兼功太半,难矣!

《文选》之"选"者,就是"略其芜秽,集其清英",目的就是让《文选》选录之文更"文"一些。这个过程是有例可证的。《文选》卷四十任昉《奏弹刘整》,李善注称萧统录入此文时有删节,其云:

> 昭明删此文大略,故详引之,令与《弹》相应也。①

---

① [南朝梁]萧统编,[唐]李善注《文选》,北京:中华书局,1977年,第561页上。各家注本引用的文字有所差异,详见《文选集注》陆善经注和《集注》作者按语。《唐钞文选集注汇存》,上海:上海古籍出版社,2000年。

于是他引任昉《奏弹刘整》原文中叙说刘整案件文字,即刘整之嫂的本状及有关人员的供词。黄侃说:

> 细读此篇,如观《汉书·赵后传》。不知以此等文予今日法吏,不致瞠目结舌否,此俗语所以断断不可为文也。①

他认为萧统删略得对,称《文选》岂能录入此"断断不可为文"的文字。周勋初《〈文选〉所载〈奏弹刘整〉一文诸注本之分析》说:

> 萧统录入任文时有所删节。因为萧统衡文首重"综辑辞采,错比文华",而范氏本状却用俗语写成,略无文采,因而萧统也就止于摘引数语以叙缘起,其下径行删略了。②

可见萧统对原文有所删略是出于《文选》选录文章的整体考虑。

又,朱彝尊《书〈玉台新咏〉后》曰:

> 就《文选》本第十五首而论,"生年不满百,长怀千载忧。昼短而夜长,何不秉烛游"。则《西门行》古辞也。古辞:"夫为乐,为乐当及时。何能坐愁怫郁,当复来兹。"而《文选》更之曰:"为乐当及时,何能待来兹。"古辞:"贪财爱惜费,但为后世嗤。"而《文选》更之曰:"愚者爱惜费,但为后世嗤。"古辞:"自非仙人王子乔,计会寿命难与期。"而《文选》更之曰:"仙人王子乔,难可与等期。"裁剪长短句作五言,移易其前后。③

应该说,"裁剪长短句作五言"也是为了更"文"一点吧。

二、作为目录学上集部之"文"

所谓"文选",选录作品应该是"文",下面拟从萧统《文选》书名之"文"的含义来展开讨论。

---

① 黄侃著,黄延祖重辑《文选平点(重辑本)》,北京:中华书局,2006年,第467页。
② 周勋初《魏晋南北朝文学论丛》,南京:江苏古籍出版社,1999年,第219页。
③ [清]朱彝尊《曝书亭集》,上海:商务印书馆,1935年,第838页。

所谓"文籍",是指所有文字作品,而"人文"也是指"见于文字记录的古代典籍"①。但是,萧统《文选》之"文"不会这样宽泛,应该是文翰、文集之"文"。以下论之。

阮孝绪《七录序》说:

> 王俭《七志》,改六艺为经典,次诸子,次诗赋为文翰,次兵书为军书,次数术为阴阳,次方伎为术艺。……王以诗赋之名,不兼余制,故改为文翰。窃以顷世文词,总谓之集。变"翰"为"集",于名尤显。故序《文集录》为内篇第四。②

《隋书·经籍志一》载:

> 魏秘书郎郑默,始制《中经》,秘书监荀勖,又因《中经》,更著《新簿》,分为四部,总括群书。一曰甲部,纪六艺及小学等书;二曰乙部,有古诸子家、近世子家、兵书、兵家、术数;三曰丙部,有史记、旧事、皇览簿、杂事;四曰丁部,有诗赋、图赞、汲冢书。……元徽元年,秘书丞王俭又造《目录》,大凡一万五千七百四卷。俭又别撰《七志》:一曰《经典志》,纪六艺、小学、史记、杂传;二曰《诸子志》,纪今古诸子;三曰《文翰志》,纪诗赋;四曰《军书志》,纪兵书;五曰《阴阳志》,纪阴阳图纬;六曰《术艺志》,纪方技;七曰《图谱志》,纪地域及图书。……普通中,有处士阮孝绪,沉静寡欲,笃好坟史,博采宋、齐已来,王公之家凡有书记,参校官簿,更为《七录》:一曰《经典录》,纪六艺;二曰《记传录》,纪史传;三曰《子兵录》,纪子书、兵书;四曰《文集录》,纪诗赋;五曰《技术录》,纪数术;六曰《佛录》;七曰《道录》。③

所谓文翰、文集,意思是文的一种汇集,尤其文集之称比较通行。文集,指一人或数人作品汇集编成的书。南朝梁刘勰《文心雕龙·隐秀》:"凡文

---

① 郭绍虞主编《中国历代文论选》第1册,上海:上海古籍出版社,2001年,第331页。
② [唐]释道宣《广弘明集》,上海:商务印书馆,1919年,第87—89页。
③ [唐]魏徵、令狐德棻《隋书》,北京:中华书局,1973年,第906—907页。

集胜篇,不盈十一;篇章秀句,裁可百二。"①唐刘知几《史通·载文》:"而世之作者,恒不之察,聚彼虚说,编而次之,创自起居,成于国史,连章疏录,一字无废,非复史书,更成文集。"②

那么,所谓《文选》就是文翰、文集之选;从文翰、文集到文选,这个思路是一脉相承的。这也就是目录学上首称为"文者,所以明言也"的集部,《隋书·经籍志四》总括集部曰:

> 文者,所以明言也。古者登高能赋,山川能祭,师旅能誓,丧纪能诔,作器能铭,则可以为大夫。言其因物骋辞,情灵无拥者也。……班固有《诗赋略》,凡五种,今引而伸之,合为三种,谓之集部。③

阮元《书梁昭明太子文选序后》曰:

> 昭明所选,名之曰"文"。盖必文而后选也,非文则不选也。经也,子也,史也,皆不可专名之为文,故《昭明文选序》后三段特明其不选之故。必沈思翰藻,始名之为文,始以入选也。④

还是有其道理的。章太炎《文学总略》也说:

> 总集者,本括囊别集为书,故不取六艺、史传、诸子,非曰别集为文,其他非文也。⑤

萧统《文选》自有其特殊意义,是他最早表达出总集的编撰应该"略其芜秽,集其清英",而且他编撰的总集也明显地表现出这样的倾向。所以,清王士禛等《师友诗传录》载张笃庆说:

> 文之有选,自萧维摩始也。⑥

---

① [南朝梁]刘勰著,詹锳义证《文心雕龙义证》,上海:上海古籍出版社,1989年,第1505页。
② [唐]刘知几著,[清]浦起龙通释,王煦华整理《史通通释》,上海:上海古籍出版社,2009年,第117页。
③ [唐]魏徵、令狐德棻《隋书》,北京:中华书局,1973年,第1090—1091页。
④ [清]阮元撰,邓经元点校《揅经室集》,北京:中华书局,1993年,第608页。
⑤ 章太炎《国故论衡》,上海:上海古籍出版社,2003年,第55页。
⑥ [清]王夫之等撰,丁福保辑《清诗话》,上海:上海古籍出版社,1978年,第129页。

三、《文选》之"文"并非"文笔之辨"之"文"

我们先来看范晔《后汉书》,范晔是南朝人,他虽然作的是史书,其述文体仍可代表南朝人的观点。郭英德《〈后汉书〉列传著录文体考论》云:

> 经过整理后,《后汉书》48 条传记资料实际著录了 44 种文体:诗、赋、碑(含碑文)、诔、颂、铭、赞、箴、答(含应讯、问)、吊、哀辞、祝文(含祷文、祠、荐)、注、章、表、奏(含奏事、上疏)、笺(含笺记)、记、论、议、教(含条教)、令、策(含对策、策文)、书、文、檄、谒文、辩疑、诫、述、志、说、书记说、官录说、自序、连珠、酒令、六言、七言、琴歌、别字、歌诗、嘲、遗令、杂文。①

可以看得出来,里面已经有一些是公家实用性的"笔"类文字,但比较少。我们再来看《文选》所收录的文体。《文选》的文体分类,现在一般都认为应该为三十九类②,即:赋、诗、骚、七、诏、册、令、教、策问文、表、上书、启、弹事、笺、奏记、书、移、檄、难、对问、设论、辞、序、颂、赞、符命、史论、史述赞、论、连珠、箴、铭、诔、哀、碑文、墓志、行状、吊文、祭文。如果把《后汉书》著录的文体与《文选》所录三十九类文体相比,《文选》独有的是诏、册、上书、启、弹事、对问、设论、辞、序、符命、史论、史述赞、墓志、行状、祭文。这些文体在《文心雕龙》中明确属"笔"的有:诏、册、上书、启、弹事、史论、史述赞、墓志、行状、祭文。或者可以说,《文选》的文体多录"笔"类,这说明了什么问题呢? 说明《文选》是提升"笔"类文字地位的功臣。总的来说,《文选》所录文类在《文心雕龙》中属"文"的有赋、诗、骚、七、对问、颂、赞、连珠、箴、铭、诔、哀、吊文;属"笔"的有诏、册、令、教、策问文、表、上书、启、弹事、笺、奏记、书、移、檄、难、碑文、墓志、行状、祭文。《文选》录文不但不避"笔"类,反而多有"笔"类。于是我们说,《文选》录文不以"文笔之辨"为标准,《文选》之"文"并非"文笔之辨"的"文"。

---

① 郭英德《中国古代文体学论稿》,北京:北京大学出版社,2005 年,第 73—74 页。
② 傅刚《〈昭明文选〉研究》,北京:中国社会科学出版社,2000 年,第 220 页。

《文选序》对什么文体不可录也说得很明确,关键是萧统还说明了理由,对此做出自己的解释。其一,经之不录在于不可"芟夷"、不可"剪截",所谓:

> 若夫姬公之籍,孔父之书,与日月俱悬,鬼神争奥,孝敬之准式,人伦之师友,岂可重以芟夷,加之剪截?

其二,子之不录,所谓:

> 老、庄之作,管、孟之流,盖以立意为宗,不以能文为本,今之所撰,又以略诸。

子之"以立意为宗",《汉书·艺文志》——述说九流十家之立意,言之凿凿,如"儒家者流,盖出于司徒之官,助人君顺阴阳明教化者也";"道家者流,盖出于史官,历记成败存亡祸福古今之道,然后知秉要执本,清虚以自守,卑弱以自持,此君人南面之术也"。① 可是诸子"能文"也是有明证的,《文心雕龙·诸子》盛称诸子之作的文采:

> 研夫孟、荀所述,理懿而辞雅;管、晏属篇,事核而言练;列御寇之书,气伟而采奇;邹子之说,心奢而辞壮;墨翟、随巢,意显而语质;尸佼、尉缭,术通而文钝。鹖冠绵绵,亟发深言;鬼谷眇眇,每环奥义。情辨以泽,文子擅其能;辞约而精,尹文得其要。慎到析密理之巧,韩非著博喻之富,吕氏鉴远而体周,淮南泛采而文丽。斯则得百氏之华采,而辞气之大略也。②

萧统没有说错,汉末以来,确有"以能文为本"之类的作品出现。如刘师培《论汉魏之际文学变迁》中称"迨及建安,渐尚通侻,侻则侈陈哀乐,通则渐藻玄思";"献帝之初,诸方棋峙,乘时之士,颇慕纵横,骋词之风,肇

---

① [汉]班固《汉书》,北京:中华书局,1962年,第1728、1732页。
② [南朝梁]刘勰著,詹锳义证《文心雕龙义证》,上海:上海古籍出版社,1989年,第648、651、653页。

端于此";"汉之灵帝,颇好俳词,下习其风,益尚华靡,虽迄魏初,其风未革"。① 刘勰《文心雕龙·情采》有曰:"昔诗人什篇,为情而造文;辞人赋颂,为文而造情……而后之作者,采滥忽真,远弃风雅,近师辞赋,故体情之制日疏,逐文之篇愈盛。"②刘师培论"惟东汉以来,赞颂铭诔之文,渐事虚辞,颇背立诚之旨",又论陈琳《为曹洪与魏文帝书》"纯以骋辞为主,故文体渐流繁富"。③ 这些论断指出汉末魏初作品有"以能文为本"的趋向。与"以能文为本"的作品相比,诸子自然是"以立意为宗,不以能文为本"了。

其三,辞、史之不录,在于"事异篇章","方之篇翰,亦已不同",《文选序》称:

> 若贤人之美辞,忠臣之抗直,谋夫之话,辨士之端,冰释泉涌,金相玉振,所谓坐狙丘,议稷下,仲连之却秦军,食其之下齐国,留侯之发八难,曲逆之吐六奇,盖乃事美一时,语流千载,概见坟籍,旁出子史,若斯之流,又亦繁博。虽传之简牍,而事异篇章,今之所集,亦所不取。至于记事之史,系年之书,所以褒贬是非,纪别异同,方之篇翰,亦已不同。

《文选序》述"篇"有"降将著'河梁'之篇""篇章""篇翰""篇什"等。篇,原指竹简、简册,古代文章写在竹简上,为保持前后完整,用绳子或皮条编集在一起称为"篇"。《汉书·武帝纪》载武帝诏贤良曰:"贤良明于古今王事之体,受策察问,咸以书对,著之于篇,朕亲览焉。"颜师古注:"篇谓竹简也。"④以后文章有首有尾的就称为"篇"。唐刘知几《史通·叙事》:"夫饰言者为文,编文者为句,句积而章立,章积而篇成。篇目既分,而一

---

① 刘师培著,陈引驰编校《刘师培中古文学论集》,北京:中国社会科学出版社,1997年,第8页。
② [南朝梁]刘勰著,詹锳义证《文心雕龙义证》,上海:上海古籍出版社,1989年,第1158、1161—1162页。
③ 刘师培著,陈引驰编校《刘师培中古文学论集》,北京:中国社会科学出版社,1997年,第19、22页。
④ [汉]班固《汉书》,北京:中华书局,1962年,第161、162页。

家之言备矣。"①"篇"又特指诗歌、辞赋等文艺作品。《宋书·谢灵运传论》:"王褒、刘向、扬、班、崔、蔡之徒,异轨同奔,递相师祖。虽清辞丽曲,时发乎篇,而芜音累气,固亦多矣。"②"篇"又指成部著作中的一个组成部分,如《史记·孟子荀卿列传》:"作《孟子》七篇。"③所谓辞、史之不录在于"事异篇章","方之篇翰,亦已不同",一在于未单独成篇,又在于"篇章""篇翰""篇什"等本多指诗歌、辞赋等。

总而言之,《文选》不录经、史、子,其实也没有什么可奇怪的,魏晋南北朝时讨论文章确实不含经、史、子,如曹丕《典论·论文》就只称:

> 夫文本同而末异。盖奏议宜雅,书论宜理,铭诔尚实,诗赋欲丽。此四科不同,故能之者偏也,唯通才能备其体。④

此四科八体当然与经、史、子无涉。而陆机《文赋》称:

> 诗缘情而绮靡,赋体物而浏亮。碑披文以相质,诔缠绵而凄怆。铭博约而温润,箴顿挫而清壮。颂优游以彬蔚,论精微而朗畅。奏平彻以闲雅,说炜晔而谲诳。虽区分之在兹,亦禁邪而制放。⑤

亦与经、史、子无涉。

四、"以能文为本"是《文选》的选录标准

总括上述萧统所说经、子、辞、史不可录的原因,即不可"剪截","不以能文为本",不同于"篇章""篇翰"三者。其实,此三者在《文选》中,有时是综合性地起作用的。如刘永济《十四朝文学要略》称:

> 而昭明选文,乃谓老、庄、管、孟之流,不以能文为本,略而弗录。

---

① [唐]刘知几著,[清]浦起龙通释,王煦华整理《史通通释》,上海:上海古籍出版社,2009年,第161页。
② [南朝梁]沈约《宋书》,北京:中华书局,1974年,第1778页。
③ [汉]司马迁《史记》,北京:中华书局,1959年,第2343页。
④ [南朝梁]萧统编,[唐]李善注《文选》,北京:中华书局,1977年,第720页下。
⑤ 同上书,第241页上。

> 是盖不知文之涵义,有非纯取藻缋者矣。且自官守降为私学,著述之风弥烈。观其含章抱质,莫非绝世之才;霞蔚云蒸,已极一时之盛。舍道言文,亦壮阔矣!①

刘永济指出子书亦有"舍道言文"者,虽然我们说萧统认定了子书是"以立意为宗,不以能文为本",但参考不可"剪截"、不同于"篇章""篇翰"两条标准,作为选本的《文选》不录子书也是有充分的道理的。

那么,假如有合乎以上三种条件的经、子、辞、史的文字,《文选》录不录呢? 这是萧统录文是否合乎其预设规定的问题,是一个合乎逻辑的提问。

《文选》录文是有例外的,《文选序》既已称史之不可录,但又说:

> 若其赞论之综缉辞采,序述之错比文华,事出于沈思,义归乎翰藻,故与夫篇什,杂而集之。

《文选》卷四十九、五十有史论、史述赞,所录即"赞论""序述"。之所以录,一方面固然是其自身的"综缉辞采""错比文华"与"事出于沈思,义归乎翰藻",合乎萧统重文采之"文"的选录标准;另一方面,它们也是合乎前述萧统的三个条件的,以下述之。

《文选》史论体有范晔《后汉书·皇后纪论》《二十八将传论》《宦者传论》《逸民传论》,范晔所说"传论"为传末之论,"序论"为纪或传前之论,萧统把它们一概称为"史论"。《文选》史述赞体有范晔《后汉书·光武纪赞》。下面以所录范晔的作品为例谈谈这个情况。范晔《狱中与诸甥侄书》曾经这样论述其《后汉书》的史论、史述赞:

> 本未关史书,政恒觉其不可解耳。既造《后汉》,转得统绪,详观古今著述及评论,殆少可意者。班氏最有高名,既任情无例,不可甲乙辨。后赞于理近无所得,唯志可推耳。博赡不可及之,整理未必愧也。吾杂传论,皆有精意深旨,既有裁味,故约其词句。至于《循吏》

---

① 刘永济《十四朝文学要略》,武汉:武汉大学出版社,2013 年,第 56—57 页。

以下及《六夷》诸序论,笔势纵放,实天下之奇作。其中合者,往往不减《过秦》篇。尝共比方班氏所作,非但不愧之而已。欲遍作诸志,前汉所有者悉令备。虽事不必多,且使见文得尽。又欲因事就卷内发论,以正一代得失,意复未果。赞自是吾文之杰思,殆无一字空设,奇变不穷,同合异体,乃自不知所以称之。①

其中提到的文体有"赞""传论""序论",既然是文体,就有单列的可能。史论、史述赞本来就有独立成篇的情况,如《隋书·经籍志二》就载有范晔所撰《后汉书赞论》四卷,又有晋秘书监傅畅撰《晋诸公赞》二十一卷。② 而可以独立成篇当然可以"剪截"。又,范晔所称其"杂传论,皆有精意深旨,既有裁味",又称"诸序论,笔势纵放,实天下之奇作","赞自是吾文之杰思,殆无一字空设,奇变不穷"云云,自然是一种"以能文为本"的夸耀。

正因为合乎上述三个条件,于是有"赞论""序述"被选录入《文选》而"与夫篇什,杂而集之"的情况,这样,不录经、子、辞、史而又录史论、史述赞,从逻辑上就能讲得过去了。而经、子、辞尽管也有"能文"者,但因为不能同时满足可"剪截""以能文为本"、同于"篇章""篇翰"三者,所以不能"与夫篇什,杂而集之"。

---

① 《范晔传》,[南朝梁]沈约《宋书》,北京:中华书局,1974年,第1830—1831页。
② 《隋书·经籍志二》"杂传"类以"传赞"命名的著作甚多,如晋临川王郎中刘彧或撰《长沙耆旧传赞》三卷,吴左中郎张胜撰《桂阳先贤画赞》一卷,嵇康撰、周续之注《圣贤高士传赞》三卷,晋廷尉卿孙绰撰《至人高士传赞》二卷,王韶之撰《孝子传赞》三卷,缪袭撰《列女传赞》一卷,刘向撰、酆续、孙绰赞《列仙传赞》三卷,刘向撰、晋郭元祖赞《列仙传赞》二卷等,可知史赞在当时可以独立成篇。

第二节　论中古时期文体命名与文体释名

　　文章以文体作为生存方式,人们给予文章的各种生存方式以命名,再后就是人们以命名了的文体写作。这里要讨论的是,古代命名文体的一般性方法是什么,古代对有所命名的文体又是怎样释名的;这样的释名方法体现了古代文论家怎样的观念,我们怎样应用古代文体命名与文体释名的一般性原则来研究古代文体。我们讨论的基础,是把目光放在各种文体的原生态生存状态上,既关注文体本身,又关注文体是怎样产生的,即文体产生的环境。

一、《尚书》《左传》《周礼》所见的文体名

　　《尚书》即上古之书,本是记言的古史,言先于文,文出自言,考察文体,不得不从《尚书》始。《尚书》所载录之言,有的就指明了这是某某文体。其标志就是某些文辞被称为"某某之言",这"某某"就是文体名。如:
作为文体之"歌"。《尚书·益稷》:

> 帝庸作歌曰:"敕天之命,惟时惟几。"……(皋陶)乃赓载歌曰:"元首明哉,股肱良哉,庶事康哉!"①

"作歌""载歌","歌"作为行为动作产生的结果,"歌"遂成为文体。
　　作为文体之"誓"。《尚书·汤誓》为商汤动员部属征伐夏桀的誓师词,伪孔传解题:"戒誓汤士众。"孔颖达疏曰:"此经皆誓之辞也。"②从其中的"尔不从誓言,予则孥戮汝,罔有攸赦"③,可知当时就称此文字为"誓"。"誓言"又作"矢言",《尚书·盘庚》:

> 盘庚迁于殷,民不适有居。率吁众戚,出矢言曰(笔者按:辞略)。

---

① 《尚书正义》,《十三经注疏》,上海:上海古籍出版社,1997年,第144页下。
② 同上书,第160页上。
③ 同上书,第160页中。

伪孔传:"吁,和也。率和众忧之人,出正直之言。"①刘起釪云:"'矢',誓(《尔雅》),'矢言'即誓言,古代在有某种重大行动前诰诫下级和申明纪律的讲话称为'誓言'(特别是军事行动前如此)。"②矢言,就是发誓之言。《诗·鄘风·柏舟》:"之死矢靡它。"毛传:"矢,誓。"③《论语·雍也》:"子见南子,子路不悦。夫子矢之曰:'予所否者,天厌之!天厌之!'"④誓言之"誓"是文体。

作为文体之"诗"。《尚书·金縢》:

> 于后,公乃为诗以贻王,名之曰《鸱鸮》。⑤

诗原文见《诗经》。此处的"为诗以贻王",直称"诗"为文体。

作为文体之"命"。《尚书·费誓》:

> 公曰:"嗟!人无哗,听命(笔者按:辞略)。"⑥

所"听"者为"命","命"自然就应该是纯粹意义的文体了。

作为文体之"训"。《尚书·吕刑》载:

> 王曰:"若古有训:蚩尤惟始作乱,延及于平民,罔不寇贼鸱义……"⑦

"古有训"者已是纯粹的文体之"训"的文辞。

《左传》中亦有其例。《襄公二十四年》:"子产寓书于子西以告宣子。"《昭公六年》:"叔向使诒子产书曰……复书曰:'若吾子之言。侨不才,不能及子孙,吾以救世也。既不承命,敢忘大惠?'"⑧"书"在这里不是行为动作,而是被行为动作所支配者,所谓"寓书""诒书","书"在《左

---

① 《尚书正义》,《十三经注疏》,上海:上海古籍出版社,1997年,第168页下。
② 顾颉刚、刘起釪《尚书校释译论》,北京:中华书局,2005年,第931页。
③ 《毛诗正义》,《十三经注疏》,上海:上海古籍出版社,1997年,第312页下。
④ 《论语注疏》,《十三经注疏》,上海:上海古籍出版社,1997年,第2479页下。
⑤ 《尚书正义》,《十三经注疏》,上海:上海古籍出版社,1997年,第197页上。
⑥ 同上书,第255页上。
⑦ 同上书,第247页下。
⑧ 《春秋左传正义》,《十三经注疏》,上海:上海古籍出版社,1997年,第1979页下、2043页中、2044页中。

传》中已经被命名为文体。

又有《周礼》,在古代典籍中最早集中而有意识地点明了几种文体名,即所谓"六辞"。《周礼》,汉初叫《周官》,刘歆改名为《周礼》,其产生的时代难以确定,有各种说法,总之,早不出周公,晚不出刘歆伪造。其《春官宗伯》载:

> 大祝……作六辞以通上下亲疏远近,一曰祠,二曰命,三曰诰,四曰会,五曰祷,六曰诔。①

尽管"六辞"的具体内容各有说法,但从大祝"作六辞"以及"六辞"各有命名,我们知道,这些文辞是已经被命名了的文体,大祝是按照文体要求有意识地进行撰作,也就是在《周礼》时代已经有正式命名的文体了。

二、以《尚书》"六体"考察古代文体命名的一般性原则——以产生文体的行为动作即"做什么"来命名文体

以下是郑众和郑玄等人对"六辞"的解释,我们来看看他们是怎么认识这些文体命名方式的。

> 郑司农云:祠当为辞,谓辞令也。命,《论语》所谓"为命,裨谌草创之"。诰,谓《康诰》《盘庚》之诰之属也,盘庚将迁于殷,诰其世臣卿大夫,道其先祖之善功,故曰"以通上下亲疏远近"。会,谓王官之伯命事于会,胥命于蒲,主为其命也。祷,谓祷于天地、社稷、宗庙,主为其辞也。《春秋传》曰:"铁之战,卫大子祷曰:'曾孙蒯聩敢昭告皇祖文王、烈祖康叔、文祖襄公:郑胜乱从,晋午在难,不能治乱,使鞅讨之。蒯聩不敢自佚,备持矛焉。敢告无绝筋,无破骨,无面夷,无作三祖羞。大命不敢请,佩玉不敢爱。'"若此之属。诔,谓积累生时德行以锡之命,主为其辞也。《春秋传》曰:"孔子卒,哀公诔之曰:'旻天不淑,不慭遗一老。俾屏余一人以在位,嬛嬛予在疚。呜呼哀哉!尼

---

① 《周礼注疏》,《十三经注疏》,上海:上海古籍出版社,1997年,第809页中。

父,无自律。'"此皆有文雅辞令,难为者也,故大祝官主作六辞。或曰:诔,《论语》所谓"诔曰:祷尔于上下神祇"。杜子春云:"诰当为告,《书》亦或为告。"①

其中的命、诰、会、祷、诔,郑众举前代文献的事例证明,均是先有了如此的行为动作,于是这些行为动作产生了文辞,因此,这些文体是以产生了文辞的行为动作命名的。在此基础上,郑玄又对"六辞"做出了自己的解释:

> 玄谓:一曰祠者,交接之辞。《春秋传》曰:"古者诸侯相见,号辞必称先君以相接。"辞之辞也。会谓会同盟誓之辞。祷,贺庆言福祚之辞。晋赵文子成室,晋大夫发焉,张老曰:"美哉轮焉,美哉奂焉!歌于斯,哭于斯,聚国族于斯。"文子曰:"武也得歌于斯,哭于斯,聚国族于斯,是全要领以从先大夫于九京也。"北面再拜稽首。君子谓之善颂善祷。祷是之辞。②

郑玄主要从文体内涵的角度说明,文体命名的核心要素是那个产生文辞的行为动作。并且补充说明"祠"为"交接"这个行为动作产生的文辞。

我们再从《尚书》来分析其所录文体的命名。伪孔安国《〈尚书〉序》给《尚书》中的文辞列出了具体的文体命名。《〈尚书〉序》撰作的年代,应该不晚于东晋初年,其云:"芟夷烦乱,剪截浮辞,举其宏纲,撮其机要,足以垂世立教,典、谟、训、诰、誓、命之文,凡百篇。"③以下我们来论证这"六体"的命名原则。

典,《尚书·尧典》,伪孔传:"言尧可为百代常行之道。"孔颖达疏:"称典者,以道可百代常行。"④《仪礼·士昏礼》"吾子顺先典"郑玄注:"典,常也,法也。"⑤典即常道、准则。《尧典》:"慎徽五典,五典克从。"伪

---

① 《周礼注疏》,《十三经注疏》,上海:上海古籍出版社,1997年,第809页中。
② 同上。
③ 《尚书正义》,《十三经注疏》,上海:上海古籍出版社,1997年,第114页下。
④ 同上书,第118页下。
⑤ 《礼记注疏》,《十三经注疏》,上海:上海古籍出版社,1997年,第972页中。

孔传:"五典,五常之教:父义、母慈、兄友、弟恭、子孝。"①从《尚书·尧典》看,称记载尧、舜之事与言为"典",立足在其"可为百代常行之道"。《尚书》中只有这篇以"典"命名。"典"特指先王的行为动作,这种行为动作产生的文辞就是文体的典,后扩大化为先代可以作为典范的重要书籍,"数典忘祖"的"典"就有此意。

谟,谋。《尚书·皋陶谟》:

> 曰若稽古皋陶曰:"允迪厥德,谟明弼谐。"②

伪孔传:"言人君当信蹈行古人之德,谋广聪明,以辅谐其政。"③"允迪厥德,谟明弼谐"是开场白,规定了以下是帝舜、禹、皋陶君臣之间的讨论、谋划所产生的文辞。《尚书·皋陶谟》中不见"谟曰"云云,但确实提出了"谟",文辞的确是"谟"这一行为动作所产生的,那么,这些文辞就应该是谟体。

训,教诲、训导。《孟子·万章上》:"三年,以听伊尹之训己也,复归于亳。"赵岐注:"以听伊尹之教训已,故复得归之于亳。"④《尚书·高宗肜日》:

> 高宗肜日,越有雊雉。祖己曰:"惟先格王,正厥事。"乃训于王曰:"惟天监下民,典厥义。降年有永有不永。非天夭民,民中绝命。民有不若德,不听罪。天既孚命正厥德,乃曰其如台。呜呼,王司敬民,罔非天胤,典祀无丰于昵。"

伪孔传:"祖已既言,遂以道训谏王。"⑤"乃训于王"之"训",训勉、教诲、教导。训体就是训导这个行为动作所产生之辞,就是"训于王曰"的那些文辞。

---

① 《尚书正义》,《十三经注疏》,上海:上海古籍出版社,1997年,第125页下。
② 同上书,第138页上。
③ 同上书,第138页上。
④ 《孟子注疏》,《十三经注疏》,上海:上海古籍出版社,1997年,第2738页上。
⑤ 《尚书正义》,《十三经注疏》,上海:上海古籍出版社,1997年,第176页中。

诰,告诉。《尚书·大诰》:

> 王若曰:"猷大诰尔多邦越尔御事:弗吊天降割于我家,不少延。洪惟我幼冲人,嗣无疆大历服,弗造哲,迪民康,矧曰其有能格知天命!"

伪孔传:"周公称成王命,顺大道以告天下众国,及于御治事者,尽及之。"①这里的"诰"是上对下的。又有下对上的,伪古文《尚书》有《仲虺之诰》,是臣下诰君。告诉、告诫、劝勉产生的文辞,就是诰体。《尚书》中又有"诰治""诰毖""诰教""诰告"诸名称,文体意味是一样的,都是由告诉、告诫、劝勉的动作产生的。

誓,告戒、约束。《尚书·甘誓》:

> 大战于甘,乃召六卿。王曰:"嗟! 六事之人,予誓告汝。有扈氏威侮五行,怠弃三正,天用剿绝其命。今予惟恭行天之罚。左不攻于左,汝不恭命;右不攻于右,汝不恭命;御非其马之正,汝不共命。用命,赏于祖;弗用命,戮于社。"

伪孔传:"将战先誓。"孔颖达疏:"《曲礼》云:'约信曰誓。'将与敌战,恐其损败,与将士设约,示赏罚之信也。将战而誓,是誓之大者。"②《周礼》"士师":"以五戒先后刑罚,毋使罪丽于民,一曰'誓',用之于军旅。"③誓,军中发布有关告诫、约束将士的号令。《甘誓》之"誓"是夏启的行为动作,此行为动作所发出的文辞即誓体文字。"誓"此处以"誓告"出之,"誓"即发出号令的讲话本身,"告"则强调讲话的方式与对象。

命,最高统治者所言、所命令。《尚书·尧典》:

> 乃命羲和,钦若昊天,历象日月星辰,敬授人时。分命羲仲,宅嵎夷,曰旸谷。寅宾出日,平秩东作。日中星鸟,以殷仲春。厥民析,鸟

---

① 《尚书正义》,《十三经注疏》,上海:上海古籍出版社,1997年,第198页上。
② 同上书,第155页下。
③ 《周礼注疏》,《十三经注疏》,上海:上海古籍出版社,1997年,第874页下。

兽孳尾。申命羲叔,宅南交。平秩南讹,敬致。日永星火,以正仲夏。厥民因,鸟兽希革。分命和仲,宅西,曰昧谷,寅饯纳日,平秩西成。宵中星虚,以殷仲秋。厥民夷,鸟兽毛毨。申命和叔,宅朔方,曰幽都。平在朔易,日短星昴,以正仲冬。厥民隩,鸟兽氄毛。①

"乃命羲和"后虽无"曰"字,但其后的文辞是"命"产生的,这就是命体。命体的命名,是由"命"这一行为动作而来。此是帝尧之"命",故命为帝王的诏令。

从《尚书》的谟、训、诰、誓、命诸文体的原生态生存方式,可见出这些文体的命名原则。一般来说,最初是以人们所作所为来命名文体的,即以"做什么"来确定其最初的命名,直接用产生文辞的那个动词来命名文体;分开来说,为文体命名的就是行为动作本身,而文本就是行为动作所发出的言词。以文体产生的行为动作即"做什么"来命名文体,给人印象最深的地方是从文体发生的外在动机来实施文体命名,并不涉及文体"怎么做"。

三、文论家和训诂家两类人士对文体命名的不同关注

汉魏晋的文论家释文体只关注文体特征,对文体命名原则不怎么关注,也即没有文体释名。《后汉书·蔡邕传》载汉末蔡邕撰《独断》,《南齐书·礼志上》也载"左中郎蔡邕造《独断》"②。蔡邕《独断》多有对文体的阐释,其所论文体有两大类,天子所用者"一曰策书,二曰制书,三曰诏书,四曰戒书"③,及"凡群臣上书于天子者,有四名:一曰章、二曰奏、三曰表、四曰驳议"④,以下分述之。

《独断》:"策者,简也。"⑤此处的释名称"策"即竹简,这是以书写工

---

① 《尚书正义》,《十三经注疏》,上海:上海古籍出版社,1997年,第119页中下。
② [南朝梁]萧子显《南齐书》,北京:中华书局,1972年,第117页。
③ [汉]孙叔通、卫宏、卫宏、伏无忌、蔡邕、[三国吴]丁孚《汉礼器制度及其他五种》,上海:商务印书馆,1937年,第1页。
④ 同上书,第4页。
⑤ 同上书,第3页。

具称文体,与文体含义无关。

《独断》:"制书者,制度之命也,其文曰制诏。"①此处的释名即"制"为制作,"制度之命",制作合乎法度的命令。"制"与文体无关。

《独断》:"诏书者,诏诰也,有三品,其文曰告某官某。"②此处以"诰"释"诏"。

《独断》:"戒书,戒敕刺史太守及三边营官,被敕文曰:有诏敕某官,是为戒敕也。"③以文体"为什么做"来释名。

"凡群臣上书于天子"之章、奏、表,均没有文体释名。《独断》曰驳议:"其有疑事,公卿百官会议,若台阁有所正处,而独执异意者,曰驳议。"④以"异议"训"驳议",是以"怎么做"释名。

《独断》曰:"命,出君下臣名曰命。令,奉而行之名曰令。政,著之竹帛名曰政。"⑤这些是就事实而言的论述,不涉及文体释名。从《独断》的文体论来说,较少涉及文体释名。

此后曹丕《典论·论文》叙文体:

> 夫文本同而末异。盖奏议宜雅,书论宜理,铭诔尚实,诗赋欲丽。⑥

曹丕《答卞兰教》叙文体:

> 赋者,言事类之所附也,颂者,美盛德之形容也。⑦

陆机《文赋》叙文体:

---

① [汉]孙叔通、卫宏、卫宏、伏无忌、蔡邕、[三国吴]丁孚《汉礼器制度及其他五种》,上海:商务印书馆,1937年,第4页。
② 同上。
③ 同上。
④ 同上书,第5页。
⑤ 同上书,第5—6页。
⑥ [南朝梁]萧统编,[唐]李善注《文选》,北京:中华书局,1977年,第720页下。
⑦ [晋]陈寿撰,[南朝宋]裴松之注,陈乃乾校点《三国志》,北京:中华书局,1959年,第158页。

> 诗缘情而绮靡,赋体物而浏亮。碑披文以相质,诔缠绵而凄怆。铭博约而温润,箴顿挫而清壮。颂优游以彬蔚,论精微而朗畅。奏平彻以闲雅,说炜晔而谲诳。①

这些论述强调的是文体应该"怎么做",也即文体特征,没有提及文体起源、命名,不做文体释名。这也就是说,讨论其文体"怎么做"的文体特征是不与文体"做什么"的文体起源命名联系起来的。以后挚虞《文章流别论》、李充《翰林论》释文体,亦只是就文体"怎么做"的讨论而不做文体释名。这些情况说明,对文体起源、文体命名的阐释还没有进入文论家的视野,文论家关注的只是文体的实际运用,即"怎么做"之类的文体特征。

倒是训诂学家或名物学家对文体命名有所关注。东汉末年有刘熙《释名》,专门探求事物名源,其中有对文体命名的阐释。以下录《释名》对《独断》论及文体的释名。②

《释名·释书契》:"策,书教令于上,所以驱策诸下也。"③以"驱策"之"策"训"策书"之"策",表明策体最终要达到驱策的功能,这是以"为什么做"来阐释文体名。刘熙巧妙地把"策"的两个义项联系在一起阐释。《释名·释书契》:"汉制:约敕封侯曰册。册,赜也。敕使整赜,不犯之也。"④亦是如此。

《释名·释典艺》:"诏书,诏,昭也。人暗不见事宜,则有所犯,以此示之,使昭然知所由也。"⑤"诏"音训为"照",以"为什么做"释文体名。

《释名·释书契》:"下言上曰'表',思之于内,表施于外也。"⑥"表"本身就训"外",而称把内在的"思""表施于外",是以"怎么做"释文体名。

---

① [南朝梁]萧统编,[唐]李善注《文选》,北京:中华书局,1977年,第241页上。
② 可参考吴承学、何诗海《简谈文学史史料的发掘和处理》,载《北京大学学报》2005年第4期,其文专谈了汉代的字书《说文》《释名》中的文体学观念。
③ 任继昉纂《释名汇校》,济南:齐鲁书社,2006年,第331页。
④ 同上书,第331页。
⑤ 同上书,第344页。
⑥ 同上书,第335页。

从上述分析可知,刘熙以文体的"怎么做"或"为什么做"来对前述文体进行阐释。文体的"怎么做"或"为什么做"可以不与文体名联系在一起,如曹丕、陆机诸人所作;但也可以与文体释名联系在一起讨论,刘熙《释名》创其始,其著述本身的职责就是"释名"。他从"释名"的角度展示出的文体"怎么做"或"为什么做",与曹丕、陆机诸人展示的文体"怎么做"或"为什么做"显然不一样,但都是对"怎么做"或"为什么做"的文体特征的展示。

刘熙亦有文体命名的阐述,《释名·释言语》:

> 颂,容也,序说其成功之形容也。①
> 铭,名也,记名其功也。②
> 祝,属也,以善恶之词相属著也。③
> 盟,明也,告其事于神明也。④
> 誓,制也,以拘制之也。⑤

此颂、铭、祝、盟、誓数者都是行为动作,而此数者所产生的又都是言语,这由所谓"释言语"可证,这些"言语"就构成了文体。那么,上述文体是由产生文辞的行为动作来命名的,在这里由刘熙《释名》得到印证。

作为文论家的蔡邕,其释文体一般不做文体释名,只是讲文体的形制、性质等,作为训诂家的刘熙多有文体释名,但又少有文体的形制、性质等叙说。二者如何结合,则成为文体学发展的新课题。

四、《文心雕龙》的"释名以章义"——从文体释名展开讨论成为文章释体的一般性方法

文体命名在古代文体论中应该具有什么样的地位?《论语·子路》

---

① 任继昉纂《释名汇校》,济南:齐鲁书社2006年,第177页。
② 同上书,第178页。
③ 同上书,第199页。
④ 同上书,第200页。
⑤ 同上。

载孔子曰:"必也正名乎!"又曰:"名不正,则言不顺;言不顺,则事不成;事不成,则礼乐不兴;礼乐不兴,则刑罚不中;刑罚不中,则民无所错手足。故君子名之必可言也,言之必可行也。君子于其言,无所苟而已矣。"①也就是说,君子之言要做到"无所苟而已矣",必须考察事物之"名",即"必也正名乎"。因此,要讨论文体,必须关注文体之"名"。古代文体论之集大成者刘勰可能就是这样想的,其《文心雕龙·序志》谈到自己讨论文体的方法:

> 若乃论文叙笔,则囿别区分,原始以表末,释名以章义,选文以定篇,敷理以举统。②

意思是推求文体来源阐述其流变,解释文体命名显示其意义,选取文体名篇确定其规范,陈述写作原理构筑系统。"释名以章义",即从文体命名出发来考察文体,以解释文体命名来阐释文体内涵。倒过来,刘勰要以文体功能、文体实施的过程或文体的效果等文体特征来解释文体命名,确证文体的"名正言顺"。确定文体名与文体性质、功能、效果等的关系,即在确定文体的名实关系中讨论文体,体现出考察文体命名与其性质、功能、效果等的内在逻辑。以下只录刘勰所云"释名以章义"即文体释名部分,以示其文体释名的特点。

《明诗》:"诗者,持也,持人情性;三百之蔽,义归无邪,持之为训,有符焉尔。"③诗"为什么做"? 即"持人情性",就是保持、端正人的思想情感。这是以文体功能阐述诗的命名,这种阐述是可逆的,也可以用诗的命名阐述诗的文体功能。以下所举之例皆如是。

《诠赋》:"赋者,铺也,铺采摛文,体物写志也。"④以"铺采摛文"来"体物写志"是赋的"怎么做"。这是以文体作法阐述赋的命名。

---

① 《论语注疏》,《十三经注疏》,上海:上海古籍出版社,1997年,第2506页中。
② [南朝梁]刘勰著,詹锳义证《文心雕龙义证》,上海:上海古籍出版社,1989年,第1924页。
③ 同上书,第171页。
④ 同上书,第270页。

《颂赞》:"颂者,容也,所以美盛德而述形容也。"①容,德行包容一切,因而颂之。郑玄《周颂谱》:"颂之言容。天子之德,光被四表,格于上下,无不覆焘,无不持载,此之谓容。"②或曰歌舞之容状,《释名·释言语》:"颂,容也,序说其成功之形容也。"③《周颂谱》正义:"颂之言容,歌成功之容状也。"④前者是以文体"为什么做"阐述"颂"的命名,即"美盛德"也;后者是以"怎么做"阐述"颂"的命名,即"述形容"也。"赞者,明也,助也。"⑤"赞"是说明、辅助。所谓"明也",即辅助使读者能够明白。以后作为史传之赞,也只是辅助之文,辅助于传记正文。"助也",依行为动作的"做什么"阐述文体命名;"明也",是以文体"为什么做"阐述文体命名。

《祝盟》:"天地定位,祀遍群神……祝史陈信,资乎文辞。"⑥"祝"为"祀遍群神"所咏文辞,这是以祝体的"做什么"阐述祝体命名。"祝史陈信,资乎文辞",这是以"为什么做"阐述祝体的命名。"盟者,明也。骍毛白马,珠盘玉敦,陈辞乎方明之下,祝告于神明者也。"⑦"明也",向神表明心迹,那么,盟体用于向人表明心迹就是顺理成章的。这是以"为什么做"阐述盟体命名。

《铭箴》:"则先圣鉴戒,其来久矣。故铭者,名也,观器必也正名,审用贵乎盛德。"⑧前面讲"铭"的"为什么做"即"鉴戒"。而"名也",《释名·释典艺》:"铭,名也,述其功美,使可称名也。"⑨则讲"铭"的"怎么做",器物要与其名对应,即"正名"。分别以"为什么做"及"怎么做"阐述文体命名。"箴者,针也,所以攻疾防患,喻针石也。"⑩以"为什么做"阐

---

① [南朝梁]刘勰著,詹锳义证《文心雕龙义证》,上海:上海古籍出版社,1989年,第313页。
② 《毛诗正义》,《十三经注疏》,上海:上海古籍出版社,1997年,第581页中。
③ 任继昉纂《释名汇校》,济南:齐鲁书社,2006年,第177页。
④ 《毛诗正义》,《十三经注疏》,上海:上海古籍出版社,1997年,第581页中。
⑤ [南朝梁]刘勰著,詹锳义证《文心雕龙义证》,上海:上海古籍出版社,1989年,第338页。
⑥ 同上书,第355页。
⑦ 同上书,第377页。
⑧ 同上书,第388、394页。
⑨ 任继昉纂《释名汇校》,济南:齐鲁书社,2006年,第346页。
⑩ [南朝梁]刘勰著,詹锳义证《文心雕龙义证》,上海:上海古籍出版社,1989年,第409页。

述文体命名。

《诔碑》:"诔者,累也,累其德行,旌之不朽也。"①"累也",累积,就是以"怎么做"阐述文体命名。"碑者,埤也。"②埤,增益。无论在山上立碑还是在地面立碑,都是有所增益。这是以"做什么"阐述文体命名,文体命名与文体释名重合了。

《哀吊》:"哀者,依也。悲实依心,故曰哀也。"③哀,即哀悼时讲的话,而这里讲哀从心出,是说哀的行为动作过程。虽然"哀""依"同声为训,《说文》释哀,"闵也。从口,衣声"④。但这又是形训,用字的形体释义。"吊者,至也。《诗》云:'神之吊矣。'言神至也。"⑤这是从"神至"讲吊须人至,以"做什么"阐释文体命名。

《杂文》释"七"体,"盖七窍所发,发乎嗜欲,始邪末正,所以戒膏梁之子也"⑥。对问,顾名思义。连珠,"业深综述,碎文琐语,肇为'连珠',其辞虽小,而明润矣"⑦,亦如文体命名。此三者均切合"做什么"来释名。

《谐隐》:"谐之言皆也;辞浅会俗,皆悦笑也。"⑧"皆也",诙谐嘲笑的文章就是要使大家听了高兴。以"为什么做"阐述文体名。"讔者,隐也。遁辞以隐意,谲譬以指事也。"⑨讔即隐语,既是"做什么"又是"怎么做"。

《史传》:"史者,使也;执笔左右,使之记也。"⑩以"为什么做"释文体名。"传者,转也;转受经旨,以授于后。"⑪从"怎么做"释文体名。

《论说》:"圣哲彝训为经,述经叙理曰论。论者,伦也;伦理无爽,则

---

① [南朝梁]刘勰著,詹锳义证《文心雕龙义证》,上海:上海古籍出版社,1989年,第427页。
② 同上书,第443页。
③ 同上书,第464页。
④ [汉]许慎撰,[清]段玉裁注《说文解字注》,上海:上海古籍出版社,1981年,第61页上。
⑤ [南朝梁]刘勰著,詹锳义证《文心雕龙义证》,上海:上海古籍出版社,1989年,第474页。
⑥ 同上书,第491页。
⑦ 同上书,第496页。
⑧ 同上书,第529页。
⑨ 同上书,第539页。
⑩ 同上书,第560页。
⑪ 同上书,第569页。

圣意不坠。"①"伦也","论"要与圣意并列,以"怎么做"释文体名。"说者,悦也;兑为口舌,故言资悦怿;过悦必伪,故舜惊谗说。"②"悦也",以"为什么做"释文体名。

《诏策》:"诏者,告也。"③告知是"诏"作为行为动作的本意。以文体命名"做什么"释文体名,二者重合。"策者,简也。"④以书写工具释文体名,与文体含义无关。

《檄移》:"檄者,皦也。宣露于外,皦然明白也。"⑤"皦也",以"怎么做"释名。"移者,易也。移风易俗,令往而民随者也。"⑥"易也",以"为什么做"释名。

《章表》:"章者,明也。《诗》云'为章于天',谓文明也。其在文物,赤白曰章。"⑦"明也",以"怎么做"释名。"表者,标也。《礼》有《表记》,谓德见于仪,其在器式,揆景曰表。"⑧"标也",说臣下的进言既要说得明白,又要有明白的功效,以"怎么做"释名。

《奏启》:"奏者,进也。"⑨奏,进,进献。以文体命名"做什么"释文体名,二者重合。"启者,开也。高宗云:'启乃心,沃朕心。'取其义也。"⑩以"为什么做"释名。

《议对》:"周爰咨谋,是谓为议。议之言宜,审事宜也。"⑪"议之言宜",以"为什么做"释名。"对",以文体命名"做什么"释名,二者重合。

《书记》:"大舜云:'书用识哉!'所以记时事也。……故书者,舒也。舒布其言,陈之简牍。"⑫舒布其言以记下文字,以"怎么做"释名。"书

---

① [南朝梁]刘勰著,詹锳义证《文心雕龙义证》,上海:上海古籍出版社,1989年,第665页。
② 同上书,第707页。
③ 同上书,第730页。
④ 同上。
⑤ 同上书,第766页。
⑥ 同上书,第785页。
⑦ 同上书,第826页。
⑧ 同上书,第826页。
⑨ 同上书,第852页。
⑩ 同上书,第873页。
⑪ 同上书,第882页。
⑫ 同上书,第918页。

记"下附录二十四种文体,义多同上,不述。

除《诸子》《封禅》没有文体释名外,我们看到刘勰文体释名的三种方法:一是依文体的"做什么",二是依文体的"怎么做",三是依文体的"为什么做"。或有其中二者结合而论者。总之,是用训诂的方式来释名,或音训、或义训、或形训、或直寻,从对文体名的训诂中得出文体的某些含义。刘勰太执着于用训诂的方式来释名,有时不得不牵强附会,如称:"吊者,至也。《诗》云'神之吊矣',言神至也。"《尔雅·释诂上》:"吊,至也。"①周振甫称:"《诗·小雅·天保》:'神之吊(dí 敌)矣,诒尔多福。'是神降赐福。这个吊与吊丧之吊音义均不同。刘勰没有弄清两者的分别,把它们混淆了。"②

因此,刘勰用训诂文体命名的方式来阐释文体名,其真正目的是阐述文体特征。无论他怎么释名,文体释名本身就是要把文体的各种功能、目的、作法等与文体命名联系在一起,显示出研究是从文体内部出发的。于是以先前就掌握的文体的各种功能、目的、作法等来推导文体名的含义,或有先入为主之嫌。但是,文体以"做什么"命名,与文体的"怎么做""为什么做"在这里得到了统一,文体的名与实在这里得到了统一,也显示出文体的"怎么做""为什么做"是由文体的"做什么"规定了的。这是在用文体本身"做什么"来阐释、推导文体应该"怎么做""为什么做",使文体应该"怎么做""为什么做"成为文体的必然,或者说使文体的或然成为文体的必然,使人们对文体的规定性更有信心。

当我们理解了文体命名与文章释体可以双向运动,我们就知道,文体的"怎么做""为什么做"也可以决定文体的命名。如《释名·释典艺》又载:

> 诗,之也,志之所之也。兴物而作谓之"兴"。敷布其义谓之"赋",事类相似谓之"比",言王政事谓之"雅",称颂成功谓之"颂",

---

① 《尔雅注疏》,《十三经注疏》,上海:上海古籍出版社,1997年,第2568页下。
② 周振甫《文心雕龙注释》,北京:人民文学出版社,1981年,第141页。

随作者之志而别名之也。①

《周礼·春官宗伯》载大师"教六诗:曰风、曰赋、曰比、曰兴、曰雅、曰颂"②。这里是说"怎么做"不同,文体命名也就不同了。

五、总括

以上论述了古代文体命名与文体释名的情况,显示了古代文体论对文体之名的关注,即以"做什么"命名的文体,与文体的"怎么做""为什么做""做得怎么样"是紧密联系在一起的。从文体命名出发讨论文体,可说是我们传统文体论的一个特点,这是我们民族文论的一个优秀传统,今天我们仍有运用,如钱锺书曾论经典一名多义的情况,《管锥编》第一则"论易之三名"云:

> 《论易之三名》:"《易纬乾凿度》云:'易一名而含三义,所谓易也,变易也,不易也。'郑玄依此义作《易赞》及《易论》云:'易一名而含三义:易简一也,变易二也,不易三也。'"按《毛诗正义·诗谱序》:"诗之道放于此乎。"《正义》:"然则诗有三训:承也,志也,持也。作者承君政之善恶,述己志而作诗,所以持人之行,使不失坠,故一名而三训也。"皇侃《论语义疏》自序:"舍字制音,呼之为'伦'。……一云:'伦'者次也,言此书事义相生,首末相次也;二云:'伦'者理也,言此书之中蕴含万理也;三云:'伦'者纶也,言此书经纶今古也;四云:'伦'者轮也,言此书义旨周备,圆转无穷,如车之轮也。"③

钱锺书又有"诗之一名三训"④、"风之一名三训"⑤之论,这就给我们提供了一个讨论文体的路径,即从文体命名的方面来考察文体的性质、功能等。

---

① 任继昉纂《释名汇校》,济南:齐鲁书社,2006年,第340页。原缺"风"。
② 《周礼注疏》,《十三经注疏》,上海:上海古籍出版社,1997年,第796页上。
③ 钱锺书《管锥编》,北京:中华书局,1986年,第1页。
④ 同上书,第57页。
⑤ 同上书,第58页。

第三节　中古文体的扩张、互动及非常态化

文体自有规范,但有些强势文体时或不安本分,主动或被动越界去做其他文体应该做的事,这就是文体的扩张;倒过来讲,一些文体羡慕其他文体的成功,兴而效之,引进某些成分,这也是强势文体扩张的表现。文体的扩张造成文体的互动,或成功或不成功。文体不同,立场就不同,故看法也不同,但总之是文体呈现出非常态化形式。或称此即与文体的正体、常体、惯体、定体相对的破体、谬体、讹体、变体等,但这把深刻问题简单化了。深究起来,这里涉及同一学科中诸文体的互动、不同学科中同一文体的互动、文体性质的改变与新文体的产生,等等。中古时期,我国文体进入成熟期,文体的扩张及非常态化情况尤为突出,以下述之。

一、文体由此学科向彼学科的扩张

文学文体是文人的心中最爱,当他们关注乃至痴迷于另一个学科时,往往期望文学文体也进入这个学科进行尝试,这就是玄言赋、玄言诗的形成动机,也是文学文体向哲学的扩张。

我们来看《晋书·庾敳传》所载庾敳《意赋》,赋曰:

> 至理归于浑一兮,荣辱固亦同贯。存亡既已均齐兮,正尽死复何叹。物咸定于无初兮,俟时至而后验。若四节之素代兮,岂当今之得远?且安有寿之与夭兮,或者情横多恋。宗统竟初不别兮,大德亡其情愿。蠢动皆神之为兮,痴圣惟质所建。真人都遣秽累兮,性茫荡而无岸。纵驱于辽廓之庭兮,委体乎寂寥之馆。天地短于朝生兮,亿代促于始旦。顾瞻宇宙微细兮,眇若豪锋之半。飘摇玄旷之域兮,深漠畅而靡玩。兀与自然并体兮,融液忽而四散。①

赋的首四句总述齐死生、等祸福;"物咸"以下四句叙写万物变化,不会总

---

① [唐]房玄龄等《晋书》,北京:中华书局,1974年,第1395页。

是目前的状况;"且安有"以下四句说变来变去还是归于"不别"(没有区别),因此要"亡其情愿";"蠢动"以下六句称个人须丢弃人生"秽累"而空虚其心;"天地"以下八句深感世间的渺小而要与自然"并体",走向虚无与永恒。《晋书·庾敳传》载,庾敳"见王室多难,终知婴祸,乃著《意赋》以豁情","从子亮见赋,问曰:'若有意也,非赋所尽;若无意也,复何所赋?'答曰:'在有无之间耳!'"①庾亮认为:从"言不尽意"的角度来说,"意"不是"赋"这种文体所能表达尽的;而如果说用文学作品表达的不是"意",那么作赋又是为了什么现实目的? 庾敳回答得很巧妙,他徘徊于现实生活的"意"与玄言的"意"之间,这就是所谓"在有无之间耳"。又如《谈赋》,赋作只存"斐斐亹亹,若有若无;理玄旨邈,辞简心虚"②数句,也是有意无意之间。本来,赋的特质是"体物而浏亮",而"有意无意之间"是从玄学的基本问题"得意忘言"而来,本是文学文体的赋偏离或改变了文体固有的规范,开拓了新的表现方式。

又有诗进入哲学学科而成为玄言诗。有时玄言诗是直接从理性入手,如孙绰所作《赠温峤五章》其一:

> 大朴无像,钻之者鲜。玄风虽存,微言靡演。逸矣哲人,测深钩缅。谁谓道辽,得之无远。③

诗中论天道则称"无像",论言语则称"靡演",脱略具体事物,而哲人由之"测深钩缅",从这"无像""靡演"之中得到了"道"的真谛,全诗正是以这种探测玄远脱略具体的方式阐述了玄理。有时玄言诗是从感性形象入手,但一下子进入对宇宙万物的叙说,清人叶燮称说王羲之《兰亭集序》云:

> 兰亭之集,时贵名流毕会,使时手为序,必极力铺写,谀美万端,

---

① [唐]房玄龄等《晋书》,北京:中华书局,1974年,第1395页。
② [清]严可均校辑《全上古三代秦汉三国六朝文》,北京:中华书局,1958年,第1937页下。
③ [唐]许敬宗编,罗国威整理《日藏弘仁本文馆词林校证》,北京:中华书局,2001年,第56页。

决无一语稍涉荒凉者;而羲之此序,寥寥数语,托意于仰观俯察宇宙万汇,系之感慨,而极于死生之痛。①

由景物一下子跳跃进入"仰观俯察宇宙万汇",而脱略于"极力铺写,谀美万端"的具体生活内容。王羲之《兰亭诗》也是如此写法:

> 三春启群品,寄畅在所因。仰望碧天际,俯磐绿水滨。寥朗无崖观,寓目理自陈。大矣造化功,万殊莫不均。群籁虽参差,适我无非新。②

诗中所叙并非具体地点的特殊景物,也无具体生活内容,末二句既称赏玄理在胸时对自然景物的看法,又脱略"群籁"之类自然景物的具体特征而使之成为一种理念性的东西。又如孙绰《答许询一首》:

> 遗荣荣在,外身身全。卓哉先师,修德就闲。散以玄风,涤以清川。或步崇基,或恬蒙园。道足匈怀,神栖浩然。③

诗中的自然景物如"玄风""清川""崇基""蒙园",都是一般性、象征性的,甚或是概括性、概念化的。从中可以看出,玄言诗的写景是以自己所体悟的玄理来组织自然景物的,目的是为了从中概括出哲理来。

又如铭体,王导、许询《尘尾铭》等,赋予某些事物充分的玄学特征,使其成为吟咏对象。

文学文体进入玄学,是一种平行的移植,相同的情况又有文学文体进入史学。自汉代起,典籍分为经、史、子、集,而南朝宋时又有儒、玄、史、文四学④,萧统《文选》明言"记事之史,系年之书"不录,但又说:

---

① [清]王夫之等撰,丁福保辑《清诗话》,上海:上海古籍出版社,1978年,第572—573页。
② 逯钦立辑校《先秦汉魏晋南北朝诗》,上海:上海古籍出版社,1983年,第895页。
③ [唐]许敬宗编,罗国威整理《日藏弘仁本文馆词林校证》,北京:中华书局,2001年,第58页。
④ 《隐逸·雷次宗传》:"元嘉十五年,征次宗至京师,开馆于鸡笼山,聚徒教授,置生百余人。会稽朱膺之、颍川庾蔚之并以儒学,监总诸生。时国子学未立,上留心艺术,使丹阳尹何尚之立玄学,太子率更令何承天立史学,司徒参军谢元立文学,凡四学并建。"[南朝梁]沈约《宋书》,北京:中华书局,1974年,第2293—2294页。

若其赞、论之综缉辞采,序、述之错比文华,事出于沈思,义归乎翰藻,故与夫篇什,杂而集之。①

史书的赞、论、序、述被认可为文学文体,也即《文选》的史论、史述赞两类。或者说,文学的赞、论、序、述诸文体进入了史学。范晔《狱中与诸甥侄书》云:

> 本未关史书,政恒觉其不可解耳。既造《后汉》,转得统绪,详观古今著述及评论,殆少可意者。班氏最有高名,既任情无例,不可甲乙辨。后赞于理近无所得,唯志可推耳。博赡不可及之,整理未必愧也。吾杂传论,皆有精意深旨,既有裁味,故约其词句。至于《循吏》以下及《六夷》诸序论,笔势纵放,实天下之奇作。其中合者,往往不减《过秦》篇。尝共比方班氏所作,非但不愧之而已。②

范晔是有意识地把史书"诸序论"写成"天下之奇作"的,也就是自觉地要文学文体进入史学。

二、文体的某些特质向诸文体的扩张

文体大都有自己特定的题材,二者相辅相成而获得巨大成功,成为文学史上独特的风景线。有时,文体的特定题材会强大到影响其他文体,其他文体也对这特定题材一拥而上,特定题材又蔓衍影响到时代文风。"宫体"从诗到各类文体的蔓延,充分说明了这一问题。

宫体赋的情况自不待言,如庾信的赋,倪璠《注释庾集题辞》曰:

> 若夫《三春》《七夕》之章,《荡子》《鸳鸯》之赋,《灯》前可出丽人,《镜》中惟有好面,此当时宫体之文,而非仕周之所为作也。③

而其他文体亦如此,就显得是特别现象了。如连珠,傅玄《连珠序》称其

---

① [南朝梁]萧统编,[唐]李善注《文选》,北京:中华书局,1977年,第2页下。
② [南朝梁]沈约《宋书》,北京:中华书局,1974年,第1830—1831页。
③ [北周]庾信撰,[清]倪璠注,许逸民校点《庾子山集注》,北京:中华书局,1980年,第5页。

"合于古诗劝兴之义"①,而刘孝仪《探物作艳体连珠》则标明为"艳体"。又如表,刘勰《文心雕龙·章表》称之为"必雅义以扇其风,清文以驰其丽"②,多用于陈请谢贺,而江总《为陈六宫谢表》笔力重在描摹女性,与宫体诗、宫体赋如出一辙。又如书,本是特别私人化的,但南朝偏偏多有请人代为作书给自己妻子的情况,如何逊《为衡山侯与妇书》、伏知道《为王宽与妇义安主书》、庾信《为梁上黄侯世子与妇书》之类。又如启,本为奏疏类公文,庾肩吾《谢东宫赉内人春衣启》则重在写女性春衣。又如铭,刘勰《文心雕龙·铭箴》所谓"故铭者,名也,观器必也正名,审用贵乎盛德"③。但南朝往往选择与女性有联系的东西作铭,如徐陵《后堂望美人山铭》,全是美人描摹;梁简文帝《行雨山铭》,从题目"行雨"就可知意味;庾信亦有《梁东宫行雨山铭》。这就是时代风气影响之下的现象。"宫体"扩张,固然丰富了各种文体内容的表达,具有某种开拓性,满足了时代的某种狂热,且体现出社会意识对文体叙述的巨大影响,但各种文体雷同一响,一时似乎抹平了各种文体的差异。④

特定文体有特定的叙写方式,"宫体"从诗到各类文体的蔓延,把描摹手法在这些文体内扩张开来。如书体本来是言事抒情的,但南朝书信着力于女性的描摹,如萧纲《答新渝侯和诗书》中的"双鬟向光,风流已绝,九梁插花,步摇为古,高楼怀怨,结眉表色,长门下泣,破粉成痕。复有影里细腰,令与真类,镜中好面,还将画等"。信中对新渝侯萧暎所作三首诗做评论,称之为"性情卓绝,新致英奇"。⑤ 与宫体诗的写法一模一样。

又如序这种文体,主要是陈说著作的主题与著述经过,要把原书的事理说得头头是道。而徐陵《玉台新咏序》称此书是一位女性所作,故全力描摹一位"丽人"。

---

① [清]严可均校辑《全上古秦汉三国六朝文》,北京:中华书局,1958 年,第 1724 页上。
② [南朝梁]刘勰撰,詹锳义证《文心雕龙义证》,上海:上海古籍出版社,1989 年,第 844 页。
③ 同上书,第 394 页。
④ 关于"宫体"的扩张,详见拙文《论"宫体"在南朝各体文字的蔓延——"宫体之文"考述》,《学术月刊》2010 年第 8 期。
⑤ [清]严可均校辑《全上古秦汉三国六朝文》,北京:中华书局,1958 年,第 3010 页下—3031 页上。

赋的特定写作方式是铺陈,又向其他文体扩张,程千帆说:

> 两京之文,若符命、论说、哀吊以及箴、铭、颂、赞之作,凡挟铺张扬厉之气者,莫不与赋相通。①

这是赋的扩张,即以"铺张扬厉之气"写作符命、论说、哀吊、箴、铭、颂、赞等文体。

南朝又有用典这一方法向诗歌文体的扩张。锺嵘《诗品序》称南朝"属词比事"的用典成为"通谈"的热点问题,但他认为"经国文符""撰德驳奏"这类文体"应资博古""宜穷往烈","至乎吟咏情性,亦何贵于用事"。而文学史的事实则是:"故大明、泰始中,文章殆同书抄。近任昉、王元长等,词不贵奇,竞须新事。尔来作者,浸以成俗。遂乃句无虚语,语无虚字,拘挛补纳,蠹文已甚。但自然英旨,罕值其人。词既失高,则宜加事义。虽谢天才,且表学问,亦一理乎!"②

又比如声律从诗歌向诸文体的扩张。《宋书·谢灵运传论》:

> 夫五色相宣,八音协畅,由乎玄黄律吕,各适物宜。欲使宫羽相变,低昂互节,若前有浮声,则后须切响。一简之内,音韵尽殊;两句之中,轻重悉异。妙达此旨,始可言文。③

从诗歌展开的声律追求影响到其他文体,虽然不是照搬,但"宫羽相变,低昂互节"却是做得到的。《文镜秘府论·西卷·文二十八种病》:

> 或曰:其赋颂,以第一句末不得与第二句末同声。如张然明《芙蓉赋》云:"潜灵根于玄泉,擢英耀于清波。"是也。蔡伯喈《琴颂》云:"青雀西飞,《别鹤》东翔,《饮马长城》,楚曲《明光》。"是也。其铭诔等病,亦不异此耳。……其手笔,第一句末犯第二句末,最须避之。如孔文举《与族弟书》云:"同源派流,人易世疏,越在异域,情爱分

---

① 《赋之隆盛与旁衍》,程千帆《闲堂文薮》,济南:齐鲁书社,1984年,第148页。
② [南朝梁]锺嵘撰,曹旭集注《诗品集注》,上海:上海古籍出版社,1994年,第174—181页。
③ [南朝梁]沈约《宋书》,北京:中华书局,1974年,第1779页。

隔。"是也。凡诗赋之体,悉以第二句末与第四句末以为韵端。若诸杂笔不束以韵者,其第二句末即不得与第四句同声,俗呼为隔句上尾,必不得犯之。①

声律、丽辞、用事,早先都只是个别文体的特质,这些特质后来扩张到几乎所有的应用文体,这就是骈文的形成过程。不细想不会知道,文体的某些特质竟会扩张到如此程度。

三、文体某部分的自我扩张导致新文体产生

我们看到的文体,当它以语言文字的形式被记载下来时,几乎就是成熟的,但是文体的形成自有其路径,它还有一个前文体状态。梳理中古时期的某些文体,我们可以清清楚楚地看到其成长历程,看到其萌芽、发展及最终的定型。如序,一般是作者陈述作品的主旨、著作的经过等,如汉司马迁《太史公自序》;他人所作的对著作的介绍评述也称序,如晋皇甫谧《〈三都赋〉序》。一般来说,无论序有怎样的篇幅,都可以独立成文,如《昭明文选》有序类,但序总是一种依附。而当《文心雕龙·颂赞》称"崔瑗《文学》,蔡邕《樊渠》,并致美于序,而简约乎篇"②时,在观念上序已经渐渐成为主体,那么,唐初时亲友别离,如韩愈《送李愿归盘谷序》之类赠言规勉的赠序出现,成为不依赖任何文体的独立文体,就应该是必然的结果。这就是文体某部分的变,这种变发展到一定程度,就会导致新文体脱胎产生。

又如连珠体的产生。连珠体以"臣闻"起首做逻辑推理并以多篇连章为基本格式,如《左传·隐公四年》:

> 公问于众仲曰:"卫州吁其成乎?"对曰:"臣闻以德和民,不闻以乱。以乱,犹治丝而棼之也。夫州吁,阻兵而安忍。③

---

① 〔日〕弘法大师撰,王利器校注《文镜秘府论校注》,北京:中国社会科学出版社,1983 年,第 407—408 页。
② [南朝梁]刘勰著,詹锳义证《文心雕龙义证》,上海:上海古籍出版社,1989 年,第 331 页。
③ 《春秋左传正义》,《十三经注疏》,上海:上海古籍出版社,1997 年,第 1725 页下。

这里有喻体与本体,也有前提与结论。又如《国语·越语上》所载大夫种进之言,也有前提与结论、喻体与本体的推理,是在一个"臣闻"的引领之下展开的。最可注意的是《战国策》,其载录的谋臣策士纵横捭阖的斗争及相关谋议或辞说,常常可见一段对问中有两个以上的比喻、推理、论证连用的"臣闻"格式,如《战国策·秦一》"张仪说秦王"有五个"臣闻"格式的连用,《战国策·楚四》"庄辛谓楚襄王"有两个"臣闻"格式的连用。假如脱略散文的"对问"而把其中"臣闻"格式抽绎并汇聚起来,就是连珠体了。连珠就是如此构成的:把某种推理、论证从原生态环境中抽离出来进行新的组合,使得原本有具体指向的劝谏话语有了某种抽象和普遍化意味,又符合"历历如贯珠"的语言上的要求;其意义指向也由单纯的劝谏转而兼有观赏性。刘胜《闻乐对》是连珠成熟的最后一环,除开其中极少的有关自我事迹的叙说,完全是以"臣闻"格式发表意见、抒发情感。①

再讲诗歌的例子,它本只是叙事的某部分,如《左传·襄公十七年》载:

>   宋皇国父为大宰,为平公筑台,妨于农功。子罕请俟农功之毕,公弗许。筑者讴曰:"泽门之皙,实兴我役。邑中之黔,实慰我心。"子罕闻之,亲执扑,以行筑者,而抶其不勉者,曰:"吾侪小人,皆有阖庐以辟燥湿寒暑。今君为一台而不速成,何以为役?"讴者乃止。或问其故,子罕曰:"宋国区区,而有讴有祝,祸之本也。"②

"泽门之皙,实兴我役。邑中之黔,实慰我心"在文中是作为"筑者"表达的意见,是"事"的一个环节,脱离开整段文字,我们就不知所云。但以后诗歌的发展,就是使自己成为一个自足的系统,由此诗歌独立了。

刘师培谈文体的变化云:

>   所谓变化者,非谓改叙记为论说或侪叙记为词赋也。世有最可

---

① 以上参见拙文《论"连珠"体起源于"对问"——刘胜〈闻乐对〉为连珠雏形论》,《中山大学学报》2010 年第 1 期。
② 《春秋左传正义》,《十三经注疏》,上海:上海古籍出版社,1997 年,第 1964 页上中。

奇异之文体,而世人习焉不察者,则杜牧《阿房宫赋》,及苏轼之前、后《赤壁赋》是也。此二篇非骚非赋,非论非记,全乖文体,难资楷模。①

文体的某一部分扩张、放大,成为一种"全乖文体"的文体,于是新文体产生了。

四、文体扩张乃至文体互动——以诗、骚、赋为例

各文体扩张而互不相让,就成为文体互动,即文体间相互运用其他文体的写作方法而各有所得。有些文体自身具有的某些优势特点,有时会影响到其他文体,如南朝后期时出现的"以诗为赋",就是诗的扩张使赋有所变化。如萧纲《对烛赋》,几乎全是诗的七言、五言句,韵脚也是诗的形式。又如庾信《荡子赋》,只有"况复"二字显示出赋在叙事处的转折连接,其他都是诗的意味。而萧悫《春赋》则全用诗句。可以说赋已与诗体相通相融,相似相像,界限并不那么清晰。假如这些作品不标注赋名,那么我们将用与之相适应的文体规范来称呼它,也可以称作诗。这就是诗的扩张。

又有"以赋为诗"的情况,这是赋对诗的影响,沈约《八咏》载于《玉台新咏》,这从文本出处上确定其诗的身份,但这些作品又是"以赋为诗"。一是作为抒情诗来说篇幅长,二是采用铺陈手法,三是有纯粹的三、五、七言,又有带虚字的五言、六言、七言,而以五言句为主导。五言句是诗歌的典型句式,显示出《八咏》还是诗歌的作法,还是以诗的句式为主。因为是"以赋为诗",沈约《八咏》又往往被人们视作赋,唐人所编《艺文类聚》就是如此载录。

总结起来,所谓"以诗为赋"或"以赋为诗",就是诗、赋之间的互动、交叉或渗透、融合,这种情况很多,如晋夏侯湛《春可乐》,从句式上看,除

---

① 刘师培著,陈引驰编校《刘师培中古文学论集》,北京:中国社会科学出版社,1997年,第136页。

两个"春可乐兮"与两个纯粹四言句,其他都是带虚字的六言骚体句,骚体可属于赋,亦可属于诗。相同情况又有晋王廙《春可乐》、李颙《悲四时》,夏侯湛《秋可哀》与《秋夕哀》、湛方生《秋夜清》、宋谢琨《秋夜长》、苏彦《秋夜长》、何瑾《悲秋夜》、伏系之《秋怀》之类,在《艺文类聚》中都称为赋,在《先秦汉魏晋南北朝诗》中收录的都称为诗,这就是"以诗为赋"和"以赋为诗"的交融状况。

五、中古时期文体扩张的文学史意义

中古时期文体扩张的情况具有什么样的文学史意义呢?

其一,"以能文为本"成为文体扩张的原动力①。我们看到诗、赋往往是扩张的主导者、主动者,也看到"臣闻"之类辞采、内涵兼具的特立独行语句被抽绎而聚合为新文体,无不是"文"的巨大力量在发挥作用。如刘勰《文心雕龙·颂赞》谈到颂的"雅而似赋",就称其"何弄文而失质乎",②突出了作者"弄文"的作用。又,《文选》卷四十任昉《奏弹刘整》,李善注云:

> 昭明删此文大略,故详引之,令与《弹》相应也。③

可见萧统出于《文选》为"文"的考虑,删略本是应用文的"笔",使其成为《文选》载录的"文",此处文体的扩张是由总集编纂者实施的,这是由外部施加力量实现的"文"的扩张。由"文"向"笔"的扩张,再联系起骈文的形成,那重典故、重辞采、重声律,不都是以诗、赋为代表的"文"的成功吗? 文体扩张的结果是被扩张者的表现力更丰富了,即钱锺书所谓"足见名家名篇,往往破体,而文体亦因以恢弘焉"④。

其二,《世说新语·文学》有这样的记载:

---

① 萧统《文选序》称子书"以立意为宗,不以能文为本",可见彼时已有"以能文为本"的作品。详见刘师培《中国中古文学史·论汉魏之际文学变迁》对"纯以骈辞为主"之类论述。
② [南朝梁]刘勰著,詹锳义证《文心雕龙义证》,上海:上海古籍出版社,1989年,第327页。
③ [南朝梁]萧统编,[唐]李善注《文选》,北京:中华书局,1977年,第561页上。
④ 钱锺书《管锥编》,北京:中华书局,1986年,第890页。

> 何晏注《老子》未毕,见王弼自说注《老子》旨。何意多所短,不复得作声,但应诺诺,遂不复注,因作《道德论》。①

不能"注"则为"论",这说明注体与论体之所以能有互动或交叉,是因为二者都是对原文的阐发;而玄学"注"甩脱汉代繁琐注经风尚而崇尚简约,则为注体与论体的互动提供了文风上的保证。这说明文体的互动、交叉或渗透、融合是有条件的,而条件又是随着时代变化的。中古时期文体扩张的例子特别多,体现了南朝文风对"新变"的追求,《文心雕龙·通变》:

> 夫设文之体有常,变文之数无方,何以明其然耶?凡诗、赋、书、记,名理相因,此有常之体也。文辞气力,通变则久,此无方之数也。②

虽然刘勰一再指出"讹体""谬体",但涉及文体发展的大方向时,追求"新变""通变"的声音更加高亢。人们对文体间的互动或有讥贬,但对"兼而善之"更为推崇,如刘孝绰《昭明太子集序》云:

> 孟坚之颂,尚有似赞之讥;士衡之碑,犹闻类赋之贬。深乎文者,兼而善之。③

其三,在文论家的笔下,文体的某一功能会成为此文体的象征,如陆机《文赋》提出的"诗缘情而绮靡",所谓"铸成新语"。而"诗缘情"口号扩张、膨胀的结果有二,一是"缘情"成为诗的专利,二是认定诗只有"缘情"一途。其有利的一面,是突出了诗的本质特征;其不利的一面,是妨害了诗向叙事、说理等方面的发展,玄言诗遭诟病、叙事诗不发达,这也是原因之一。

其四,文体的扩张会不会出现诸文体泯灭界限、混为一谈的局面?

---

① [南朝宋]刘义庆著,[南朝梁]刘孝标注,余嘉锡笺疏,周祖谟、余淑宜、周士琦整理《世说新语笺疏》(修订本),上海:上海古籍出版社,1993年,第200页。
② [南朝梁]刘勰著,詹锳义证《文心雕龙义证》,上海:上海古籍出版社,1989年,第1079页。
③ [南朝梁]萧统著,俞绍初校注《昭明太子集校注》,郑州:中州古籍出版社,2001年,第245页。

《梁书·萧子显传》载萧子显自言所作《鸿序赋》的"体兼众制,文备多方"①,或即刘孝绰所言"兼而善之";可以说,有意识地采用各种文体的长处来进行创作,是那个时代的风气。比如说赋作所含的诗类诸体,就有"拓宇于《楚辞》"的骚、班固《两都赋》之"五篇之诗"、司马相如《美人赋》之"女乃歌曰"、张衡《南都赋》之"喟然相与歌曰"、张衡《南都赋》之"遂作《颂》曰"、马融《长笛赋》之"其辞曰"、张衡《思玄赋》篇末之"系曰"。《文选》李善注引旧注:"系,繄也。言繄一赋之前意也。"②《六臣注文选》引旧注:"系,繄也。重繄一赋之意也。"③赋融含的骚、诗、歌、颂、辞、系诸文体,其特点在赋的映衬下反而更凸显了。不论文体扩张的现象如何甚嚣尘上,对社会的整体反映、完整表达,还是需要文体的集体努力,于是我们更多看到的是,各种文体以集合的面目出现在世人面前,组成一个更大的文体。在文体的形成期,往往是各种文体的特点综合而构成新文体,如赋综合各种文体的特点,章学诚《校雠通义》卷二《汉志诗赋第十五之二》,称赋"出入战国诸子",即"假设问对,《庄》《列》寓言之遗也;恢廓声势,苏张纵横之体也;排比谐隐,韩非《储说》之属也;征材聚事,《吕览》类辑之义也"等,④这在汉魏六朝赋中是一一可以征实的。又如魏时卞兰有《赞述太子赋》,又有《赞述太子表》,即赞(颂)、赋、表三种文体构成一个整体,后人又称为《赞述太子赋并上赋表》。又如史传体,《文心雕龙·史传》称:

> 故本纪以述皇王,列传以总侯伯,八书以铺政体,十表以谱年爵,虽殊古式,而得事序焉。⑤

史传体中各种文体各自的面目更加鲜明。影响到日后,如传奇体,赵彦卫

---

① [唐]姚思廉《梁书》,北京:中华书局,1973年,第512页。
② [南朝梁]萧统编,[唐]李善注《文选》,北京:中华书局,1977年,第222页下。
③ [南朝梁]萧统编,[唐]李善、吕延济、刘良、张铣、吕向、李周翰注《六臣注文选》,北京:中华书局,1987年,第287页。
④ [清]章学诚著,叶瑛校注《文史通义校注》,北京:中华书局,1985年,第1064页。
⑤ [南朝梁]刘勰著,詹锳义证《文心雕龙义证》,上海:上海古籍出版社,1989年,第576页。

《云麓漫钞》云：

> 唐之举人，先借当世显人，以姓名达之主司，然后以所业投献。逾数日又投，谓之温卷，如《幽怪录》《传奇》等皆是也。盖此等文备众体，可以见史才、诗笔、议论。①

"文备众体"之文体出现，是文体发展的更高阶段。

---

① [宋]赵彦卫《云麓漫钞》，上海：古典文学出版社，1957年，第111页。

第四节　从"诗笔之辨"到文体三分
——论赋在南北朝的再发现与其文体学意义

南北朝有称之为"今文""今体"者,《梁书·裴子野传》所谓"子野为文典而速,不尚丽靡之词,其制作多法古,与今文体异"①,萧纲《与湘东王书》所称"若以今文为是,则古文为非;若昔贤可称,则今体宜弃"②,这是一种诗以外的与"法古"相对立的文章体制。这种文体在徐陵、庾信时基本定型,全篇以偶句为主,讲究对仗和声律、辞藻,一直延续到清末,唐代称其为"骈四俪六""四六",宋明沿用,清代称其为骈文。这种文体是在怎么样的文体学氛围中产生并定型的,又是以何种文体为媒介而成长壮大起来的,其产生对本是"诗""笔"——诗与非诗——两分的文体形态格局有什么影响,以下述之。

一、赋在《文心雕龙》中的再发现

汉时,赋以叙写文字的学问化与文采之"丽"著称于世,晋时,赋的叙写内容更加趋向学问化,如左思《三都赋序》提出作赋崇尚学问,所谓"其山川城邑,则稽之地图;其鸟兽草木,则验之方志。风谣歌舞,各附其俗,魁梧长者,莫非其旧"③。南北朝时赋被再发现。先是赋注兴起,徐爰在《潘岳〈射雉赋〉注》自述"尝览兹赋,昧而莫晓",于是"聊记所闻,以备遗忘"。④《梁书·文学·周兴嗣传》载"左卫率周舍奉敕注高祖所制历代赋,启兴嗣助焉"⑤。《梁书·文学·刘杳传》载,"昭明太子薨,新宫建,旧人例无停者,敕特留杳焉",原因就是让他"仍注太子《徂归赋》"。⑥《周

---

① [唐]姚思廉《梁书》,北京:中华书局,1973年,第443页。
② 《文学传》,[唐]姚思廉《梁书》,北京:中华书局,1973年,第690—691页。
③ [南朝梁]萧统编,[唐]李善注《文选》,北京:中华书局,1977年,第74页下。
④ 同上书,第139页上下。
⑤ [唐]姚思廉《梁书》,北京:中华书局,1973年,第698页。
⑥ 同上书,第717页。

书·蔡大宝传》载梁元帝向蔡大宝"示所制《玄览赋》,令注解焉"①。在世人对赋有着较多关注的同时,文论家又从文体学的角度分析、总结赋的特点,刘勰著指导创作的书《文心雕龙》,总结创作手法时多以赋的特点为例,使赋在世人面前俨然成为集合文体特征的代表。而刘勰总结出的赋的特点,又多是此前论赋者没有关注到的。

其一,论赋的句式与用韵。《文心雕龙·章句》:

> 至于《诗·颂》大体,以四言为正,唯《祈父》《肇禋》,以二言为句。寻二言肇于黄世,《竹弹》之谣是也;三言兴于虞时,《元首》之诗是也;四言广于夏年,《洛汭之歌》是也;五言见于周代,《行露》之章是也。六言七言,杂出《诗》《骚》;两体之篇,成于西汉。情数运周,随时代用矣。
>
> 若乃改韵从调,所以节文辞气。贾谊、枚乘,两韵辄易;刘歆、桓谭,百句不迁:亦各有其志也。昔魏武论赋,嫌于积韵,而善于贸代。陆云亦称"四言转句,以四句为佳"。观彼制韵,志同枚、贾,然两韵辄易,则声韵微躁;百句不迁,则唇吻告劳;妙才激扬,虽触思利贞,曷若折之中和,庶保无咎。②

"至于《诗·颂》大体,以四言为正"云云是论诗,接着例举诗的句式二、三、四、五、六、七言的来历。以下"情数运周,随时代用"引出赋的章句之美具体化的表现如"改韵从调""节文辞气",所论以赋的用韵为主,列举贾谊、枚乘、刘歆、桓谭、魏武、陆云③,都是指其赋作或其论赋的言语。

其二,论赋的对偶。《文心雕龙·丽辞》以作家而论:

> 自扬马张蔡,崇盛丽辞,如宋画吴冶,刻形镂法,丽句与深采并

---

① [唐]令狐德棻等《周书》,北京:中华书局,1971年,第868页。
② [南朝梁]刘勰著,詹锳义证《文心雕龙义证》,上海:上海古籍出版社,1989年,第1270、1276页。
③ 范文澜称陆云的"四言转句,以四句为佳"云:"详士龙此文,所论者乃赋也。"[南朝梁]刘勰著,范文澜注《文心雕龙注》,北京:人民文学出版社,1958年,第585页。

流,偶意共逸韵俱发。①

扬雄、司马相如、张衡、蔡邕都是赋家。《丽辞》又论文章中对偶句例:

> 长卿《上林赋》云:"修容乎礼园,翱翔乎书圃。"此言对之类也。宋玉《神女赋》云:"毛嫱鄣袂,不足程式;西施掩面,比之无色。"此事对之类也。仲宣《登楼赋》云:"锺仪幽而楚奏,庄舄显而越吟。"此反对之类也。孟阳《七哀》云:"汉祖想枌榆,光武思白水。"此正对之类也。②

刘勰所举四例,一例为诗,三例为赋。

其三,论赋的用典。《文心雕龙》在好几篇中说到赋的运用典故。如《比兴》篇说"马融《长笛》云:'繁缛络绎,范蔡之说也。'此以响比辩者也"③;《事类》篇多有文字论汉赋的征引与用典:

> 唯贾谊《鵩赋》,始用《鹖冠》之说;相如《上林》,撮引李斯之书,此万分之一会也。……刘劭《赵都赋》云:"公子之客,叱劲楚令歃盟;管库隶臣,呵强秦使鼓缶。"用事如斯,可称理得而义要矣。④

如此多的用例,说明赋的用典与征引已经形成风气。

以上表明,在文体学家眼中,赋的这些特点引起了世人的兴趣。值得注意的是,刘勰并非在《诠赋》篇中发掘出赋的这些特点,而是在总体上论述文章写作特点的《章句》《丽辞》《比兴》《事类》诸篇中做出上述判断。刘勰著作《文心雕龙》,"弥纶群言"式地总结以往的创作经验以指导写作。那么,刘勰总结出的赋的特点,也不仅仅是就赋而言。其《章句》所说"章句无常,而字有条数,四字密而不促,六字格而非缓,或变之以三五,盖应机之权节也"⑤,这显然不是论诗,但也不是论赋,而是一种通论。

---

① [南朝梁]刘勰著,詹锳义证《文心雕龙义证》,上海:上海古籍出版社,1989年,第1301页。
② 同上书,第1309—1310页。
③ 同上书,第1365页。
④ 同上书,第1413、1427页。
⑤ 同上书,第1265页。

其《丽辞》论对偶,"造化赋形,支体必双,神理为用,事不孤立。夫心生文辞,运裁百虑,高下相须,自然成对"①,也是一种通论。那么,他以赋为典范,意在指向什么样的文体集合呢?如此的总结给世人一种什么样的憧憬呢?

二、"诗""笔"两分及共同追求文采

我们再来看刘勰时代的文体学背景。

春秋战国时代就有"诗""辞"的分论,朱自清说:

> 我们的文学批评似乎始于论诗,其次论"辞",是在春秋及战国时代。论诗是论外交"赋诗","赋诗"是歌唱入乐的诗。论"辞"是论外交辞命或行政法令。②

梁时继承了这个文体分类传统,有刘孝绰常说的"三笔六诗"③,即刘孝仪之"笔"、刘孝威之"诗",又有"沈诗任笔"④,"谢玄晖善为诗,任彦升工于笔"⑤,等等。"诗""笔"对举亦为南北朝文体学之通论,梁萧纲《与湘东王书》批评时人撰作称"诗既若此,笔又如之"⑥;文集收录时也点明是"又撰时人诗笔为《文海》四十卷"⑦。

所谓"笔",颜之推《颜氏家训·慕贤》:"君王比赐书翰,及写诗笔,殊为佳手。"王利器集解:"六朝人以诗、笔对言,笔指无韵之文。"⑧即相对于"诗"的单篇文章,陆游称:"南朝词人谓文为笔。"⑨"诗""笔"对举为文体的两分法,除"诗"以外即为"笔"为"文"。

彼时"诗""笔"虽然对举却有着同样的追求——文采,这是时代的要

---

① [南朝梁]刘勰著,詹锳义证《文心雕龙义证》,上海:上海古籍出版社,1989年,第1294页。
② 《序》,朱自清《诗言志辨》,北京:古籍出版社,1956年,第4页。
③ 《刘潜传》,[唐]姚思廉《梁书》,北京:中华书局,1973年,第594页。
④ [南朝梁]钟嵘撰,曹旭集注《诗品集注》,上海:上海古籍出版社,1994年,第316页。
⑤ 《沈约传》,[唐]李延寿《南史》,北京:中华书局,1975年,第1413页。
⑥ [唐]姚思廉《梁书》,北京:中华书局,1973年,第691页。
⑦ 《萧圆肃传》,[唐]令狐德棻等《周书》,北京:中华书局,1971年,第756页。
⑧ [北齐]颜之推撰,王利器集解《颜氏家训集解》,北京:中华书局,1980年,第133、135页。
⑨ [宋]陆游撰,杨立英校注《老学庵笔记》,西安:三秦出版社,2003年,第311页。

求,刘勰《文心雕龙·情采》对文采的追求是这样说的:

> 圣贤书辞,总称文章,非采而何?夫水性虚而沦漪结,木体实而花萼振,文附质也。虎豹无文,则鞟同犬羊;犀兕有皮,而色资丹漆:质待文也。若乃综述性灵,敷写器象,镂心鸟迹之中,织辞鱼网之上,其为彪炳缛采名矣。故立文之道,其理有三:一曰形文,五色是也;二曰声文,五音是也;三曰情文,五性是也。五色杂而成黼黻,五音比而成《韶》《夏》,五情发而为辞章,神理之数也。①

萧统对世上文章都有文采追求说得最清楚,其《文选序》曰:

> 文之时义远矣哉!若夫椎轮为大辂之始,大辂宁有椎轮之质?增冰为积水所成,积水曾微增冰之凛,何哉?盖踵其事而增华,变其本而加厉。物既有之,文亦宜然。②

我们知道,赋本来就是最富文采者,《汉书·艺文志》称宋玉到扬雄的赋家"竞为侈丽闳衍之词"③;《汉书·扬雄传》载扬雄认为赋"必推类而言,极丽靡之辞,闳侈钜衍,竞于使人不能加也"④,评价司马相如"作赋甚弘丽温雅"⑤;扬雄《法言·吾子》称之为"诗人之赋丽以则,辞人之赋丽以淫"⑥,一言以蔽之曰"丽"。《西京杂记》卷二载司马相如自称作赋:

> 合綦组以成文,列锦绣而为质,一经一纬,一宫一商,此赋之迹也。赋家之心,苞括宇宙,总览人物,斯乃得之于内,不可得而传。⑦

赋家自己陈说运用各种艺术手段来作赋的情况,或者说,赋是由各种各样

---

① [南朝梁]刘勰著,詹锳义证《文心雕龙义证》,上海:上海古籍出版社,1989年,第1147—1151页。
② [南朝梁]萧统编,[唐]李善注《文选》,北京:中华书局,1977年,第1页下。
③ [汉]班固《汉书》,北京:中华书局,1962年,第1756页。
④ 同上书,第3575页。
⑤ 同上书,第3515页。
⑥ [汉]贾谊、扬雄著,卢文弨、李轨注《贾谊新书 扬子法言》,上海:上海古籍出版社,1989年,第6页上。
⑦ [晋]葛洪撰,周天游校注《西京杂记》,西安:三秦出版社,2006年,第93页。

的文采交织而成的,所谓"控引天地,错综古今"①。当"诗""笔"有着文采追求这一共同的目标时,从观念上,讲文采就是要以赋作为榜样。从写作实践上讲,汉时就多有文体以赋作为表率,程千帆称:"两京之文,若符命、论说、哀吊以及箴、铭、颂、赞之作,凡挟铺张扬厉之气者,莫不与赋相通。"②南北朝时,文体在追求文采的"丽"的号召下,刘勰所论赋的几个特点,也应该有为所有文体做榜样的意味。

三、"今文""今体"以赋为媒介

"诗""笔"对举中有一个文体互动的现象值得玩味,首先引人注目的是"诗"引进"笔"的表现方法,锺嵘《诗品序》称:

> 经国文符,应资博古,撰德驳奏,宜穷往烈。至乎吟咏情性,亦何贵于用事?……颜延、谢庄,尤为繁密,于时化之。故大明、泰始中,文章殆同书抄。近任昉、王元长等,词不贵奇,竞须新事,尔来作者,浸以成俗。遂乃句无虚语,语无虚字,拘挛补纳,蠹文已甚。但自然英旨,罕值其人。词既失高,则宜加事义。虽谢天才,且表学问,亦一理乎!③

"诗"引进"笔"的表现方法有得有失,失者"句无虚语,语无虚字,拘挛补纳,蠹文已甚",得者"且表学问","诗"引进"笔"扩大了"诗"的表现方法,因此"于时化之""浸以成俗"而盛行。南北朝时"诗""笔"对举,更看清了双方的特点,"诗"是有确定的规则的,且有从其他文体引进的文体特征,那么"笔"的规则是什么呢?"笔"又怎样在引进其他文体特征的过程中制定自己的规则?由"诗""笔"对举而"诗""笔"互动,南北朝时"诗""笔"对举的文学史意义就在于此。

"诗""笔"有着共同的文采追求,作为有文采的榜样性文体——赋,

---

① [晋]葛洪撰,周天游校注《西京杂记》,西安:三秦出版社,2006年,第93页。
② 《赋之隆盛与旁衍》,程千帆《闲堂文薮》,济南:齐鲁书社,1984年,第148页。
③ [南朝梁]锺嵘撰,曹旭集注《诗品集注》,上海:上海古籍出版社,1994年,第174、180—181页。

起到了一种媒介作用,这在北齐"笔"之大家魏收身上可以得到印证。魏收在"笔"的撰作上是有大成就的,《北齐书·魏收传》载,"自武定二年已后,国家大事诏命,军国文词,皆收所作。每有警急,受诏立成,或时中使催促,收笔下有同宿构,敏速之工,邢、温所不逮,其参议典礼与邢相埒"①。魏收撰作成就的取得与他对赋的崇尚是分不开的,《魏收传》又载:

> 收以温子昇全不作赋,邢虽有一两首,又非所长,常云:"会须作赋,始成大才士。唯以章表碑志自许,此外更同儿戏。"②

从魏收"会须作赋,始成大才士"的说法,可知魏收"笔"的成就与名声,是以赋为基础的。

至此我们可以明白,刘勰以赋为典范,意在指向他所处时代的"今文""今体"的文章体制建构。当我们考察南北朝"今文""今体"的体制,大都具有从其他文体引进文体特征而又结合自身特点的意味,而赋的媒介、表率作用是十分明显的。

其一,就声律音韵来说,诗歌产生于民间时,是一种自然声韵;而将声律音韵有意识地用于诗歌以外的文体,以人工实施调节,却是从赋开始的,司马相如就言及"赋之迹"的"一宫一商"。《世说新语·文学》则盛赞赋作的音律之美:

> 孙兴公作《天台赋》成,以示范荣期,云:"卿试掷地,要作金石声。"范曰:"恐子之金石,非宫商中声!"然每至佳句,辄云:"应是我辈语。"③

永明时期讲究四声,《南史·陆厥传》:

---

① [唐]李百药《北齐书》,北京:中华书局,1972 年,第 492 页。
② 同上。
③ [南朝宋]刘义庆著,[南朝梁]刘孝标注,余嘉锡笺疏,周祖谟、余淑宜、周士琦整理《世说新语笺疏》(修订本),上海:上海古籍出版社,1993 年,第 267 页。

> 时盛为文章,吴兴沈约、陈郡谢朓、琅邪王融以气类相推毂,汝南周颙善识声韵。约等文皆用宫商,将平上去入四声,以此制韵,有平头、上尾、蜂腰、鹤膝。五字之中,音韵悉异,两句之内,角徵不同,不可增减。世呼为"永明体"。①

赋的声律音韵也是需人工有意识调节的,《梁书·王筠传》载:

> 约制《郊居赋》,构思积时,犹未都毕,乃要筠示其草,筠读至"雌霓(五激反)连蜷",约抚掌欣抃曰:"仆尝恐人呼为霓(五鸡反)。"②

沈约恐怕读者把入声的"霓"读为平声。"笔"学习声律,赋应该是最好的中介,因为诗为"五字之中,音韵悉异,两句之内,角徵不同"的"五字"句式,而"今文""今体"的句式则与《郊居赋》"雌霓连蜷"的四字句有相同相近之处,其声律面向四言、六言。所以后人论"今文""今体"的声律,往往把赋当作中间状态,如郭绍虞《文笔与诗笔》称《文镜秘府论》所述:

> 今案日人遍照金刚《文镜秘府论》中之论诸病,每先举五言诗为例,次论赋颂,又次及诸手笔,而诸手笔所举之例,正是全属俪语。③

从《文镜秘府论》论声病的递进次序,也可见出赋是处于中间状态的。

其二,就对偶而言,司马相如称"赋之迹"有所谓"一经一纬",即是称说赋的对偶。从司马相如的赋作看,且不说《上林赋》"撞千石之钟,立万石之虡,建翠华之旗,树灵鼍之鼓,奏陶唐氏之舞,听葛天氏之歌,千人唱,万人和,山陵为之震动,川谷为之荡波"④之类对偶,刘勰叙说已详;如《子虚赋》描摹云梦,铺陈方位,有上则有下,有东则有西,有南则有北,就显示给世人一种观念,即从整体上说赋的叙写就应该是这样对偶的。赋的对偶运用既是成独立段落的,又是全篇整体的。

---

① [唐]李延寿《南史》,北京:中华书局,1975年,第1195页。
② [唐]姚思廉《梁书》,北京:中华书局,1973年,第485页。
③ 郭绍虞《照隅室古典文学论集》上编,上海:上海古籍出版社,1983年,第167页。
④ [南朝梁]萧统编,[唐]李善注《文选》,北京:中华书局,1977年,第128页上下。

其三,赋也是最早用典的文体,司马相如所说"赋家之心,苞括宇宙,总览人物",就是对古事的运用。从"笔"引进用典,赋比"诗"要更早。把用典推广开来,赋具有标杆作用。

于是我们可知,"诗""笔"有共同的追求文采理想的大背景,又有互动的实践与经验,当"今文""今体"要以声律音韵、四六、对偶、用典作为规则时,赋作为媒介、榜样是最为合适的。返回来说,刘勰重发掘与再发现的赋的特点,以某种共识的方式推广为具有普遍意义的创作方法,使赋作为"今文""今体"产生的媒介成为可能。

四、文体三分与赋的归类

从南北朝"今文""今体"的创作实践来看,徐陵、庾信是成就最大者。徐陵的"笔"有"颇变旧体"之称,《陈书·徐陵传》称:

> 自有陈创业,文檄军书及禅授诏策,皆陵所制,而《九锡》尤美。为一代文宗,亦不以此矜物,未尝诋诃作者。其于后进之徒,接引无倦。世祖、高宗之世,国家有大手笔,皆陵草之。其文颇变旧体,缉裁巧密,多有新意。每一文出手,好事者已传写成诵,遂被之华夷,家藏其本。①

文中所谓"国家有大手笔,皆陵草之",盛赞徐陵的"文檄军书及禅授诏策","而《九锡》尤美";"其于后进之徒,接引无倦",使这种文体被广泛接受和传播。庾信名盛一代,《周书·王褒庾信传》史臣盛赞庾信的文辞为"备器用于庙堂者众矣"②。于是可见,骈文兴起的最大受益者是"公家之言"即官家文书;后来的继承者唐人李商隐《樊南甲集序》称他自己"始通今体"的"四六"之作,是与"咽噱于任、范、徐、庾之间"③分不开的,也就是说与"公家之言"分不开。"公家之言"是骈体最主要的组成部分。

---

① [唐]姚思廉《陈书》,北京:中华书局,1972年,第335页。
② [唐]令狐德棻等《周书》,北京:中华书局,1971年,第744页。
③ 刘学锴、余恕诚《李商隐文编年校注》,北京:中华书局,2002年,第1713页。

但是,相对于"今文""今体",散行古文并没有退出文坛,萧纲《与湘东王书》就称,裴子野"制作多法古"的文章"了无篇什之美","质不宜慕";但社会上还是有许多"师裴"者。①《周书·柳虬传》称"时人论文体者有古今之异"②。当"今文""今体"盛行,仍然有人针对"今文""今体"而提倡古文、古体,如苏绰所为,《周书·苏绰传》载:

> 自有晋之季,文章竞为浮华,遂成风俗。太祖欲革其弊,因魏帝祭庙,群臣毕至,乃命绰为大诰,奏行之。其词曰……自是之后,文笔皆依此体。③

苏绰的努力最终没有成功,史家总结原因曰:

> 绰建言务存质朴,遂糠粃魏、晋,宪章虞、夏。虽属词有师古之美,矫枉非适时之用,故莫能常行焉。④

苏绰的行动显示出与"今文""今体"对立的文体也要强势成长的愿望。文章追求规则,当骈文的规则确定之时,也就为骈文的对立面——古文——奠定了独立的地位。至唐代古文运动,韩愈追求的就是为古文定规则,所谓"气盛""惟陈言之务去""文从字顺"等,而古文决定性的特点是相对于骈文之"骈"的散句单行。自"今文""今体"从"笔"独立出来以后,相对于骈体的古文也取得独立,各有鲜明而突出的文体特点,各有规则。

因此,从语言形态来给文体划类,骈体的产生促发其对立面散体的独立,"诗"以外的"笔"已一分为二。至此,诗、散文、骈文文体三分的局面已经形成,改变了南北朝"文笔之辨"或"诗笔之辨"的文体两分的局面。文体三分是从语言形态来说的,或是诗的格式、形态,或散文,或骈文。如此文体三分一直延续下来,此后虽然多有新的文体产生,如词、曲等,仍是

---

① 《文学传》,[唐]姚思廉《梁书》,北京:中华书局,1973年,第691页。
② [唐]令狐德棻等《周书》,北京:中华书局,1971年,第681页。
③ 同上书,第391、394页。
④ 同上书,第744页。

诗体；小说既有骈体，也有散体；即便是表演艺术如戏剧，从一个个局部看，其唱腔为诗体，其道白或散或骈；又如对联，也有"诗对""散对""骈对"之分。直至如今的白话文，才显示出在语言上抹平或诗、或散、或骈的区分而以散为主，但是，诗仍是诗的语言形态，骈则多以对的形态存在于散中。

诗、散文、骈文成为文体三分的表面因素，是格式、形态中的语言形式。如诗的四言、五言、七言及骈文的四六句、对仗等，这些语言形式在成篇作品中的集中化、纯粹化，才是诗、散文、骈文构成的必要条件，通篇是诗的语言就是诗，通篇是骈体的语言就是骈文。而在此之前，各种语言形式早已散见于各类作品之中，如骈体的语言形式如果不是通篇统一，不曾显示出纯粹化、纯洁化，就不能称为骈文。这也就是有些人举出先秦作品的骈句而称之为骈文起源的做法得不到普遍认可的原因。

赋的作用是所谓"或以抒下情而通讽谕，或以宣上德而尽忠孝，雍容揄扬，著于后嗣，抑亦雅颂之亚也"①，现在文体三分中，虽然其中的一体是以赋为媒介而形成，但赋在文体三分中却没有名分，赋在哪里呢？

一是赋入诗。赋称"古诗之流"②，诗赋本为一体，文学史上诗赋统称、通称例子很多，汉王褒《四子讲德论》"何必歌咏诗赋"③，《汉书·艺文志》之《诗赋略》，《汉书·礼乐志》"以李延年为协律都尉，多举司马相如等数十人造为诗赋"④，曹丕《典论·论文》"诗赋欲丽"⑤，《文心雕龙·才略》："仲宣溢才，捷而能密，文多兼善，辞少瑕累，摘其诗赋，则七子之冠冕乎！"⑥《文镜秘府论·西卷·文二十八种病》称"凡诗赋之体"⑦。萧

---

① [南朝梁]萧统编，[唐]李善注《文选》，北京：中华书局，1977年，第21页下。
② [汉]班固《两都赋序》，[南朝梁]萧统编，[唐]李善注《文选》，北京：中华书局，1977年，第21页上。
③ [南朝梁]萧统编，[唐]李善注《文选》，北京：中华书局，1977年，第713页上。
④ [汉]班固《汉书》，北京：中华书局，1962年，第1045页。
⑤ [南朝梁]萧统编，[唐]李善注《文选》，北京：中华书局，1977年，第720页下。
⑥ [南朝梁]刘勰著，詹锳义证《文心雕龙义证》，上海：上海古籍出版社，1989年，第1801页。
⑦ 〔日〕弘法大师撰，王利器校注《文镜秘府论校注》，北京：中国社会科学出版社，1983年，第408页。

纲《与湘东王书》称近世的"谢朓、沈约之诗,任昉、陆倕之笔,斯实文章之冠冕,述作之楷模。张士简之赋,周升逸之辩,亦成佳手,难可复遇"①,"赋""辩"对举即"诗""笔"的第二层次对举。

二是赋入骈文。赋也从新兴的骈文汲取营养,当它严格遵守骈文规则,通篇基本对仗,两句成联,炼词熔典,讲究声律,即世人所称"骈赋"。赋本与古文对举②,宋时古文选本存今者,不过真德秀《文章正宗》、吕祖谦《古文关键》、谢枋得《文章轨范》、楼昉《崇古文诀》数家,都是不录赋的。而骈文著述、选本则多有论赋、录赋者,如彭元瑞《宋四六话》卷十有论赋体,目为《赋檄露布判设论》;孙梅《四六丛话》卷四、卷五专论赋体,目为《赋》;胡敬《崇雅堂骈体文钞》卷一录赋;金兆燕《棕亭骈体文钞》卷一录赋;许梿《六朝文絜》为六朝骈文选集,共十二卷,第一卷全为赋;王先谦《骈文类纂》,第四十五卷及四十六卷上、中、下为辞赋类;等等。别集如陈维崧《陈检讨四六》,卷一卷二录赋。

赋或入骈文,或与诗为一体,在文体三分中居无定所,岂不尴尬?但这恰恰是赋在文学史上的独特地位所致。郭绍虞《赋在中国文学史上的位置》:

> 中国文学上的分类,一向分为诗、文二体,而赋的体裁则界于诗文二者之间,既不能归入于文,又不能列之于诗。可是,同时另有一种相反情形,赋既为文,又可称之为诗,成为文学上属于两栖的一类。③

---

① [唐]姚思廉《梁书》,北京:中华书局,1973年,第691页。
② 如汪祚民《〈古文辞类纂〉重视辞赋选录的理论指归》云:"古文与赋往往是并列对举的。如《宋史·艺文志》著录'徐铉杂古文、赋一卷'。金代李俊民《庄靖集》王特升序说:'乃鸠集先生近年著述,得诗、赋,古文仅千余篇,合为十卷。'明王世贞《弇州四部稿》卷一百五十:'王君载者,能为骚、赋、古文,饶酒德,亦何尝落莫也。'杨慎《丹铅余录·总录》卷十九:'大凡作古文、赋、颂,当用吴才老古韵。'清代乾隆皇帝《御制诗集·御制初集诗小序》:'几务之暇,无他可娱,往往作为诗、古文、赋。文、赋不数十篇,诗则托兴寄情,朝吟夕讽。'清人汪琬《尧峰文钞》卷十八《李母顾孺人墓志铭》:'为诗、赋、古文,高笔雅韵,可歌可诵,间出新拔句。'这些例证说明在宋金元明清的文人眼里,赋与古文是并列对举的两种文体。"见《安庆师范学院学报》2008年第11期,第71页。
③ 郭绍虞《照隅室古典文学论集》上编,上海:上海古籍出版社,1983年,第80页。

而文又有骈、散。称之为"两栖"甚或"三栖",恰恰是赋最难能可贵之处,它沟通起诗、骈文、散文,如清人何焯评西晋孙楚《为石仲容与孙皓书》曰:"自是大才,不减孔璋,其源出于辞赋,故雅丽过之。"[①]程千帆说:"赋既兼具骈、散、韵文之形态,而为此三者之中间体制。"[②]所谓文体形态三分,就是在文体格式、形态上既界别清楚,又都有文采追求而相互沟通,其媒介、中间体制就是赋。即便是赋自身,就有或诗(南朝末的"以诗为赋"及唐代的律赋)、或骈(骈赋)、或散(苏轼诸人的文赋)三种方向,赋自身就是媒介而沟通三种文体。中国古代文体学中,诸文体既界别清楚,又追求互动、沟通,这是通例。

[①] [清]何焯著,崔高维点校《义门读书记》,北京:中华书局,1987年,第958页。
[②] 《赋之隆盛与旁衍》,程千帆《闲堂文薮》,济南:齐鲁书社,1984年,第146页。

第五节 《诗品》：目录文体还是总集文体

一、问题的提出

钟嵘《诗品》，《隋书·经籍志四》著录为："《诗评》三卷，钟嵘撰，或曰《诗品》。"①《梁书·钟嵘传》称："嵘尝品古今五言诗，论其优劣，名为《诗评》。"②《南史·钟嵘传》称："嵘品古今诗为评。"③清张锡瑜校注《钟记室诗评》卷首曰：

> 书名《诗评》，《唐志》犹尔。或曰《诗品》，见于《隋书》。后"评"废而"品"行，大抵起于宋后（宋姚宽《西溪丛话》卷下尚称《诗评》）。考"评"之于"品"，义本两通。以"品"为称，讵云或失？今欲稍存古旧，故特复"评"名。④

但我认为，所谓《诗品》或《诗评》的书名之争，实则涉及该书究竟是什么性质的问题。

章学诚《文史通义》卷五《诗话》论《诗品》曰：

> 《文心》体大而虑周，《诗品》思深而意远；盖《文心》笼罩群言，而《诗品》深从六艺溯流别也。（如云某人之诗，其源出于某家之类，最为有本之学，其法出于刘向父子。）论诗论文，而知溯流别，则可以探源经籍，而进窥天地之纯，古人之大体矣。此意非后世诗话家流所能喻也。⑤

《诗品》论诗有"其源出于某某"之类的推源溯流，"《诗品》深从六艺溯流别也"，章学诚认为是"出于刘向父子"，此即认为《诗品》有目录书渊源，

---

① [唐]魏徵、令狐德棻《隋书》，北京：中华书局，1973年，第1084页。
② [唐]姚思廉《梁书》，北京：中华书局，1973年，第694页。
③ [唐]李延寿《南史》，北京：中华书局，1975年，第1779页。
④ 转引自张伯伟《钟嵘诗品研究》，南京：南京大学出版社，1993年，第18页。
⑤ [清]章学诚著，叶瑛校注《文史通义校注》，北京：中华书局，1985年版，第559页。

当以专文探讨。我们还可以进一步探究锺嵘及其撰作《诗品》的总体性渊源是什么,从锺嵘及其撰作《诗品》的学术渊源来探讨应该是"诗品"还是"诗评"。

二、《诗品》与《文章志》之类目录书

锺嵘《诗品序》评介前辈文论,只对挚虞《文章志》有很好的评价,称"挚虞《文志》,详而博赡,颇曰知言"①。

挚虞《文章志》的学术渊源是什么?文章志一类书著录于《隋书·经籍志二》的簿录篇,簿录篇所著录的书大都标明为"某某目录",那么这些毫无疑问是目录书。我们来看簿录篇中文章志一类书的载录:

《七略别录》二十卷　刘向撰

《七略》七卷　刘歆撰

《晋中经》十四卷　荀勖撰

……(笔者按:标明为"某某目录"书两种)

《今书七志》七十卷　王俭撰

……(笔者按:标明为"某某目录"书三种)

《七录》十二卷　阮孝绪撰

……(笔者按:标明为"某某目录"书十一种)

《杂撰文章家集叙》十卷　荀勖撰

《文章志》四卷　挚虞撰

《续文章志》二卷　傅亮撰

《晋江左文章志》三卷　宋明帝撰

《宋世文章志》二卷　沈约撰②

《文章志》与标明为"某某目录"的书性质一样,都是目录书,可以看得清

---

① [南朝梁]锺嵘撰,曹旭集注《诗品集注》,上海:上海古籍出版社,1994年,第186页。本节所录《诗品》文字,全引此书,以下不再出注。
② [唐]魏徵、令狐德棻《隋书》,北京:中华书局,1973年,第991页。

清楚楚。

《隋书·经籍志二》曾强调簿录篇的目录书性质,其簿录篇小序云:

> 古者史官既司典籍,盖有目录,以为纲纪,体制堙灭,不可复知。孔子删书,别为之序,各陈作者所由。韩、毛二《诗》,亦皆相类。汉时刘向《别录》、刘歆《七略》,剖析条流,各有其部,推寻事迹,疑则古之制也。自是之后,不能辨其流别,但记书名而已。博览之士,疾其浑漫,故王俭作《七志》,阮孝绪作《七录》,并皆别行。大体虽准向、歆,而远不逮矣。其先代目录,亦多散亡。今总其见存,编为簿录篇。①

由此可见,《隋书·经籍志》认为文章志一类书绝对是目录书。因此,郑樵、郭绍虞、姚名达、王重民、兴膳宏以为《文章志》为文章目录的判断,是不能轻易否定的。

章学诚《文史通义》卷六《和州志前志列传序例中》称"晋挚虞创为《文章志》,叙文士之生平,论辞章之端委"②,刘师培《搜集文章志材料方法》称说《文章志》的体例曰:

> 文学史者,所以考历代文学之变迁也。古代之书,莫备于晋之挚虞。虞之所作,一曰《文章志》,一曰《文章流别》。志者,以人为纲者也;流别者,以文体为纲者也。③

即说《文章志》是"以人为纲"的文学史。那么,文章志一类书的体例,除了主要是这个人的文章目录,还应该"叙文士之生平",以及"辨其流别"也即"论辞章之端委"。

挚虞《文章志》与荀勖《文章叙录》以后的文章志一类书,多有对作品做评价者,如《世说新语·文学》第67条注引:

---

① [唐]魏徵、令狐德棻《隋书》,北京:中华书局,1973年,第992页。
② [清]章学诚著,叶瑛校注《文史通义校注》,北京:中华书局,1985年,第685页。
③ 刘师培著,陈引驰编校《刘师培中古文学论集》,北京:中国社会科学出版社,1997年,第105页。

顾恺之《晋文章记》曰:"阮籍《劝进》,落落有宏致,至转说徐而摄之也。"①

《世说新语·文学》第84条注引:

《续文章志》曰:"岳为文选言简章,清绮绝伦。"②

《世说新语·文学》第84条注又引:

《文章传》曰:"机善属文,司空张华见其文章,篇篇称善,犹讥其作文大治。谓曰:'人之作文,患于不才;至子为文,乃患太多也。'"③

《文选》卷一二《海赋》"木玄虚"李善注引:

《今书七志》曰:木华,字玄虚,《华集》曰:为杨骏府主簿。傅亮《文章志》曰:广川木玄虚为《海赋》,文甚隽丽,足继前良。④

又多有对作者文学事迹的整体关注,如《世说新语·文学》第98条注引:

宋明帝《文章志》曰:"桓温云:'顾长康体中痴黠各半,合而论之,正平平耳。'世云有三绝:画绝、文绝、痴绝。"⑤

《世说新语·雅量》第29条注引:

按宋明帝《文章志》曰:"安能作洛下书生咏,而少有鼻疾,语音浊。后名流多效其咏,弗能及,手掩鼻而吟焉。桓温止新亭,大陈兵卫,呼安及坦之,欲于坐害之。王入失措,倒执手版,汗流沾衣。安神

---

① [南朝宋]刘义庆著,[南朝梁]刘孝标注,余嘉锡笺疏,周祖谟、余淑宜、周士琦整理《世说新语笺疏》(修订本),上海:上海古籍出版社,1993年,第245页。
② 同上书,第261页。
③ 同上。
④ [南朝梁]萧统编,[唐]李善注《文选》,北京:中华书局,1977年,第179页下。
⑤ [南朝宋]刘义庆著,[南朝梁]刘孝标注,余嘉锡笺疏,周祖谟、余淑宜、周士琦整理《世说新语笺疏》(修订本),上海:上海古籍出版社,1993年,第275页。

姿举动,不异于常。①

由此可以看到,文章志一类书的体例,除作为文章目录外,又有"叙文士之生平"以及"辨其流别"也即"论辞章之端委"的作用,此外还对作品加以整体关注和评价。钟嵘之作不也是这样吗?如《诗品》上品"宋临川太守谢灵运"条:

> 其源出于陈思,杂有景阳之体。故尚巧似,而逸荡过之。颇以繁芜为累。嵘谓:若人学多才博,寓目辄书,内无乏思,外无遗物,其繁富,宜哉!然名章迥句,处处间起;丽曲新声,络绎奔发。譬犹青松之拔灌木,白玉之映尘沙,未足贬其高洁也。初,钱塘杜明师夜梦东南有人来入其馆,是夕即灵运生于会稽。旬日而谢安亡。其家以子孙难得,送灵运于杜治养之。十五方还都,故名"客儿"。

本段文字的内容及结构,基本合乎文章志的体例。这样说起来,《诗品》的学术渊源殆为文章志一类乎?文章志是针对某个作家的所有文章的,而《诗品》是以针对某个诗人的五言诗的。难怪《诗品序》对历代文学批评进行反思时,对诸家文学批评都有所贬斥,唯一不提出意见而满口赞扬的就是挚虞的《文章志》。

陈寅恪《隋唐制度渊源略论稿》中有关于"学术中心移于家族""魏、晋、南北朝之学术,宗教皆与家族、地域两点不可分离"②的论述,论证了魏晋以来"学在家族"的现象。《梁书·钟嵘传》载钟嵘兄钟屺"著《良吏传》十卷"③,钟嵘撰作文章志一类的《诗品》,与其兄所著《良吏传》不都是以人为纲的著述吗?只不过一是诗人、一是良吏而已。

---

① [南朝宋]刘义庆著,[南朝梁]刘孝标注,余嘉锡笺疏,周祖谟、余淑宜、周士琦整理《世说新语笺疏》(修订本),上海:上海古籍出版社,1993年,第369页。
② 陈寅恪《陈寅恪集 隋唐制度渊源略论稿 唐代政治史述论稿》,北京:生活·读书·新知三联书店,2001年,第23、20页。
③ [唐]姚思廉《梁书》,北京:中华书局,1973年,第697页。

三、《诗品》与目录学

《七略》是中国古代最早的目录书,是西汉成帝时刘向等人校书的产物。班固《汉书·艺文志》叙述了刘向校书和刘歆编纂《七略》的过程:

> 至成帝时,以书颇散亡,使谒者陈农求遗书于天下。诏光禄大夫刘向校经传诸子诗赋,步兵校尉任宏校兵书,太史令尹咸校数术,侍医李柱国校方技。每一书已,向辄条其篇目,撮其指意,录而奏之。会向卒,哀帝复使向子侍中奉车都尉歆卒父业。歆于是总群书而奏其《七略》,故有《辑略》,有《六艺略》,有《诸子略》,有《诗赋略》,有《兵书略》,有《术数略》,有《方技略》。①

钟嵘自称要以目录学的《七略》为榜样做文学批评,《诗品序》云:

> 昔九品论人,《七略》裁士,校以宾实,诚多未值。至若诗之为技,较尔可知,以类推之,殆均博弈。

曹旭称:"裁士,此指分类而取舍人物也。"②杨明称:"钟嵘之意,盖谓其人其书被著录于《七略》者,便有才士之目,犹如《中品序》所谓'预此宗流者,便称才子'。"③钟嵘的意思是说,"九品论人,《七略》裁士"以评论人物,"校以宾实,诚多未值",但以品第论诗,则"较尔可知"。钟嵘在《诗品序》中称自己的工作为"辨彰清浊,掎摭利病",这与《七略》的作法也是类似的。《隋书·经籍志一》说:

> 每一书就,向辄撰为一录,论其指归,辨其讹谬,叙而奏之。④

章学诚《校雠通义·自序》云:

---

① [汉]班固《汉书》,北京:中华书局,1962年,第1701页。
② [南朝梁]钟嵘撰,曹旭《诗品集注》,上海:上海古籍出版社,1994年,第67页。
③ [晋]陆机、[南朝梁]钟嵘著,杨明译注《文赋诗品译注》,上海:上海古籍出版社,1999年,第42页。
④ [唐]魏徵、令狐德棻《隋书》,北京:中华书局,1973年,905页。

> 刘向父子部次条别,将以辨章学术,考镜源流。①

目录书蕴含着对学术源流的梳理和对学术成就的评价,这是中国古代目录学的重要特点。

余嘉锡《目录学发微》云:

> 目录之书有三类:一曰部类之后有小序,书名之下有解题者;二曰有小序而无解题者;三曰小序、解题并无,只著书名者。②

小序的体例源于《诗》《书》中的大序。刘歆《七略》小序的体例,或撮述一类图书大旨、指陈当时学风、记录史事异闻;或溯一家之由来、述一学之授受,如儒家出于司徒之官、道家出于史官、阴阳家出于羲和之官等;或评价学术得失利弊,如谓鲁、齐、燕三家诗"或取《春秋》,采杂说,咸非其本义"③,如《汉书·艺文志》谓道家:

> 历记成败存亡祸福古今之道,然后知秉要执本,清虚以自守,卑弱以自持,此君人南面之术也。合于尧之克攘,《易》之嗛嗛,一谦而四益,此其所长也。及放者为之,则欲绝去礼学,兼弃仁义,曰独任清虚可以为治。④

由此可见,刘歆《七略》小序的丰富内容,可一一在《诗品序》中见到。今所常见的统一于《诗品》书前的序,在早期的版本中是分置于上、中、下卷之前的,可视为与"部类之后有小序"相似的体例。

《诗品》论诗有"其源出于某某"之类的推源溯流,章学诚认为是"出于刘向父子",就是目录学的小序作法。而"书名之下有解题者",等同于《诗品》每家诗人名下的品评,亦来自于目录学作法。《汉书·艺文志》称刘向校书,"每一书已,向辄条其篇目,撮其指意,录而奏之",这就是叙

---

① [清]章学诚著,叶瑛校注《文史通义校注》,北京:中华书局,1985年,第945页。
② 余嘉锡《目录学发微》,成都:巴蜀书社,1991年,第2页。
③ 《艺文志》,[汉]班固《汉书》,北京:中华书局,1962年,第1708页。
④ 同上书,第1732页。

录。因此,从整体来说,《诗品》确实具有目录书的性质。

四、锺嵘的师承

关于锺嵘的师承,《梁书·锺嵘传》载:

> 嵘齐永明中为国子生,明《周易》。卫军王俭领祭酒,颇赏接之。①

锺嵘在《诗品》下品里曾谈及王俭:

> 至如王师文宪,既经国图远,或忽是雕虫。

王俭,谥文宪,这位锺嵘尊称为"师"的王俭,在我国传统目录学史上是一位有杰出贡献的人物。《南齐书·王俭传》载:

> 王俭字仲宝,琅琊临沂人也。……解褐秘书郎,太子舍人,超迁秘书丞。上表求校坟籍,依《七略》撰《七志》四十卷,上表献之,表辞甚典。又撰定《元徽四部书目》。②

对于王俭编录的图书及其编订的图书目录分类,《隋书·经籍志一》有详细的记载:

> 元徽元年,秘书丞王俭又造《目录》,大凡一万五千七百四卷。俭又别撰《七志》:一曰《经典志》,纪六艺、小学、史记、杂传;二曰《诸子志》,纪今古诸子;三曰《文翰志》,纪诗赋;四曰《军书志》,纪兵书;五曰《阴阳志》,纪阴阳图纬;六曰《术艺志》,纪方技;七曰《图谱志》,纪地域及图书。其道、佛附见,合九条。③

锺嵘尊称王俭为"师",王俭对锺嵘"颇赏接之",那么,锺嵘的《诗品》或《诗评》撰作,是否受到王俭"撰定《元徽四部书目》"的影响?《南齐

---

① [唐]姚思廉《梁书》,北京:中华书局,1973年,第694页。
② [南朝梁]萧子显《南齐书》,北京:中华书局,1972年,第433页。
③ [唐]魏徵、令狐德棻《隋书》,北京:中华书局,1973年,第906—907页。

书·王俭传》还记载永明四年,"于俭宅开学士馆,悉以四部书充俭家,又诏俭以家为府"①,其时,锺嵘正好为国子生。那么,锺嵘撰作《诗品》或《诗评》,是否在王俭宅之学士馆,利用了馆内的"四部书"?

秘书监在魏、晋专掌艺文图籍之事,南朝梁始独立成一省。南朝贵族子弟出仕多以此为美官,当时有"上车不落则著作,体中何如则秘书"②之语,可见徒有其名而不任事。唐制以秘书郎分掌四部书(经、史、子、集),分判校写。③ 在秘书监任职的主要工作之一就是典校图籍,典校图籍的成果就是目录,即《南史·殷钧传》载,殷钧"历秘书丞,在职启校定秘阁四部书,更为目录"④。《隋书·经籍志》所列撰写过文章志一类书的作者,如荀勖、挚虞、傅亮、刘彧、王俭、沈约、丘灵鞠诸人,据《晋书·荀勖传》《晋书·挚虞传》《宋书·傅亮传》《宋书·明帝纪》《南齐书·王俭传》《梁书·沈约传》《南齐书·文学·丘灵鞠传》载,都有任秘书监或典校图籍工作的经历。

章学诚称"《诗品》深从六艺溯流别也","其法出于刘向父子"云云,《南齐书·王俭传》称王俭"依《七略》撰《七志》",那么,从刘向父子到王俭,从王俭到锺嵘,应该是一脉相承的。《隋书·经籍志一》称刘向校书,"每一书就,向辄撰为一录,论其指归,辨其讹谬,叙而奏之";又称王俭《七志》,"然亦不述作者之意,但于书名之下,每立一传,而又作九篇条例,编乎首卷之中"⑤。余嘉锡称"每立一传"为"叙录之体","即是书叙,而作叙之法略如列传"。⑥ 从《诗品》的编纂实际来看,锺嵘确实是对每家诗作都有所评价,也都"论其指归,辨其讹谬,叙而奏之"。论者称锺嵘《诗品》多针砭诗歌创作之时弊,这也是继承了刘向父子的传统,余嘉锡曰:

---

① [南朝梁]萧子显《南齐书》,北京:中华书局,1972年,第436页。
② [唐]魏徵、令狐德棻《隋书》,北京:中华书局,1973年,第992页。
③ [唐]李林甫等撰,陈仲夫点校《唐六典》,北京:中华书局,1992年,第298—299页。
④ [唐]李延寿《南史》,北京:中华书局,1975年,第1489页。
⑤ [唐]魏徵、令狐德棻《隋书》,北京:中华书局,1973年,第907页。
⑥ 余嘉锡《目录学发微》,成都:巴蜀书社,1991年,第37页。

> 案《汉书·刘向传》言"上方精于《诗》《书》,观古文,诏向领校中五经秘书",故向所作叙录,多因事纳忠。如《战国策》录云"亦可喜,皆可观",《孙卿新书》录云"其书比于记传,可以为法",《说苑》录亦云"皆可观"。其意皆欲成帝观之以为法戒,即其作《列女传》以戒天子之意。①

《诗品》也确实有类似的"条例",这就是如今我们所说的《序》,只不过今天我们对这些"条例"究竟在什么位置不大清楚。

五、《诗品》未著录于《簿录篇》辨

我们说锺嵘《诗品》的性质有类于文章志,而在史籍目录中,文章志都著录在簿录篇,可是锺嵘《诗品》却著录在《隋书·经籍志》的总集类,那么《诗品》为什么未著录于簿录篇?

《隋书·经籍志》总集类收入了以下作品:

> 《文章流别集》四十一卷　梁六十卷,志二卷,论二卷,挚虞撰
> 《文章流别志》《论》二卷　挚虞撰
> ……
> 《西府新文》十一卷　并录。梁萧淑撰
> 《百国诗》四十三卷
> 《文林馆诗府》八卷　后齐文林馆作
> 《诗评》三卷　锺嵘撰,或曰《诗品》
> 《古乐府》八卷②

视锺嵘之作为《诗评》,则此书为总集或总集之附庸,也是说得通的,挚虞《文章流别志》不也著录于此总集类吗?清代的《四库全书总目》则著录此类书于集部的诗文评,这样的分类就将诗文总集与诗文评分开,显得更为科学一些。

---

① 余嘉锡《目录学发微》,成都:巴蜀书社,1991年,第22页。
② [唐]魏徵、令狐德棻《隋书》,北京:中华书局,1973年,第1081—1085页。

但我们还应该注意到《隋书·经籍志》在著录"《诗评》三卷"下的小注:"或曰《诗品》。"于是我们要问:如果此书为《诗品》,它应该著录在何处?那就应该著录在簿录篇。《隋书·经籍志》的簿录篇载各种文章志,以及《书品》二卷、《名手画录》一卷、《正流论》一卷①,这是簿录篇的最后三种书,《名手画录》应该是画的目录,《书品》应该是以"品"的方式排列的书法目录。簿录篇著录《书品》之类,应该是与《诗品》同类的。进而我们又问,簿录篇著录与《诗品》性质相同的《书品》二卷,为什么《书品》入簿录篇,而《诗品》不入?

章学诚《校雠通义·互著第三》云:

> 古人著录,不徒为甲乙部次计。如徒为甲乙部次计,则一掌故令史足矣。何用父子世业,阅年二纪,仅乃卒业乎?盖部次流别,申明大道,叙列九流百氏之学,使之绳贯珠联,无少缺逸;欲人即类求书,因书究学。至理有互通、书有两用者,未尝不兼收并载,初不以重复为嫌;其于甲乙部次之下,但加互注,以便稽检而已。古人最重家学。叙列一家之书,凡有涉此一家之学者,无不穷源至委,竟别其流,所谓著作之标准,群言之折衷也。如避重复而不载,则一书本有两用而仅登一录,于本书之体,既有所不全;一家本有是书而缺而不载,于一家之学,亦有所不备矣。②

如果《隋书·经籍志》严格执行"互著",那么锺嵘之作除著录于总集外,还应该著录于簿录篇。但《隋书·经籍志》总集类著录《诗评》时,又注明锺嵘撰者"或曰《诗品》",实际上提供给读者另一种信息,作为《诗品》,它还应当属史部的簿录篇。于是我们说,在锺嵘撰作《诗品》或称《诗评》的年代,该书还有目录书的性质,还有来自目录学的渊源。

综合而言,锺嵘的著作称为《诗评》,则属总集类,是对诸多五言诗的评述,以引导阅读欣赏;称为《诗品》,则属簿录类,是对诸人五言诗区分

---

① [唐]魏徵、令狐德棻《隋书》,北京:中华书局,1973年,第991页。
② [清]章学诚著,叶瑛校注《文史通义校注》,北京:中华书局,1985年,第966页。

品级的载述,以作为目录索引。

六、锺嵘作《诗品》标榜目录学的心理动因

锺嵘《诗品序》对前辈文论有所评价:

> 陆机《文赋》,通而无贬;李充《翰林》,疏而不切;王微《鸿宝》,密而无裁;颜延论文,精而难晓;挚虞《文志》,详而博赡,颇曰知言:观斯数家,皆就谈文体,而不显优劣。至于谢客集诗,逢诗辄取;张隐《文士》,逢文即书。诸英志录,并义在文,曾无品第。

锺嵘认为此前文学批评的缺点在"不显优劣""曾无品第",那么为什么会有如此的批评?主要是因为文学批评之难,曹丕《典论·论文》曾这样说:

> 文人相轻,自古而然。傅毅之于班固,伯仲之间耳,而固小之,与弟超书曰:"武仲以能属文,为兰台令史,下笔不能自休。"夫人善于自见,而文非一体,鲜能备善,是以各以所长,相轻所短。里语曰:"家有弊帚,享之千金。"斯不自见之患也。……斯七子者,于学无所遗,于辞无所假,咸以自骋骥騄于千里,仰齐足而并驰,以此相服,亦良难矣。①

因为"文人相轻",所以一个文人正确批评另一个文人是不容易的,也是不容易得到认可的。曹植在《与杨德祖书》中曾提出某种对待作品的态度:

> 人各有好尚:兰茝荪蕙之芳,众人所好,而海畔有逐臭之夫;咸池六茎之发,众人所共乐,而墨翟有非之之论,岂可同哉?②

这样来实施文学批评,也就是锺嵘所说的"观王公搢绅之士,每博论之余,

---

① [南朝梁]萧统编,[唐]李善注《文选》,北京:中华书局,1977年,第720页上。
② 同上书,第594页上。

何尝不以诗为口实。随其嗜欲,商榷不同,淄渑并泛,朱紫相夺,喧议竞起,准的无依"。

怎样克服或防止"随其嗜欲,商榷不同"的问题?锺嵘的办法就是文学批评学术化,以目录学的方法来做文学批评。传统目录学认为,之所以对书籍要讲究编排组织,条别其异同,主要是为了辨明不同的学术流派,理清它们的源流发展。所以郑樵《通志·校雠略》说:

> 学之不专者,为书之不明也。书之不明者,为类例之不分也。有专门之书则有专门之学。①

现在锺嵘把诗人分成流派,理清其源流发展,分品评论,以此实现自己的文学批评。

所谓中国文章学有广义、狭义之说,狭义文章学指对"除专著及诗、词之外的单篇文章(辞赋及各体骈文、古文)"②的研究,那么,对诗、词的研究即诗学、词学。王水照认为文章学之成立,其"主要标志在于专论文章的独立著作开始涌现"③,那么,《诗品》作为专论诗的独立著作,理所当然是中国古代诗学的开山、奠基之作,标志着中国古代诗学开始成熟。章学诚《文史通义》内篇五《诗话》云:"诗话之源,本于锺嵘《诗品》。""《诗品》之于论诗,视《文心雕龙》之于论文,皆专门名家,勒为成书之初祖也。"④即为此意。

---

① [宋]郑樵撰,王树民点校《通志二十略》,北京:中华书局,1995年,第1804页。
② 祝尚书《论中国文章学正式成立的时限:南宋孝宗朝》云:"文章学又分广义、狭义两类。本文所说文章学,乃狭义文章学,所研究的对象是除专著及诗、词之外的单篇文章(辞赋及各体骈文、古文)。"载《文学遗产》2012年第1期,第81页。
③ 王水照《文话:古代文学批评的重要学术资源》,《四川大学学报》2005年第5期,第64页。
④ [清]章学诚著,叶瑛校注《文史通义校注》,北京:中华书局,1985年,第559页。

第二章
"言笔之辨"与"文笔之辨"

第一节 "言笔之辨"与古代文体学

或称"以文体为先"是中国古代文学批评与文学创作的传统与原则①,这是非常对的。但是,文体学研究又以何者为先?窃以为应以"言笔之辨"为先。王充《论衡·定贤》称"口出以为言,笔书以为文"②,刘勰《文心雕龙·总术》称"发口为言,属笔曰翰"③,"言"与"笔"的发生与发展并不同步,但又有纠结与相承。我们从"言笔之辨"展开探讨,对于古代文体的起源、发展、语言体制以及文体的分类等问题,可以理解得更深入一些,研究的视野也可以更广阔一些,或许可以得到意想不到的结论,以下举其要而论之。

一、"言"与文体起源的原生态

我们今天能够见到的都是"笔书"形式的文章,但是,最早的某些文体形成时必定是先为"言",后为"笔"的;在文体的"笔书"形式独立形成之前,有一个"言"的原生态状况。"言"是文体起源的原生态,这可以从记"言"的《尚书》中得到印证。

---

① 见吴承学《中国古代文体学研究丛书》"总序",吴承学《中国古典文学风格学》(修订本),北京:北京大学出版社,2011年,第1页。
② [汉]王充《论衡》,上海:上海人民出版社,1974年,第420页。
③ [南朝梁]刘勰著,詹锳义证《文心雕龙义证》,上海:上海古籍出版社,1989年,第1629页。

《尚书》有典、谟、训、诰、誓、命六体,孔颖达曰:"典,即《尧典》《舜典》;谟,即《大禹谟》《皋陶谟》;训,即《伊训》《高宗之训》;诰,即《汤诰》《大诰》;誓,即《甘誓》《汤誓》;命,即《毕命》《顾命》之等是也。"①他是依《尚书》篇题来称这些文体名的,而实际情况应该是这些文体以产生的目的与性质命名,从中即可看出这些文体起源于"言"。

典,伪孔传释《尧典》篇题:"言尧可为百代常行之道。"孔颖达疏:"称典者,以道可百代常行。"②《舜典》义同。《仪礼·士昏礼》:"吾子顺先典,贶某重礼,某不敢辞,敢不承命。"郑玄注:"典,常也,法也。"③指尧、舜的言行"可为百代常行之道",典即常道,准则。《尚书》记言,那么,典多指尧、舜的"言""可为百代常行之道",典在尧、舜之时为"口出以为言"。谟,伪孔传释《皋陶谟》:"谟,谋也。皋陶为帝舜谟。"④谟者,口之所出的文辞为谟。训,伪孔传释《伊训》:"作训以教导太甲。"⑤口之所出的训的文辞为训体。诰,伪孔传释《汤诰》:"以伐桀大义告天下。"⑥诰即告,口出以告知的文辞为诰体。誓,伪孔传释《甘誓》:"甘,有扈郊地名。将战先誓。"⑦口之所出的誓的文辞为誓体。命,伪孔传释《顾命》:"实命群臣,叙以要言。"⑧口之所出的命的文辞为命体。"言"这一行为动作产生了文辞,于是构成文体。不同的"言"有不同的功用,由动词变成了名词,于是具有文体意味。

又有《尚书》"十体"的说法。孔颖达疏:"说者以《书》体例有十,此六者之外,尚有征、贡、歌、范四者,并之则十矣。……征、贡、歌、范非君出言之名,六者可以兼之。"⑨征、贡、歌、范四者,有记言有记事,但我们最注

---

① 《尚书正义》,《十三经注疏》,上海:上海古籍出版社,1997年,第114页下—115页上。
② 同上书,第118页下。
③ 《仪礼正义》,《十三经注疏》,上海:上海古籍出版社,1997年,第972页中。
④ 《尚书正义》,《十三经注疏》,上海:上海古籍出版社,1997年,第138页上。
⑤ 同上书,第162页下。
⑥ 同上书,第162页上。
⑦ 同上书,第155页下。
⑧ 同上书,第237页下。
⑨ 同上书,第115页上。

意孔颖达疏"非君出言之名"的说法,这样就反证《尚书》六体命名的主要原则即以"言"的行为动作来命名文体,这应该是文体的最早形态。

认识到文体的最早形态为"言",一来意义在于认识这种情况本身,二来更有利于我们探索文体产生之初的原生态状况。《尚书》在记言的同时,往往还记载一些伴随"言"的情景,"言"与伴随"言"的情景一起构成了文体的原生态形式,我们从中可以看到文体形成初期更多的情况。如《尚书》的"命",《舜典》"帝曰:'夔!命汝典乐,教胄子'"①,先有行为动作的主动者——帝,再有行为动作的受动者——听众夔,再是行为动作及行为动作所出之辞"命汝典乐"云云。又如《舜典》:"帝曰:'龙,朕堲谗说殄行,震惊朕师。命汝作纳言,夙夜出纳朕命,惟允!'"②也是先有行为动作的主动者,再有行为动作的受动者——听众,再称说社会上出现的情况及自己的感觉,然后称"命"并说出"命"的内容。那么,围绕着"命"字前后的文字都可视为属于"命"这一文体的原生态环境。又,《洛诰》,其中"命曰"文辞是"周公曰"转述的,此前"周公曰"的内容就是"命"产生的环境,就文体而言,这是"命"的生态环境。③ 又,《费誓》"公曰:嗟!人无哗,听命"④,记叙的是"命"时的原始场景,而"听命"的行为动作指向的是文体的"命"。那么,上引这些文字整体才是"命"这一文体在《尚书》中的原生态,即作为文体文辞的"言"是与各种"事"纠结在一起的。

今天我们所看到的许多文体仅仅是"笔书"形态,于是往往仅从"笔书"形式来探讨文体的兴起、定型及其功能。追溯这些文体的"言"的状态,进而追溯这些"言"发生时的种种场景的原生态状况,应该成为文体研究的题中之意,由此我们理解文体的起源会更为全面!

二、"言""笔"与文体分类

"言笔之辨"又与最早的概括化的文体分类有密切关系。先秦至汉

---

① 《尚书正义》,《十三经注疏》,上海:上海古籍出版社,1997年,第131页中。
② 同上书,第132页上。
③ 同上书,第214页下。
④ 同上书,第255页下。

的文体分类,多以文体在现实生活中的应用为鹄的,如《周礼·春官宗伯·大祝》称大祝的职能时提到的六种文体:"作六辞以通上下亲疏远近,一曰祠,二曰命,三曰诰,四曰会,五曰祷,六曰诔。"①又有所谓"九能"的九种文体:"故建邦能命龟,田能施命,作器能铭,使能造命,升高能赋,师旅能誓,山川能说,丧纪能诔,祭祀能语,君子能此九者,可谓有德音,可以为大夫。"②王充《论衡·佚文》称:"受天之文,文人宜遵《五经》,六艺为文,诸子传书为文,造论著说为文,上书奏记为文,文德之操为文。立五文在世,皆当贤也。"③"五文"即五种类型的文体。蔡邕《独断》把天子所用之文分为策书、制书、诏书、戒书四类,把臣下上天子之文分为章、奏、表、驳议四类。考察上述文体分类,最大的缺憾就是不能笼括全部文体,而东汉末刘熙《释名》运用"言笔之辨"就做到了这一点。《释名》所释者有几十种文体,其释文体最大的特点在于把这些文体归纳于"言语""书契"两大类,初步建立了我国古代文体分类的谱系,使所有的文体都有归属。

《释名》有《释言语》篇,论述与"言语"有关的事物、概念,其中论及的文体如:"言,宣也,宣彼此之意也。""语,叙也,叙己(笔者按:"已"当作"己")所欲说也。""说,述也,序述之也。""颂,容也,序说其成功之形容也。""祝,属也,以善恶之词相属著也。""诅,阻也,使人行事阻限于言也。""盟,明也,告其事于神明也。"④刘熙重在说明言、语、说、颂、祝、诅、盟等是由什么样的行为动作产生的,而这些行为动作都是"口出以为言"。总之,"言"这一行为动作构成了文体,《释名》也就以"言语"来总命名它们。

《释名》又有《释书契》篇。何谓"书契"?《释书契》本有解释:书,"以笔刺纸简之上也";"契,刻也,刻识其数也";"书""契",即对立于"言语"的具有物质形态的语言表达。"释书契"即释与"书""契"这两种动

---

① 《周礼注疏》,《十三经注疏》,上海:上海古籍出版社,1997年,第809页中。
② 《鄘风·定之方中》传,《毛诗正义》,《十三经注疏》,上海:上海古籍出版社,1997年,第316页中。
③ [汉]王充《论衡》,上海:上海人民出版社,1974年,第313页。
④ 以上见任继昉纂《释名汇校》,济南:齐鲁书社,2006年,第176—200页。

作有关的事物、概念,其中关涉文体的如:"笔,述也,述事而书之也。""笏,忽也,君有教命,及所启白,则书其上。""檄,激也,下官所以激迎其上之书文也。""谒,诣也;诣,告也,书其姓名于上,以告所至诣者也。""符,付也,书所敕命于上,付使传行之也。""策,书教令于上,所以驱策诸下也。"①这些文体都是由"书""契"这样的行为动作产生的,因此,是由产生文辞的行为动作"书""契"来总命名它们。《释书契》又称"书","亦言著之简纸,永不灭也"②,"笔书以为文"是以"书""契"总命名的文体共有的特点之一。

《释名》之《释典艺》篇,其中多述及文体。"典艺",即书写为文字的简册经籍,指可以作为典范的重要书籍。《释典艺》所录有文体性质者如:"传,传也,以传示后人也。""记,纪也,纪识之也。""诗,之也,志之所之也。""诏书,诏,昭也。人暗不见事宜,则有所犯,以此示之,使昭然知所由也。""铭,名也,述其功美,使可称名也。""诔,累也,累列其事而称之也。""谱,布也,布列见其事也。""词,嗣也,令撰善言,相续嗣也。"③这里强调的是"书""契"这样的行为动作产生了简册、典籍,当然也就是以产生文辞的行为动作来总命名的。另外,这些文体从内容性质上讲属于"言"体、"笔"体中的更高层次,是以这些文辞作为经典的内涵性质"典""艺"来总括。同是"书契"形态而"书契""典艺"二者相分,显示出书写作品的两大层次,前者为"书契"的一般情况,后者为"书契"意义层面上的更高层次。

《释名》"言语""书契"两分的文体释名提供给我们追溯文体产生的原始情况的新思路。其一,《释名》中似乎有殊不可解者,如《释言语》"勒,刻也,刻识之也"④怎么属于"言语"呢? 是否表明它们原先应该是"言语",经历了一个从"言语"到"书契"的过程?《说文·革部》:"勒,马

---

① 以上见任继昉纂《释名汇校》,济南:齐鲁书社,2006 年,第 322—332 页。
② 同上书,第 332 页。
③ 同上书,第 340—351 页。
④ 同上书,第 178 页。

头落衔也。"①而《大戴礼记·盛德》"古者以法为衔勒"②,以控制嘴巴的衔勒比拟法对人们行为的控制。《文选》潘岳《西征赋》"俾幽死而莫鞫"李善注:"毛苌《诗传注》曰:'勒,告也。'"③《文选》班固《东都赋》"勒三军,誓将帅"张铣注:"勒、誓,皆教令。"④那么,这些地方的"勒"就是言语。其二,《释名》在《释言语》中称"文者,会集众采以成锦绣,会集众字以成辞义,如文绣然也"⑤,但现在的普遍解释是有了文字,才能称文字的作品为"文",如章太炎《国故论衡·文学总略》曰:"文学者,以有文字著于竹帛,故谓之文。"⑥因此,从正常的释文体而言,"文"应该在"笔书以为文"的文体之前。臆测《释名》把"文"列于《释言语》之首的原因,从《释言语》次序又在《释书契》《释典艺》之前,可知"文"大有笼括、提起众文体之势。

《释名》在关注具体的产生言词的行为动作的基础上,充分注意到语言表达最原始的两大载体"言语"与"书契",并以之直接命名文体,这是承袭王充《论衡·定贤》"口出以为言,笔书以为文"的文体两分法而来。刘熙《释名》分文体为"言""笔"两大类又有所延续,葛洪《抱朴子·喻蔽》称"发口为言,著纸为书"⑦,《文心雕龙·总术》引颜延之所说"笔之为体,言之文也,经典则言而非笔,传记则笔而非言",并辨析颜延之所说,称"发口为言,属笔曰翰"⑧。中古对"言笔之辨"的关注一直延续至现代,章太炎《国故论衡》曰:"文字之用,足以成面,故表谱图画之术兴焉,凡排比铺张,不可口说者,文字司之。"⑨他区分了"言语"与"文字"的不同功

---

① [汉]许慎撰,[清]段玉裁注《说文解字注》,上海:上海古籍出版社,1981年,第110页上。
② [清]王聘珍撰,王文锦点校《大戴礼记解诂》,北京:中华书局,1983年,第145页。
③ [南朝梁]萧统编,[唐]李善、吕延济、刘良、张铣、吕向、李周翰注《六臣注文选》,北京:中华书局,1987年,第203页下。
④ 同上书,第38页下。
⑤ 任继昉纂《释名汇校》,济南:齐鲁书社,2006年,第171页。
⑥ 章太炎《国故论衡》,上海:上海古籍出版社,2003年,第49页。
⑦ [晋]葛洪《抱朴子》,上海:上海古籍出版社,1990年,第305页上。
⑧ [南朝梁]刘勰著,詹锳义证《文心雕龙义证》,上海:上海古籍出版社,1989年,第1627—1629页。
⑨ 章太炎《国故论衡》,上海:上海古籍出版社,2003年,第54页。

用。刘师培《文章源始》云:"至诸子之书,有文有语。……文犹后世之文词,语犹后世之演稿。"刘师培又把"有文有语"引向"文体源出"的不同,所谓"西汉代兴,文区二体:赋、颂、箴、铭,源出于文者也;论、辩、书、疏,源出于语者也"。① 这是以"笔书"的书面语为"文"、口语为"语"划分文类。刘熙《释名》文体两分之所以能被延用,显示了其所建立的文体分类谱系的生命力,也显示了"言笔之辨"建立文体分类谱系的可持续发展能力。

三、从"言"到"笔"与文体的进化

某些文体产生时先是"言"体,后发展为"笔"体,这是文体进化的历程。《文心雕龙·练字》论"字"乃"言语之体貌""文章之宅宇",称文字为语言的载体;而当其称"先王声教,书必同文",②先是"声",后是"书",就说出了很多文体都经历的先"言"后"笔"、从"言"到"笔"的过程。如前述典在尧舜时为"言",但后世一致称典为"笔",《说文解字》:"典,五帝之书也。"③于省吾《骈续·释"工典"》以为"工典"即"贡典":"典犹册也,贡典犹言献册告册也。……谓祭时贡献典册于神也。"④那么,典很早就从"言"成为"笔"体了。延至后世,先代可以作为典范的书籍就是文体的典,《尚书》亦在内。典在后世也有余绪,如《文选》有班固《典引》一首,李善注云:"蔡邕曰:《典引》者,篇名也。典者,常也,法也。引者,伸也,长也。《尚书疏》:尧之常法,谓之《尧典》,汉绍其绪,伸而长之也。"⑤又有《典略》《梁典》等,文体由"言"而"笔"了。又如《文心雕龙·论说》称说体亦是如此,刘勰先总括其"言资悦怿",又列"说之善者"的"伊尹以论味隆殷;太公以辨钓兴周,及烛武行而纾郑,端木出而存鲁",以及战国辩

---

① 刘师培著,陈引驰编校《刘师培中古文学论集》,北京:中国社会科学出版社,1997年,第213—214页。
② [南朝梁]刘勰著,詹锳义证《文心雕龙义证》,上海:上海古籍出版社,1989年,第1445—1446页。
③ [汉]许慎撰,[清]段玉裁《说文解字注》,上海:上海古籍出版社,1981年,第200页上。
④ 于省吾《双剑誃殷契骈枝 双剑誃殷契骈枝续编 双剑誃殷契骈枝三编》,北京:中华书局,2009年,第165页。
⑤ [南朝梁]萧统编,[唐]李善注《文选》,北京:中华书局,1977年,第682页上。

士的"转丸骋其巧辞,飞钳伏其精术;一人之辨,重于九鼎之宝,三寸之舌,强于百万之师",①都是"言"。刘勰又说:"夫说贵抚会,弛张相随,不专缓颊,亦在刀笔。"②这就是"笔"了。典、说的性质没有改变,但文体由"言"而"笔"了。

有些文体在从"言"到"笔"的进化过程中,其性质有所变化,如《文心雕龙·颂赞》论赞体,先说:"赞者,明也,助也。昔虞舜之祀,乐正重赞,盖唱发之辞也。及益赞于禹,伊陟赞于巫咸,并扬言以明事,嗟叹以助辞也。故汉置鸿胪,以唱言为赞,即古之遗语也。"③这是说"言"之赞只是"唱发之辞"之类"助辞"的辅助文体。刘勰又称"笔"之"赞"为"至相如属笔,始赞《荆轲》。及迁史固书,托赞褒贬,约文以总录,颂体以论辞;又纪传后评,亦同其名"④。赞从"言"到"笔"时,已具备文体独立的条件,但仍然是"托赞褒贬"的辅助性质。而到《文选序》称"赞论之综缉辞采,序述之错比文华,事出于沈思,义归乎翰藻,故与夫篇什,杂而集之"⑤,赞成为独立的文体,至此,赞在逐步的演变中文体性质已发生了变化。

很多文体从"口出"到"笔书",采用的材质不一样,行文的格式、语言的运用等方面会有很大的变化,《文心雕龙·章表》对章表体的分析很好地注意到这一点。其称章表体,先是"尧咨四岳,舜命八元"的"陈辞帝庭,匪假书翰"阶段;继而是"至太甲既立,伊尹书诫,思庸归亳,又作书以赞"的"文翰献替"阶段,此时虽然"言笔未分,而陈谢可见";最后是"后汉察举,必试章奏"的"左雄奏议,台阁为式;胡广章奏,天下第一:并当时之杰笔也"阶段。⑥ 章表从"匪假书翰"的"敷奏以言",到"言笔未分",再到

---

① [南朝梁]刘勰著,詹锳义证《文心雕龙义证》,上海:上海古籍出版社,1989年,第707—710页。
② 同上书,第715页。
③ 同上书,第338—340页。
④ 同上书,第342页。
⑤ [南朝梁]萧统编,[唐]李善、吕延济、刘良、张铣、吕向、李周翰注《六臣注文选》,北京:中华书局,1987年,第4页。
⑥ [南朝梁]刘勰著,詹锳义证《文心雕龙义证》,上海:上海古籍出版社,1989年,第820—822、831页。

后汉的"杰笔",表达的各方面都发生了变化。

先秦著述也有许多是从"言"到"笔"的,章学诚《文史通义·诗教上》说:"三代盛时,各守人官物曲之世氏,是以相传以口耳,而孔、孟以前,未尝得见其书也。至战国而官守师传之道废,通其学者,述旧闻而著于竹帛焉。""不知古初无著述,而战国始以竹帛代口耳。实非有所伪托也。"①所谓"述旧闻而著于竹帛"即著述从"言"到"笔"的形成过程。又有纂集某些言说活动中的众人之"言"而成书者,如《盐铁论》。汉昭帝即位六年时有"盐铁议","诏郡国举贤良文学之士,问以民所疾苦,教化之要。皆对愿罢盐铁酒榷均输官,毋与天下争利,视以俭节,然后教化可兴。弘羊难,以为此国家大业,所以制四夷,安边足用之本,不可废也"②。先有郡国贤良文学之士"愿罢盐铁酒榷均输官"之"言",又有桑弘羊的责难、诘问,这些是"口出以为言"。宣帝时,汝南桓宽"推衍盐铁之议,增广条目,极其论难,著数万言,亦欲以究治乱,成一家之法焉"③。此即以"言"而成著述。又如《白虎通德论》的成书,"天子会诸儒讲论《五经》,作《白虎通德论》,令固撰集其事"④。又有纂集社会流传的众人之"言"而成书者,如《语林》,《续晋阳秋》说:"河东裴启撰汉、魏以来迄于今时,言语应对之可称者,谓之《语林》。时人多好其事,文遂流行。"⑤

"言"与"笔"各有自己的特点或格式,文体、著述的从"言"到"笔"蕴含着特点或格式的转化或相融,这个过程是怎样进行的? 一是早期的许多文体成为"笔"时,保留了很多"言"的格式,如赋的"客主以首引"就是"言"的讽谏格式的再现。倒过来说,"客主以首引"就是为赋的"风(讽)谏"而设,既使讽谏有的放矢,又使讽谏不直指帝王而直指"客",很好地实现委婉进言的效果。而且,"客主以首引"的一问一答为赋作叙事情节

---

① [清]章学诚著,叶瑛校注《文史通义校注》,北京:中华书局,1985年,第559页。
② 《食货志下》,[汉]班固《汉书》,北京:中华书局,1962年,第1176页。
③ 《公孙刘田王杨蔡陈郑传赞》,[汉]班固《汉书》,北京:中华书局,1962年,第2903页。
④ [南朝宋]范晔撰,[唐]李贤等注《后汉书》,北京:中华书局,1965年,第1373页。
⑤ 《轻诋》刘孝标注引,[南朝宋]刘义庆著,[南梁]刘孝标注,余嘉锡笺疏,周祖谟、余淑宜、周士琦整理《世说新语笺疏》(修订本),上海:上海古籍出版社,1993年,第844页。

的层层演进提供了绝好的形式,并使赋作有了人物形象与故事情节。① 于是,"客主以首引"如此"口出以为言"的对话形式,成为"别《诗》之原始,命赋之厥初"②的体制之一。又如连珠体,《左传》《国语》《战国策》多有在"对问"中以"臣闻"起首来发表见解的,至有几个"臣闻"格式的连用;"笔"的连珠体就是把"口出以为言"口吻的"臣闻"格式抽绎并汇聚起来,构成连珠体的文体模式。于是,脱离了口语具体语境的"臣闻",原本有具体指向的劝谏话语具有了某种抽象与普世性,又有"历历如贯珠"的语言要求;其意义指向也由单纯的劝谏而兼有观赏性,接受者也由痛苦的被劝谏者转而兼有对形式的某种欣赏,不再仅仅是内容的接受者。③ 在借鉴"言"的形式基础上进行创新,"笔"的连珠体以崭新的面貌出现在世人面前。

关注文体由"言"到"笔"的历程,关注文体在此历程中"言"的特点、格式或保留、或转化的形态,我们可以更多地理解文体是如何进化的。

四、"言""笔"语言体制追求统一的趋向

当"言""笔"并立且日益以后者为重时,人们开始思考,"笔"体作为书面语与"言"作为口头语是否应该有所不同? 或者说,"笔"作为书面语应该是怎么样的? 在这种情况下,人们尝试着或以语言表达最初的形式"言"的特点为准,或以"笔"体提升"言"体的表达方式。"言笔之辨"的进程告诉我们,文体学发展的现实有着"言""笔"语言体制追求统一目标的趋向,这是中古时期文体学发展的一个特点。

第一阶段,以"易晓"要求"笔"向"言"的回归。"口出以为言"的口耳相传特性使语言表达随时而变,"笔书以为文"以物质的形式流传而呈凝固化形态,现今看到的还是原有形态,与现今社会的口语表达有不一致

---

① 详见拙文《"客主以首引"辨——论"客主以首引"成为赋的文体象征》,《铜仁学院学报》2010年第1期。
② [南朝梁]刘勰著,詹锳义证《文心雕龙义证》,上海:上海古籍出版社,1989年,第277页。
③ 详见拙文《论"连珠"体起源于"对问"——刘胜〈闻乐对〉为连珠雏形论》,《中山大学学报》2010年第1期。

之处,即王充《论衡·自纪》解释"经艺之文,贤圣之言,鸿重优雅,难卒晓睹"的问题,称其撰写之时,"非务难知",并不是故弄玄虚让人读不懂,只是因为"古今言殊,四方谈异也"。因此,王充得出结论说:"夫笔著者,欲其易晓而难为,不贵难知而易造;口论务解分而可听,不务深迂而难睹。"而这个结论的基础就是:其"口出以为言"者与"笔书以为文"者相同,即口头语与书面语相同,不应该人为造成差异;其论证指向是书面语也应该"易晓",所谓"文由语也""文字与言同趋";他认为文章就要写得与口头语一样明白易懂,所谓"以分明为公""以获露(笔者按:敷陈表露)为通""以昭察为良"。① 葛洪继承了王充的观点,其《抱朴子·喻蔽》称"书者所以代言,言者所以书事"②,认为口头语与书面语应该一致。他认为写书应该像说话一样,就是要让人们懂,"书犹言也,若入谈语,故为知有"③;葛洪实际上是看到了口头表达的"言"与书面语的"笔"的差异,他的立场即是"言以易晓为辨,则书何故以难知为好哉"④。

　　王充、葛洪观点的出发点是语言表达的"易晓",那么要求"文由语也""文字与言同趋"及"书犹言也"就是正常的;但他们忽略了从"口出以为言"到"笔书以为文"是语言表达的不同形式,虽理应有所同,但在进化中又理应有所异,文体的语言体制发展到第二阶段,即在某个类似于"易晓"口号下的"言""笔"语言体制各自的追求。中国古代有"吟诵"传统,这个共同的口号就是"易读诵"。表面上看,"言""笔"都要遵循读诵传统,但"口出以为言"与"笔书以为文"二者的"易读诵"路径不同;而总的原则即黄侃"论句读有系于音节与系于文义之异"所称"文以载言,故文中句读,亦有时据词气之便而为节奏,不尽关于文义"⑤。中古"言"与"笔"的"易读诵"追求就是在兼顾这两方面关系的视野下进行的。

　　先就"口出以为言"的"诗"来说,汉乐府民歌的语言一般是口语化

---

① 以上所引王充言论均见[汉]王充《论衡》,上海:上海人民出版社,1974年,第450—451页。
② [晋]葛洪《抱朴子》,上海:上海古籍出版社,1990年,第305页上。
③ 同上书,第255页下。
④ 同上书,第256页上。
⑤ 黄侃《文心雕龙札记》,上海:华东师范大学出版社,1996年,第166页。

的,胡应麟称其"采摭闾阎,非由润色,然而质而不俚,浅而能深"①,尤其是《孤儿行》《妇病行》,宋长白《柳亭诗话》谓其"虽参错不齐,而情与境会,口语、心计之状,活现笔端"②。谢榛《四溟诗话》称《古诗十九首》"平平道出,且无用工字面,若秀才对朋友说家常话,略不作意"③。自曹植始,诗歌进入典雅、华丽的文人化表达阶段,至西晋陆机更变本加厉,刘勰称陆机"缀辞尤繁"④,南朝宋时颜延之诗"铺锦列绣""雕缋满眼"⑤,谢灵运诗"尚巧似,而逸荡过之,颇以繁芜为累"⑥。南朝提出"易读诵"因此而起。萧子显《南齐书·文学传论》提出文人诗歌的改革要求,其中最应该注意的是"言尚易了,文憎过意"及"杂以风谣,轻唇利吻,不雅不俗,独中胸怀",⑦这是一种新的诗歌理想。沈约提出的"易见事""易识字""易读诵"之"文章当从三易",⑧这是新的诗歌理想的表现方式之一。"三易"的核心是"易读诵";"易识字"自不待言,难字僻字而不相识,哪里谈得上"易读诵";而"易见事"是从接受者的角度讲诗歌用典的明白晓畅,即《颜氏家训·文章》所载邢子才常说的:"沈侯文章,用事不使人觉,若胸臆语也。"⑨永明新体是以严格的规则来实现"易读诵",钟嵘《诗品序》批评这种规则的"襞绩细微,专相凌架。故使文多拘忌,伤其真美",但也认为"文制本须讽读,不可蹇碍,但令清浊通流,口吻调利"。⑩ 只不过社会的潮流是要以人工化达到"易读诵"的目的。这是"口出以为言"的"易读诵",也是艺术追求下的"易读诵"。诗歌语言要经过提炼已是社会共识,"易读诵"并非纯粹的口头语甚或俗语,如果这样做的话是要受到嘲笑的,会引起人们对诗人才能的鄙视,如《魏书·崔辩传》载口头语作诗:

---

① [明]胡应麟《诗薮》,上海:上海古籍出版社,1979年,第3页。
② [清]宋长白《柳亭诗话》,上海:上海杂志公司,1935年,第210页。
③ [明]谢榛《四溟诗话》,北京:中华书局,1985年,第39页。
④ [南朝梁]刘勰著,詹锳义证《文心雕龙义证》,上海:上海古籍出版社,1989年,第1203页。
⑤ 《颜延之传》,[唐]李延寿《南史》,北京:中华书局,1975年,第881页。
⑥ [南朝梁]钟嵘著,曹旭集注《诗品集注》,上海:上海古籍出版社,1994年,第160页。
⑦ [南朝梁]萧子显《南齐书》,北京:中华书局,1972年,第908—909页。
⑧ [北齐]颜之推撰,王利器集解《颜氏家训集解》,上海:上海古籍出版社,1980年,第253页。
⑨ 同上。
⑩ [南朝梁]钟嵘著,曹旭集注《诗品集注》,上海:上海古籍出版社,1994年,第240页。

"葛荣闻其才名,欲用为黄门侍郎。巨伦心恶之。至五月五日,会集官僚,令巨伦赋诗,巨伦乃曰:'五月五日时,天气已大热。狗便呀欲死,牛复吐出舌。'以此自晦,获免。"①

再就"笔书以为文"来说,与诗歌从脱离口语化又回归人工化的"易读诵"的历程不同,散文经过了从口语化到骈化——"笔书以为文"的"易读诵"的历程。我们先来看曹操《掩获宋金生表》:"臣前遣讨河内、获嘉诸屯,获生口,辞云:'河内有一神人宋金生,令诸屯皆云鹿角不须守,吾使狗为汝守。不从其言者,即夜闻有军兵声。明日视屯下,但见虎迹。'臣辄部武猛都尉吕纳,将兵掩捉得生口,辄行军法。"②从此文可见《文心雕龙·章表》称"魏初章表,指事造实,求其靡丽,则未足美矣"③符合事实。但魏代散文又渐渐崇尚起对偶、藻绘、用典等,至西晋陆机之文,骈体初成;宋齐之时,骈体正式成立;徐庾时,骈体成熟。④骈文最重要的规则之一是声律,讲求声律,一部分目的是为了讽诵朗读时的口吻流利,也可以说是"易读诵"。从这一点讲,骈体的要求偶句、隶事,也与"易读诵"有相当的关系。先说偶句。骈,两马并驾,骈文的要求就是以偶句为主,而偶句"因为两句结构相同,并且,这种结构相同的句式反复不断展开,就自然而然地产生了流畅快适的韵律节奏"⑤。再说隶事,孙德谦《六朝丽指》称:"文章运典,于骈体为尤要。考之六朝,则有区别焉。梁简文《叙南康简王薨上东宫启》:'伏惟殿下,爱睦恩深,常棣天笃。北海云亡,骑传余稿;东平告尽,驿问留书,呜呼此恨,复在兹日。'此陈古况今,并以足其文气也。倘无北海两人故事,文至'爱睦'二语,不将穷于辞乎?故古典不可不谙习也。有此古典,借以收束,而文气亦充满矣。"⑥故刘永济称"切意之典,约有三美",其三即"气畅而凝"。⑦因此,骈文的形成也是统辖在"易读诵"

---

① [北齐]魏收《魏书》,北京:中华书局,1974 年,第 1251 页。
② [魏]曹操《曹操集》,北京:中华书局,1974 年,第 37—38 页。
③ [南朝梁]刘勰著,詹锳义证《文心雕龙义证》,上海:上海古籍出版社,1989 年,第 832 页。
④ 详见钟涛《六朝骈文形式及其文化意蕴》,北京:东方出版社,1997 年,第 71—115 页。
⑤ 同上书,第 138 页。
⑥ 王水照主编《历代文话》,上海:复旦大学出版社,2007 年,第 8451 页。
⑦ [南朝梁]刘勰著,刘永济校释《文心雕龙校释》,北京:中华书局,1962 年,第 140 页。

的方向下的。

这样,无论是"口出以为言"还是"笔书以为文",其语言运用都统一在古代"易读诵"的传统之下,只是实现的路径不同。

五、"言笔之辨"与"文笔之辨"

"文笔之辨"是中古文体学的重大问题,参照"言笔之辨"可以对"文笔之辨"的性质与趋向有更明确的认识。我们先来探讨"言笔之辨"的"笔",即最早的有形的文字作品有哪些性质?我们从记言的《尚书》中,可以发现那时已经有一些有形的文字作品了。如:祝书,古代祭祀神鬼或祖先的文辞,《尚书》载录的有执册而读者;又有命书,所谓"册命",以册而命,"命"已书写在"册",继而"口出"的;又,占兆书、刑书,刑法之书;又,官府记事的簿册或文书之类,都是已经写成文字的。这些有形的文字作品即祝书、命书、占兆书、刑书、文书的特点,都是以文字的形式使其表达固定下来,以实现其契约性质。且祝文、诏书、命书、刑书、簿册、占兆书这些最早的有形的文字作品皆为公家文字,或多有公用性。《易·系辞下》称"上古结绳而治,后世圣人易之以书契,百官以治,万民以察"①,最早的文字作品就是为了"百官以治,万民以察"而作,就是具有公用性的公家文字。

"文笔之辨"即文章体制的辨析。范晔《狱中与诸甥侄书》以"事外远致"与"公家之言"为"文笔"区分;②刘勰《文心雕龙·总术》称之为"无韵者笔也,有韵者文也"③,萧绎《金楼子·立言》的"文笔"区分则多谈"文":"吟咏风谣,流连哀思者,谓之文。""至如文者,惟须绮縠纷披,宫徵靡曼,唇吻遒会,情灵摇荡。"④隋人《文笔式》又以"韵者为文,非韵者为

---

① 《周易正义》,《十三经注疏》,上海:上海古籍出版社,1997 年,第 87 页中。
② 《范晔传》,[南朝梁]沈约《宋书》,北京:中华书局,1974 年,第 1830 页。
③ [南朝梁]刘勰著,詹锳义证《文心雕龙义证》,上海:上海古籍出版社,1989 年,第 1622 页。
④ [南朝梁]萧绎撰,许逸民校笺《金楼子校笺》,北京:中华书局,2011 年,第 966 页。

笔"①为文体分类。大致说来,"文"即诗、赋之类有韵的、讲究声律的、有文采而多抒情的私人化情趣性的文字,"笔"即非韵的公家公用性文字。"文笔之辨"与"言笔之辨"二者的"笔",虽然在各自的语境中意义不同,但从"言笔之辨"即语言作品的发生来探讨,二者意义的重合处在于具有公家文字的性质。因此,从"言笔之辨"我们得知了"文笔之辨"中"笔"最重要的性质与功用。

其次,从"言笔之辨"的发展趋势来看"文笔之辨"的发展趋势。中古崇尚"言笔"兼具之才,如《世说新语·文学》载西晋时事:"乐令善于清言,而不长于手笔。将让河南尹,请潘岳为表。潘云:'可作耳。要当得君意。'乐为述己所以为让,标位二百许语。潘直取错综,便成名笔。时人咸云:'若乐不假潘之文,潘不取乐之旨,则无以成斯矣。'"②"言"支撑着"笔","笔"充分表现"言",于是产生了"名笔"。我们再来看"文笔之辨"。晋宋时期是门阀社会,主流社会由士族掌控,高门华胄的文化标志之一即能为清谈的"言",能"言"者地位高。高门华胄第二个文化标志为"文"的撰作之才,如号称"甲族起家之选"的著作郎、秘书郎,就是所谓"清华"的文翰之职,王筠《与诸儿书论家世集》云:"史传称安平崔氏及汝南应氏,并累世有文才,所以范蔚宗云崔氏'世擅雕龙'。然不过父子两三世耳;非有七叶之中,名德重光,爵位相继,人人有集,如吾门世者也。"③即视"文"的撰作为高尚身份所独有,视"笔"的撰作为文案小吏的行为,"笔"类文字在政治、文化上受到轻视。干宝称晋时门阀制度下的社会风气为"当官者以望空为高而笑勤恪"④,"勤恪"的意味之一即致力于"簿领文案"的"笔"。但自刘宋起,"笔"渐渐受到重视,梁时尤甚,如宋武帝子、文帝弟刘义康,"性好吏职,锐意文案"⑤,且"专以政事为本,刀笔

---

① 〔日〕弘法大师撰,王利器校注《文镜秘府论校注》,北京:中国社会科学出版社,1983年,第474页。据王利器考证,《文笔式》出于隋人,见该书第475页。
② [南朝宋]刘义庆著,[南朝梁]刘孝标注,余嘉锡笺疏,周祖谟、余淑宜、周士琦整理《世说新语笺疏》(修订本),上海:上海古籍出版社,1993年,第252—253页。
③ [唐]姚思廉《梁书》,北京:中华书局,1973年,第486—487页。
④ [唐]房玄龄等《晋书》,北京:中华书局,1974年,第136页。
⑤ [南朝梁]沈约《宋书》,北京:中华书局,1974年,第1790页。

干练者多被意遇"①。南齐的情况亦是如此,齐明帝"自在布衣,晓达吏事,君临亿兆,专务刀笔"②。梁时宗夬"以笔札被知"③。梁武帝要求世家子弟也要熟悉文书簿领之类"笔",他曾手敕刘孝绰:"美锦未可便制,簿领亦宜稍习。"④《南史》载时人评价沈约说:"谢玄晖善为诗,任彦升工于笔,约兼而有之,然不能过也。"⑤说明"文笔"兼擅是非常难的。更能说明问题的是沈约、任昉本有"沈诗任笔"之赞誉,但沈约并不满足于"诗"的盛名,任昉也不满足于"笔"的盛名,他俩展开了不同方向、同一目标的追求。于是,怎样在汲取"文"的精华的基础上为"笔"制定规则的问题就现实地摆在世人面前,于是形成了骈文。

"口出以为言"为文体的起源,从"言"到"笔"为文体的演进历程,"言""笔"相分为最早的文体分类,"言""笔"相合为文体语言体制的发展趋势,"言笔之辨"又引发"文笔之辨",这些都告诉我们,"言笔之辨"既是文体研究的起点,又伴随着文体发展的全过程。中国古代文体学自有其话语系统,如何对中国古代文体学实施"以中释中"的研究,对"言笔之辨"的阐释也应该是关注课题之一。

---

① [唐]李延寿《南史》,北京:中华书局,1975年,第631页。
② [南朝梁]萧子显《南齐书》,北京:中华书局,1972年,第913页。
③ [唐]姚思廉《梁书》,北京:中华书局,1973年,第299页。
④ 同上书,第480页。
⑤ [唐]李延寿《南史》,北京:中华书局,1975年,第1413页。

第二节 "文笔之辨"原始

一、"文笔之辨"的提出与各方解释

人们对"文笔之辨"形成印象,大都以南朝宋颜延之的话为"文笔"的最早判断,史载颜延之回答宋文帝"尝问以诸子才能"而有"竣得臣笔,测得臣文"之语;又载刘劭"召延之示以檄文,问曰:'此笔谁造?'延之曰:'竣之笔也。'又问:'何以知之?'曰:'竣笔体,臣不容不识。'"①颜延之还提出"笔之为体,言之文也;经典则言而非笔,传记则笔而非言"②。总括南北朝特有的"文笔之辨"的讨论,大致有以下三点对举。一指有韵无韵,范晔《狱中与诸甥侄书》说"手笔差易,文不拘韵故也"③,刘勰发表了"今之常言,有文有笔;以为无韵者笔也,有韵者文也"④的意见。进而以文体不同区分"文笔",隋人《文笔式》称"制作之道,唯笔与文","文"有诗、赋、铭、颂、箴、赞、吊、诔,"笔"有诏、策、移、檄、章、奏、书、启,"即而言之,韵者为文,非韵者为笔"。⑤ 二是范晔所云"吾思乃无定方,特能济难适轻重,所禀之分,犹当未尽。但多公家之言,少于事外远致,以此为恨,亦由无意于文名故也"⑥,称"笔"为"公家之言",是实用性文字;称"事外远致"的诗、赋之类为"文",是私人化情趣性文字。三是萧绎《金楼子·立言》的"文笔"区分:"至如不便为诗如阎纂,善为章奏如伯松,若此之流,泛谓之笔。吟咏风谣,流连哀思者,谓之文。……笔退则非谓成篇,进则不云取义,神其巧惠笔端而已。至如文者,维须绮縠纷披,宫徵靡曼,唇吻适会,情灵摇荡。"⑦这是"放弃以体裁分文笔的旧说,而开始以制作的

---

① [唐]李延寿《南史》,北京:中华书局,1975年,第879、880页。
② [南朝梁]刘勰著,詹锳义证《文心雕龙义证》,上海:上海古籍出版社,1989年,第1627页。
③ [南朝梁]沈约《宋书》,北京:中华书局,1974年,第1830页。
④ [南朝梁]刘勰著,詹锳义证《文心雕龙义证》,上海:上海古籍出版社,1989年,第1622页。
⑤ [日]弘法大师撰,王利器校注《文镜秘府论校注》,北京:中国社会科学出版社,第474页。
⑥ [南朝梁]沈约《宋书》,北京:中华书局,1974年,第1830页。
⑦ [南朝梁]萧绎撰,许逸民校笺《金楼子校笺》,北京:中华书局,2011年,第966页。

技巧,重为文笔定标准"①。

深入研究者不限于对南北朝时期"文笔之辨"言论的考察,还从"文笔之辨"的内涵来考察。阮元诸人把"文"视作孔子《文言》之"文"及《文选》之"文",虽然不可全信,但扩大了"文笔之辨"讨论的视野。逯钦立从各种史料所载"文笔"二字并举的实例考察"文笔"别目开始的时代,证"文笔说的起来,在东晋初年";又指出文体两分成为社会需求的原因,从汉、魏史家对前人文字制作的著录,考察出文笔分目的来由在于对"两类式"著录法的追求,即"用两个具有分类作用的字,来赅括所有体裁的制作"。② 又如以有韵无韵考察"文笔之辨"的兴起,郭英德称:"《后汉书》对传主所著各种文体的著录次序,一般先诗、赋、碑、诔、颂、铭、赞、箴等'有韵之文',后表、奏、论、议、令、教、策、书、记、檄、说等'无韵之笔',这一著录次序则表现出从汉末至刘宋区分文笔的文体辨析观念已趋于明朗。"③阮元、逯钦立、郭英德等人的研究给我们的启示在于,既要把"文笔之辨"放在特定的文学史阶段来考察,又要放在不断发展的历史进程中考察。

进而,人们又从政治地位、文化品位来讨论"文笔之辨",认为两汉时期,"笔"体文字工作先以"政事"面目出现,曹丕时以奏议、书论为代表的"笔"体文字进入"文章"序列,且位列铭诔、诗赋的"文"之前,这是"笔"的政治地位的极大提高。两晋时期,"文"为高门士族把持文化主流的身份象征,"笔"则为文案小吏之所为。南北朝时期,寒族士人多依靠"笔"体文字进入核心统治阶层,"笔"体文字的政治地位重新被世人关注,"笔"的文化品位有所提升,其原有特质如用典、典雅影响到"文"的撰作,又在声律、对仗、辞藻诸方面向"文"学习,骈体为"笔"确立了写作规范与审美趣味,"文"与"笔"最终在地位相当的情况下实现更高层次的界限

---

① 《说文笔》,逯钦立《逯钦立文存》,北京:中华书局,2010年,第555页。
② 同上书,第529、536页。
③ 《前言》,郭英德《中国古代文体学论稿》,北京:北京大学出版社,2005年,第3页。

分明。①

"文""笔"都指语言文字作品,语言文字作品在社会普及开来而构成文体之时,就有着不同的社会分工。"文""笔"的社会分工不同,又蕴含着"文""笔"制定文体规则的不同。本节将在前人研究的基础上,从语言文字作品兴起的社会分工考察"文笔之辨"的起点。

二、"文""笔"的原始意味与社会分工不同

"笔"的原始义泛指书写制作。《说文解字·聿部》:"聿,所以书也。楚谓之聿,吴谓之不律,燕谓之弗。从聿一。凡聿之属皆从聿。笔,秦谓之笔,从聿竹。"②《释名·释书契》:"笔,述也,述事而书之也。""书,庶也,纪庶物也。亦言著之简纸,永不灭也。"③"笔"就是所谓"书",即写下来,故为制作。"口出以为言,笔书以为文"④,这是语言文字作品的两种表达方式。"笔书"是为了公家事务而被撰作出来的,《周易·系辞下》称"上古结绳而治,后世圣人易之以书契,百官以治,万民以察"⑤。《礼记·中庸》:"哀公问政,子曰:'文武之政,布在方策。'"郑玄注:"方,版也;策,简也。"正义:"言文王武王为政之道,皆布列在于方牍简策。"⑥就是说笔书者即"为政之道"。

刘勰《文心雕龙·原道》云:

> 唐虞文章,则焕乎始盛。元首载歌,既发吟咏之志;益稷陈谟,亦垂敷奏之风。⑦

---

① 详见拙文《"文笔之辨"与中古政治、文化——中古"文""笔"地位升降起伏论》,《文学评论》2015 年第 6 期。
② [汉]许慎撰,[清]段玉裁注《说文解字注》,上海:上海古籍出版社,1981 年,第 117 页上下。
③ 任继昉纂《释名汇校》,济南:齐鲁书社,2006 年,第 322、332 页。
④ [汉]王充《论衡》,上海:上海人民出版社,1974 年,第 420 页。
⑤ 《周易正义》,《十三经注疏》,上海:上海古籍出版社,1997 年,第 87 页中。
⑥ 《礼记正义》,《十三经注疏》,上海:上海古籍出版社,1997 年,第 1629 页中下。
⑦ [南朝梁]刘勰著,詹锳义证《文心雕龙义证》,上海:上海古籍出版社,1989 年,第 18 页。

《序志》有"论文叙笔,则囿别区分"①的说法,因此刘永济说:"昔彦和论文,征引古作。于文始'元首载歌',于笔始'益稷陈谟'。"②把"文笔"的源头都列为《尚书》,以下衍伸之。

《尚书》中的"笔书"如:祝书,古代祭祀神鬼或祖先的文辞,《尚书》载录的有执册而读者,《尚书·金縢》"史乃册祝曰","册祝"之"册"是文字书于简而编连诸简之谓,即以下"王执书以泣"之"书"。③ 又,命书,《尚书·洛诰》"王命周公后,作册逸诰"④,王国维《洛诰解》:"'王命周公后'者,因烝祭告神,复于庙中以留守新邑之事册命周公,已面命而复册命者,重其事也。'诰',谓告天下。"⑤"册命"者,以册而命,"命"已书写在"册"。又,占兆书。《尚书·金縢》"乃卜三龟,一习吉。启籥见书,乃并是吉",孔传:"开籥见占兆书,乃亦并是吉。"⑥"书"即占兆书。又,刑书,《尚书·吕刑》"哀敬折狱,明启刑书胥占,咸庶中正"⑦,"刑书"即刑法之书。又,官府记事的簿册或文书之类。祝书、命书、占兆书、刑书、文书的特点,一是《尚书》所言的"书用识哉",此处的"书"为广义的记,即文书,顾颉刚、刘起釪称"用文书方式识其为非作歹之迹以儆之"⑧;以文字的形式使其固定下来,不失本来面目,有些甚至要铸于金属以志永久。二是契约性,就刑书而言,《左传》所载叔向"诒子产书"中,叔向屡屡批评子产"铸刑书"会出现的情况,"民知有辟"则"以征于书","民知争端矣,将弃礼而征于书";⑨所谓"征于书",即相信"刑书"的权威性与约束力。《尚书·召诰》:"周公乃朝用书,命庶殷侯、甸、男邦伯。厥既命殷庶,庶殷丕

---

① [南朝梁]刘勰著,詹锳义证《文心雕龙义证》,上海:上海古籍出版社,1989年,第1924页。
② 刘永济《十四朝文学要略(上古至隋)》,哈尔滨:黑龙江人民出版社,1984年,第35页。
③ 《尚书正义》,《十三经注疏》,上海:上海古籍出版社,1997年,第196页中—197页中。
④ 同上书,第217页中。
⑤ 转引自顾颉刚、刘起釪《尚书校释译论》,中华书局,2005年,第1500页。
⑥ 《尚书正义》,《十三经注疏》,上海:上海古籍出版社,1997年,第196页下。
⑦ 同上书,第250页上。
⑧ 顾颉刚、刘起釪《尚书校释译论》,北京:中华书局,2005年,第504页。
⑨ 《春秋左传正义》,《十三经注疏》,上海:上海古籍出版社,1997年,第2043页中—2044页中。

作。"①既称"用书",此"命"应该是书写下来的,伪孔传:"是时诸侯皆会,故周公乃昧爽以赋功属役,书命众殷侯、甸、男服之邦伯,使就功。"②这是称"命"的物质存在方式。

《左传》中可以明确看出是"笔书"有:志、书、载书(盟书)、简书、典策、史书、御书、礼书、教令之法、儒书、铭、策命、命书、赐命、勋策、勋劳书、赏书、赏策、诸侯之策、令龟(命龟)、刑书、书(信)、丹书、玺书、罪书、贷书、文书、牒等。这些"笔书"从用途来看可分为几种情况:或为历史的记载——史书一类;或为相互有所证明,如各种名称的盟书、君王的分封赏赐、借条、下达的命令等,这是现实中应用最多者;或为官府的文件,前代留下来的文件、登记簿册;或为占卦用书;或为公示出来大家共同遵守的文件,如礼书、刑书,或警示用的罪书等;或为学问之书,如儒书;或为明确表达旨意,也是公事,如信函之类。《左传》所见"笔书"者多为官书。

《尚书·舜典》"敷奏以言,明试以功,车服以庸",王肃注曰:"敷,陈;奏进也。诸侯四朝,各使陈进治礼之言,明试其言以要其功,功成则赐车服以表显其能用。"③"言"要被记下来,用于日后考察"其功"。先秦时,朝廷为防止下属官员说话不守信用,就要他们把言语写下来,即《韩非子·八经》所谓"言陈之日,必有策籍"④。官家文书对于写下来的需求很强烈,刘勰《文心雕龙》:"书契断决以象《夬》。""大舜云:'书用识哉!'所以记时事也。……故书者,舒也。舒布其言,陈之简牍,取象于夬,贵在明决而已。"⑤就是要把事情明明白白表述出来。

"口出"者不易保存,如属于"文"的诗,叶舒宪说:"周代以前只有甲骨金石而无竹简帛书,所以一场殷周革命几乎使中国史前史和第一文明时代的诗歌'全军覆没'。"⑥后世乐诗从"以声为用"到"以义为用",就表

---

① 《尚书正义》,《十三经注疏》,上海:上海古籍出版社,1997年,第211页下。
② 同上。
③ 同上书,第127页下。
④ 陈奇猷校注《韩非子集释》,上海:上海人民出版社,1974年,第1001页。
⑤ [南朝梁]刘勰著,詹锳义证《文心雕龙义证》,上海:上海古籍出版社,1989年,第42、918页。
⑥ 叶舒宪《诗经的文化阐释》,西安:陕西人民出版社,2005年,第299页。

示音乐的诗歌已经被作为文字的诗歌取代了;乐歌的音乐曲调可以靠口耳相传,但歌词如果不靠文字的记载就容易佚失,《汉书·礼乐志》载:"汉兴,乐家有制氏,以雅乐声律世世在大乐官,但能纪其铿锵鼓舞,而不能言其义。"①就是一例。对比之下,就功能与社会分工来讲,"文"口耳相传就可以了,成为"笔书"的愿望并不强烈。如诗,合乐而成,为"声文";《毛诗序》称诗为"情发于声,声成文谓之音"②,诗又为"情文"。《文心雕龙·情采》称:"故立文之道,其理有三:一曰形文,五色是也;二曰声文,五音是也;三曰情文,五性是也。五色杂而成黼黻,五音比而成《韶》《夏》,五情发而为辞章,神理之数也。"③《荀子·正名》:"性之好、恶、喜、怒、哀、乐谓之情。"④"性"的表现为"情"。就文字作品来说,"声文"属外在的形式方面,而"情文"则属写作者个人内心的表达。因此,与"笔"相对的"文",或出于个人的抒情达意目的。如诗,《毛诗序》称之为"诗者,志之所之也,在心为志,发言为诗,情动于中,而形于言"⑤;是个人行为而不是出于行政需求。诗又与公家的文字制作对举,所谓采诗就是朝廷方面采集民间的、个体的创作,《汉书·食货志》:"男女有不得其所者,因相与歌咏,各言其伤。""孟春之月,群居者将散,行人振木铎徇于路,以采诗,献之大师,比其音律,以闻于天子。"《汉书·艺文志》:"古有采诗之官,王者所以观风俗,知得失,自考正也。"⑥据笔者通检,《左传》中以"口出"的形式表达的文体有诗、赋、谚、谣、歌、讴、诵、辞、噪等。因为是"口出",大都有韵,且多表达个人情怀。个人抒情达意也有诵美讥过功能,但这是后起之意,"非初作讴歌"之时。郑玄《诗谱序》:"《虞书》曰:'诗言志,歌永言,声依永,律和声。'然则诗之道放于此乎?"孔颖达《正义》曰:"谓今诵美讥过之诗,其道始于此,非初作讴歌始于此也。"⑦他们论证了

---

① [汉]班固《汉书》,北京:中华书局,1962年,第1043页。
② [南朝梁]萧统编,[唐]李善注《文选》,北京:中华书局,1977年,第637页下。
③ [南朝梁]刘勰著,詹锳义证《文心雕龙义证》,上海:上海古籍出版社,1989年,第1151页。
④ 章诗同注《荀子简注》,上海:上海人民出版社,1974年,第244页。
⑤ 《毛诗正义》,《十三经注疏》,上海:上海古籍出版社,1997年,第269页下—270页上。
⑥ [汉]班固《汉书》,北京:中华书局,1962年,第1121、1123、1708页。
⑦ 《毛诗正义》,《十三经注疏》,上海:上海古籍出版社,1997年,第262页。

诗是从什么时候开始有这样的机能的。

三、"文""笔"制定文体规则的不同

"笔"作为"百官以治,万民以察"的公家之书,为延续至后世使用,就需要格式类的文体规范。如《尚书·尧典》所载命体的总述语"钦若昊天",后代诏书"奉天承运"就是其延续;又如《尚书》多有"拜手稽首",蔡邕《独断》言:"汉承秦法,群臣上书皆言昧死言。王莽盗位,慕古法,去'昧死'曰'稽首'。光武因而不改。朝臣曰稽首稽首,非朝臣曰稽首再拜。"①又如《尚书》中就有许多以"我闻"起首来发表见解的情况。如《洪范》有"箕子乃言曰:我闻在昔"②云云;《康诰》"我闻曰:'怨不在大,亦不在小'"③;《酒诰》有两个"我闻惟曰"的连用;《多士》有"我闻曰:上帝引逸,有夏不适逸则"④等;《无逸》有两个"我闻"云云;《君奭》亦有"我闻"云云,等等。这令人想起"上书"体中的"臣闻"格式。

先秦的王官政治,职官的职务撰作形成学术的专门化,其思想之发挥、意见之表达从属于专业职事的记录与叙说。《荀子·荣辱》:"循法则、度量、刑辟、图籍,不知其义,谨守其数,慎不敢损益也,父子相传,以持王公,是故三代虽亡,治法犹存,是官人百吏之所以取禄秩也。"⑤职官所从事的"笔书以为文"是职业撰作,其内容与形式有明确的规定性,可以"不知其义",但必须"谨守其数"。《吕氏春秋·察今》有这样的记载:"夫不敢议法者,众庶也;以死守者,有司也;因时变法者,贤主也。"⑥《逸周书·大开武》所载"淫文破典""淫权破故","典""故",即常法、旧法、先例之类。朱右曾言:"淫文,巧言深文,变乱旧章。"唐大沛:"权谓权宜。"⑦

---

① [汉]孙叔通、卫宏、卫宏、伏无忌、蔡邕、[三国吴]丁孚《汉礼器制度及其他五种》,上海:商务印书馆,1937年,第5页。
② 顾颉刚、刘起釪《尚书校释译论》,北京:中华书局,2005年,第1146页。
③ 同上书,第1313页。
④ 同上书,第1512页。
⑤ 章诗同注《荀子简注》,上海:上海人民出版社,1974年,第28页。
⑥ [秦]吕不韦著,[汉]高诱注《吕氏春秋》,上海:上海古籍出版社,1989年,第127页。
⑦ 黄怀信、张懋镕、田旭东《逸周书汇校集注》,上海:上海古籍出版社,1995年,第283—284页。

职官所守的这些"数""典""故"等,从文体学上讲,就是"笔"体的规则,必须有适当的延续性,不可随意变动。

《汉书·艺文志》中没有单为"笔"体文字立类,《文心雕龙·章表》解释说:"按《七略》《艺文》,谣咏必录;章表奏议,经国之枢机;然阙而不纂者,乃各有故事,而布在职司也。"① 章奏这些实用公文收录在朝廷有关职能部门。周勋初说:"考文体论的产生,是由研究朝廷公文格式开始的。汉末蔡邕著《独断》,就对天子下令群臣的策书、制书、诏书、戒书,群臣上天子的章、奏、表、驳议等体裁进行了研究。"② 蔡邕《独断》专门研究公文,其中分公文文体为两大类,天子所用者"一曰策书,二曰制书,三曰诏书,四曰戒书",及"凡群臣上书于天子者,有四名:一曰章、二曰奏、三曰表、四曰驳议"。③ 蔡邕《独断》:"制书者,制度之命也,其文曰制诏。""诏书者,诏诰也,有三品,其文曰告某官某。""戒书,戒敕刺史太守及三边营官,被敕文曰:有诏敕某官,是为戒敕也。"④ 这就是整体性的"笔"——"公家之文"的文体论的产生;"笔"由于公家之文的性质,最需要形成文体规则。

"文"的规则的形成过程则曲折、多变,如赋的文体规则就是多样化的,人各相异,《文心雕龙·诠赋》即言:

> 至如郑庄之赋"大隧",士蔿之赋"狐裘",结言短韵,词自己作,虽合赋体,明而未融,及灵均唱《骚》,始广声貌。然则赋也者,受命于诗人,拓宇于《楚辞》也。于是荀况《礼》《智》,宋玉《风》《钓》;爰锡名号,与《诗》画境,六义附庸,蔚成大国。遂客主以首引,极声貌以穷文。斯盖别《诗》之原始,命赋之厥初也。⑤

---

① [南朝梁]刘勰著,詹锳义证《文心雕龙义证》,上海:上海古籍出版社,1989年,第830页。
② 《中国文学批评小史》,周勋初《周勋初文集》第二卷,南京:江苏古籍出版社,2000年,第180页。
③ [汉]孙叔通、卫宏、卫宏、伏无忌、蔡邕、[三国吴]丁孚《汉礼器制度及其他五种》,上海:商务印书馆,1937年,第1,4页。
④ 同上书,第4页。
⑤ [南朝梁]刘勰著,詹锳义证《文心雕龙义证》,上海:上海古籍出版社,1989年,第274、277页。

有屈赋的骚体、荀赋体、宋玉赋体。

又如诗的规则,是从《诗经》中总结、概括出来,《周礼·春官宗伯·大师》称"六诗",郑玄注:"风言贤圣治道之遗化也。赋之言铺,直铺陈今之政教善恶。比,见今之失,不敢斥言,取比类以言之。兴,见今之美,嫌于媚谀,取善事以喻劝之。雅,正也,言今之正者,以为后世法。颂之言诵也,容也,诵今之德,广以美之。"①《诗大序》言"诗有六义焉",孔颖达疏:"风、雅、颂者,诗篇之异体;赋、比、兴者,诗文之异辞耳。大小不同而得并为六义者,赋、比、兴是诗之所用,风、雅、颂是诗之成形,用彼三事,成此三事,是故同称为义,非别有篇卷也。"②规则是有了,但这种规则是《诗经》独有,成为以《诗经》为代表的文学创作精神和原则,对文体来说等于停滞、封存,并不成为诗的通行规则。于是,诗体只讲究节奏、韵律,不强求其他规则,三、五、六、七、八、九言的兴起各有千秋。而对律诗的探讨直到唐初方才告一段落。赋本来有大赋、小赋之别,诗赋间又有"以诗为赋""以赋为诗":沈约《八咏》,《玉台新咏》收录,当然视之为诗;《艺文类聚》则以赋录之。梁陈的赋,或如同诗。

四、"文""笔"的接受之道不同

章学诚《校雠通义·原道》论述公家之文的承袭:"理大物博,不可殚也,圣人为之立官分守,而文字亦从而纪焉。有官斯有法,故法具于官;有法斯有书,故官守其书;有书斯有学,故师传其学;有学斯有业,故弟子习其业。官守学业皆出于一,而天下以同文为治。"③这就是"笔",作为"官守学业"承袭下来,故以"同文"为要。

"文"虽然也讲究追溯源头,所谓"原其飙流所始,莫不同祖《风》《骚》",但其发展却是路数各异,"徒以赏好异情,故意制相诡",④以"朱蓝共妍,不相祖述"为要,所谓"习玩为理,事久则渎,在乎文章,弥患凡

---

① 《周礼注疏》,《十三经注疏》,上海:上海古籍出版社,1997年,第796页上。
② 《毛诗正义》,《十三经注疏》,上海:上海古籍出版社,1997年,第271页中。
③ [清]章学诚著,叶瑛校注《文史通义校注》,北京:中华书局,1985年,第951页。
④ [南朝梁]沈约《宋书》,北京:中华书局,1974年,第1778页。

旧。若无新变,不能代雄"。①

"笔"的接受,从上行讲是臣子上陈,君王必须接受以为处理政事;从下行讲是君王、朝廷颁布的政府文件,臣子必须要阅读、接受。如典的强制性的接受,《左传·文公六年》"告之训典"杜预注:"训典,先王之书。"②"训典"指先王典制之书,后泛指奉为典则的书籍,是必须接受的。

"文"的接受则常常是接受者的自主行为,是一种情感行为。《淮南子·说林训》:"善举事者,若乘舟而悲歌,一人唱而千人和。"注:"言能得众人之心也。"③李善注《西京赋》"发引和"曰:"言一人唱,余人和也。"④是听者受到感染后的自愿行为。又如《尚书》称"诗"的接受,帝曰"命汝典乐,教胄子"⑤,那么其中的"诗言志"应该"是一个读者对'被记录下来的东西'的读后感"⑥,"应该是一种接受理论"⑦,是接受者自主的认识。所以后世赋诗言志、著述引诗,可以不顾原义,以断章取义方法表达自己的意思。又如人们常常诟病的赋的讽谏,"赋者,将以风也,必推类而言,极丽靡之辞,闳侈钜衍,竞于使人不能加也,既乃归之于正,然览者已过矣。往时武帝好神仙,相如上《大人赋》,欲以风,帝反缥缥有陵云之志"⑧,就是因为"文"的接受是以"览者"为主体的,是所谓情感接受。所以曹植在《与杨德祖书》中曾提出对待作品的态度:

> 人各有好尚:兰茞荪蕙之芳,众人所好,而海畔有逐臭之夫;咸池六茎之发,众人所共乐,而墨翟有非之之论,岂可同哉?⑨

如果这仅仅作为个人对作品的鉴赏,那么完全是无可非议的,鉴赏确实具有如此的个人性、直观性、情感性的特点。所以刘勰在《文心雕龙·知

---

① [南朝梁]萧子显《南齐书》,北京:中华书局,1972年,第908页。
② 《春秋左传正义》,《十三经注疏》,上海:上海古籍出版社,1997年,第1844页中。
③ [汉]刘安撰,[汉]高诱注《淮南子注》,上海:上海书店,1986年,第301页。
④ [南朝梁]萧统编,[唐]李善注《文选》,北京:中华书局,1977年,第47页下。
⑤ 《尚书正义》,《十三经注疏》,上海:上海古籍出版社,1997年,第131页中。
⑥ 于坚《诗言志》,《云南师范大学学报》2005年第1期,第69页。
⑦ 罗家湘《先秦文学制度研究》,上海:上海古籍出版社,2011年,第226页。
⑧ 《扬雄传》,[汉]班固《汉书》,北京:中华书局,1962年,第3575页。
⑨ [南朝梁]萧统编,[唐]李善注《文选》,北京:中华书局,1977年,第594页上。

音》中提出文学鉴赏的特点：

> 夫篇章杂沓，质文交加，知多偏好，人莫圆该。慷慨者逆声而击节，酝藉者见密而高蹈，浮慧者观绮而跃心，爱奇者闻诡而惊听。会己则嗟讽，异我则沮弃。①

对鉴赏者来说，多读作品当然可以提高自己的鉴赏能力，但只读少数作品也可以进入鉴赏。其次，鉴赏作品"会己则嗟讽，异我则沮弃"似乎是理所当然的。另外，鉴赏作品时有情感参与正是鉴赏的特点，也是作者对读者的期望所在。

从上所述可知，"文笔之辨"的无韵有韵、公家之事与私人情怀、技巧高低三者，在文字作品产生之初就有所辨别。"文笔之辨"从文字及文字作品诞生之日起就是客观存在的议题，"文笔之辨"的主要问题已露出端倪；而魏晋南北朝时着重提出，只不过适应了文体学兴起的自觉罢了。其实，"笔"的政治地位早已奠立，所谓"国之典"而"藏在盟府，不可废也"②；"召伯盈逐王子朝，王子朝及召氏之族、毛伯得、尹氏固、南宫嚚奉周之典籍以奔楚"③，"典籍"的重要价值不言而喻。因此，"文笔之辨"争的是二者的文化地位。另外，"文"的更大范畴的意义为文采，"文"的原始义为彩色交错，亦指彩色交错的图形。《易·系辞下》："物相杂，故曰文。"韩康伯注："刚柔交错，玄黄错杂。"④刘熙《释名·释言语》云："文者，会集众彩以成锦绣，会集众字以成辞义，如文绣然也。"⑤"文"作为文采，起始就是"文笔之辨"的关键问题，只是在先秦时的表现并不明显，到汉代时才随着赋的兴起而被世人注重，到魏晋南北朝达其极致。于是，文采成为"文笔之辨"的主要议题。

---

① ［南朝梁］刘勰著，詹锳义证《文心雕龙义证》，上海：上海古籍出版社，1989年，第1847页。
② 《襄公十一年》，《春秋左传正义》，《十三经注疏》，上海：上海古籍出版社，1997年，第1951页中。
③ 《昭公二十六年》，《春秋左传正义》，《十三经注疏》，上海：上海古籍出版社，1997年，第2114页上。
④ 《周易正义》，《十三经注疏》，上海：上海古籍出版社，1997年，第90页下。
⑤ 任继昉纂《释名汇校》，济南：齐鲁书社，2006年，第171页。

第三节　"文笔之辨"与中古政治、文化
——中古"文""笔"地位升降起伏论

一、引言

中古时期"文""笔"的区分,或指有韵无韵,范晔《狱中与诸甥侄书》说"手笔差易,文不拘韵故也"①,刘勰称"今之常言,有文有笔;以为无韵者笔也,有韵者文也"②;继而隋人《文笔式》称"制作之道,唯笔与文","文"有诗、赋、铭、颂、箴、赞、吊、诔,"笔"有诏、策、移、檄、章、奏、书、启,"即而言之,韵者为文,非韵者为笔"。③ 又有范晔《狱中与诸甥侄书》的"文笔"区分:"吾思乃无定方,特能济难适轻重,所禀之分,犹当未尽。但多公家之言,少于事外远致,以此为恨,亦由无意于文名故也。"④"公家之言"是实用性文字,为"笔";"事外远致"是私人化情趣性文字,为诗、赋之类的"文","文"与"笔"就是私人化文字与公家实用性文字的对举。又有萧绎《金楼子·立言》的"文笔"区分:"吟咏风谣,流连哀思者,谓之文。……笔退则非谓成篇,进则不云取义,神其巧惠笔端而已。至如文者,维须绮縠纷披,宫徵靡曼,唇吻适会,情灵摇荡。"⑤这是"放弃以体裁分文笔的旧说,开始以制作的技巧,重为文笔定标准"⑥。

"文笔之辨"至阮元与其门人重新提起,把"文"视作孔子《文言》之"文"及《文选》之"文",视作骈体偶辞,而把"笔"视作散文的代称,他是以"文笔之辨"为骈体争取正统地位,为"选学"张目,以抨击桐城古文派。

---

① ［南朝梁］沈约《宋书》,北京:中华书局,1974年,第1830页。
② ［南朝梁］刘勰著,詹锳义证《文心雕龙义证》,上海:上海古籍出版社,1989年,第1622页。
③ ［日］弘法大师撰,王利器校注《文镜秘府论校注》,北京:中国社会科学出版社,第474页。据王利器考证,《文笔式》出于隋人,见该书第475页。
④ 《范晔传》,［南朝梁］沈约《宋书》,北京:中华书局,1974年,第1830页。
⑤ ［南朝梁］萧绎撰,许逸民校笺《金楼子校笺》,北京:中华书局,2011年,第966页。
⑥ 《说文笔》,逯钦立《逯钦立文存》,北京:中华书局,2010年,第555页。

既然有自己的目的,其对"文笔"往往曲为之说,自然不可全信。① 承继阮元观点的有刘师培、谢无量、刘永济等,对阮元"文笔说"持质疑之论的学者有章太炎诸人。后逯钦立《说文笔》,对"文笔"的具体意味有详尽的解说②。郭绍虞《文笔与诗笔》论"文笔之辨",或专就文章体制言,亦兼顾文学性质言③。郭英德论述曹丕《典论·论文》的"先'笔'后'文'"与《后汉书》列传著录文体"先'有韵之文',后'无韵之笔'"。④ 何诗海"从汉代的文吏制度讨论汉代应用文体的发达"⑤,启发我们从社会政治、文化品位角度探讨"文笔之辨"。本节所做的工作是在前人解说"文笔"的基础上,探讨"文""笔"在两汉、两晋与南北朝时期的地位问题,具体来说,即讨论"笔"在汉代怎样由"政事"成为"文章"而取得先"笔"后"文"的地位,两晋时期门阀制度下士族如何扬"文"抑"笔",南北朝时期"笔"在地位提高的同时,又怎样提升自己的文化品位并发展成为骈文。而这一切都是中古社会政治、文化笼罩下的结果,"文""笔"的政治地位、文化品位是本节研究的指归。

二、"笔"从"政事"成为"文章"

汉代普遍认为朝廷公家实用性的"笔"是有别于诗、赋的,"笔"的地位在汉代处于不断提升之中。朝廷公家实用性的文字撰作,虽是文字工作,但人们多认为这是吏者所为,属"政事",《荀子·荣辱》称"循法则、度量、刑辟、图籍"一类工作,撰作者可以"不知其义,谨守其数,慎不敢损益也",因为这是"官人百吏之所以取禄秩也",⑥这些即公家实用性文字。贾谊称"俗吏之所务,在于刀笔筐箧"⑦,称"善书而为吏耳"⑧;王充则直

---

① 对"文笔说"的再次提出的阐述,详见王运熙、杨明《魏晋南北朝文学批评史》的论述,上海:上海古籍出版社,1989年,第189—205页。
② 逯钦立《逯钦立文存》,北京:中华书局,2010年,第505—558页。
③ 郭绍虞《照隅室古典文学论集》上编,上海:上海古籍出版社,1983年,第158—159页。
④ 郭英德《中国古代文学学论稿》,北京:北京大学出版社,2005年,第80页。
⑤ 巩本栋《序》,何诗海《汉魏六朝文体与文化研究》,北京:北京大学出版社,2011年,第3页。
⑥ 章诗同注《荀子简注》,上海:上海人民出版社,1974年,第28页。
⑦ 《贾谊传》,[汉]班固《汉书》,北京:中华书局,1962年,第2245页。
⑧ 《新书·时变》,[汉]贾谊《贾谊集》,上海:上海人民出版社,1976年,第48页。

接称"且笔用何为敏？以敏于官曹事"①，把"笔"与"官曹事"视为一体，所以刘勰《文心雕龙·书记》称书记一类的朝廷公家实用性文字为"虽艺文之末品，而政事之先务也"②。

"刀笔"是治国的日常性工作，《论衡·别通》所谓"萧何入秦，收拾文书，汉所以能制九州者，文书之力也"，此即所谓"以文书御天下"。③ 但秦至汉初，这些"刀笔"之吏的地位并不高，名声不怎么样，如史称萧何"于秦时为刀笔吏，录录未有奇节"④；有人向御史大夫周昌推荐赵尧为"奇才"，周昌笑曰："尧年少，刀笔吏耳，何能至是乎！"⑤李广谓自己"不能复对刀笔之吏"，遂引刀自刭；⑥史或称"刀笔之吏专深文巧诋，陷人于罔，以自为功"⑦。虽多有以"刀笔"升迁者，如《史记·酷吏列传》载，赵禹"以刀笔吏积劳，稍迁为御史"，张汤"无尺寸功，起刀笔吏，陛下幸致为三公"，尹齐"以刀笔稍迁至御史"，⑧但汲黯就对此表达不满："天下谓刀笔吏不可以为公卿。"⑨

"刀笔吏"的成分与文化素养在汉武帝独尊儒术时有了变化。先是汉武帝"征天下举方正贤良文学材力之士，待以不次之位"⑩，于是多有儒生充任"刀笔"，最终形成儒生"文吏化"与文吏"儒生化"⑪，"经明行修"的儒士进入政府，与文法吏并立朝廷。其次，儒生、文吏的专业化程度提高了，二者都要经过测试才能从业，如阳嘉年间，左雄上言察举，"皆先诣公府，诸生试家法，文吏课笺奏，副之端门，练其虚实，以观异

---

① ［汉］王充《论衡》，上海：上海人民出版社，1974年，第420页。
② ［南朝梁］刘勰著，詹锳义证《文心雕龙义证》，上海：上海古籍出版社，1989年，第942页。
③ 《定贤》，［汉］王充《论衡》，上海：上海人民出版社，1974年，第206页。
④ 《萧相国世家》，［汉］司马迁《史记》，北京：中华书局，1959年，第2020页。
⑤ 《张丞相列传》，［汉］司马迁《史记》，北京：中华书局，1959年，第2678页。
⑥ 《李将军列传》，［汉］司马迁《史记》，北京：中华书局，1959年，第2876页。
⑦ 《汲黯传》，［汉］班固《汉书》，北京：中华书局，1962年，第2319页。
⑧ ［汉］司马迁《史记》，北京：中华书局，1959年，第3136—3148页。
⑨ 《汲黯传》，［汉］司马迁《史记》，北京：中华书局，1959年，第3108页。
⑩ 《东方朔传》，［汉］班固《汉书》，北京：中华书局，1962年，第2841页。
⑪ 参见阎步克《波峰与波谷》第五章《儒·法与儒·吏》，北京：北京大学出版社，2009年，第89—106页。

能,以美风俗"①。因此,后汉的情况,"刀笔吏"兼具儒术与"政事"才能,如陈球"少涉儒学,善律令"②,王顺"敦儒学,习《尚书》,读律令,略举大义"③。

儒家文化的介入使"政事"公文变得温文尔雅,公孙弘上疏云:"臣谨案诏书律令下者,明天人分际,通古今之谊,文章尔雅,训辞深厚,恩施甚美。小吏浅闻,弗能究宣,亡以明布谕下。"④明确要求公家之文应该"文章尔雅,训辞深厚"。由于"刀笔吏"成分的改变与文化素养的提高,"政事"的"笔"也确实发生了变化,先是"彼刀笔之吏,岂生而察刻哉? 起于几案之下,长于官曹之间,无温裕文雅以自润",而在儒家文化的滋润下,实现了"吏服训雅,儒通文法"。⑤ "笔"的表达以《诗》《书》为榜样的"训雅"化是必然的进程,如《文选》所录汉武帝《贤良诏》,其中有"若涉渊水,未知所济",李善注以"《尚书》曰:予唯小子,若涉渊水,予惟往求朕攸济"。又"猗欤伟欤"颜如淳曰"犹《诗》曰猗欤那欤也",又有"上参尧舜,下配三王"云云,⑥都有浓郁的儒家色彩。

《文心雕龙》论述文体,多论及汉代之"笔"在撰作上的"温裕文雅以自润",如《诏策》称"观文、景以前,诏体浮杂",而"武帝崇儒,选言弘奥。策封三王,文同训典;劝戒渊雅,垂范后代",⑦明确指出是儒学使诏体发生了变化。其《章表》称:"左雄奏议,台阁为式;胡广章奏,天下第一;并当时之杰笔也。观伯始谒陵之章,足见其典文之美焉。"⑧刘勰以"杰笔""典文之美"称赏当时的表体。这种说法表明,南朝对两汉因儒学的参与而使"笔""文章尔雅"的变化是认同的,这种认同的意义在于,当时人们正是在这样的基础上论述"文笔之辨"的。

---

① 《左雄传》,[南朝宋]范晔撰,[唐]李贤等注《后汉书》,北京:中华书局,1965年,第2020页。
② 《陈球传》,[南朝宋]范晔撰,[唐]李贤等注《后汉书》,北京:中华书局,1965年,第1831页。
③ 《循吏列传》,[南朝宋]范晔撰,[唐]李贤等注《后汉书》,北京:中华书局,1965年,第2468页。
④ 《儒林传》,[汉]班固《汉书》,北京:中华书局,1962年,第3594页。
⑤ [魏]王粲《儒吏论》,俞绍初辑校《建安七子集》,北京:中华书局,2005年,第132页。
⑥ [南朝梁]萧统编,[唐]李善注《文选》,北京:中华书局,1977年,第499页下。
⑦ [南朝梁]刘勰著,詹锳义证《文心雕龙义证》,上海:上海古籍出版社,1989年,第736页。
⑧ 同上书,第831页。

王充曾论"刀笔"之类公家实用性文字与诗、赋不是一类,其《论衡·佚文》所称"五文"①,就是不含诗、赋的。《文心雕龙·章表》载:"按《七略》《艺文》,谣咏必录;章表奏议,经国之枢机;然阙而不纂者,乃各有故事,而布在职司也。"②诗、赋与"章表奏议"著录在不同的地方。而"笔"的"温裕文雅以自润"又使其地位得到极大的提高,王充《论衡》对此有所总结。其《超奇》先从文章著述论"上书奏记者"的地位:"故夫能说一经者为儒生,博览古今者为通人,采掇传书以上书奏记者为文人,能精思著文连结篇章者为鸿儒。故儒生过俗人,通人胜儒生,文人逾通人,鸿儒超文人。"③四类人中能"上书奏记"的"文人"排在第二。而此前儒生之类是耻为"主文簿"的令史的,《通典·职官四》载:"尚书郎初与令史皆主文簿,其职一也。郎缺,以令史久次者补之。光武始革用孝廉,孝廉耻焉。"④《超奇》又论及这些"文人""长吏""安可不贵?岂徒用其才力,游文于牒牍哉?州郡有忧,能治章上奏,解理结烦,使州郡连事,有如唐子高、谷子云之吏,出身尽思,竭笔牍之力,烦忧适有不解者哉?"⑤称他们能解决州郡的治理问题。《超奇》论"笔"的魅力:"观谷永之陈说,唐林之宜言,刘向之切议,以知为本,笔墨之文,将而送之,岂徒雕文饰辞,苟为华叶之言哉? 精诚由中,故其文语感动人深。是故鲁连飞书,燕将自杀;邹阳上疏,梁孝开牢。书疏文义,夺于肝心,非徒博览者所能造,习熟者所能为也。"⑥一是"雕文饰辞",二是"精诚由中","笔"体公家实用性文字的地位,在王充看来似乎是无以复加了。

　　王充对"笔"类公家实用性文字的推崇,应该说体现了一种时代思潮,当时还有蔡邕《独断》专门研究公文,其中分公文文体为两大类,天子

---

① [汉]王充《论衡》,上海:上海人民出版社,1974年,第313页。
② [南朝梁]刘勰著,詹锳义证《文心雕龙义证》,上海:上海古籍出版社,1989年,第830页。
③ [汉]王充《论衡》,上海:上海人民出版社,1974年,第212页。
④ [唐]杜佑《通典》,北京:中华书局,1984年,第134页上。
⑤ [汉]王充《论衡》,上海:上海人民出版社,1974年,第214页。
⑥ 同上。

所用者"一曰策书,二曰制书,三曰诏书,四曰戒书"①,及"凡群臣上书于天子者,有四名:一曰章、二曰奏、三曰表、四曰驳议"②。他就是要把"政事"这些实用性公家文体当作"文章"来论述,证实其作为"文章"的性质。周勋初以为"考文体论的产生,是由研究朝廷公文格式开始的",特举出蔡邕《独断》示例,称"这是因为朝廷的公文格式特别要求措辞得体的缘故"。③

此后曹丕《典论·论文》称四科八体"奏议宜雅,书论宜理,铭诔尚实,诗赋欲丽"④,以"笔"之奏议、书论居前,以"文"之铭诔、诗赋居后。联系到曹操"唯才是举,吾得而用之"⑤的政策,甚至说到"若文俗之吏,高才异质,或堪为将守;负污辱之名,见笑之行,或不仁不孝而有治国用兵之术。其各举所知,勿有所遗"⑥,曹操真正要用的是文士的"政事"才能,如王粲入魏,"时旧仪废弛,兴造制度,粲恒典之","太祖并以琳、瑀为司空军谋祭酒,管记室,军国书檄,多琳、瑀所作也"⑦。那么,以"经国之大业,不朽之盛事"来衡量"文章",曹丕先"政事"之"笔"而后"文",就是自然而然的,郭英德说"曹丕尤重前者,因此先'笔'后'文',体现了传统的文体观",在汉末魏初,人们"持'笔'重于'文'的观念"。⑧ 整个汉代,"笔"由单纯的"政事"性质,经儒术的介入与自身文采的提高,不仅使"笔"被世人作为文章看待,而且由曹丕《典论·论文》的论述实现了由"政事"走向"文章",并一举超越赋而先"笔"后"文"的跨越。这可以说是"以文书御天下"的政治背景与文化上"独尊儒术"的影响二者结合的必然结果。

---

① [汉]孙叔通、卫宏、卫宏、伏无忌、蔡邕,[三国吴]丁孚《汉礼器制度及其他五种》,上海:商务印书馆,1937年,第1页。
② 同上书,第4页。
③ 《中国文学批评小史》,周勋初《周勋初文集》第二卷,南京:江苏古籍出版社,2000年,第180页。
④ [南朝梁]萧统编,[唐]李善注《文选》,北京:中华书局,1977年,第720页下。
⑤ 《求贤令》,[魏]曹操《曹操集》,北京:中华书局,1974年,第74页。
⑥ 《举贤勿拘品行令》,[魏]曹操《曹操集》,北京:中华书局,1974年,第87—88页。
⑦ 《魏书·王卫二刘傅传》,[晋]陈寿撰,[南朝宋]裴松之注,陈乃乾校点《三国志》,北京:中华书局,1959年,第598、600页。
⑧ 郭英德《中国古代文体学论稿》,北京:北京大学出版社,2005年,第80—81页。

三、晋宋士族的崇"文"轻"笔"

东汉后期各种利益集团兴起,皇权衰落,除外戚与宦官轮流专政外,又有官僚世家侵蚀皇权,这就是中古的门阀士族。皇权盛而"以文书御天下",皇权衰而士族当权,东晋时期,门阀士族与皇帝"共天下",士族自恃的是文化。这一特殊的政治形态,对"文笔之辨"有着特别的影响。士庶实自天隔,如晋时胡奋"家世将门,晚乃好学,有刀笔之用"①,其女胡芳为晋武帝贵嫔,却被武帝骂为"此固将种也"②。这个事例是说,仅"好学"而"有刀笔之用",并不能改变自己"家世将门"的出身而成为文化士族。

士族自视清华,对"笔"类工作是十分鄙弃的,干宝称晋时门阀制度下的社会风气为"当官者以望空为高而笑勤恪"③,"勤恪"的意味之一即致力于"簿领文案",陈吏部尚书姚察曰:"魏正始及晋之中朝,时俗尚于玄虚,贵为放诞,尚书丞郎以上,簿领文案,不复经怀,皆成于令史。逮乎江左,此道弥扇。"④社会风气鄙弃"簿领文案"工作的例子很多,晋时秦秀"素轻鄙贾充,及伐吴之役,闻其为大都督,谓所亲者曰:'充文案小才,乃居伐国大任,吾将哭以送师'"⑤。贾充"袭父爵为侯",他"拜尚书郎,典定科令,兼度支考课,辩章节度,事皆施用","有刀笔才";⑥因此秦秀称其为"文案小才","文案"为"小才"应该是士族社会的公认观念。又如史载刘宋王敬弘为尚书仆射,"关署文案,初不省读。尝豫听讼,上问疑狱,敬弘不对",并以"臣乃得讯牒读之,正自不解"应对皇帝的责问。⑦ 另一例子是刘宋时王球"放恣",本应"以法纠之",而何尚之辩护曰,高门贵官"应以淡退求之,未可以文案责也"。⑧《南齐书·王奂传》载,王奂在某次

---

① 《胡奋传》,[唐]房玄龄等《晋书》,北京:中华书局,1974 年,第 1557 页。
② 《后妃传》,[唐]房玄龄等《晋书》,北京:中华书局,1974 年,第 962 页。
③ [唐]房玄龄等《晋书》,北京:中华书局,1974 年,第 136 页。
④ [唐]姚思廉《梁书》,北京:中华书局,1973 年,第 534 页。
⑤ 《秦秀传》,[唐]房玄龄等《晋书》,北京:中华书局,1974 年,第 1405 页。
⑥ 《贾充传》,[唐]房玄龄等《晋书》,北京:中华书局,1974 年,第 1165—1166 页。
⑦ 《王敬弘传》,[唐]李延寿《南史》,北京:中华书局,1975 年,第 650 页。
⑧ 《王球传》,[南朝梁]沈约《宋书》,北京:中华书局,1974 年,第 1595 页。

固让南蛮校尉时称"职司增广,众劳务倍,文案滋烦"①云云。士族在人生行为上鄙弃"笔"类工作,"笔"的地位则可想而知。

晋宋主流社会由士族掌控,高门华胄的文化标志之一为崇尚清谈。清谈在名士的小圈子中进行,有很强的理论性。史载,刘宋时王僧虔尝有书诫子,谈及清谈之难,所谓"曼倩有云:'谈何容易。'见诸玄,志为之逸,肠为之抽,专一书,转诵数十家注,自少至老,手不释卷,尚未敢轻言"②云云,如此高深艰难,只有文化大户人家可以掌握。尚清谈者是根本看不上"文案"之"笔"的撰作的,《世说新语·政事》载:"王、刘与林公共看何骠骑,骠骑看文书不顾之。王谓何曰:'我今故与林公来相看,望卿摆拨常务,应对玄言,那得方低头看此邪?'"③北魏尚有遗风,北魏高祖常称崔光(字孝伯)曰:"孝伯之才,浩浩如黄河东注,固今日之文宗也。"但他志在高远,"虽处机近,曾不留心文案,唯从容论议,参赞大政而已"。④"不留心文案"是高门士族的风尚。

高门华胄入仕的起步职位是号称"甲族起家之选"的著作郎、秘书郎,就是所谓"清华"的文翰之职。高门士族的第二个文化标志为诗、赋之才。梁时士族王筠讲自己家族的撰作:"史传称安平崔氏及汝南应氏,并累世有文才,所以范蔚宗云崔氏'世擅雕龙'。然不过父子两三世耳;非有七叶之中,名德重光,爵位相继,人人有集,如吾门世者也。"⑤所谓"人人有集"之"集",所录作品主要为诗、赋。赋早在汉代就是上流社会的高雅之品,前已有述,而汉末起五言诗盛行,刘勰《文心雕龙·明诗》称建安诗歌"怜风月,狎池苑,述恩荣,叙酣宴",东晋诗歌"江左篇制,溺乎玄风,嗤笑徇务之志,崇盛忘机之谈",⑥完全是士族文学。钟嵘《诗品序》

---

① [南朝梁]萧子显《南齐书》,北京:中华书局,1972年,第848页。
② 《王僧虔传》,[南朝梁]萧子显《南齐书》,北京:中华书局,1972年,第598页。
③ [南朝宋]刘义庆撰,[南朝梁]刘孝标注,余嘉锡笺疏,周祖谟、余淑宜、周士琦整理《世说新语笺疏》(修订本),上海:上海古籍出版社,1993年,第182页。
④ 《崔光传》,[北齐]魏收《魏书》,北京:中华书局,1974年,第1487—1488页。
⑤ 《王筠传》,[唐]姚思廉《梁书》,北京:中华书局,1973年,第486—487页。
⑥ [南朝梁]刘勰著,詹锳义证《文心雕龙义证》,上海:上海古籍出版社,1989年,第196—204页。

讲南朝诗歌创作与评论的情况,"王公搢绅之士,每博论之余,何尝不以诗为口实"①,讲到诗歌声律的创制,"王元长创其首,谢朓、沈约扬其波。三贤咸贵公子孙,幼有文辩。于是士流景慕,务为精密"②,完全是"贵公子孙"带动起来的。作为反例,锺嵘《诗品》对寒族诗人的身份都有所标注进而有所说明,显示出对寒族诗人别样相看,如"人实贫羸""才秀人微""人非文是"等,都是把寒士能作出好诗当成非正常的情况。另外,作为对比,锺嵘《诗品》盛赞"檀、谢七君,并祖袭颜延,欣欣不倦,得士大夫之雅致乎"③。于是可见士族观念对诗歌创作的掌控与垄断。

因此,在这样一个门阀士族控制的社会,要想让世人认同自己有文化,就必定要写赋、写诗。如左思《咏史》有"世胄蹑高位,英俊沉下僚,地势使之然,由来非一朝"④,批评门阀制度,想必其门第并不高,被陆机称为"伧父";但他执意要创作《三都赋》,要以赋证明自己,似乎只有赋成才能摆脱"伧父"身份,有了真正成为文化高门的可能。又如出身寒族的鲍照,自称有着"负锸下农"⑤的经历,史载鲍照"欲贡诗言志","于是奏诗,义庆奇之。赐帛二十匹,寻擢为国侍郎,甚见知赏"。⑥ 鲍照一定要"贡诗"才能证明自己有"文",才能从心理上迈进另一天地;而在高位者也是由其"奏诗"而"奇之"的。

陆机《文赋》说明"文"的撰作,述创作准备有所谓"伫中区以玄览,颐情志于典坟""咏世德之骏烈,诵先人之清芬"云云,⑦完全是士族化的,是士族的专利。因此,陆机"文笔之辨"的观念与曹丕不一样,《文赋》先'文'后'笔',且以诗、赋为首的文体排序","彰显了西晋时期畸重文采、推崇抒情文体的时代特点"。⑧ 晋时的重"文"轻"笔",从被视为"总集之

---

① [南朝梁]锺嵘撰,曹旭集注《诗品集注》,上海:上海古籍出版社,1994年,第62页。
② 同上书,第340页。
③ 同上书,第432页。
④ [南朝梁]萧统编,[唐]李善注《文选》,北京:中华书局,1977年,第296页下。
⑤ 《谢秣陵令表》,[南朝宋]鲍照著,钱仲联增补集说校《鲍参军集注》,上海:上海古籍出版社,1980年,第53页。
⑥ 《鲍照传》,[唐]李延寿《南史》,北京:中华书局,1975年,第360页。
⑦ [南朝梁]萧统编,[唐]李善注《文选》,北京:中华书局,1977年,第240页上。
⑧ 郭英德《中国古代文体学论稿》,北京:北京大学出版社,2005年,第81页。

祖"的西晋挚虞《文章流别集》也可以看出来,据现存佚文,其"所论文体有颂、赋、诗、七、箴、铭、诔、哀辞、哀策、对问、碑、图谶等"①,显然未录公家实用性的"笔"体文字。"笔"的地位低下,由此亦见。

四、南北朝时"笔"的政治地位的提升

晋时陶侃勤于吏职、工于书疏笔翰,孙秀以陶侃寒宦,召为舍人。陶侃"性聪敏,勤于吏职,恭而近礼,爱好人伦。终日敛膝危坐,阃外多事,千绪万端,罔有遗漏。远近书疏,莫不手答,笔翰如流,未尝壅滞"②。但他登上权力高位还是依靠军功。待北府兵将领刘裕以赫赫功业代晋建宋,门阀士族与皇帝"共天下"的局面结束,至"孝建、泰始,主威独运,官置百司,权不外假"③;皇权政治不可能信任有权有势的士族,皇权重振的自我强化措施之一即是让自己信任的人掌机要、掌"笔",如此情况下,寒族以撰作公文之类的"笔"登上权力高位的情况逐渐多起来。宋、齐时,黄门侍郎、散骑侍郎、秘书郎一类"清贵"之官,还保持高门独占,中书通事舍人则由出身寒族而有实际行政能力的人来担任,所谓"小人""细人"。寒族的兴起,甚至形成惯例并改变着士人的士庶观念及社会的阶层划分。刘宋时,就多有寒族以"笔"体文字发迹者,如吴喜,"出自卑寒,少被驱使,利口任诈,轻狡万端。自元嘉以来,便充刀笔小役,卖弄威恩"④,明其从撰作"笔"体文字起家发达。又如徐爰,"便僻善事人,能得人主微旨,颇涉书传,尤悉朝仪。元嘉初便入侍左右,预参顾问,既长于附会,又饰以典文,故为太祖所任遇。大明世,委寄尤重,朝廷大体仪注,非爰议不行"⑤。又如戴法兴,"家贫,父硕子,贩纻为业","废帝未亲万机,凡诏敕施为,悉决法兴之手","法兴能为文章,颇行于世"⑥。又有巢尚之,本"人

---

① 王运熙、杨明《魏晋南北朝文学批评史》,上海:上海古籍出版社,1989年,第121页。
② 《陶侃传》,[唐]房玄龄等《晋书》,北京:中华书局,1974年,第1773—1774页。
③ 《恩倖传》,[南朝梁]沈约《宋书》,北京:中华书局,1974年,第2302页。
④ 《吴喜传》,[南朝梁]沈约《宋书》,北京:中华书局,1974年,第2116页。
⑤ 《恩倖传》,[南朝梁]沈约《宋书》,北京:中华书局,1974年,第2310页。
⑥ 同上书,第2302—2304页。

士之末"①,宋帝拿出其所撰作的"二十余牒,宣敕论辩"来证明其"政事"能力,原本认为不应该重用他的江夏王义恭,才说"人主诚知人"。② 又如南齐时"以寒官累迁至勋品"的刘系宗,"太祖废苍梧,明旦,呼正直舍人虞整,醉不能起,系宗欢喜奉命。太祖曰:'今天地重开,是卿尽力之日。'使写诸处分敕令,及四方书疏。使主书十人书吏二十人配之,事皆称旨。"③一个偶然的机会让他展示了"笔"体文字才华而发迹。此后,不断承宠蒙受重用,齐明帝说:"学士不堪治国,唯大读书耳。一刘系宗足持如此辈五百人。"④这句话很说明为什么重视他这样的"笔"体文字人才。北朝亦是,北齐韩晋明,"朝庭处之贵要之地,必以疾辞。告人云:'废人饮美酒、对名胜,安能作刀笔吏返披故纸乎?'"⑤这是从反面讲"贵要"之地为"刀笔吏"所掌。"史臣"总结说:"自魏正始、晋中朝以来,贵臣虽有识治者,皆以文学相处,罕关庶务,朝章大典,方参议焉,文案簿领,咸委小吏,浸以成俗,迄至于陈。"⑥从"文案簿领"着眼,说到"小人""小吏"的大用。

　　汉代的重"笔"是因为"笔"本身的重要性以及文化品位的提升,而南北朝时,"笔"起先是由于掌管"文案簿领"的官员社会地位提高,"笔"体文字在朝廷中日益受到重视,朝廷要求官员撰作"笔"体文字渐为常规。刘宋时,武帝子、文帝弟刘义康,"性好吏职,锐意文案"⑦,且"专以政事为本,刀笔干练者多被意遇"⑧。南齐时,"明帝自在布衣,晓达吏事,君临亿兆,专务刀笔"⑨。这些权贵的"务刀笔",或为主掌"政事",或带有"性好"的意味,但没有把它当作风气,如宋文帝对王敬弘的不理"关署文案"甚不悦,但对他只是"虽加礼敬,亦不以时务及之"⑩。而到了梁武帝提倡

---

① 《恩倖传》,[南朝梁]沈约《宋书》,北京:中华书局,1974年,第2303页。
② 《倖臣传》,[南朝梁]萧子显《南齐书》,北京:中华书局,1972年,第972页。
③ 同上书,第975—976页。
④ 同上书,第976页。
⑤ 《韩轨传》,[唐]李百药《北齐书》,北京:中华书局,1972年,第200页。
⑥ 《后主纪》,[唐]姚思廉《陈书》,北京:中华书局,1972年,第120页。
⑦ 《彭城王义康传》,[南朝梁]沈约《宋书》,北京:中华书局,1974年,第1790页。
⑧ 《王球传》,[唐]李延寿《南史》,北京:中华书局,1975年,第631页。
⑨ 《良政传》,[南朝梁]萧子显《南齐书》,北京:中华书局,1972年,第913页。
⑩ 《王裕之传》,[唐]李延寿《南史》,北京:中华书局,1975年,第650页。

"笔"体,则因为"笔"体文字的重要性日渐显露,"笔"体文字地位提高,使"笔"的撰作成为朝廷一种风气。先是天监年间,梁武帝要求高级官员亲自"奏事","自晋以后,八座及郎中,多不奏事。天监元年诏曰:'自礼闱陵替,历兹永久,郎署备员,无取职事。糠秕文案,贵尚虚闲,空有趋墀之名,了无握兰之实。曹郎可依昔奏事。'自是始奏事矣"①。"八座"为中央政府的八种高级官员,南朝宋齐以五曹尚书、二仆射、一令为"八座"。梁武帝要求向皇帝陈述事情的"奏事",是要自己动手准备"文案"文件的。梁武帝又要求世家子弟也要熟悉文书簿领之类"笔"体,如张缅"起家秘书郎,出为淮南太守,时年十八。高祖疑其年少未闲吏事,乃遣主书封取郡曹文案,见其断决允惬,甚称赏之"②。梁武帝要亲自测试一下看他是否"闲吏事"。而假如贵游子弟不关注"笔"体文字的撰作,梁武帝会不高兴的,如张率,梁武帝赐诗称"东南有才子,故能服官政。余虽惭古昔,得人今为盛",任其为秘书丞,嘱托说:"秘书丞天下清官,东南冑望未有为之者,今以相处,足为卿誉。"表达对他的恩遇,但张率"虽历居职务,未尝留心簿领,及为别驾奏事,高祖览牒问之,并无对,但奉答云'事在牒中'。高祖不悦"。③ 张率有文才,也该在"笔"体文字上有所表现,可他偏偏"未尝留心簿领",于是"高祖不悦"。当"笔"体撰作的重要性被凸显出来,贵游子弟亦多有"以笔札被知"入官府的情况,如宗夬,"祖炳,宋时征太子庶子不就,有高名。父繁,西中郎谘议参军","武帝嫡孙南郡王居西州,以夬管书记,夬既以笔札被知,亦以贞正见许,故任焉。俄而文惠太子薨,王为皇太孙,夬仍管书记"。④

梁武帝时,或认为"文笔"应该有分流:"是时朝廷政事多委东宫,不害与舍人庾肩吾直日奏事,梁武帝尝谓肩吾曰:'卿是文学之士,吏事非卿所长,何不使殷不害来邪?'"⑤"文学之士"就当作"文学之士"来对待,

---

① 《百官志上》,[唐]魏徵、令狐德棻《隋书》,北京:中华书局,1973年,第721页。
② 《张缅传》,[唐]姚思廉《梁书》,北京:中华书局,1973年,第491页。
③ 《张率传》,[唐]姚思廉《梁书》,北京:中华书局,1973年,第475—478页。
④ 《宗夬传》,[唐]姚思廉《梁书》,北京:中华书局,1973年,第299页。
⑤ 《殷不害传》,[唐]姚思廉《陈书》,北京:中华书局,1972年,第424页。

"吏事"就当作"吏事"来对待,二者的地位可以不相上下。南北朝后期,北朝魏收与温子昇文坛争比,史载魏收以温子昇全不作赋,邢邵虽有一两篇,又非所长,常云:"会须作赋,始成大才士。唯以章表碑志自许,此外更同儿戏。"①魏收以赋自诩,这是从文化素养上讲的,但这句话也确认了当时社会有"唯以章表碑志自许"者,他们可以与以"文"自诩者平起平坐。

先是,就有人从政治上为"笔"体文字撰作者说话,刘勰《文心雕龙·程器》专门论证文人的"疵""瑕累"问题,刘勰先提出"《周书》论士,方之梓材,盖贵器用而兼文采也",肯定文章的"器用"。刘勰一方面指出文士疵瑕,一方面又说文士"摛文必在纬军国,负重必在任栋梁","笔"体文字不正是这样吗?他说:"彼扬马之徒,有文无质,所以终乎下位也。"而文章"任栋梁"了,"达于政事"了,那么即使作者有疵瑕了,也不必担心别人的攻击,这就是从反面来说。刘勰把作家的地位奠基在"达于政事"上,所谓"安有丈夫学文,而不达于政事哉",②"笔"体文字撰作者正是这样。后有颜之推《颜氏家训·文章》指出"文笔"有所不同而各有用途:"朝廷宪章,军旅誓诰,敷显仁义,发明功德,牧民建国,施用多途。至于陶冶性灵,从容讽谏,入其滋味,亦乐事也。行有余力,则可习之。"③这是从"政事"方面来说,所谓"行有余力,则可习之","文"自然是低"笔"一等。"文笔"各有自身的写作重心,而从政治的角度讲,"笔"体文字名正言顺地占了上风。

五、"笔"的文化品位与骈体

以上所述显示出来,"笔"凭借"政事"在政治上占上风,但"笔"仍然只是官吏文化的组成部分。"笔"并不甘心自己的地位只是政治实用的工具,还渴望展示其自身"文章"方面的魅力。南北朝时期"笔"的诉求还

---

① 《魏收传》,[唐]李百药《北齐书》,北京:中华书局,1972年,第492页。
② [南朝梁]刘勰著,詹锳义证《文心雕龙义证》,上海:上海古籍出版社,1989年,第1864—1895页。
③ [北齐]颜之推撰,王利器集解《颜氏家训集解》,上海:上海古籍出版社,1980年,第221页。

有一更为重要的方向,即追求自身的文化品位,力图在撰作方面与"文"一争高下。

从观念上讲,当时社会盛赞"笔"的撰作,不仅称作"政事"才华,而且已出现称作"文章"才华的情况。先是"笔"体工作本身受到赞美,如王僧孺致友人王府记室庐江何炯书,其中有"子云笔札,元瑜书记,信用既然,可乐为甚。且使目明,能祛首疾。甚善甚善"①。这时,社会上颇多文士以"笔"体文字出名,如刘孝绰常说的"三笔六诗",即刘孝仪之"笔"、刘孝威之"诗"。② 更有以"笔"而受到社会尊尚者,如任昉"雅善属文,尤长载笔,才思无穷,当世王公表奏,莫不请焉。昉起草即成,不加点窜。沈约一代词宗,深所推挹"③。又如裴子野之"笔":"普通七年,王师北伐,敕子野为喻魏文,受诏立成……时并叹服。高祖目子野而言曰:'其形虽弱,其文甚壮。'俄又敕为书喻魏相元乂……既奏,高祖深嘉焉。自是凡诸符檄,皆令草创。"④萧纲《与湘东王书》云"诗"或"笔",都有"冠冕",都有"楷模":"至如近世谢朓、沈约之诗,任昉、陆倕之笔,斯实文章之冠冕,述作之楷模。"⑤陈时更多"笔"的专门人才,如陆琼,"及讨周迪、陈宝应等,都官符及诸大手笔,并中敕付琼"⑥;姚察,"每言论制述,咸为诸人宗重。储君深加礼异,情越群僚,宫内所须方幅手笔,皆付察立草"⑦。姚察"终日恬静,唯以书记为乐,于坟籍无所不睹。每有制述,多用新奇,人所未见,咸重富博"⑧。这些对"笔"才的欣赏与赞叹,是针对"笔"自身风采与魅力的,超越了"政事"功用。如梁武帝勉励擅长"笔"体文字的世家子弟刘孝绰说:"美锦未可便制,簿领亦宜稍习。"⑨ "文""笔"都应该是"美锦"

---

① 《王僧孺传》,[唐]姚思廉《梁书》,北京:中华书局,1973 年,第 472 页。
② 《刘潜传》,[唐]姚思廉《梁书》,北京:中华书局,1973 年,第 594 页。
③ 《任昉传》,[唐]姚思廉《梁书》,北京:中华书局,1973 年,第 253 页。
④ 《裴子野传》,[唐]姚思廉《梁书》,北京:中华书局,1973 年,第 443 页。
⑤ 《文学上》,[唐]姚思廉《梁书》,北京:中华书局,1973 年,第 691 页。
⑥ 《陆琼传》,[唐]姚思廉《陈书》,北京:中华书局,1972 年,第 396—397 页。
⑦ 《姚察传》,[唐]姚思廉《陈书》,北京:中华书局,1972 年,第 349 页。
⑧ 同上书,第 353 页。
⑨ 《孝行传》,[唐]姚思廉《梁书》,北京:中华书局,1973 年,第 480 页。

啊！于是有"文""笔"兼具的崇尚，《南史》载时人评价沈约说："谢玄晖善为诗，任彦升工于笔，约兼而有之，然不能过也。"①

此时的"笔"正面临着建立规范化的规则与审美趣味的问题，这是"笔"真正具有文化自信，具有与"文"分庭抗礼、齐头并进的气势的关键。"笔"一方面发扬着自己的撰作经验，一方面又以"文"为参照开拓着新的表现手法。如此两方面的发展，搭建起向世人展示"笔"的新面貌的平台。

其一，"笔"的传统被世人强化而在文坛产生很大的影响。如用典就是"笔"的特有传统，《文心雕龙·奏启》称"奏之为笔"的要求之一就是"酌古御今"②，《文心雕龙·议对》称"观晁氏之对，验古明今"③。公文的撰作，最需要引用前例，如梁时孔休源的任用，"武帝尝问吏部尚书徐勉求一有学艺解朝仪者，为尚书仪曹郎，勉曰：'孔休源识见清通，详练故事，自晋、宋起居注，诵略上口。'武帝亦素闻之，即日除兼尚书仪曹郎。时多所改作，每逮访前事，休源即以所诵记随机断决，曾无疑滞"④。公文撰作对用典习以为常，但用典进入"文"则引起过非议，南朝锺嵘《诗品》专论诗歌，既称"故大明、泰始中，文章殆同书抄。近任昉、王元长等，词不贵奇，竞须新事，尔来作者，浸以成俗。遂乃句无虚语，语无虚字，拘挛补纳，蠹文已甚"⑤，这是讲诗坛的整体情况；又称颜延之诗"又喜用古事，弥见拘束"⑥，全不是褒义。《诗品》又讲到，用典本是"笔"的专利，所谓"经国文符，应资博古，撰德驳奏，宜穷往烈"，诗的用典是受到"笔"的影响，于是锺嵘质问："至乎吟咏情性，亦何贵于用事？"⑦他又称善于撰作"笔"类文字的任昉作诗"既博学，动辄用事，所以诗不得奇。少年士子，效其如此，弊矣"⑧，评论说这是把"笔"的用事移植到诗歌创作中而不成功的例子。

---

① 《沈约传》，[唐]李延寿《南史》，北京：中华书局，1975年，第1413页。
② [南朝梁]刘勰撰，詹锳义证《文心雕龙义证》，上海：上海古籍出版社，1989年，第862页。
③ 同上书，第906页。
④ 《孔休源传》，[唐]李延寿《南史》，北京：中华书局，1975年，第1471—1472页。
⑤ [南朝梁]锺嵘撰，曹旭集注《诗品集注》，上海：上海古籍出版社，1994年，第180页。
⑥ 同上书，第270页。
⑦ 同上书，第174页。
⑧ 同上书，第316页。

钟嵘为诗的用典找到"词既失高,则宜加事义。虽谢天才,且表学问,亦一理乎"①的理由,而"表学问"恰恰是"笔"体文字的特点。

又如萧纲《与湘东王书》批评京师"吟咏情性""操笔写志"的诗歌学习了"笔"的典雅作法:"比见京师文体,儒钝殊常,竞学浮疏,争为阐缓。玄冬修夜,思所不得,既殊比兴,正背《风》《骚》。若夫六典三礼,所施则有地,吉凶嘉宾,用之则有所。未闻吟咏情性,反拟《内则》之篇;操笔写志,更摹《酒诰》之作;迟迟春日,翻学《归藏》;湛湛江水,遂同《大传》。"②他批评的正是"文"同"笔"作,"文"拟"笔"作。萧纲有这样的批评,可见"笔"对"文"的巨大影响。钟嵘、萧纲是站在批评诗歌的角度上讲的,但这正反映出"笔"的某些叙写模式、撰作方法的强势,且"笔"已具备相当的文化自信。

其二,"笔"在向"文"的学习中形成自己的写作规范、审美趣味。颜延之提出"笔之为体,言之文也"③,王运熙、杨明评价说:"颜延之认为'笔'并非径情直遂地记录口语,而是对口语文饰加工的成果。这种说法是符合实际的。"④时代、社会已经认识到"笔"的撰作本来就是要经过文饰、加工,这种历程就"笔"自身的努力而言,就是"辞美""富丽"成为其追求的目标。此与文学之才被要求从事"笔"体撰作有关,如史载梁时萧子范除大司马南平王户曹属,从事中郎,他是因为"制《千字文》,其辞甚美"才被委以"府中文笔,皆使草之"的重任。⑤ 又有任孝恭,梁武帝"敕遣制《建陵寺刹下铭》,又启撰高祖集《序文》,并富丽,自是专掌公家笔翰。孝恭为文敏速,受诏立成,若不留意,每奏,高祖辄称善,累赐金帛"⑥。在一片赞美声中,"笔"的"辞美""富丽"正在形成规范。如诗歌以外文体的章句,《文心雕龙·章句》:"若夫章句无常,而字有条数,四字密而不促,六

---

① [南朝梁]钟嵘撰,曹旭集注《诗品集注》,上海:上海古籍出版社,1994年,第181页。
② 《文学上》,[唐]姚思廉《梁书》,北京:中华书局,1973年,第690页。
③ 《总术》,[南朝梁]刘勰著,詹锳义证《文心雕龙义证》,上海:上海古籍出版社,1989年,第1627页。
④ 王运熙、杨明《魏晋南北朝文学批评史》,上海:上海古籍出版社,1989年,第201页。
⑤ 《萧子范传》,[唐]姚思廉《梁书》,北京:中华书局,1973年,第510页。
⑥ 《文学下》,[唐]姚思廉《梁书》,北京:中华书局,1973年,第726页。

字格而非缓,或变之以三五,盖应机之权节也。"① 为非诗歌的文体而设定,其中多有"笔"体文字。又如"笔"的对仗运用,《文心雕龙·丽辞》:"造化赋形,支体必双,神理为用,事不孤立。夫心生文辞,运裁百虑,高下相须,自然成对。唐虞之世,辞未极文,而皋陶赞云:'罪疑惟轻,功疑惟重。'益陈谟云:'满招损,谦受益。'岂营丽辞,率然对尔。"② 所举《尚书》的例子就是公文。

其三,"笔"体撰作在古体、今体之争中提升文化品位。刘勰称"宋初讹而新"③,称"近代辞人""厌黩旧式,故穿凿取新"④,萧子显称"习玩为理,事久则渎,在乎文章,弥患凡旧。若无新变,不能代雄"⑤,文章求新而为"今体",是南北朝的时代潮流。"笔"本以"古体"著称,如裴子野"为文典而速,不尚丽靡之词,其制作多法古,与今文体异,当时或有诋诃者,及其末皆翕然重之"⑥。这是肯定裴子野"法古"之"笔"体文字的文化品位。但最终是陈时徐陵"颇变旧体"的"笔"体文字盛行,史载徐陵:"自有陈创业,文檄军书及禅授诏策,皆陵所制,而《九锡》尤美。为一代文宗,亦不以此矜物,未尝诋诃作者。其于后进之徒,接引无倦。世祖、高宗之世,国家有大手笔,皆陵草之。其文颇变旧体,缉裁巧密,多有新意。每一文出手,好事者已传写成诵,遂被之华夷,家藏其本。"⑦ 北朝李那《答徐陵书》:"况复丽藻星铺,雕文锦缛。风云景物,义尽缘情,经纶宪章,辞殚表奏。久已京师纸贵,天下家藏,调移齐右之音,韵改河西之俗。"⑧ 其中"经纶宪章,辞殚表奏"云云,就是讲徐陵的"笔"体作品。所以有一种说法称徐庾"就是把宫体诗所运用的隶事声律和缉裁丽辞的形式特点,移植到了

---

① [南朝梁]刘勰著,詹锳义证《文心雕龙义证》,上海:上海古籍出版社,1989年,第1265页。
② 同上书,第1294—1296页。
③ 《通变》,[南朝梁]刘勰著,詹锳义证《文心雕龙义证》,上海:上海古籍出版社,1989年,第1089页。
④ 《定势》,[南朝梁]刘勰著,詹锳义证《文心雕龙义证》,上海:上海古籍出版社,1989年,第1134页。
⑤ 《文学传论》,[南朝梁]萧子显《南齐书》,北京:中华书局,1972年,第908页。
⑥ 《裴子野传》,[唐]姚思廉《梁书》,北京:中华书局,1973年,第443页。
⑦ 《徐陵传》,[唐]姚思廉《陈书》,北京:中华书局,1972年,第335页。
⑧ [清]严可均校辑《全上古三代秦汉三国六朝文》,北京:中华书局,1958年版,第3913页上。

'文'上,发展了骈文的高峰"①,骈文多有"文檄军书及禅授诏策"之类"笔"体文字,钟涛说:"骈文以铭颂诔碑、诏奏书启、论序檄移之类应用文范畴的作品为多。"②这就是"笔"融合古今的理想,正应了《颜氏家训·文章》所说:"古人之文,宏材逸气,体度风格,去今实远;但缉缀疏朴,未为密致耳。今世音律谐靡,章句偶对,讳避精详,贤于往昔多矣。宜以古之制裁为本,今之辞调为末,并须两存,不可偏弃也。"③

"笔"的写作规则与审美趣味的确立,不仅仅是现实政治的需要,撰作写作指导、文章作法的理论家也是推手。主要的推动者,既有"笔"的擅长者如任昉、裴子野诸人,又有"文笔"兼具者,如沈约并不满足于"诗"的盛名,积极参与"笔"体撰作,史载:"梁武帝克建邺,霸府初开,以为骠骑记室参军,专主文翰。每制书草,沈约辄求同署。尝被急召,昉出而约在,是后文笔,约参制焉。"④此中固然有政治上的原因,但沈约作为声律说的创始者而参与"笔"的撰作,带给"笔"的影响是可以想见的。又有庾信、徐陵,本为"文才",是宫体诗的倡导者,史载:"肩吾为梁太子中庶子,掌管记。东海徐摛为左卫率。摛子陵及信,并为抄撰学士。父子在东宫,出入禁闼,恩礼莫与比隆。既有盛才,文并绮艳,故世号为'徐庾体'焉。当时后进,竞相模范。每有一文,京都莫不传诵。"⑤徐陵还编纂过《玉台新咏》。他们后来都成为"笔"的专家,文学史都认可"徐庾体"对骈体的贡献⑥。

徐庾体之"笔"与汉之"笔"已是两副面目,"笔"在发扬固有的撰作经验与开拓新的表现手法的过程中,以骈体的形态华丽登场。"笔"的标准样式为"文""笔"兼具者所奠定,"文""笔"似乎渐行渐近,但界限越发明确。《周书·王褒庾信传论》:"原夫文章之作,本乎情性。覃思则变化无

---

① 《徐庾与骈体》,王瑶《中古文学史论集》,上海:上海古籍出版社,1982年,第155页。
② 钟涛《六朝骈文形式及其文化意蕴》,北京:东方出版社,1997年,第8页。
③ [北齐]颜之推撰,王利器集解《颜氏家训集解》,上海:上海古籍出版社,1980年,第250页。
④ 《任昉传》,[唐]李延寿《南史》,北京:中华书局,1975年,第1453页。
⑤ 《庾信传》,[唐]令狐德棻等《周书》,北京:中华书局,1971年,第733页。
⑥ 详见《徐庾与骈体》,王瑶《中古文学史论集》,上海:上海古籍出版社,1982年,第155页。

方,形言则条流遂广。虽诗赋与奏议异轸,铭诔与书论殊途,而撮其指要,举其大抵,莫若以气为主,以文传意。"①虽然只是从某一方面对"文""笔"提出同样的要求,但表达出世人的一种观念:"文""笔"颉颃,二者具有同样的地位。"文笔之辨"的最终结果是,"文"与"笔"在政治地位、文化品位以及文体地位上都可以平起平坐了。

---

① 《庾信传》,[唐]令狐德棻等《周书》,北京:中华书局,1971年,第744—745页。

第四节 "文笔之辨"与中国文章学的成立
——"文话"出现于隋唐考辨

一、问题的缘起

王水照先生论中国文章学成立"殆在宋代,其主要标志在于专论文章的独立著作开始涌现"①,也就是"文话"的出现标志着中国文章学成立,其《宋代:中国文章学的成立》②专论这一问题。祝尚书先生《论中国文章学正式成立的时限:南宋孝宗朝》亦有专论,其论证云:

> 这是因为,除了文章学各种形式的著作齐备外,架构文章学的学术资源的充分储备,适合文章学成立的社会文化特别是政治环境的出现,韩、柳、欧、苏古文典范的确立,以及推动文章学成立的学者队伍的形成等,都是不可或缺的更关键、更直接的因素,而这些只有到南宋孝宗时代才具备。③

王水照、祝尚书二位先生此处所称中国文章学都是指狭义文章学。祝文又云:

> 文章学又分广义、狭义两类。本文所说文章学,乃狭义文章学,所研究的对象是除专著及诗、词之外的单篇文章(辞赋及各体骈文、古文)。④

据两位先生所言,讨论狭义文章学应该有两个前提,一是"除专著及诗、词之外的单篇文章"在文体分类学上独立出来,所谓"除专著及诗、词之外的单篇文章"成为一个独立集合体;二是"专论文章的独立著作开始涌

---

① 王水照《文话:古代文学批评的重要学术资源》,《四川大学学报》2005 年第 5 期,第 64 页。
② 王水照、慈波《宋代:中国文章学的成立》,《复旦学报》2009 年第 2 期。
③ 祝尚书《论中国文章学正式成立的时限:南宋孝宗朝》,《文学遗产》2012 年第 1 期,第 81 页。以下简称"祝文"。
④ 同上。

现",即"文话"出现。本节要论证的是,南北朝"文笔之辨"的"笔"已是"单篇文章"这个集合体的总称,隋唐时又出现了专论"笔"的独立著作,也就是所谓"文话",那么,中国文章学成立的诸要素自南北朝至隋都已具备,中国文章学成立的年代应该在隋唐时代。以下论之。

二、"文笔之辨"的成熟与"文""笔"的分集撰录

有意识的"文笔之辨"自刘宋时起。先是颜延之言其子"竣得臣笔,测得臣文"①,并对刘劭所示颜竣檄文评论说:"竣笔体,臣不容不识。"② 总括其时"文笔之辨"的要点有三。其一,有韵无韵之别,范晔《狱中与诸甥侄书》所谓"手笔差易,文不拘韵故也"③;刘勰《文心雕龙·总术》曰:

> 今之常言,有文有笔,以为无韵者笔也,有韵者文也。夫文以足言,理兼诗书;别目两名,自近代耳。④

其二,公用文书还是个人抒发情怀之别,范晔《狱中与诸甥侄书》自称"但多公家之言,少于事外远致。以此为恨,亦由无意于文名故也"⑤云云。其三,萧绎《金楼子·立言》提出"吟咏风谣,流连哀思者,谓之文","至如文者,维须绮縠纷披,宫徵靡曼,唇吻适会,情灵摇荡";又提出"笔退则非谓成篇,进则不云取义,神其巧惠笔端而已"。⑥ 逯钦立《说文笔》称,萧绎"放弃以体裁分文笔的旧说,而开始以制作的技巧,重为文笔定标准"⑦。于是又有"沈诗任笔"之说,创作上的两大类各有标志性的人物。

通过"文笔之辨"基本意味的辨析,此处想说明,中国古代文体分类学从"分体"又走向"归类"。曹丕提出四科八体,陆机《文赋》又提出十

---

① [南朝梁]沈约《宋书》,北京:中华书局,1974年,第1959页。
② 同上书,第1903页。
③ 同上书,第1830页。
④ [南朝梁]刘勰著,詹锳义证《文心雕龙义证》,上海:上海古籍出版社,1989年,第1622—1623页。
⑤ [南朝梁]沈约《宋书》,北京:中华书局,1974年,第1830页。
⑥ [南朝梁]萧绎撰,许逸民校笺《金楼子校笺》,北京:中华书局,2011年,第966页。
⑦ 逯钦立《逯钦立文存》,北京:中华书局,2010年,第555页。

体,后挚虞《文章流别论》、刘勰《文心雕龙》的分体论文越分越细,至作为文章总集的《文选》分三十九文体,中国古代文体分类学已经较为充分地完成了文体分类的历程。虽说《文心雕龙》的分类达到极致,所谓物极必反,又走向归类,这就是《文心雕龙·序志》称其文体分类学有另外一种路径,即"若乃论文叙笔,则囿别区分"①,在分类中又有归类,归并为"文"与"笔"两大类。吴承学说:

> 分体与归类,是中国古代文体分类学的两种不同路向,前者尽可能详尽地把握所有文体的个性,故重在精细化;而后者尽可能归纳出相近文体的共性,故所长在概括性。古人说"文本同而末异"。如果说,文体分类就是辨其"异",文体归类就是求其"同"。②

于是我们看到"文笔之辨"成熟的意义,就在于由"文本同"的文体一元论经分体而得出"末异",又由分体的"末异"到归类为文体二元论,求其分体下的"同"。"文笔之辨"趋向成熟的另一意义,即在于"文""笔"的分集撰录。葛洪自称:

> 凡著《内篇》二十卷,《外篇》五十卷,碑、颂、诗、赋百卷,军书、檄移、章表、笺记三十卷……别有目录。③

他虽未明说"文""笔"分集,但百卷本的"碑、颂、诗、赋"为"文",三十卷本的"军书、檄移、章表、笺记"为"笔",合乎南朝时的"文笔之辨"。又,《隋书·经籍志四》载有《梁武帝诗赋集》二十卷、《梁武帝杂文集》九卷④,这是梁武帝的"诗赋"与"杂文"分别成集。《南史·昭明太子传》称萧统"又撰古今典诰文言为《正序》十卷,五言诗之善者为《英华集》二十卷"⑤,这是"典诰文言"与"五言诗"分别成集。《隋书·经籍志四》有梁

---

① [南朝梁]刘勰著,詹锳义证《文心雕龙义证》,上海:上海古籍出版社,1989年,第1924页。
② 吴承学《中国古代文体学研究》,北京:人民出版社,2011年,第340页。
③ 《抱朴子外篇·自叙》,[晋]葛洪撰,杨明照校笺《抱朴子外篇校笺》下,北京:中华书局,1997年,第698页。
④ [唐]魏徵、令狐德棻《隋书》,北京:中华书局,1973年,第1076页。
⑤ [唐]李延寿《南史》,北京:中华书局,1975年,第1312页。

昭明太子撰《文章英华》三十卷,《古今诗苑英华》十九卷①,章太炎曰:

> 《经籍志》别有《文章英华》三十卷,《古今诗苑英华》十九卷,皆昭明太子撰,又以诗与杂文为异。②

从目录著录讲,从刘歆《诗赋略》到荀勖《文章叙录》,到挚虞《文章志》,到李充《翰林论》,到王俭"次《诗赋》为《文翰》"③,阮孝绪《七录序》云:

> 王以"诗赋"之名,不兼余制,故改为"文翰"。④

逯钦立云:

> 文翰、文赋、文论、文笔,都是应用两个可以兼赅众制的字,造成我们所谓"两类式"的著录名目。而上述四目中任何一目的两个字,都具有分类作用的机能。⑤

归类意识下"笔"的独立已成必然。

三、"文笔"成为文章学研究的两类对象

陆机《文赋》称文体有诗、赋、碑、诔、铭、箴、颂、论、奏、说⑥,这是总论、通论文章,为广义文章学。《文心雕龙》亦多此类总论,如《体性》:

> 然才有庸俊,气有刚柔,学有浅深,习有雅郑,并情性所铄,陶染所凝,是以笔区云谲,文苑波诡者矣。⑦

又如《文心雕龙·章句》讲到"搜句忌于颠倒,裁章贵于顺序"之为"斯固

---

① [唐]魏徵、令狐德棻《隋书》,北京:中华书局,1973年,第1084页。
② 章太炎《国故论衡》,上海:上海古籍出版社,2003年,第55页。
③ [清]严可均校辑《全上古三代秦汉三国六朝文》,北京:中华书局,1958年,第3346页上。
④ 同上书,第3346页下。
⑤ 逯钦立《逯钦立文存》,北京:中华书局,2010年,第537页。
⑥ [南朝梁]萧统编,[唐]李善注《文选》,北京:中华书局,1977年,第241页上。
⑦ [南朝梁]刘勰著,詹锳义证《文心雕龙义证》,上海:上海古籍出版社,1989年,第1011页。

情趣之指归,文笔之同致也"①。

虽然南朝时有单论诗的著作,如锺嵘《诗品》,但还没有单论"笔"的著作。值得注意的是,总论、通论文章的著述中已有独立论"笔"的片段,如《文心雕龙》已有"文""笔"分论:

> 属笔易巧,选和至难,缀文难精,而作韵甚易。②(《声律》)
>
> 刘向之奏议,旨切而调缓;赵壹之辞赋,意繁而体疏;孔融气盛于为笔,祢衡思锐于为文,有偏美焉。③(《才略》)

《文心雕龙》还将各种文体称为"笔"并独立论述:

> 锺会檄蜀,征验甚明;桓温檄胡,观衅尤切,并壮笔也。④(《檄移》)
>
> 铺观两汉隆盛,孝武禅号于肃然,光武巡封于梁父,诵德铭勋,乃鸿笔耳。⑤(《封禅》)
>
> 及后汉察举,必试章奏。左雄奏议,台阁为式;胡广章奏,天下第一:并当时之杰笔也。⑥(《章表》)
>
> 夫奏之为笔,固以明允笃诚为本,辨析疏通为首。⑦(《奏启》)

又有《书记》篇把"笔札杂名"都归之于"书记"⑧,这是"笔"中一部分的集合体。

四、"文""笔"对等而论的著作

当"文""笔"成为文章学研究的两类对象,标题为"文笔"并将二者对

---

① [南朝梁]刘勰著,詹锳义证《文心雕龙义证》,上海:上海古籍出版社,1989年,第1262页。
② 同上书,第1233页。
③ 同上书,第1794页。
④ 同上书,第778页。
⑤ 同上书,第803页。
⑥ 同上书,第831页。
⑦ 同上书,第862页。
⑧ 同上书,第942页。

等而论的著作在隋唐时出现了,《文镜秘府论》中多有载录,兹举例如下。

一是《文笔十病得失》。《文镜秘府论·西卷》之《文笔十病得失》,王利器称"当出刘善经之手"①,刘善经由北齐入隋,《北齐书》《隋书》《北史》都有记载。《文笔十病得失》分论文笔,其论"平头"云:

> 诗得者:"澄晖侵夜月,覆瓦乱朝霜。"失者:"今日良宴会,欢乐难具陈。"笔得者:"开金绳之宝历,钩玉镜之珍符。"失者:"嵩岩与华房迭游,灵浆与醇醪俱别。"然五言颇为不便,文笔未足为尤。但是疥癣微疾,非是巨害。②

二是《文笔式》。或以为《文笔式》不产生于隋,但不晚于盛唐是肯定的。《文镜秘府论·西卷》之《文笔十病得失》引《文笔式》云:

> 制作之道,唯笔与文。文者,诗、赋、铭、颂、箴、赞、吊、诔等是也;笔者,诏、策、移、檄、章、奏、书、启等也。即而言之,韵者为文,非韵者为笔。③

以下讲"文以两句而会,笔以四句而成"而"体即不同,病时有异"④。王利器称"此书盖出隋人之手也"⑤。书名"文笔式",即分论"文笔"撰作的法式。以下再引两则《文笔式》的文字,全是整体上论"笔"的文字:

> 笔有上尾、鹤膝、隔句上尾、踏发等四病,词人所常避也。……凡笔家四句之末,要会之所归。若同声,有似踏而机发,故名踏发者也。若其间际有语隔之者,犯亦无损,谓上四句末,下四句初,有"既而""于是""斯皆""所以""是故"等语也。此等之病,并须避之。⑥

---

① 〔日〕弘法大师撰,王利器校注《文镜秘府论校注》,北京:中国社会科学出版社,1983年,第459页。
② 〔日〕遍照金刚撰,卢盛江校考《文镜秘府论汇校汇考》,北京:中华书局,2006年,第1189页。
③ 同上书,第1238页。
④ 同上。
⑤ 〔日〕弘法大师撰,王利器校注《文镜秘府论校注》,北京:中国社会科学出版社,1983年,第475页。
⑥ 〔日〕遍照金刚撰,卢盛江校考《文镜秘府论汇校汇考》,北京:中华书局,2006年,第1242—1243页。

笔以四句为科,其内两句末并用平声,则言音流利,得靡丽矣;兼用上去入者,则文体动发,成宏壮矣。①

三是《文镜秘府论·北卷》之《句端》,为由隋入唐杜正伦《文笔要诀》的文字。杜正伦为杜正玄、杜正藏之弟,《隋书·文学·杜正玄传》载正藏:

著碑诔铭颂诗赋百余篇。又著《文章体式》,大为后进所宝,时人号为文轨,乃至海外高丽、百济,亦共传习,称为《杜家新书》。②

论文章"体式",杜家殆有家传乎!《句端》起首云:

属事比辞,皆有次第,每事至科分之别,必立言以间之,然后义势可得相承,文体因而伦贯也。③

所论即"观夫,惟夫,原夫,若夫,窃以,窃闻,闻夫,惟昔,昔者,盖夫,自昔,惟"④等"立言以间之"的作用及用法,分"发端置辞泛叙事物""承上事势申明其理"⑤等二十七类,这些是专论"笔"的。

《文镜秘府论》只是节录式的,此书专论修辞而尤注重声病之说,因此,收录进此书的诸分论"文""笔"的文段,多为修辞尤其是声病的内容。这些著作的其他内容没有保留下来,是很遗憾的。我们只能说这些著作偏重于声病说,或者说这是彼时论"文""笔"的特点而已。

五、独立论"笔"的著作

隋唐多有著作把"文""笔"对等起来论述,唐亦多有独立论"笔"的著作,这些著作可分为三种情况。

---

① 〔日〕遍照金刚撰,卢盛江校考《文镜秘府论汇校汇考》,北京:中华书局,2006年,第1253页。
② 〔唐〕魏徵、令狐德棻《隋书》,北京:中华书局,1973年,第1748页。
③ 〔日〕遍照金刚撰,卢盛江校考《文镜秘府论汇校汇考》,北京:中华书局,2006年,第1692页。
④ 同上书,第1692页。
⑤ 同上书,第1692、1696页。

其一,从"文""笔"对等论述中析出论"笔"的著作。如日本存《文笔眼心抄》中有《笔十病得失》,卢盛江称《笔十病得失》曰:"这里只选用其中'笔'的例句。"并引:"冠注:'今唯举笔得失,略文得失。'"①《笔二种式》亦如此,卢盛江称:"本节据《论》西卷《文笔十病得失》后半《文笔式》举例综合而成。"②

其二,单独论"笔"的著作。如《笔札》,《文镜秘府论·地卷》之《六志》,原注云"《笔札》略同"③。任学良称《笔札》为隋佚名之作④。其云:

> 一曰,直言志。二曰,比附志。三曰,寄怀志。四曰,起赋志。五曰,贬毁志。六曰,赞誉志。⑤

现举"直言志"为例:

> 一曰,直言志。直言志者,谓的申物体,指事而言,不借余风,别论其咏。即假作《屏风》诗曰:"绿叶霜中夏,红花雪里春。去马不移迹,来车岂动轮。"释曰:画树长青,不许经霜变色。图花永赤,宁应度雪改容。毫模去迹,(料判)未移踪。笔写行轮,何能进辙。如斯起咏,所例曰直,不借烦词,自然应(格悟)。⑥

所谓"假作"云云,即以诗举例求"笔札"如何作。

《文镜秘府论》引有直接书名《笔札》者,如其《东卷》引《〈笔札〉七种言句例》,即"一曰,一言句例。二曰,二言句例。三曰,三言句例。四曰,四言句例。五曰,五言句例。六曰,六言句例。七曰,七言句例"⑦云云。书名"笔札",专论"笔札"是肯定的。又,《文镜秘府论·东卷》之《二十

---

① 〔日〕遍照金刚撰,卢盛江校考《文镜秘府论汇校汇考》,北京:中华书局,2006年,第2053页。
② 同上书,第2060页。
③ 同上书,第510页。
④ 〔日〕弘法大师撰,王利器校注《文镜秘府论校注》,北京:中国社会科学出版社,1983年,第19页。
⑤ 〔日〕遍照金刚撰,卢盛江校考《文镜秘府论汇校汇考》,北京:中华书局,2006年,第510页。
⑥ 同上书,第515页。
⑦ 同上书,第849页。

九种对》"第九,叠韵对"末:

> 《笔札》云:徘徊、窈窕、眷恋、彷徨、放畅、心襟、逍遥、意气、优游、陵胜、放旷、虚无、蘸酌、思惟、须臾。如此之类,名曰叠韵对。①

又如"第八,双声对"末:

> 或曰:奇琴、精酒、妍月、好花、素雪、丹灯、翻蜂、度蝶、黄槐、绿柳、意忆、心思、对德、会贤、见君、接子。如此之类,名双声对。②

王利器笺"或曰":"《宝龟院本》旁注:'《笔札》云。'"③这是《笔札》的文字。张伯伟认为,《笔札》即上官仪《笔札华梁》④。

《文镜秘府论》所引论"笔"的著作还有一些,如其《东卷》之《论对》:

> 或曰:"文词妍丽,良由对属之能;笔札雄通,实安施之巧。若言不对,语必徒申;韵而不切,烦词枉费。"⑤

此论"对属之能"使"笔札雄通",是专论"笔"者,但不知"或曰"是何人著作。又,张伯伟《全唐五代诗格校考》之《附录》有《全唐五代诗文赋格存目考》,其中"文格"有倪宥《文章龟鉴》一卷、孙郃《文格》二卷、王瑜《文旨》一卷、王正范《文章龟鉴》五卷、冯鉴《修文要诀》一卷、僧神郁《四六格》一卷⑥,更可见"文话"即"专论文章的独立著作"。

其三,专论赋的文章学著作,如"赋格"一类。张伯伟说:"《赋谱》,唐佚名撰。据史志记载,唐代赋格类著作有浩虚舟《赋门》一卷,纥干俞《赋格》一卷,范传正《赋诀》一卷,张仲素《赋枢》一卷,白行简《赋要》一卷,

---

① 〔日〕遍照金刚撰,卢盛江校考《文镜秘府论汇校汇考》,北京:中华书局,2006年,第745页。
② 同上书,第740页。
③ 〔日〕弘法大师撰,王利器校注《文镜秘府论校注》,北京:中国社会科学出版社,1983年,第244页。
④ 张伯伟编撰《全唐五代诗格校考》,西安:陕西人民教育出版社,1996年,第31页。
⑤ 〔日〕遍照金刚撰,卢盛江校考《文镜秘府论汇校汇考》,北京:中华书局,2006年,第666页。
⑥ 张伯伟编撰《全唐五代诗格校考》,西安:陕西人民教育出版社,1996年,第553—554页。

和凝《赋格》一卷等,其数量颇为可观。"①

上述三种情况的著作,都应该属于所谓"文话"。

六、中国文章学成立年代之我见

唐时单独论"笔"、论赋的著作多有出现,最基本的原因是"文笔之辨"的成熟。"文""笔"划分的文体二元论使狭义文章学的研究对象——"笔"——得以确立,这是狭义文章学的理论前提。这从彼时又有"诗""笔"之分可以看得更清楚一些:梁萧纲《与湘东王书》批评时人撰作称"诗既若此,笔又如之"②,陈何之元《梁典·总论》称萧绎"诗笔之丽"③,徐陵《谏仁山深法师罢道书》称"晓笔暮诗"④等。历代"诗""文""笔"的概念范围是不断游走的,但有个大体的界限,宋代的陆游看得很准确,其《老学庵笔记》卷九云:

> 南朝词人谓文为笔,故《沈约传》云:"谢玄晖善为诗,任彦升工于笔,约兼而有之。"又《庾肩吾传》,梁简文帝《与湘东王书》,论文章之弊曰:"诗既若此,笔又如之。"又曰:"谢朓、沈约之诗,任昉、陆倕之笔。"《任昉传》又有"沈诗""任笔"之语。老杜《寄贾至严武诗》云:"贾笔论孤愤,严诗赋几篇。"杜牧之亦云:"杜诗韩笔愁来读,似倩麻姑痒处抓。"亦袭南朝语尔。往时诸晁谓诗为诗笔,亦非也。⑤

陆游称宋代的"文"即南朝的"笔"。因此,无论提出的是"文""笔"还是"诗""笔",最主要的是提出了文体二元论,使"除专著及诗、词之外的单篇文章(辞赋及各体骈文、古文)"作为独立研究对象成为可能。而溯源"文""笔"还是"诗""笔"的二元对立,则起始于春秋战国时代,朱自清说:

---

① 张伯伟编撰《全唐五代诗格校考》,西安:陕西人民教育出版社,1996年,第531页。
② [唐]姚思廉《梁书》,北京:中华书局,1973年,第691页。
③ [清]严可均校辑《全上古三代秦汉三国六朝文》,北京:中华书局,1958年,第3430页上。
④ [南朝陈]徐陵撰,许逸民校笺《徐陵集校笺》,北京:中华书局,2008年,第978页。
⑤ [宋]陆游撰,杨立英校注《老学庵笔记》,西安:三秦出版社,2003年,第311—312页。

> 我们的文学批评似乎始于论诗,其次论"辞",是在春秋及战国时代。论诗是论外交"赋诗","赋诗"是歌唱入乐的诗。论"辞"是论外交辞命或行政法令。①

由此可见"专论文章的独立著作开始涌现"的路径。先是"文""笔"二分观念的成熟;其次,由于"文""笔"二分观念,于是论文之作把"文""笔"对等起来论述,即《文笔十病得失》《文笔式》等在隋唐时的出现;再次,产生单独论"笔"的著作,如《笔札》《笔十病得失》《笔二种式》乃至《赋谱》《赋格》之类。

因此,狭义中国文章学成立的年代,定在隋唐应该更确切一些。祝尚书所论的南宋孝宗朝说比起王水照所论,只是狭义文章学在发展程度上更成熟而已;而王水照、祝尚书等先生所论宋代说比此处所论隋唐说,也只是程度上更成熟、特点上各自不同而已。狭义中国文章学的观念由"文笔之辨"得以成熟,而隋唐"专论文章的独立著作"即"文话"的出现则完全标示了中国文章学的成立。

---

① 《序》,朱自清《诗言志辨》,北京:古籍出版社,1956年,第4页。

第三章
史学、玄学与文体

第一节 "左史记言,右史记事"与文体生成
——关于叙事诸文体录入总集的讨论

《易·系辞下》:"上古结绳而治,后世圣人易之以书契,百官以治,万民以察。"①《〈尚书〉序》称伏牺氏"始画八卦,造书契,以代结绳之政,由是文籍生焉"②。以上两段话讲述了文字、文籍的产生及其功能。《文心雕龙·书记》:"大舜云:'书用识哉!'所以记时事也。"③"书"者为"史",《礼记·玉藻》所谓君王"动则左史书之,言则右史书之"④;《汉书·艺文志》称"左史记言,右史记事"的集合体为"事为《春秋》,言为《尚书》",⑤那么,"左史记言,右史记事"二者各自生成文体的情况是怎样的?总集者,"自诗赋下,各为条贯,合而编之"⑥,即分文体汇集各位作家的作品。从总集最可看出文体是否生成,因此,本节把文体生成与总集录入合在一起来讨论。

---

① 《周易正义》,《十三经注疏》,上海:上海古籍出版社,1997年,第87页中。
② [南朝梁]萧统编,[唐]李善注《文选》,北京:中华书局,1977年,第638页上。
③ [南朝梁]刘勰著,詹锳义证《文心雕龙义证》,上海:上海古籍出版社,1989年,第918页。
④ 《礼记正义》,《十三经注疏》,上海:上海古籍出版社,1997年,第1473页下—1474页上。
⑤ [汉]班固《汉书》,北京:中华书局,1962年,第1715页。
⑥ 《经籍志四》,[唐]魏徵、令狐德棻《隋书》,北京:中华书局,1973年,第1089页。

一、"左史记言"之"言"生成为文体

"言",即指言语这一动作,其功能就是表达,《释名·释言语》:"言,宣也,宣彼此之意也。"①"左史记言"之"言"就是言语这一动作所表达者,此处考察"言为《尚书》"的文体生成情况。前人谈《尚书》文体有"六体"之说,伪孔安国《〈尚书〉序》称:"芟夷烦乱,剪截浮辞,举其宏纲,撮其机要,足以垂世立教,典、谟、训、诰、誓、命之文,凡百篇。"②除"典"有"记事"含义外,"谟、训、诰、誓、命"都是语言行为动作,有些成为后世延续使用的文体,就是因为这些行为动作产生了文辞,即以此命名文体,而行为动作也由动词变成了命名文体的名词。下面来看具体情况。

其一,训。《高宗肜日》"乃训于王曰",伪孔传:"祖已既言,遂以道训谏王。"③训,训勉、教导,其词就是训体文字。

其二,诰。《大诰》"王若曰:猷大诰尔多邦越尔御事",伪孔传:"周公称成王命,顺大道以告天下众国,及于御治事者,尽及之。"④诰即告诉、告诫、劝勉,这个行为动作产生的文辞,就是诰体的文字。

其三,誓。《汤誓》伪孔传解题:"戒誓汤士众。"孔颖达疏曰:"此经皆誓之辞也。"⑤"誓言"是"誓"这个行为动作发出的,于是这个行为动作就成为文体誓体。

其四,命。《顾命》伪孔传:"实命群臣,叙以要言。"⑥"命"这个行为动作产生的言语文辞为命体。《文心雕龙·诏策》称诰、誓、命曰:"皇帝御寓,其言也神。渊嘿黼扆,而响盈四表,唯诏策乎!昔轩辕唐虞,同称为命。命之为义,制性之本也。其在三代,事兼诰誓。誓以训戒,诰以敷政,

---

① 任继昉纂《释名汇校》,济南:齐鲁书社,2006年,第176页。
② 《尚书正义》,《十三经注疏》,上海:上海古籍出版社,1997年,第114页下。
③ 同上书,第176页中。
④ 同上书,第198页上。
⑤ 同上书,第160页上。
⑥ 同上书,第237页下。

命喻自天,故授官锡胤。"①这就对命体的产生、内涵做了具体说明。

其五,谟。《皋陶谟》:"曰若稽古皋陶曰:允迪厥德,谟明弼谐。"伪孔传:"谟,谋也。皋陶为帝舜谋。""言人君当信蹈行古人之德,谋广聪明,以辅谐其政。"②"允迪厥德,谟明弼谐"是开场白,以下是帝舜、禹、皋陶君臣之间的讨论、谋划。《皋陶谟》中不见"谟曰"云云,但文辞的确是"谟"这一行为动作所产生的,那么,这些讨论、谋划形成的文辞就应该是谟体,但谟体后世没有延续使用。

又有《尚书》"十体"的说法。孔颖达疏:"说者以《书》体例有十,此六者之外,尚有征、贡、歌、范四者,并之则十矣。若《益稷》《盘庚》单言,附于十事之例。今孔不言者,不但举其机约,亦自征、贡、歌、范非君出言之名,六者可以兼之。"③"征、贡、歌、范四者"依《尚书》篇题而称,孔颖达疏称其"非君出言之名",故可并于六体。但是,孔颖达以"君出言之名"为文体,实质上提出了文体命名的一个主要原则,即依语言行为动作来命名文体,虽然有不尽恰当之处,但给我们的启示是,可以依语言行为动作产生文辞这一现象来探讨《尚书》中的文体,这应该是文体的最早形态。而这些作为表达的"言"之所以可以成为文体,就在于这种表达具有较强的自足性,自有界限,自成单位。成为文体的最后一步就是以行为动作为其命名,故人称这是古代文体生成方式之一,即"由行为方式向文本方式的变迁"④,由此可见一斑。

最早的"左史记言"者《尚书》可以析出诸多文体,表明"左史记言"生成的文体已经可以独立。作为独立文体的"言",自然就可以入总集。虽然有诸多"左史记言"之"言"成为文体,但"言"仍有整体性存在者,如以《论语》《国语》为代表之语体。或如《战国策》,它实际上是当时纵横家

---

① [南朝梁]刘勰著,詹锳义证《文心雕龙义证》,上海:上海古籍出版社,1989年,第724—726页。
② 《尚书正义》,《十三经注疏》,上海:上海古籍出版社,1997年,第138页上。
③ 同上书,第115页上。
④ 详见郭英德《中国古代文体学论稿》,北京:北京大学出版社,2005年,第29页。又见拙文《论中古时期文体命名与文体释名》所说"以产生文体的行为动作即'做什么'来命名文体",载《中山大学学报》2011年第4期,第2页。

(即策士)游说之辞的汇编,之所以称为"策",所谓"盖录而弗叙,故即简而为名也"①,就以连编好的竹简命名了。整体性存在的"言"至《文选》时尚未进入总集,即《文选序》云:

> 若贤人之美辞,忠臣之抗直,谋夫之话,辨士之端,冰释泉涌,金相玉振,所谓坐狙丘,议稷下,仲连之却秦军,食其之下齐国,留侯之发八难,曲逆之吐六奇,盖乃事美一时,语流千载,概见坟籍,旁出子史,若斯之流,又亦繁博。虽传之简牍,而事异篇章,今之所集,亦所不取。②

这些"美辞"和"话"如何生成为文体,这是后话。

二、"右史记事"之"事"与总集

与"左史记言"相比,"右史记事"的整体性存在状况更突出一些,延续的时间也长一些,原因可见于最早的"右史记事"者《春秋》。杜预《春秋序》曰,其"记事者,以事系日,以日系月,以月系时,以时系年,所以纪远近,别同异也。故史之所记,必表年以首事,年有四时,故错举以为所记之名也"③。《春秋》即以年为单位记事,而不以事为单位;《左传》的"传","传者,转也;转受经旨,以授于后"④,"传"者解说而已,《左传》的叙事单位仍是年。年长短的固定性与事长短的随机性,使二者并非总能恰切相合,因此对叙事而言,以年为单位的叙事,在"事"的自足性、自成单位方面,对其生成文体是有妨碍的,以年为单位的"事"不大适合于生成具有自足性的、自有界限的文体。

"右史记事"在司马迁时开始以人为单位,《史记》创传体,"序帝王则

---

① 《史传》,[南朝梁]刘勰著,詹锳义证《文心雕龙义证》,上海:上海古籍出版社,1989年,第571页。
② [南朝梁]萧统编,[唐]李善注《文选》,北京:中华书局,1977年,卷首第2页上下。
③ 《春秋左传正义》,《十三经注疏》,上海:上海古籍出版社,1997年,第1703页中下。
④ 《史传》,[南朝梁]刘勰著,詹锳义证《文心雕龙义证》,上海:上海古籍出版社,1989年,第569页。

曰本纪,公侯传国则曰世家,卿士特起则曰列传"①,"及史迁各传,人始区详而易览,述者宗焉"②。其突出的特点即以人为单位叙事,但如此的传仍不能从史书中析出而入总集,也就是仍不能成为集部的独立文体,原因如《文选序》所言:

> 至于记事之史,系年之书,所以褒贬是非,纪别异同,方之篇翰,亦已不同。③

但是,传不入总集而传中某些成分可以作为文体而入总集,即萧统称"记事之史,系年之书"中自成文体的赞、论、序、述是可以入总集的。"记事之史,系年之书"中的传为什么"方之篇翰,亦已不同"呢? 首先因为它是一个集合体,是含有赞、论、序、述等文体的集合体,且在"记事"上也是一个集合体,传是对人一生事迹的记载,人的一生必定有许多事,这许多事凑在一起不见得就是一件完整的"事"。而"篇翰"应该是一个自有界限的具有自足性的文体单位。其次,刘勰曾论传在记事的另一方面也有"方之篇翰,亦已不同"之处:

> 或有同归一事,而数人分功,两记则失于复重,偏举则病于不周,此又铨配之未易也。④

刘知几也有类似的说法:

> 若乃同为一事,分在数篇,断续相离,前后屡出,于《高纪》则云语在《项传》,于《项传》则云事具《高纪》。⑤

因此,诸人之传的"记事"在史书中以"互见"的方式存在,就史书整体而

---

① 《班彪列传》,[南朝梁]范晔撰,[唐]李贤等注《后汉书》,北京:中华书局,1965年,第1327页。
② 《史传》,[南朝梁]刘勰著,詹锳义证《文心雕龙义证》,上海:上海古籍出版社,1989年,第583页。
③ [南朝梁]萧统编,[唐]李善注《文选》,北京:中华书局,1977年,卷首第2页下。
④ 《史传》,[南朝梁]刘勰著,詹锳义证《文心雕龙义证》,上海:上海古籍出版社,1989年,第604页。
⑤ 《二体》,[唐]刘知几撰,刘占召评注《史通评注》,北京:中央编译出版社,2010年,第36页。

言,事是完整的;而单就一事来说,传的"记事"就是不完整的,所谓"同为一事,分在数篇"。所以,传在史书中可以是一个独立的篇章,但独立出来就不构成一个独立的篇章,所以说"方之篇翰,亦已不同"。

"事"在总集中也有出现,不过是以附属的形式。在《文选》中,"右史记事"者是随同各种独立文体存在的,即《文选》在录入独立文体的作品时,一并"剪截"了史书所叙产生此作品之"事",称之为"序"。请看以下的事例。

《文选》赋郊祀类录扬雄《甘泉赋》,其起首云:

孝成帝时,客有荐雄文似相如者。上方郊祀甘泉泰畤、汾阴后土,以求继嗣,召雄待诏承明之庭。正月,从上甘泉还,奏《甘泉赋》以风。其辞曰。①

这是从《汉书·扬雄传》"剪截"而来,是叙说《甘泉赋》是如何产生的"事",《文选》把它与《甘泉赋》一并录入,把这段文字作为序。

《文选》赋畋猎类扬雄《长杨赋》,其起首云:

明年,上将大夸胡人以多禽兽,秋,命右扶风发民入南山,西自褒斜,东至弘农,南驱汉中,张罗网罝罘,捕熊罴豪猪、虎豹狖玃、狐兔麋鹿,载以槛车,输长杨射熊馆。以网为周阹,纵禽兽其中,令胡人手搏之,自取其获,上亲临观焉。是时农民不得收敛,雄从至射熊馆,还,上《长杨赋》。聊因笔墨之成文章,故借翰林以为主人,子墨为客卿以风。其辞曰。②

这也是《汉书·扬雄传》的叙事,是叙说产生《长杨赋》之"事",《文选》把它与《长杨赋》一并录入,把这段文字作为序。具有说服力的还有《文选》赋畋猎类扬雄《羽猎赋》,《文选》赋鸟兽类贾谊《鵩鸟赋》,都是如此,在载录的赋作前,分别有"剪截"《汉书·扬雄传》《贾谊传》的"记事"。

---

① [南朝梁]萧统编,[唐]李善注《文选》,北京:中华书局,1977年,第111页上下。
② 同上书,第135页下—136页上。

我们再来看《文选》其他文类的情况。《文选》诗劝励类有韦孟《讽谏》,《汉书·韦贤传》载录此诗时有说明文字,"为楚元王傅,傅子夷王及孙王戊。戊荒淫不遵道,孟作诗风谏曰"①,《文选》依样录入作为序,然后录诗。《文选》诗杂歌类的汉高祖《歌》,其歌前载:

> 高祖还,过沛,留,置酒沛宫,悉召故人父老子弟佐酒。发沛中儿得百二十人,教之歌,酒酣,上击筑,自歌曰。②

这是对汉高祖某一段生平事迹的介绍,是叙说高祖"自歌曰"的背景。《文选》把这段文字视作序。上述文字亦见于《汉书·高帝纪》,仅首句人称不同。《文选》书类有刘歆《移书让太常博士》,《汉书·楚元王传》载录此文时曰:

> 及歆亲近,欲建立《左氏春秋》及《毛诗》《逸礼》《古文尚书》皆列于学官。哀帝令歆与《五经》博士讲论其义,诸博士或不肯置对,歆因移书太常博士,责让之曰。③

《文选》所录也有与此相同的说明文字,《文选》视之为序。

《文选》设论类扬雄《解嘲》,《汉书·扬雄传》载录此文时有说明文字:

> 哀帝时丁、傅、董贤用事,诸附离之者或起家至二千石,时雄方草《太玄》,有以自守,泊如也。或嘲雄以玄尚白,而雄解之,号曰《解嘲》。其辞曰。④

《文选》把此段文字作为序。班固《答宾戏》,《后汉书·班固传》在载录此文时还有说明文字,《文选》所录也是有说明文字的,与《后汉书·班固传》所载相同,《文选》把这段说明文字视作序。

---

① [汉]班固《汉书》,北京:中华书局,1962年,第3101页。
② [南朝梁]萧统编,[唐]李善注《文选》,北京:中华书局,1977年,第407页下。
③ [汉]班固《汉书》,北京:中华书局,1962年,第1967页。
④ 同上书,第3565—3566页。

《文选》辞类有汉武帝《秋风辞》,其前有序,云:

> 上行幸河东,祠后土。顾视帝京欣然,中流与群臣饮燕。上欢甚,乃自作《秋风辞》曰。①

《汉武帝故事》载录此文时有说明文字,文字与此基本相同。

《文选》吊文类有贾谊《吊屈原文》,有序:

> 谊为长沙王太傅,既以谪去,意不自得,及渡湘水,为赋以吊屈原。屈原,楚贤臣也,被谗放逐,作《离骚赋》,其终篇曰:"已矣哉!国无人兮,莫我知也。"遂自投汨罗而死。谊追伤之。因自喻。其辞曰。②

此即《汉书·贾谊传》载录此文时的叙述文字,《文选》"剪截"而为序。

以上所列表明,《文选》在载录各种文体的作品时,把史书对作品介绍的"事"一并"剪截"。考其原因,就是章学诚《文史通义·书教上》所说的"言""事"合一:

> 《尚书》典谟之篇,记事而言亦具焉;训诰之篇,记言而事亦见焉。古人事见于言,言以为事,未尝分事言为二物也。③

《文选》载录的这些作品,都是由"言"生成的文体;但"言"离不开"事",所以一并载录,但这是"右史记事"附属于"左史记言"了。《文选》载录各种文体作品的"言""事"合一,源于生活现实的"言""事"合一。《尚书·舜典》有"询事考言",蔡沈集传:"尧言询舜所行之事而考其言。"④即《韩非子·二柄》:

> 为人臣者陈而言,君以其言授之事,专以其事责其功。功当其

---

① [南朝梁]萧统编,[唐]李善注《文选》,北京:中华书局,1977 年,第 636 页上。
② 同上书,第 831 页下—832 页上。
③ [清]章学诚著,叶瑛校注《文史通义校注》,北京:中华书局,1985 年,第 31 页。
④ [宋]蔡沈《书集传》,南京:凤凰出版社,2010 年,第 9 页。

事,事当其言,则赏;功不当其事,事不当其言,则罚。①

孔子曰"先行其言,而后从之","古者言之不出,耻躬之不逮也",②先"言"后"事",说了就要做到,"言"与"事"是一体而不可分的。

"言""事"合一,又体现为类书中"叙事"与诸文体的并立,《艺文类聚序》:

> 以为前辈缀集,各杼其意,《流别》《文选》,专取其文,《皇览》《遍略》,直书其事,文义既殊,寻检难一。爰诏撰其事且文,弃其浮杂,删其冗长,金箱玉印,比类相从,号曰《艺文类聚》,凡一百卷。其有事出于文者,便不破之为事,故事居其前,文列于后,俾夫览者易为功,作者资其用,可以折衷今古,宪章坟典云尔。③

《艺文类聚》按门类采摭群书,辑录资料,分为两大部分,先是"叙事",出于经、史、子各类著述所载;后列诸文体之"文",这是"其有事出于文者,便不破之为事"的文体之"文"。唐刘肃《大唐新语》卷九载:

> 玄宗谓张说曰:"儿子等欲学缀文,须检事及看文体。《御览》之辈,部帙既大,寻讨稍难。卿与诸学士撰集要事并要文,以类相从,务取省便。令儿子等易见成就也。"④

这是《初学记》的编纂意图和编纂体例,各门类资料先列"事",直接标明"叙事"与"事对",后列诸文体中叙及该"事"者。

上述情况表明,史书的传不适合单列,而在总集、类书中,"事"却屡屡要展现自身,个中透露出强烈的独立要求,这应该是促发着"右史记事"生成文体的动力之一。

---

① 陈奇猷校注《韩非子集释》,上海:上海人民出版社,1974年,第111页。
② 《论语注疏》,《十三经注疏》,上海:上海古籍出版社,1997年,第2462页中,2472页上。
③ [唐]欧阳询撰,汪绍楹校《艺文类聚》,上海:上海古籍出版社,1982年,第27页。
④ [唐]刘肃撰,许德楠、李鼎霞点校《大唐新语》,北京:中华书局,1984年,第137页。

三、传、记以"篇翰"方式生成文体

史书的传不能作为文体独立,于是文人撰作着"篇翰"形式的传。当然,其基本条件是在传中"事"具有自足性,如刘知几说:

> 窃以书名竹素,岂限详略,但问其事竟如何耳。借如召平、纪信、沮授、陈容,或运一异谋,树一奇节,并能传之不朽,人到于今称之。岂假编名作传,然后播其遗烈也。嗟乎!自班、马以来,获书于国史者多矣。其间则有生无令闻,死无异迹,用使游谈者靡征其事,讲习者罕记其名,而虚班史传,妄占篇目。若斯人者,可胜纪哉!古人以没而不朽为难,盖为此也。①

虽然是批评某些史书的传不重"事",但纪传体史书就在于重"人",故人物"靡征其事"即无"事"亦有传的情况,也是可以理解的。但以"篇翰"的方式撰作传就该注重"事"及其"事"的集中性。《文苑英华》有传体三十篇,章学诚对其有说明曰:

> 《文苑英华》有传五卷,盖七百九十有二,至于七百九十有六,其中正传之体,公卿则有兵部尚书梁公李岘,节钺则有东川节度卢坦,(皆李华撰传。)文学如陈子昂,(卢藏用撰传。)节操如李绅,(沈亚之撰传。)贞烈如杨妇、(李翱。)窦女,(杜牧。)合于史家正传例者,凡十余篇。……自述非正体者,(《陆文学自传》之类。)立言有寄托者,(《王承福传》之类。)借名存讽刺者,(《宋清传》之类。)投赠类序引者,(《强居士传》之类。)俳谐为游戏者,(《毛颖传》之类。)亦次于诸正传中。②

这是对有人提出入集之传非"正传"的驳辩。但我们应该看到,入集之传

---

① 《列传》,[唐]刘知几撰,刘占召评注《史通评注》,北京:中央编译出版社,2010年,第61页。
② 《传记》,[清]章学诚著,叶瑛校注《文史通义校注》,北京:中华书局,1985年,第250页。

重在"事",更重在单一的"事",所以章学诚突出提到"公卿""节钺""文学""节操""贞烈"的叙事统一性,以及"立言有寄托""借名存讽刺""俳谐为游戏"等题材的单一性。

从另外一方面说,如刘知几称《史记》《汉书》,"凡所包举,务存恢博,文辞入记,繁富为多。是以贾谊、晁错、董仲舒、东方朔等传,唯止录言,罕逢载事"①云云,倒过来说,以"篇翰"的方式撰作的传重在"事",一般是要避免"唯止录言,罕逢载事""文辞入记,繁富为多"的,不像史书的传那样包含传主的诸种文章。所以,史书的传与以"篇翰"的方式撰作的传,二者的篇法是不一样的。方苞《古文约选序》就称,诸如《左传》《史记》之类,"各自成书,具有首尾,不可以分翦","虽有篇法可求","学者必览其全,而后可取精焉"。②

又有姚铉《唐文粹》,卷九十九、一〇〇为"传录纪事",内有"题传后"二、"假物"四、"忠烈"三、"隐逸"二、"奇才"一、"杂伎"二、"妖惑"一、"录"二、"纪事"十、"五纪"四,共三十一篇,从这些纲目可见其"记事"的单一性。

又有吕祖谦《宋文鉴》卷一四九、一五〇收录传十七篇,分别为《补亡先生传》《退士传》《六一居士传》《桑怿传》《赵延嗣传》《范景仁传》《文中子补传》《无名君传》《洪渥传》《曹氏女传》《方山子传》《公默先生传》《上谷郡君家传》《巢谷传》《孙少述传》《钱一传》《玉友传》,都不是录自史书的传,而是以"篇翰"的方式撰作的传。

又有"右史记事"之"记"生成为文体。记,把印象保持在脑中,进而记录、载录。《国语·晋语四》:"瞽史记曰:嗣续其祖,如谷之滋,必有晋国。"③进而是公牍札子,汉袁康《越绝书·外传记吴王占梦》:"王孙骆移

---

① 《载言》,[唐]刘知几撰,刘占召评注《史通评注》,北京:中央编译出版社,2010年,第42页。
② [清]方苞撰,彭林、严佐之主编《方苞全集》第十二册,上海:复旦大学出版社,2018年,第25页。
③ [战国]左丘明著,上海师范大学古籍整理组校点《国语》,上海:上海古籍出版社,1978年,第365页。

记曰:'今日壬午,左校司马王孙骆,受教告东掖门亭长公孙圣:吴王昼卧觉寤,而心中惆怅也,如有悔。记到,车驰诣姑胥之台。'"①记又指典籍、著作。《庄子·天地》:"《记》曰:'通于一而万事毕。无心得而鬼神服。'"②记即书名。记,指记述或解释典章制度的专书,如《周礼·考工记》《礼记》《大戴礼记》。记成为文体名,即以叙事为主,兼及议论抒情和山川景观的描写。明吴讷《文章辨体序说·记》:"《金石例》云:'记者,纪事之文也。'西山曰:'记以善叙事为主。《禹贡》《顾命》,乃记之祖。后人作记,未免杂以议论。'"③作为文体的记,有晋陶潜《桃花源记》、南朝沈约《南齐仆射王奂栀园寺刹下石记》④。徐师曾《文体明辨序说·记》称:"《文选》不列其类,刘勰不著其说,则知汉魏以前,作者尚少,其盛自唐始也。"⑤记的盛行以唐代撰写嵌在墙上的碑记即"壁记"为契机,唐封演《封氏闻见记·壁记》:"朝廷百司诸厅,皆有壁记,叙官秩创置及迁授始末。原其作意,盖欲著前政履历,而发将来健羡焉。故为记之体,贵其说事详雅,不为苟饰。"⑥州县官署也有壁记,如唐柳宗元有《武功县丞壁记》《馆驿使壁记》等。《文苑英华》有记体三十七卷,其中有《枕中记》,《唐国史补》卷下称其"庄生寓言之类",称作者沈既济"真良史才也",⑦认定记的叙事性质。从以上所述也可知记的一事一叙的"篇翰"性质。《唐文粹》有记体七卷,《宋文鉴》有记体八卷。

传、记由"右史记事"之"事"生成文体,但其生成方式却是"篇翰"式的。虽然其文体命名有所承袭,但与传统多有不同,如此独立的文体进入总集是自然而然的事情。

---

① 《越绝书 附札记》,北京:中华书局,1985年,第51页。
② [清]郭庆藩《庄子集释》,北京:中华书局,1961年,第404页。
③ [明]吴讷、徐师曾著,于北山、罗根泽校点《文章辨体序说 文体明辨序说》,北京:人民文学出版社,1962年,第41页。
④ 据说三国诸葛亮有《黄陵庙记》,世以为伪托。
⑤ [明]吴讷、徐师曾著,于北山、罗根泽校点《文章辨体序说 文体明辨序说》,北京:人民文学出版社,1962年,第145页。
⑥ [唐]封演《封氏闻见记》,济南:山东画报出版社,2004年,第20—21页。
⑦ [唐]李肇、赵璘《唐国史补 因话录》,上海:上海古籍出版社,1979年,第55页。

四、"叙事"成为文体而入总集

宋代又出现以"叙事"命名的文体,彭时《文章辨体序》:

> 至宋西山真先生集为《文章正宗》,其目凡四:曰辞命,曰议论,曰叙事,曰诗赋。天下之文,诚无出此四者,可谓备且精矣。①

永瑢等《文章正宗》提要曰:

> 是集分辞令、议论、叙事、诗歌四类,录《左传》《国语》以下,至于唐末之作。(案:总集之选录《左传》《国语》,自是编始,遂为后来坊刻古文之例。)②

真德秀《文章正宗》的文体以"叙事"命名,其体例上的创新性有二。一为创制"叙事"文体,从文体分类上说,笼括了所有"叙事"文字及各种文体,既可录《左传》《史记》文字入集,又可录以"篇翰"方式生成的"右史记事"的文字,如韩愈《圬者王承福传》《何蕃传》,柳子厚《宋清传》《种树郭橐驼传》《梓人传》,以及碑、铭数篇。二为解决以往"记事之史,系年之书"不成"篇翰"的问题。真德秀破《左传》以年为单位的记事而以"叙事"为单位,篇题为"叙某某本末",如第一篇《叙隐桓嫡庶本末》,或"叙某某",如《叙晋文始霸》。这些"叙事"或为一年之中多种事的选录,或为一事跨两年度的合一,如《叙晋人杀厉公》就是把成公十七年、十八年事合为一篇。破《史记》以人为单位的"记事",节录为以"事"为单位者,篇题为"叙某某",如《叙项羽救钜鹿》《叙刘项会鸿门》;虽然其亦有"某某传",但却是拆《史记》合传整篇而单录一人之传,如《屈原传》,还删略了原文所录屈原《怀沙之赋》以及篇末的"太史公曰"即赞体文字。总之,其"叙事"的构成是一事一篇,或一人一事一篇,其"叙事"作为文体可谓是

---

① [明]吴讷、徐师曾著,于北山、罗根泽校点《文章辨体序说 文体明辨序说》,北京:人民文学出版社,1962年,第7页。

② [清]永瑢等《四库全书总目》,北京:中华书局,1965年,第1699页中。

以"篇翰"方式生成的。

现在讨论"叙事"何以能成为文体、入文章总集。

其一,社会需求把古文经典变为"作文之式"。宋初向往韩、柳,提倡古文,陈师道云:"余以古文为三等:周为上,七国次之,汉为下。周之文雅,七国之文壮伟,其失骋;汉之文华赡,其失缓;东汉而下无取焉。"①人们要学习古文以提高写作能力,写作能力就是"属辞比事",《礼记·经解》:"属辞比事,《春秋》教也。""属辞比事而不乱,则深于《春秋》者也。"②"属辞比事"的榜样就是《左传》的叙事。对《左传》的崇尚由来已久,如杜预《春秋序》称《左传》"为例之情有五","一曰微而显""二曰志而晦""三曰婉而成章""四曰尽而不污""五曰惩恶而劝善"。③《史通·杂说上》论《左传》叙事之美:

> 《左氏》之叙事也,述行师则簿领盈视,喉唇沸腾;论备火则区分在目,修饰峻整;言胜捷则收获都尽,记奔败则披靡横前;申盟誓则慷慨有余;称谲诈则欺诬可见;谈恩惠则煦如春日;纪严切则凛若秋霜;叙兴邦则滋味无量,陈亡国则凄凉可悯。或腴辞润简牍,或美句入咏歌,跌宕而不群,纵横而自得。若斯才者,殆将工侔造化,思涉鬼神,著述罕闻,古今卓绝。如二传(笔者注:指《公羊》《穀梁》)之叙事也,榛芜溢句,疣赘满行,华多而少实,言拙而寡味。若必方于《左氏》也,非唯不可为鲁、卫之政,差肩雁行;亦有云泥路阻,君臣礼隔者矣。④

《史通·模拟》称"《左氏》为书,叙事之最"⑤,到《文章正宗》,其"叙事"文体收录最多的就是《左传》的文字。宋时,学习《左传》古文以应课试成为

---

① [宋]陈师道《后山诗话》,[清]何文焕辑《历代诗话》,北京:中华书局,1981年,第305页。
② 《礼记正义》,《十三经注疏》,上海:上海古籍出版社,1997年,第1609页下。
③ 《春秋左传正义》,《十三经注疏》,上海:上海古籍出版社,1997年,第1706页中—1707页上。
④ [唐]刘知几撰,刘占召评注《史通评注》,北京:中央编译出版社,2010年,第365页。
⑤ 同上书,第225页。

时尚,姚铉《唐文粹序》谓"五代衰微之弊,极于晋汉,而渐革于周氏,我宋勃兴","惟韩吏部超卓群流独高遂古,以二帝三王为根本,以六经四教为宗师,凭陵轥轹,首唱古文,遏横流于昏垫,辟正道于夷坦","盖资新进后生干名求试者之急用","止以古雅为命,不以雕篆为工,故侈言蔓辞,率皆不取"。① 称编纂古文入总集是为了"求试者之急用"。而尤为突出者如吕祖谦生平研究《左传》,其自序谓《左氏博议》是"为诸生课试之作","谈余语隙,波及课试之文,予思有以佐其笔端,乃取左氏书理乱得失之迹,疏其说于下"。②《左氏博议》又称《东莱博议》,全书共四卷,选《左传》文六十六篇,所谓"《博议》则随事立义"③,"随事"就是"剪截"《左传》片段,"立"就是评点。因此,宋时总集在注重"略其芜秽,集其清英"的阅读功能的同时,又"把古文经典变为'制义之金针'"④,正因此,真德秀《文章正宗·纲目》称"独取《左氏》《史》《汉》叙事之尤可喜者,与后世记、序、传、志之典则简严者,以为作文之式"⑤。

其二,历史的经验使"叙事"以"篇翰"方式成为文体。"剪截"优秀作品的片段以独立成体,在史书与总集发展历史的理论大厦与技术武库里有成法可依。

一是史书纪事本末体的出现。"物有本末,事有终始"⑥,纪事本末体以历史事件为纲,将重要史实分别列目,独立成篇,各篇又按年月顺序编写。创始于南宋袁枢的《通鉴纪事本末》,《四库总目提要》称其"以《通鉴》旧文,每事为篇,各排比其次第,而详叙其始终,命曰纪事本末,史遂又有此一体"⑦。史书纪事本末体的出现,解决了"事"的独立问题,吕祖谦

---

① [宋]姚铉《唐文粹》,上海:商务印书馆,1922年,第3,4页。
② [宋]吕祖谦《东莱先生左氏博议》,北京:中华书局,1985年,序第1页。
③ 《春秋左氏传说》提要,[清]永瑢等《四库全书总目》,北京:中华书局,1965年,第220页下。
④ 《宋代文章总集的文体学意义》,吴承学《中国古代文体学研究》,北京:人民出版社,2011年,第332页。本节所述多有受其文启发之处。
⑤ 《纲目》,[宋]真德秀《文章正宗》,文渊阁《四库全书》本。
⑥ 《大学》,《礼记正义》,《十三经注疏》,上海:上海古籍出版社,1997年,第1673页上。
⑦ [清]永瑢等《四库全书总目》,北京:中华书局,1965年,第437页中。

《左传博议》"随事立义",为"剪截"《左传》纪事本末的片段提供了经验,如《文章正宗·叙事》首列《叙隐桓嫡庶本末》,这当然是真德秀作为编纂者自定的篇名。

二是"剪截"《左传》纪事本末的片段,体例上必定要有所依,钱锺书云:"古人选本之精审者,亦每削改篇什。"①《文选》就多有删节、合并,以下略举数例。《文选》卷四十任昉《奏弹刘整》,李善注云:"昭明删此文大略,故详引之,令与《弹》相应也。"②可见萧统出于《文选》整体性的考虑,对原文有所删节。《文选》卷四十二曹植《与吴季重书》李善注曰:

> 植集此书别题云:"夫为君子而不知音乐,古之达论谓之通而蔽。墨翟自不好伎,何谓过朝歌而回车乎?足下好伎,而正值墨氏回车之县,想足下助我张目也。"今本以"墨翟之好伎"置"和氏无贵矣"之下,盖昭明移之,与季重之书相映耳!③

顾农说:"由此可知《文选》本《与吴季重书》乃是经过编辑加工的,实际上原来是两封信,这里给合为一信了。"④

五、经、史、子、集齐入总集与文学观念的新变

《左传》《史记》可以"剪截"出纪事本末的片段独立成"篇翰",以"叙事"文体入总集,那么,从观念与技术上讲,其他经、史、子应该也是能够以这样的方式入总集的。于是有曾为真德秀宾客的汤汉,其总集《妙绝古今》卷一选摘《左氏》《国语》《孙子》《列子》《庄子》《荀子》文字,卷二选摘《国策》《史记》《淮南子》的文字。明陈仁锡编《古文汇编》,《四库总目提要》称其"以经、史、子、集分部"⑤。清代《古文观止》录《左传》《国语》《战国策》《公羊传》《穀梁传》《礼记·檀弓》文字共七十篇,还录有《史

---

① 钱锺书《管锥篇》,北京:中华书局,1979 年,第 1067 页。
② [南朝梁]萧统编,[唐]李善注《文选》,北京:中华书局,1977 年,第 561 页上。
③ 同上书,第 595 页下。
④ 顾农《文选论丛》,扬州:广陵书社,2007 年,第 46 页。
⑤ [清]永瑢等《四库全书总目》,北京:中华书局,1965 年,第 1763 页上。

记》的《伯夷列传》《管晏列传》《屈原列传》《滑稽列传》，其中《屈原列传》原为《屈原贾生列传》，删略了屈原《怀沙》原文及贾生事迹，《滑稽列传》只录淳于髡事迹，其他删略。又有曾国藩《经史百家杂钞》，经、史、子三类的文章约占全书四分之一的分量，这是超越传统集部惯例的选集，涵括经、史、子、集四部，把中国古代富有魅力的文章乃至片段文字笼括进来，所谓"一个也不能少"。而我们今日的诸种《中国古代文学作品选》也是经、史、子、集都录的。于是我们想到刘勰《文心雕龙》，就是把经、史、子、集的文章都从文体的角度来论述。从文体学上讲，文体生成从"左史记言，右史记事"一路走来，发展成为各自界域明晰的文体，又能够走出自己的集合体诸如经、史、子、集之类而融入新的集合体，在这个过程中，文体或改变着自身，或丰富并发展着自身，文体学也在此过程中前进。

第二节　史学文献编纂与文章总集生成
——史书"载文"论

《晋书·挚虞传》称挚虞"又撰古文章,类聚区分为三十卷,名曰《流别集》,各为之论,辞理惬当,为世所重"①。《隋书·经籍志四》载:

> 总集者,以建安之后,辞赋转繁,众家之集,日以滋广,晋代挚虞,苦览者之劳倦,于是采摘孔翠,芟剪繁芜,自诗赋下,各为条贯,合而编之,谓为《流别》。②

作为文章总集之祖的《文章流别集》是怎么来的?本节将论证文章总集是怎样一步步从史学文献编纂走来的。

一、"成文"与史书"载文"

文章最早的存世方式是以"成文"形式而被史官作为史料保存。"成文"就是已经写成的文章。"成文"在史书正式编纂前就已存在,《汉书·艺文志》所称"古之王者世有史官,君举必书",而"左史记言,右史记事"者并非就是史书,只是编纂史书的原始材料,待"事为《春秋》,言为《尚书》",才是史书。③故刘知几《史通·外篇·史官建置》论"为史之道,其流有二"云:

> 书事记言,出自当时之简;勒成删定,归于后来之笔。④

史书是依照"当时之简"的"删定"而"勒成"的,"当时之简"中有已成型的文章,这就是所谓"成文"。《国语·楚语上》载申叔时列举太子学习的九种教材,除《诗》《礼》《乐》外,有记事的史书《春秋》《世》,记言的史书

---

① [唐]房玄龄等《晋书》,北京:中华书局,1974年,第1427页。
② [唐]魏徵、令狐德棻《隋书》,北京:中华书局,1973年,第1089页。
③ [汉]班固《汉书》,北京:中华书局,1962年,第1715页。
④ [唐]刘知几撰,刘占召评注《史通评注》,北京:中央编译出版社,2010年,第290页。

《令》《语》《故志》《训典》,这些"言"就是"成文"。对史书编纂来说,这些"成文"就是史料。

文章最早的传播方式之一是被编纂入史书。史官把"成文"编纂入史书,即"载言""载文"。刘知几《史通》有《载言》《载文》专门讨论史书载录"成文"的问题。所谓"言为《尚书》"即以"载言"构成史书,孔安国《〈尚书〉序》称:"芟夷烦乱,剪截浮辞,举其宏纲,撮其机要,足以垂世立教,典、谟、训、诰、誓、命之文,凡百篇。"①刘知几《史通·六家》称:

> 盖《书》之所主,本于号令,所以宣王道之正义,发话言于臣下;故其所载,皆典、谟、训、诰、誓、命之文。②

《尚书》就是"本于号令",是由"话言"构成的。而编年体史书《左传》以"言之与事,同在传中"及"言事相兼"③构成史书,其表现就是"载言""载文"。《左传》中多录有"成文",《史通·申左》云:

> 寻《左氏》载诸大夫词令、行人应答,其文典而美,其语博而奥,述远古则委曲如存,征近代则循环可覆。必料其功用厚薄,措思深浅,谅非经营草创,出自一时,琢磨润色,独成一手。斯盖当时国史已有成文,丘明但编而次之,配经称传而已也。④

尤其是"其文典而美,其语博而奥"的"大夫词令,行人应答"更应该是"成文",是左丘明把它们编纂进史书的。

司马迁作《史记》,也掌握了一批"成文",《史记·太史公自序》"谈为太史公"《集解》:"如淳曰:'《汉仪注》太史公,武帝置,位在丞相上。天下计书先上太史公,副上丞相,序事如古《春秋》。'"《史记·太史公自序》:"自曹参荐盖公言黄老,而贾生、晁错明申、商,公孙弘以儒显,百年之间,天下遗文古事靡不毕集太史公。太史公仍父子相续纂其职。"司马

---

① 《尚书正义》,《十三经注疏》,上海:上海古籍出版社,1997 年,第 114 页下。
② [唐]刘知几撰,刘占召评注《史通评注》,北京:中央编译出版社,2010 年,第 5 页。
③ 同上书,第 42 页。
④ 同上书,第 347 页。

迁撰作《史记》也收录"成文",《史记·太史公自序》"迁为太史令,䌷史记石室金匮之书",《索隐》:"如淳云:'抽彻旧书故事而次述之。'"①事实上,由于《史记》的"载言""载文","成文"成为《史记》的主要内容之一。

"成文"又有总汇,《尚书》就是"言"之"成文"的总汇。

二、《左传》"载文"论

刘知几所论《左传》中"当时国史已有成文"者不仅仅是"大夫词令,行人应答",邵炳军《左氏春秋文系年注析》②对《左传》"成文"有着详尽的载录。此处以《文心雕龙》所称《左传》"载文"来考察:

> 《诠赋》:至如郑庄之赋"大隧",士蒍之赋"狐裘",结言短韵,词自己作,虽合赋体,明而未融。③

此二者为《赋》,前者为《隐公元年》"郑伯克段于鄢"的尾声,郑庄公与其母因《赋》而"遂为母子如初"④。后者为《僖公五年》所载之事,士蒍的《赋》为:"狐裘龙茸,一国三公,吾谁适从?"⑤述说了晋国的乱象。

> 《颂赞》:晋舆之称原田……丘明、子高,并谓为颂,斯则野颂之变体,浸被乎人事矣。⑥

此为《诵》,舆人之诵为"原田每每,舍其旧而新是谋"⑦,晋文侯以此确定了战的决心。

> 《祝盟》:蒯聩临战,获祐于筋骨之请。⑧

---

① [汉]司马迁《史记》,北京:中华书局,1959年,第3287、3319、3296页。
② 邵炳军《左氏春秋文系年注析》,桂林:广西师范大学出版社,2008年。
③ [南朝梁]刘勰著,詹锳义证《文心雕龙义证》,上海:上海古籍出版社,1989年,第274页。
④ 《春秋左传正义》,《十三经注疏》,上海:上海古籍出版社,1997年,第1717页上。
⑤ 同上书,第1795页上。
⑥ [南朝梁]刘勰著,詹锳义证《文心雕龙义证》,上海:上海古籍出版社,1989年,第319页。
⑦ 《僖公二十八年》,《春秋左传正义》,《十三经注疏》,上海:上海古籍出版社,1997年,第1825页上。
⑧ [南朝梁]刘勰著,詹锳义证《文心雕龙义证》,上海:上海古籍出版社,1989年,第366页。

此为《祝》,蒯聩在临战时曾祷告祖先,其中有请求"无绝筋,无折骨,无面伤,以集大事"①数语。

> 《祝盟》:盟者,明也。骍毛白马,珠盘玉敦。陈辞乎方明之下,祝告于神明者也。②

"骍毛"即"骍旄",即"骍旄之盟",《左传·襄公十年》载伯舆之大夫瑕禽"坐狱于王庭"的争讼之语:"昔平王东迁,吾七姓从王,牲用备具。王赖之,而赐之骍旄之盟,曰:'世世无失职。'"③以此驳斥本微贱之说。

> 《铭箴》:魏绛讽君于后羿,楚子训民于在勤。④

"魏绛讽君"所用为《虞人之箴》,其曰:"芒芒禹迹,画为九州,经启九道。民有寝庙,兽有茂草,各有攸处,德用不扰。在帝夷羿,冒于原兽,忘其国恤,而思其麀牡。武不可重,用不恢于夏家。兽臣司原,敢告仆夫。"⑤"楚子训民"者,楚庄王告诫国人,箴曰:"民生在勤,勤则不匮。"⑥

> 《诔碑》:逮尼父之卒,哀公作诔,观其慭遗之辞,呜呼之叹,虽非叡作,古式存焉。⑦

孔丘卒,鲁哀公诔之曰:"旻天不吊,不慭遗一老。俾屏余一人以在位,茕茕余在疚。呜呼哀哉!尼父。无自律。"⑧

> 《谐谑》:昔华元弃甲,城者发"睅目"之讴;臧纥丧师,国人造"侏

---

① 《哀公二年》,《春秋左传正义》,《十三经注疏》,上海:上海古籍出版社,1997 年,第 2157 页上。
② [南朝梁]刘勰著,詹锳义证《文心雕龙义证》,上海:上海古籍出版社,1989 年,第 377 页。
③ 《春秋左传正义》,《十三经注疏》,上海:上海古籍出版社,1997 年,第 1949 页上。
④ [南朝梁]刘勰著,詹锳义证《文心雕龙义证》,上海:上海古籍出版社,1989 年,第 413 页。
⑤ 《襄公四年》,《春秋左传正义》,《十三经注疏》,上海:上海古籍出版社,1997 年,第 1933 页下。
⑥ 《宣公十二年》,《春秋左传正义》,《十三经注疏》,上海:上海古籍出版社,1997 年,第 1880 页中。
⑦ [南朝梁]刘勰著,詹锳义证《文心雕龙义证》,上海:上海古籍出版社,1989 年,第 429 页。
⑧ 《哀公十六年》,《春秋左传正义》,《十三经注疏》,上海:上海古籍出版社,1997 年,第 2177 页中。

儒"之歌。①

"睅目"之讴者,宋华元兵败逃归,城者讴曰:"睅其目,皤其腹,弃甲而复。于思于思,弃甲复来。"华元使其骖乘谓之曰:"牛则有皮,犀兕尚多,弃甲则那?"役人曰:"从其有皮,丹漆若何?"②"侏儒之歌"者,鲁败于小国邾,国人作歌讽刺曰:"臧之狐裘,败我于狐骀。我君小子,朱儒是使。朱儒!朱儒!使我败于邾。"③

  《谐讔》:昔还社求拯于楚师,喻眢井而称麦麴;叔仪乞粮于鲁人,歌珮玉而呼庚癸。④

"昔还"二句,楚国伐萧,萧大夫还无社求救于楚大夫申,为避人耳目,两人用隐语⑤。"叔仪"二句,吴国大夫叔仪求粮于鲁国公孙有山,为避人耳目,两人亦用隐语⑥。

  《论说》:及烛武行而纾郑。⑦

郑国大夫烛之武说服秦军退兵⑧,后世摘录以独立成篇,题为《烛之武退秦军》。

  《檄移》:晋厉伐秦,责箕郜之焚。⑨

---

① [南朝梁]刘勰著,詹锳义证《文心雕龙义证》,上海:上海古籍出版社,1989年,第526页。
② 《宣公二年》,《春秋左传正义》,《十三经注疏》,上海:上海古籍出版社,1997年,第1866页下。
③ 《襄公四年》,《春秋左传正义》,《十三经注疏》,上海:上海古籍出版社,1997年,第1934页上。
④ [南朝梁]刘勰著,詹锳义证《文心雕龙义证》,上海:上海古籍出版社,1989年,第540页。
⑤ 《宣公十二年》,《春秋左传正义》,《十三经注疏》,上海:上海古籍出版社,1997年,第1883页中。
⑥ 《哀公十三年》,《春秋左传正义》,《十三经注疏》,上海:上海古籍出版社,1997年,第2172页上。
⑦ [南朝梁]刘勰著,詹锳义证《文心雕龙义证》,上海:上海古籍出版社,1989年,第708页。
⑧ 《僖公三十年》,《春秋左传正义》,《十三经注疏》,上海:上海古籍出版社,1997年,第1831页上。
⑨ [南朝梁]刘勰著,詹锳义证《文心雕龙义证》,上海:上海古籍出版社,1989年,第764页。

晋厉公派吕相指责秦国,《左传·成公十三年》所录即为《檄》①。

> 《书记》:《春秋》聘繁,书介弥盛;绕朝赠士会以策,子家与赵宣以书,巫臣之遗子反,子产之谏范宣,详观四书,辞若对面。②

秦大夫绕朝赠晋大夫士会书曰:"子无谓秦无人,吾谋适不用也。"表示自己已识破晋国之计③。郑国子家派人送书与赵宣子,说明郑国有功于晋,愿与晋结盟④。巫臣结怨子反,逃亡晋国,子反杀其族人,巫臣写信指责,并说要让他疲于奔命而死⑤。郑子产写信劝谏晋范宣子少向诸侯各国征收财物,称这样对晋和范宣子都不利⑥。此四事都成为《左传》的叙事环节。

从上述所引可以得出两个结论:一是《左传》的"载文"都可说是具有文体意味的,二是《左传》"载文"是为了叙事,因为其"言"或"文"本身是叙事的一个环节。于是我们就可理解《左传》为什么是"事经",《文心雕龙·史传》称其"举得失以表黜陟,征存亡以标劝戒;褒见一字,贵逾轩冕;贬在片言,诛深斧钺"⑦,这是要以叙事表达出来的《左传》"载言""载文"的意义。

但《左传》等编年体史书的"载言""载文"还是有遗憾的。刘知几说,如果按照左丘明以事为纲即重在"事当冲要者,必盱衡而备言"的作法,那么,"其有贤如柳惠,仁若颜回,终不得彰其名氏,显其言行",即有品行而未曾参与大事件者,就不能青史留名;还有撰作文章而未曾参与大事件

---

① 《春秋左传正义》,《十三经注疏》,上海:上海古籍出版社,1997 年,第 1911 页下—1912 页下。
② [南朝梁]刘勰著,詹锳义证《文心雕龙义证》,上海:上海古籍出版社,1989 年,第 920 页。
③ 《文公十三年》,《春秋左传正义》,《十三经注疏》,上海:上海古籍出版社,1997 年,第 1852 页下。
④ 《文公十七年》,《春秋左传正义》,《十三经注疏》,上海:上海古籍出版社,1997 年,第 1860 页上中。
⑤ 《成公七年》,《春秋左传正义》,《十三经注疏》,上海:上海古籍出版社,1997 年,第 1903 页下。
⑥ 《襄公二十四年》,《春秋左传正义》,《十三经注疏》,上海:上海古籍出版社,1997 年,第 1979 页下。
⑦ [南朝梁]刘勰著,詹锳义证《文心雕龙义证》,上海:上海古籍出版社,1989 年,第 566—567 页。

者,也不能青史留名。所以刘知几《史通·二体》说,"此其所以为短也","丘明自知其略也,故为《国语》以广之"。①

三、《史记》《汉书》"载文"论

纪传体史书以人为纲,那么对人物言行思想才华等方面的关注程度自然可以并列于对事件的关注,《史记》《汉书》的"载文"即表现出这样的特点。

我们先来看《史记》的情况。《屈原贾生列传》载录《怀沙之赋》《吊屈原赋》《服鸟赋》,其篇末云:

> 太史公曰:余读《离骚》《天问》《招魂》《哀郢》,悲其志。适长沙,观屈原所自沈渊,未尝不垂涕,想见其为人。及见贾生吊之,又怪屈原以彼其材,游诸侯,何国不容,而自令若是。读《服鸟赋》,同死生,轻去就,又爽然自失矣。②

司马迁谈到此二人的作品,一称"悲其志",二称"爽然自失",完全是就传主的情感而言,非就"事"而言。《鲁仲连邹阳列传》载:"邹阳者,齐人也。游于梁,与故吴人庄忌夫子、淮阴枚生之徒交。上书而介于羊胜、公孙诡之间。胜等嫉邹阳,恶之梁孝王。孝王怒,下之吏,将欲杀之。邹阳客游,以谗见禽,恐死而负累,乃从狱中上书。"③司马迁录《狱中上书》全文,篇末太史公曰:

> 邹阳辞虽不逊,然其比物连类,有足悲者,亦可谓抗直不桡矣,吾是以附之列传焉。④

纯粹是为存文辞而录文。又,《司马相如列传》载录传主文章,原因是武帝"读《子虚赋》而善之",于是,司马相如"请为《天子游猎赋》,赋成奏

---

① [唐]刘知几撰,刘占召评注《史通评注》,北京:中央编译出版社,2010年,第36页。
② [汉]司马迁《史记》,北京:中华书局,1959年,第2503页。
③ 同上书,第2469页。
④ 同上书,第2479页。

之"。此文章本与叙事关系不大且作品有着充分的虚构性,"相如以'子虚',虚言也,为楚称;'乌有先生'者,乌有此事也,为齐难;'无是公'者,无是人也,明天子之义。故空借此三人为辞,以推天子诸侯之苑囿"。① 载录赋作就是因为作品是美文,"相如他所著,若《遗平陵侯书》《与五公子相难》《草木书》篇不采,采其尤著公卿者云"②,"著"者,美文也。

《史记》还通过载录传主的文章来关注史事的思想、学术渊源,如《李斯传》《始皇本纪》载录秦统一前后李斯的几次上书以及《焚书令》的原文,这就不单单是叙事,也为后代保存了有关秦代政治历史的重要文献资料。又如班固《汉书》多有增补《史记》之处,具体就表现在多"载文"上,如《贾谊传》末载"贾谊言三代与秦治乱之意,其论甚美,通达国体",所以"凡所著述五十八篇,掇其切于世事者著于传云",③《汉书》收入《治安策》等。

《汉书》列传"多载有用之文",比较完整地引用诏书、奏议、对策、著述和书信。西汉一朝有价值的文章,《汉书》几乎搜罗殆尽,这是《汉书》的重要特点。如《晁错传》收入《言兵事书》和《募民徙塞下》,《董仲舒传》收入《天人三策》,《公孙弘传》有《贤良策》,等等。

刘知几称,《汉书》假如按照《左传》体例,"晁错、董生之对策,刘向、谷永之上书"之类"识洞幽显,言穷军国"者,"或以文烦事博,难为次序"而不被载录;④故"凡所包举,务存恢博,文辞入记,繁富为多。是以贾谊、晁错、董仲舒、东方朔等传,唯止录言,罕逢载事"⑤。章学诚《文史通义·诗教下》盛赞《史记》《汉书》的"载文":

> 马、班二史,于相如、扬雄诸家之著赋,俱详著于列传,自刘知几以还,从而抵排非笑者,盖不胜其纷纷矣,要皆不为知言也。盖为后世文苑之权舆,而文苑必致文采之实迹,以视范史而下,标文苑而止叙

---

① [汉]司马迁《史记》,北京:中华书局,1959年,第3002页。
② 同上书,第3073页。
③ [汉]班固《汉书》,北京:中华书局,1962年,第2265页。
④ 《二体》,[唐]刘知几撰,刘占召评注《史通评注》,北京:中央编译出版社,2010年,第37页。
⑤ 《载言》,[唐]刘知几撰,刘占召评注《史通评注》,北京:中央编译出版社,2010年,第42页。

文人行略者,为远胜也。然而汉廷之赋,实非苟作,长篇录入于全传,足见其人之极思,殆与贾疏董策,为用不同,而同主于以文传人也。①

这样说来,由于"载文",《史记》《汉书》可兼作文章读本,史称《汉书》"当世甚重其书,学者莫不讽诵焉"②,世人读史,还在读文章了。

对于《史记》《汉书》的"载文"多辞赋,刘知几《史通·载文》批评说:

> 若马卿之《子虚》《上林》,扬雄之《甘泉》《羽猎》,班固《两都》,马融《广成》,喻过其体,词没其义,繁华而失实,流宕而忘返,无裨劝奖,有长奸诈,而前后《史》《汉》皆书诸列传,不其谬乎!③

刘知几就史论史书,认为史书不能作为文章读本。赵翼则称之为班固的个人爱好:

> 总计《汉书》所载文字皆有用之文。至如《司马相如传》所载《子虚赋》《喻蜀文》《谏猎疏》《宜春宫赋》《大人赋》,(《史记》亦载。)《扬雄传》载其《反离骚》《河东赋》《校猎赋》《长杨赋》《解嘲》《解难》《法言》序目,此虽无关于经术政治,而班固本以作赋见长,心之所好,爱不能舍,固文人习气,而亦可为后世词赋之祖也。④

如果说班固作史书"载文"多辞赋确为个人爱好,那么,班固已有把史书视作文章读本的意思了。

四、晋时史书"载文"与《文章流别集》

《廿二史札记》称《三国志》"简净"⑤:

---

① [清]章学诚著,叶瑛校注《文史通义校注》,北京:中华书局,1985年,第80页。
② 《班固传》,[南朝宋]范晔撰,[唐]李贤等注《后汉书》,北京:中华书局,1965年,第1334页。
③ [唐]刘知几撰,刘占召评注《史通评注》,北京:中央编译出版社,2010年,第140页。
④ 《汉书多载有用之文》,[清]赵翼著,王树民校证《廿二史札记校证》,北京:中华书局,1984年,第31页。
⑤ 《三国志书事得实处》,[清]赵翼著,王树民校证《廿二史札记校证》,北京:中华书局,1984年,第125页。

> 袁宏《汉纪》,曹操薨,子丕袭位,有汉帝命嗣丞相魏王一诏,寿《志》无之。《献帝传》,禅代时,有李伏、刘廙、许芝等《劝进表》十一道,丕下令固辞,亦十余道,寿《志》亦尽删之,惟存九锡文一篇,禅位策一通而已。①

《三国志》"简净"的表现之一,即其较少"载文",比如不录赋。魏人盛行作赋,如"时邺铜爵台新成,太祖悉将诸子登台,使各为赋"②,《魏书》称曹丕"故论撰所著《典论》、诗赋,盖百余篇"③,曹植所著赋作众多,自不待言,建安七子中王粲善于辞赋,但《三国志》不录魏赋,全书仅录吴赋一例④。《文选》所录三国名篇三十四篇,除去入《晋书》的阮籍、嵇康共四篇,《三国志》只录诸葛亮《出师表》、曹植《求自试表》、曹植《求通亲表》、锺会《檄蜀文》数篇而已,也未录曹丕《典论》的文字。《三国志》"载文"过简,人们经常举的一个例子就是该书对九品中正制的记载,《魏志·陈群传》只载有"制九品官人之法,群所建也"⑤数字,不见上疏、奏议等讨论此项政策的记录。

《史通·载文》云:

> 历选众作,求其秽累,王沈、鱼豢,是其甚焉;裴子野、何之元,抑其次也。陈寿、干宝,颇从简约,犹时载浮讹,罔尽机要。⑥

记载三国的史书,有陈寿《三国志》、王沈《魏书》、鱼豢《魏略》、陈寿《三

---

① 《三国志书事得实处》,[清]赵翼著,王树民校证《廿二史札记校证》,北京:中华书局,1984年,第125页。
② 《陈思王传》,[晋]陈寿撰,[南朝宋]裴松之注,陈乃乾校点《三国志》,北京:中华书局,1959年,第557页。
③ 《文帝纪》注引,[晋]陈寿撰,[南朝宋]裴松之注,陈乃乾校点《三国志》,北京:中华书局,1959年,第88页。
④ 《吴书·胡综传》:"黄武八年夏,黄龙见夏口,于是权称尊号,因瑞改元。又作黄龙大牙,常在中军,诸军进退,视其所向,命综作赋曰。"[晋]陈寿撰,[南朝宋]裴松之注,陈乃乾校点《三国志》,北京:中华书局,1959年,第1414页。
⑤ 《魏书·陈群传》,[晋]陈寿撰,[南朝宋]裴松之注,陈乃乾校点《三国志》,北京:中华书局,1959年,第635页。
⑥ [唐]刘知几撰,刘占召评注《史通评注》,北京:中央编译出版社,2010年,第142页。

国志》留存至今,与其"历选众作""颇从简约"的关系可做这样的推测:史书可以不承担文章读本的职责,能简则简;如《文章流别集》所论王粲《砚铭》,"建安中,文帝与临淄侯各失稚子,命徐幹、刘桢等为之哀辞"①,这些作品《三国志》就未录。在历代的流传中,人们选择了"颇从简约"的《三国志》,或许就是因为不过多地"载文",更尽到史书的职责。这显示出文章要从史书中分离出来的倾向。

与作为总集的《文章流别集》相呼应,晋时出现以"言"之"成文"总汇为史书者,如东晋孔衍撰《汉尚书》《后汉尚书》《魏尚书》,集录各时代有关政治的言论,仿《尚书》体,已佚。但是,时代不同了,"取其美词典言足为龟镜者,定以篇第,纂成一家"的作法,已不适合时代的需要,"原夫《尚书》之所记也,若君臣相对,词旨可称,则一时之言,累篇咸载;如言无足纪,语无可述,若此故事,虽有脱略,而观者不以为非。爰逮中叶,文籍大备,必翦截今文,摸拟古法,事非改辙,理涉守株。故舒元所撰《汉》《魏》等书,不行于代也"。② 但是,这种做法表明了文章既有总集形态,也曾有以"言"之总汇、全由"载言"构成史书的时尚。

五、典志与"言""文"总汇的编纂

史书典志对文章总集的生成也有着相当的影响。

一是典志本多"载文"。《史记》有书,《汉书》有志,书、志亦多"载文",如《史记·乐书》载录魏文侯与子夏论乐、孔子与宾牟贾论乐、子贡与师乙论乐、平公与师旷论乐,等等。《汉书·礼乐志》载贾谊论乐、董仲舒对策、王吉上疏、刘向之说,及《安世房中歌》十七章、《郊祀歌》十九章。在《汉书》的十志中也有重要历史文献的收载,如《食货志》收入晁错的《论贵粟疏》等。

二是史官的职责也包括编纂其他档案材料,他们编纂的分类总汇载

---

① [清]严可均校辑《全上古三代秦汉三国六朝文》,北京:中华书局,1958 年,第 1906 页上。
② 《六家》,[唐]刘知几撰,刘占召评注《史通评注》,北京:中央编译出版社,2010 年,第 5 页。

录于史部,如《隋书·经籍志二》论"仪注"总汇"编于史志":

> 仪注之兴,其所由来久矣。自君臣父子,六亲九族,各有上下亲疏之别。养生送死,吊恤贺庆,则有进止威仪之数。唐、虞已上,分之为三,在周因而为五。《周官》,宗伯所掌吉、凶、宾、军、嘉,以佐王安邦国,亲万民,而太史执书以协事之类是也。是时典章皆具,可履而行。周衰,诸侯削除其籍。至秦,又焚而去之。汉兴,叔孙通定朝仪,武帝时始祀汾阴后土,成帝时初定南北之郊,节文渐具。后汉又使曹褒定汉仪,是后相承,世有制作。然犹以旧章残缺,各遵所见,彼此纷争,盈篇满牍。而后世多故,事在通变,或一时之制,非长久之道,载笔之士,删其大纲,编于史志。而或伤于浅近,或失于未达,不能尽其旨要。遗文余事,亦多散亡。今聚其见存,以为仪注篇。①

又如《隋书·经籍志二》论"旧事"的总汇:

> 古者朝廷之政,发号施令,百司奉之,藏于官府,各修其职,守而弗忘。《春秋传》曰"吾视诸故府",则其事也。《周官》,御史掌治朝之法,太史掌万民之约契与质剂,以逆邦国之治。然则百司庶府,各藏其事,太史之职,又总而掌之。汉时,萧何定律令,张苍制章程,叔孙通定仪法,条流派别,制度渐广。晋初,甲令已下,至九百余卷,晋武帝命车骑将军贾充,博引群儒,删采其要,增律十篇。其余不足经远者为法令,施行制度者为令,品式章程者为故事,各还其官府。搢绅之士,撰而录之,遂成篇卷,然亦随代遗失。今据其见存,谓之旧事篇。②

《隋书·经籍志二》论"刑法"的总汇:

> 汉初,萧何定律九章,其后渐更增益,令甲已下,盈溢架藏。晋初,贾充、杜预,删而定之。有律,有令,有故事。梁时,又取故事之宜

---

① [唐]魏徵、令狐德棻《隋书》,北京:中华书局,1973 年,第 971—972 页。
② 同上书,第 967 页。

于时者为《梁科》。后齐武成帝时,又于麟趾殿删正刑典,谓之《麟趾格》。后周太祖,又命苏绰撰《大统式》。隋则律令格式并行。自律已下,世有改作,事在《刑法志》。《汉律》久亡,故事驳议,又多零失。今录其见存可观者,编为刑法篇。①

其中有晋陈寿《汉名臣奏事》《魏名臣奏事》等。

《史通·载言》:"案迁、固列君臣于纪、传,统遗逸于表、志,虽篇名甚广,而言无独录。"②这些"旧事""仪注""刑法"等的总汇,弥补了纪传体史书"言无独录"的缺陷。

自魏晋以来,多有把"各有故事,而布在职司"③者编纂为总汇。这些总汇有在集部者,如魏应璩编书记之文的《书林》;或者利用典志材料编纂某一文体的总集,如晋荀勖《晋歌诗》《晋宴乐歌辞》。当文章成为档案材料,文章总集的生成就是自然而然的事情。

三是艺文志对文章志的影响,《汉书·艺文志·诗赋略》可视为文章志的前身。《隋书·经籍志二》簿录篇载文章志一类的书,如荀勖撰《杂撰文章家集叙》十卷、挚虞撰《文章志》四卷、傅亮撰《续文章志》二卷、宋明帝撰《晋江左文章志》三卷、沈约撰《宋世文章志》二卷④。《汉书·叙传》称《艺文志》之作是"刘向司籍,九流以别。爰著目录,略序洪烈"⑤;刘向、刘歆父子在校书时要作叙录,叙录的内容一般应著录书名与篇目,叙说校雠原委,介绍著作者生平,总说书名的含义,辨别书的真伪,评说思想、史实,叙述学术源流,判别书的价值。梁阮孝绪《七录序》云:"昔刘向校书,辄为一录,论其指归,辨其讹谬,随竟奏上,皆载本书。"⑥文章志依史书艺文志而来,改"司籍"为"司篇",以篇为单位著录。现有挚虞《文章志》的佚文,《三国志·魏书·陈思王传》注引:

---

① [唐]魏徵、令狐德棻《隋书》,北京:中华书局,1973年,第974页。
② [唐]刘知几撰,刘占召评注《史通评注》,北京:中央编译出版社,2010年,第43页。
③ [南朝梁]刘勰著,詹锳义证《文心雕龙义证》,上海:上海古籍出版社,1989年,第830页。
④ [唐]魏徵、令狐德棻《隋书》,北京:中华书局,1973年,第991页。
⑤ [汉]班固《汉书》,北京:中华书局,1962年,第4244页。
⑥ [唐]释道宣《广弘明集》,上海:商务印书馆,1919年,第36页下。

> 挚虞《文章志》曰：刘季绪名修，刘表子。官至东安太守。著诗、赋、颂六篇。①

又《后汉书·桓彬传》李贤等注引：

> 案挚虞《文章志》，麟文见在者十八篇，有碑九首，诔七首，《七说》一首，《沛相郭符君书》一首。②

个人文章作品收藏于秘阁者，如《三国志·魏书·陈思王传》载魏明帝诏曰"撰录植前后所著赋、颂、诗、铭、杂论凡百余篇，副藏内外"③，秘书监校定图籍、编撰文章志，个人撰写文章作品的情况被记载下来；而别集、总集的撰录不过是依文章志所录情况按图索骥罢了，文章志应该是总集编纂的前期工作。

六、秘书监与文章总集的编纂

《后汉书·马融传》有典校秘书之语。盖古代图书集中于帝室，西汉时藏于天禄阁，东汉时藏于东观，故谓之秘书；亦以东汉崇尚谶纬，故取秘密之意。魏武帝时之秘书令成为机要之职，后乃改称中书令，而以秘书令仍为监，掌艺文图籍之事，晋代之秘书监兼统领著作局，担当修史之任；秘书监可谓史职④。

在秘书监工作，首要职责之一即编纂史学文献，这当然也最有利于其编纂文章志、文章总集一类书籍。以下历叙在秘书监工作而编纂文章志、文章总集者。

荀勖，字公曾，领秘书监，曾整理记籍，撰次汲冢古文竹书。

---

① ［晋］陈寿撰，［南朝宋］裴松之注，陈乃乾校点《三国志》，北京：中华书局，1959年，第560页。
② ［南朝宋］范晔撰，［唐］李贤等注《后汉书》，北京：中华书局，1965年，第1260页。
③ 《陈思王传》，［晋］陈寿撰，［南朝宋］裴松之注，陈乃乾校点《三国志》，北京：中华书局，1982年，第576页。
④ 关于"秘书监"的沿革，《唐六典》卷十、《通典》卷二十六有较为系统的阐释. 以上概括瞿蜕园《历代职官简释》秘书监、秘书省、秘书郎诸条目而成。瞿蜕园《历代职官简释》，［清］黄本骥《历代职官表》，上海：上海古籍出版社，1980年，第115—116页。

挚虞,字仲洽,历秘书监,"撰《文章志》","又撰古文章,类聚区分为三十卷,名曰《流别集》,各为之论,辞理惬当,为世所重"。①

李充,字弘度,为大著作郎,"于时典籍混乱,充删除烦重,以类相从,分作四部,甚有条贯,秘阁以为永制"②。《隋志》著录其《翰林论》三卷,梁时五十四卷③。

宋明帝刘彧,宋文帝第十一子,"世祖践阼,为秘书监","好读书,爱文义,在藩时,撰《江左以来文章志》";④《隋志》著录其《赋集》四十卷⑤。

谢灵运,曾出就秘书监职,宋文帝"使整理秘阁书,补足遗阙。又以晋氏一代,自始至终,竟无一家之史,令灵运撰《晋书》,粗立条流"⑥。《隋志》著录有《赋集》九十二卷,《诗集》五十卷(梁五十一卷),《诗集钞》十卷,《杂诗钞》十卷、录一卷,《诗英》九卷(梁十卷),《七集》十卷,《连珠集》五卷⑦。

殷淳,字粹远,"少好学,有美名。少帝景平初,为秘书郎,衡阳王文学,秘书丞","在秘书阁撰《四部书目》凡四十卷,行于世"⑧。《隋志》著录其《妇人集》三十卷⑨。

谢朏,字敬冲,宋末"领秘书监"⑩,《隋志》著录其《杂言诗钞》五卷⑪。

沈约,字休文,吴兴武康人。《梁书·沈约传》称,齐时"为步兵校尉,管书记,直永寿省,校四部图书";"迁太子家令,后以本官兼著作郎"。⑫

---

① 《挚虞传》,[唐]房玄龄等《晋书》,北京:中华书局,1974年,第1429—1427页。
② 《文苑传》,[唐]房玄龄等《晋书》,北京:中华书局,1974年,第2391页。
③ 《经籍志四》,[唐]魏徵、令狐德棻《隋书》,北京:中华书局,1973年,第1082页。
④ 《明帝纪》,[南朝梁]沈约《宋书》,北京:中华书局,1974年,第151、170页。
⑤ 《经籍志四》,[唐]魏徵、令狐德棻《隋书》,北京:中华书局,1973年,第1082页。
⑥ 《谢灵运传》,[南朝梁]沈约《宋书》,北京:中华书局,1974年,第1772页。
⑦ 《经籍志四》,[唐]魏徵、令狐德棻《隋书》,北京:中华书局,1973年,第1082、1084、1084、1084、1084、1086、1087页。
⑧ 《殷淳传》,[南朝梁]沈约《宋书》,北京:中华书局,1974年,第1597页。
⑨ 《经籍志四》,[唐]魏徵、令狐德棻《隋书》,北京:中华书局,1973年,第1082页。
⑩ 《谢朏传》,[唐]姚思廉《梁书》,北京:中华书局,1973年,第262页。
⑪ 《经籍志四》,[唐]魏徵、令狐德棻《隋书》,北京:中华书局,1973年,第1084页。
⑫ 《沈约传》,[唐]姚思廉《梁书》,北京:中华书局,1973年,第233页。

《隋志》著录其《集钞》十卷①。

于是可知,在秘书监担当史职,是文章总集编纂的重要条件。萧统东宫官属中有许多成员如殷钧、张率、殷芸、张缅、刘孝绰、谢举、王规、王锡、张缵等,都有秘书监工作的经历,由此我们对《文选》的编纂将会多一些理解。

以上联系史书"载文"、史职编纂档案材料、史例编纂艺文志以及史官编纂文章志等方面考察文章总集的生成历程,可看出不仅"六经皆史",而且一切文字"皆史",这对文体学研究具有深远意义。

---

① 《经籍志四》,[唐]魏徵、令狐德棻《隋书》,北京:中华书局,1973年,第1082页。

第三节　史书书、志体例的生成
——"文胜质则史"辨

一、史官撰作的原始目的及其文字的简略

《汉书·艺文志》云：

> 古之王者世有史官，君举必书，所以慎言行，昭法式也。左史记言，右史记事。①

可知自远古而来，史官撰作史书的原始目的之一，就在于为后世社会"昭法式"。于是，就时常有史官告诫君王："君举必书"，一言一行是会让后世人们知晓的，因此要"慎言行"。如《左传·庄公二十三年》载：

> 公如齐观社，非礼也。曹刿谏曰："不可。夫礼，所以整民也。故会以训上下之则，制财用之节；朝以正班爵之义，帅长幼之序；征伐以讨其不然。诸侯有王，王有巡守，以大习之。非是，君不举矣。君举必书，书而不法，后嗣何观？"②

曹刿的意思是说：君王的行动一定会被记载下来，君王您的不合礼的举动被记载下来，让后代子孙怎么看？《白虎通义》载：

> 王法立史记事者，以为臣下之仪样，人之所取法则也。动则当应礼，是以必有记过之史，彻膳之宰。《礼·玉藻》曰："动则左史书之，言则右史书之。"《礼·保傅》曰："王失度，则史书之，工诵之，三公进读之，宰夫彻其膳。是以天子不得为非。故史之义不书过则死，宰不彻膳亦死。③

---

① ［汉］班固《汉书》，北京：中华书局，1962年，第1715页。
② 《春秋左传正义》，《十三经注疏》，上海：上海古籍出版社，1997年，第1778页下—1779页上。
③ ［清］陈立撰，吴则虞点校《白虎通疏证》，北京：中华书局，1994年，第237—238页。

君王的一言一行都为"昭法式","是以天子不得为非"。

远古时代的"君举必书""左史记言,右史记事",限于书写的物质条件,简策繁重,当时史官的"记言""记事"尽可能地简略,此即阮元《文言说》所言:"古人以简策传事者少,以口舌传事者多,以目治事者少,以口耳治事者多。"①章太炎说,"古者简帛重烦,多取记臆。"②此即原始史书简言的原因。所以宋代起就有人"黜《春秋》之书,不使列于学官,至戏目为'断烂朝报'"③,称其只是大事记的标题而已。随着岁月逝去,后人对史著为什么如此"记言""记事"不甚了了,于是对其有所解释,如《春秋经》起首《隐公元年》"元年春王正月。三月,公及邾仪父盟于蔑"④,《左传》解释说:"元年春,王周正月。不书即位,摄也。三月,公及邾仪父盟于蔑,邾子克也。未王命,故不书爵。曰'仪父',贵之也。"⑤就对为什么"不书即位""不书爵"做出解释。又有《公羊传》《穀梁传》解释《春秋》,如《春秋经·襄公七年》:

> 十有二月,公会晋侯、宋公、陈侯、卫侯、曹伯、莒子、邾娄子于鄬。郑伯髡原如会,未见诸侯,丙戌,卒于操。⑥

郑伯被其大夫子驷所弑,而这里不这样说,只说是"卒"。为什么要这样记载?《公羊传》解释说:

> 操者何?郑之邑也。诸侯卒其封内不地,此何以地?隐之也。何隐尔?弑也。孰弑之?其大夫弑之。曷为不言其大夫弑之?为中国讳也。曷为为中国讳?郑伯将会诸侯于鄬,其大夫谏曰:"中国不足归也,则不若与楚。"郑伯曰:"不可。"其大夫曰:"以中国为义,则

---

① [清]阮元撰,邓经元点校《揅经室集》,北京:中华书局,1993年,第605页。
② 章太炎《国故论衡》,上海:上海古籍出版社,2003年,第52页。
③ [元]脱脱等《宋史》,北京:中华书局,1985年,第10550页。
④ 《春秋左传正义》,《十三经注疏》,上海:上海古籍出版社,1997年,第1713页中下。
⑤ 同上书,第1715页中。
⑥ 《春秋公羊传注疏》,《十三经注疏》,上海:上海古籍出版社,1997年,第2302页下。

伐我丧,以中国为强,则不若楚。"于是弑之。①

其"微言大义",即通过书写出郑伯死在自己的封地里,隐晦地表达郑伯是被弑而死,这是"为中国讳也",故"不言其大夫弑之"。而《穀梁传》是这样解释的:

> 未见诸侯,其曰如会何也? 致其志也。礼,诸侯不生名,此其生名何也? 卒之名也。卒之名,则何为加之如会之上? 见以如会卒也。其见以如会卒何也? 郑伯将会中国,其臣欲从楚,不胜其臣,弑而死。其不言弑何也? 不使夷狄之民加乎中国之君也。②

郑伯将会中原诸侯,其臣"欲从楚",由于意见不合而被弑。楚当时为"夷狄",《穀梁传》称如此记载是为了"不使夷狄之民加乎中国之君"。正因为古代史书"记言""记事"的简略,当时过境迁,人们往往不易理解,因此需要做出解释。

正是因为对《春秋》有着种种解释,于是又有对这些解释体例的说明,如杜预称《春秋》所谓"皆经国之常制,周公之垂法,史书之旧章,仲尼从而修之,以成一经之通体";而《左传》的解释有"三体",一是"其微显阐幽,裁成义类者,皆据旧例而发义,指行事以正褒贬",为正例;二是"诸称'书''不书''先书''故书''不言''不称''书曰'之类,皆所以起新旧,发大义","谓之变例";三是"然亦有史所不书,即以为义者。此盖《春秋》新意,故传不言凡,曲而畅之也。其经无义例,因行事而言,则传直言其归趣而已,非例也",此为"归趣"。③

原始史书的简言是其书写习惯与体例,这就使后世人们需要通过解释才能对史有明晰的理解。这种解释多以较为详细的叙事来清楚地说明史事,或者从"微言"中探求"大义",或者是二者的结合。我们从《公羊

---

① 《春秋公羊传注疏》,《十三经注疏》,上海:上海古籍出版社,1997年,第2302页下。
② 《春秋穀梁传注疏》,《十三经注疏》,上海:上海古籍出版社,1997年,第2426页下。
③ 杜预《春秋左氏传序》,[南朝梁]萧统编,[唐]李善注《文选》,北京:中华书局,1977年,第639页下。

传》与《穀梁传》的不同解释可知,人们对史官的原始记载有不同的理解,因此得出不同的"微言大义"。这也就从反面证明,史官的原始记载需要注解说明,更重要的是,人们利用这种解释来表达自己当下的观念。所以"《春秋》笔法"被称为"微言大义","微言",微眇之言,《逸周书·大戒》言"微言入心"①。以"微言"述"大义",也即人们认为历史记载的有些地方不是实话实说,而是用精微的用词暗示深刻的道理,以此打动人心。于是,通过对原始记载的解释,实现了历史与当下的结合。

二、讲史及其两种范式

古时对史官所作需要阐释的地方很多,如史官的占卜结果,《左传·文公十三年》载:

> 邾文公卜迁于绎。史曰:"利于民而不利于君。"邾子曰:"苟利于民,孤之利也。天生民而树之君,以利之也。民既利矣,孤必与焉。"左右曰:"命可长也,君何弗为?"邾子曰:"命在养民。死之短长,时也。民苟利矣,迁也,吉莫如之!"遂迁于绎。②

邾子对史的卜辞"利于民而不利于君"做出自己的判断。

"微言入心"是需要具有相当的领悟能力的,更多的情况是"微言"需要经过解释才能让人们领悟,史事需要详细讲述才能让人知其来龙去脉。因此,在先秦的史官制度设计上,史官又有讲史的任务。当时有两种史官"即太史与瞽矇,他们所传述的历史,原以瞽矇传诵为主,而以太史的记录帮助记诵"③。《周礼·大史》载大史的职责,其中有:

> 大祭祀,与执事卜日,戒及宿之日,与群执事读礼书而协事。祭之日,执书以次位常,辨事者考焉,不信者诛之。大会同、朝觐,以书

---

① 黄怀信《逸周书校补注译》,西安:三秦出版社,2006年,第245页。
② 《春秋左传正义》,《十三经注疏》,上海:上海古籍出版社,1997年,第1852页下。
③ 《左传作者及其成书年代》,徐中舒《徐中舒历史论文选辑》,北京:中华书局,1998年,第1147页。

协礼事。及将币之日,执书以诏王。①

讲的就是大史"执书"以讲礼讲史。如《逸周书·史记》载左史戎夫为周穆王讲史,罗列二十八件亡国之事。又如《国语·楚语下》载王孙圉论国宝"又有左史倚相,能道训典以叙百物,以朝夕献善败于寡君,使寡君无忘先王之业"②,称史官陈辞君王,是通过讲史来提供从政鉴戒的。所以《国语·周语上》载天子听政,有所谓"瞽史教诲"而"王斟酌焉"。③

阎步克称"古史传承本有'记注'和'传诵'两种形式","史官记其大略于简册之上,其详情则由瞽蒙讽诵"。④ 讲史以太史的记录为底本,可见所谓《春秋》三传都是以《春秋》为底本的阐释。讲史主要是讲什么?

杜预《春秋左氏传序》称《左传》之作:

> 左丘明受经于仲尼,以为经者不刊之书也。故传或先经以始事,或后经以终义,或依经以辨理,或错经以合异,随义而发其例之所重,旧史遗文,略不尽举,非圣人所修之要故也。身为国史,躬览载籍,必广记而备言之。⑤

《左传》正是以《春秋》为底本的"讲史"。桓谭《新论》曰:"左氏经之与传,犹衣之表里,相持而成,经而无传,使圣人闭门思之,十年不能知也。"⑥是说传之类解释的重要性。唐人刘知几《史通·六家》称《左传》"释经":

> 《左传》家者,其先出于左丘明。孔子既著《春秋》,而丘明受经作传。盖传者,转也,转受经旨,以授后人。……观《左传》之释经也,言见经文而事详传内,或传无而经有,或经阙而传存。其言简而

---

① 《周礼注疏》,《十三经注疏》,上海:上海古籍出版社,1997年,第817页下。
② 徐元诰撰,王树民、沈长云点校《国语集解》,北京:中华书局,2002年,第526页。
③ 同上书,第12页。
④ 《乐师、史官文化传承之异同及意义》,阎步克《乐师与史官——传统政治文化与政治制度论集》,北京:生活·读书·新知三联书店,2001年,第94页。
⑤ [南朝梁]萧统编,[唐]李善注《文选》,北京:中华书局,1977年,第639页。
⑥ [宋]李昉等辑《太平御览》,北京:中华书局,1960年,第2746页上。

要,其事详而博,信圣人之羽翮,而述者之冠冕也。①

所谓"事详传内"就是《左传》的"释经"方式,依《春秋》讲述事件。左丘明本来就是史官,"丘明既躬为太史,博总群书,至如梼杌、纪年之流,《郑书》《晋志》之类,凡此诸籍,莫不毕睹。其《传》广包它国,每事皆详"②。他的"释经"即说明《春秋》笔法,更多依据深厚的史事材料来补充《春秋》经文。最显著的一例如《春秋》"郑伯克段于鄢"一句,《左传》就有详尽的史实解说。

《公羊传》也是依《春秋》而讲史,《四库全书总目》《春秋公羊传注疏》提要称说其"释经"的渊源:

> 徐彦《疏》引戴宏《序》曰:"子夏传与公羊高,高传与其子平,平传与其子地,地传与其子敢,敢传与其子寿。至汉景帝时,寿乃与齐人胡母子都著于竹帛。何休之《注》亦同。"(休说见《隐公二年》"纪子伯、莒子盟于密"条下。)今观《传》中有"子沈子曰""子司马子曰""子女子曰""子北宫子曰",又有"高子曰""鲁子曰",盖皆传授之经师,不尽出于公羊子。③

《公羊传》专讲"微言大义",如《闵公元年》称《春秋》为尊者讳,为亲者讳,为贤者讳④,对这些情况做出说明。一般认为《公羊传》讲"改制",宣扬"大一统",为后王立法,讲"所见异辞,所闻异辞,所传闻异辞"的"三世说"历史哲学。《穀梁传》以语录体和对话文体为主来讲解《春秋》,以"讲史"宣扬儒家思想的礼义教化和宗法情谊。

因此,从现今所见到的《左传》与《公羊》《穀梁》而言,《左传》以释事为主,而《公羊》《穀梁》以释义理为主。释事与释义理可谓讲史的两大范式,二者往往相辅相成。《左传·宣公二年》记载现实的一例"讲史":

---

① [唐]刘知几撰,[清]浦起龙通释,王煦华整理《史通通释》,上海:上海古籍出版社,2009年,第10页。
② 同上书,第390页。
③ [清]永瑢等《四库全书总目》,北京:中华书局,1965年,第210页下—211页上。
④ 《春秋公羊传注疏》,《十三经注疏》,上海:上海古籍出版社,1997年,第2244页上。

> 乙丑,赵穿攻灵公于桃园。宣子未出山而复。大史书曰:"赵盾弑其君。"以示于朝。宣子曰:"不然。"对曰:"子为正卿,亡不越竟,反不讨贼,非子而谁?"宣子曰:"乌呼,'我之怀矣,自诒伊戚',其我之谓矣!"孔子曰:"董狐,古之良史也,书法不隐。赵宣子,古之良大夫也,为法受恶。惜也,越竟乃免。"①

大史的记载是"赵盾弑其君",但以事释之是怎么样的,以义释之是怎么样的,以及大史为什么这样记载,"讲史"就应该把这些都讲清楚。

《论语·雍也》载:

> 子曰:"质胜文则野,文胜质则史。文质彬彬,然后君子。"②

"史"与"野"相对,那么"文胜质则史"就是叙说一种状态,此后多有类似于"文胜质则史"的说法,如《韩非子·难言》称"捷敏辩给,繁于文采,则见以为史"③;《仪礼·聘礼》称"辞无常,孙而说。辞多则史,少则不达"④;《论衡·量知》称"能雕琢文书,谓之史匠"⑤。可见作为状态的"文胜质则史"的几个要点:与《尚书》《春秋》的文字简略质朴相比,其特点显然是辞多,所谓"辞多则史,少则不达";相对于"质"来说,"捷敏辩给""繁于文采""雕琢",意味着要把史事说透说全且说得好听、有说服力,易于人们接受。但这些都是概括而言,"文胜质则史"还有具体的指向,这些具体指向又成为史学撰述发展的方向。

三、"文"的指向之一:提高叙事能力

古代史书的叙事首先是围绕着帝王政绩、王朝历史以及夺取政权、巩固政权展开的,"文胜质则史"显示出史书叙事能力的提高。

刘知几《史通·杂说上》对《左传》的叙事能力有具体解说:

---

① 《春秋左传正义》,《十三经注疏》,上海:上海古籍出版社,1997年,第1867页中下。
② 《论语注疏》,《十三经注疏》,上海:上海古籍出版社,1997年,第2479页上。
③ 陈奇猷校注《韩非子集释》,上海:上海人民出版社,1974年,第49页。
④ 《仪礼注疏》,《十三经注疏》,上海:上海古籍出版社,1997年,第1073页上。
⑤ [汉]王充《论衡》,上海:上海人民出版社,1974年,第195页。

> 《左氏》之叙事也,述行师则簿领盈视,哤聒沸腾;论备火则区分在目,修饰峻整;言胜捷则收获都尽;记奔败则披靡横前;申盟誓则慷慨有余,称谲诈则欺诬可见;谈恩惠则煦如春日,纪严切则凛若秋霜;叙兴邦则滋味无量,陈亡国则凄凉可悯。或腴辞润简牍,或美句入咏歌,跌宕而不群,纵横而自得。若斯才者,殆将工侔造化,思涉鬼神,著述罕闻,古今卓绝。①

"述行师""论备火""言胜捷""记奔败""申盟誓""称谲诈"是指"史"之"文",辅助于更好地实现史的纪事功能。而"煦如春日""滋味无量""凄凉可悯"则是指《左传》叙事的感染力。"腴辞润简牍,或美句入咏歌,跌宕而不群,纵横而自得"则是指《左传》叙事的语言运用。

孟子尝论先秦史学:

> 孟子曰:"王者之迹熄而《诗》亡,《诗》亡然后《春秋》作。晋之《乘》,楚之《梼杌》,鲁之《春秋》,一也:其事则齐桓、晋文,其文则史。孔子曰:'其义则丘窃取之矣。'"②

孟子的这段话先称"口出以为言"的《诗》亡而"笔书以为文"的《春秋》作,又论及先秦史学的各个方面:一是"其事则齐桓、晋文",史是叙事的;二是"其文则史",史的"文"既指文字记述,又指有文采;三是"史"在"其事""其文"后,"其义"仍是存在的,也就是说,"史"的"微言大义"的传统并未丢失,这个"义"也就是司马迁所称《春秋》"文成数万,其指数千"③之"指"。

《左传》叙事能力的提高又表现在代言体的出现。《左传·僖公二十二年》载:

> 晋大子圉为质于秦,将逃归,谓嬴氏曰:"与子归乎?"对曰:"子,

---

① [唐]刘知几撰,[清]浦起龙通释,王煦华整理《史通通释》,上海:上海古籍出版社,2009年,第422页。
② 《孟子注疏》,《十三经注疏》,上海:上海古籍出版社,1997年,第2727页下—2728页上。
③ 《太史公自序》,[汉]司马迁《史记》,北京:中华书局,1959年,第3297页。

> 晋大子,而辱于秦,子之欲归,不亦宜乎?寡君之使婢子侍执巾栉,以固子也。从子而归,弃君命也。不敢从,亦不敢言。"遂逃归。①

夫妻密谋,何人知之?但史家通过密谋的叙写说出逃归是怎样实施的。又如《左传·宣公二年》:

> 宣子骤谏,公患之,使鉏麑贼之。晨往,寝门辟矣,盛服将朝,尚早,坐而假寐。麑退,叹而言曰:"不忘恭敬,民之主也。贼民之主,不忠。弃君之命,不信。有一于此,不如死也。"触槐而死。②

人死之前的独白,何以知之?当出自推想,只是按理来说应该是这样,以此来惩恶劝善。钱锺书说:

> 上古既无录音之具,又乏速记之方,驷不及舌,而何其口角亲切,如聆謦欬欤?或为密勿之谈,或乃心口相语,属垣烛隐,何所据依?如僖公二十四年介之推与母偕逃前之问答,宣公二年鉏麑自杀前之慨叹,皆生无傍证、死无对证者。……盖非记言也,乃代言也,如后世小说、剧本中之对话独白也。左氏设身处地,依傍性格身分,假之喉舌,想当然耳。……史家追叙真人实事,每须遥体人情,悬想事势,设身局中,潜心腔内,忖之度之,以揣以摩,庶几入情合理。盖与小说、院本之臆造人物,虚构境地,不尽同而可相通;记言特其一端。③

谓史家的"代言"做法与"小说、院本之臆造人物"相通。

或称《左传》有纪事文辞上的浮夸倾向,如韩愈《进学解》称"《左氏》浮夸"④,元人盛如梓《庶斋老学丛谈》卷一云:

> 晋景公病,将食麦,张如厕,陷而卒,国君病,何必如厕?假令如

---

① 《春秋左传正义》,《十三经注疏》,上海:上海古籍出版社,1997年,第1813页中。
② 同上书,第1867页上。
③ 钱锺书《管锥编》,北京:中华书局,1986年,第164、165、166页。
④ 屈守元、常思春主编《韩愈全集校注》,成都:四川大学出版社,1996年,第1910页。

厕,岂能遽陷而卒,此皆文胜其实,良可发笑!①

事见《左传·成公十年》。钱锺书曰:

> 论景公事,言外意谓国君内寝必有如《周礼·天官·玉府》所谓"亵器"、《史记·万石君传》所谓"厕牏"者,无须出外就野涸耳。②

意即如此叙说其事并无史的价值。这是讲史的遗留之风,只是为了增强读者对史的注意而已,也是"文胜质则史"的表现。

四、"文"的指向之二:对礼乐等制度建设的关注

"文胜质则史"还包含着对礼乐制度建设的关注。"文"的含义之一即礼乐制度。《论语·子罕》"文王既没,文不在兹乎",朱熹集注:"道之显者谓之文,盖礼乐制度之谓。"③章炳麟《文学总略》:"孔子称尧、舜,'焕乎其有文章',盖君臣朝廷尊卑贵贱之序,车舆衣服宫室饮食嫁取丧祭之分,谓之文。"④又指礼节仪式,《史记·高祖本纪》太史公曰"敬之敝,小人以鬼,故周人承之以文",裴骃集解引郑玄曰:"文,尊卑之差也。"⑤《汉书·地理志下》称鲁俗:"丧祭之礼文备实寡。"⑥"礼文"即指礼乐仪制。

"文胜质则史"在《左传》中的表现即多言礼,杨伯峻说,"礼"字在《左传》中出现了四百六十二次,另外还有"礼食""礼经""礼书""礼秩""礼义"等,"把礼提到最高地位。《左传·昭公二十六年》晏婴对齐景公说:'礼之可以为国也久矣,与天地并'"。⑦《左传·昭公二十五年》,子大叔回答赵简子"何谓礼"的问题:

---

① [元]盛如梓《庶斋老学丛谈》,北京:中华书局,1985年,第6—7页。
② 钱锺书《管锥编》,北京:中华书局,1986年,第206页。
③ [宋]朱熹集注《四书集注》,长沙:岳麓书社,1985年,第138页。
④ 章太炎《国故论衡》,上海:上海古籍出版社,2003年,第49页。
⑤ [汉]司马迁《史记》,北京:中华书局,1959年,第393—394页。
⑥ [汉]班固《汉书》,北京:中华书局,1962年,第1663页。
⑦ 《试论孔子》,杨伯峻《论语译注》,北京:中华书局,1980年,第16页。

> 吉也闻诸先大夫子产曰："夫礼,天之经也,地之义也,民之行也。"天地之经,而民实则之。则天之明,因地之性,生其六气,用其五行。气为五味,发为五色,章为五声,淫则昏乱,民失其性。是故为礼以奉之:为六畜、五牲、三牺,以奉五味;为九文、六采、五章,以奉五色;为九歌、八风、七音、六律,以奉五声;为君臣、上下,以则地义;为夫妇、外内,以经二物;为父子、兄弟、姑姊、甥舅、昏媾、姻亚,以象天明,为政事、庸力、行务,以从四时;为刑罚、威狱,使民畏忌,以类其震曜杀戮;为温慈、惠和,以效天之生殖长育。民有好、恶、喜、怒、哀、乐,生于六气。是故审则宜类,以制六志。哀有哭泣,乐有歌舞,喜有施舍,怒有战斗;喜生于好,怒生于恶。是故审行信令,祸福赏罚,以制死生。生,好物也;死,恶物也;好物,乐也;恶物,哀也。哀乐不失,乃能协于天地之性,是以长久。……礼,上下之纪,天地之经纬也,民之所以生也,是以先王尚之。故人之能自曲直以赴礼者,谓之成人。大,不亦宜乎?①

讲述了礼不只是一套可供遵循的外在仪节、形式,还有本质的观点与作用。又如《左传·昭公二十九年》载史墨叙说"蓄龙"家族谱系及其职责,在回答魏献子"今何故无之"后,又回答"社稷五祀,谁氏之五官也"的问题:

> 少皞氏有四叔,曰重、曰该、曰修、曰熙,实能金、木及水。使重为句芒,该为蓐收,修及熙为玄冥,世不失职,遂济穷桑,此其三祀也。颛顼氏有子曰犁,为祝融;共工氏有子曰句龙,为后土,此其二祀也。后土为社;稷,田正也。有烈山氏之子曰柱为稷,自夏以上祀之。周弃亦为稷,自商以来祀之。②

这应该是后世史书"祭祀志"的内容。《左传·昭公十七年》记载郯子论

---

① 《春秋左传正义》,《十三经注疏》,上海:上海古籍出版社,1997年,第2107页中—2108页下。
② 同上书,第2124页上中下。

古"以物命官",如"黄帝氏以云纪,故为云师而云名;炎帝氏以火纪,故为火师而火名"①,这是官制的起源。《国语·周语上》有虢文公给周宣王讲"籍田"制度。《国语·楚语上》有"申叔时论傅太子之道",论述太子教育制度。《国语·鲁语上》展禽讲"制祀"制度:"夫祀,国之大节也;而节,政之所成也。故慎制祀以为国典。""夫圣王之制祀也,法施于民则祀之,以死勤事则祀之,以劳定国则祀之,能御大灾则祀之,能扞大患则祀之。非是族也,不在祀典。"②《国语·齐语》记载齐国的行政制度:"管子于是制国以为二十一乡:工商之乡六;士乡十五,公帅五乡焉,国子帅五乡焉,高子帅五乡焉。参国起案,以为三官,臣立三宰,工立三族,市立三乡,泽立三虞,山立三衡。"③

这些内容超出记事,更多的是对礼乐文化、典章制度的记载、叙说,这表明古代史书不仅仅关注事件的记叙,还关注文化建设诸方面的记录。

五、"文胜质则史"与史书新体例

"文胜质则史"重在礼乐文化、典章制度的记载、叙说,这一倾向被司马迁《史记》继承并发扬光大。司马迁在《史记·太史公自序》称:

> 《春秋》以道义。拨乱世反之正,莫近于《春秋》。《春秋》文成数万,其指数千。万物之散聚皆在《春秋》。《春秋》之中,弑君三十六,亡国五十二,诸侯奔走不得保其社稷者不可胜数。察其所以,皆失其本已。④

认为《春秋》之"本"在于"道义",而《史记》有《礼》《乐》《律》《历》《天官》《封禅》《河渠》《平准》八书,其内容是对古代社会的经济、政治、文化各个方面的专题记载和论述,司马迁亦自称"作八书"所载的是"礼乐损

---

① 《春秋左传正义》,《十三经注疏》,上海:上海古籍出版社,1997年,第2083页上。
② [战国]左丘明著,上海师范大学古籍整理组校点《国语》,上海:上海古籍出版社,1978年,第165—166页。
③ 同上书,第229—230页。
④ [汉]司马迁《史记》,北京:中华书局,1959年,第3297页。

益,律历改易,兵权山川鬼神,天人之际,承敝通变"①,点明了这些对礼乐文化、典章制度的记载、叙说是有关政体建设、文化建设的,刘勰《文心雕龙·史传》称"八书以铺政体"②,即是此义。司马迁引孔子曰:"我欲载之空言,不如见之于行事之深切著明也。"③所以,"八书"铺叙国家典章制度也是以记载具体事例的面目出现,阐述其兴废沿革,并非只是政体建设、文化建设方面的条文。班固《汉书》"十志"传承《史记》"八书",铺叙国家典章制度,更是被纪传体史书作为体例延续下来。"文胜质则史"以其重"文",终于实现了史书"以铺政体"的体例创建,通过对典章制度等政体的记载、历代文化建设得失的讨论以为传承与鉴戒。

于是可以说,"讲史"形成的"文胜质则史"的状态,影响到纪传体史书由两大部分组成的形态,一是叙事的纪、传,二是铺叙国家典章制度之类的书、志,所以后世形成了这样的观念:"只有纪传没有志书,不能说是完整的国史。"④

"文胜质则史"倡导提高叙事能力,也正是汉代以来纪传体史书遵循的传统。司马迁《史记》创立纪传体史书,班固称世人"服其善序事理,辨而不华,质而不俚,其文直,其事核,不虚美,不隐恶,故谓之实录"⑤,正是针对其叙事而言;扬雄《法言·君子》称"子长多爱,爱奇也"⑥,也是针对其叙事而言。《汉书》语言庄严工整,多用排偶、古字古词,遣辞造句典雅远奥,如此之"文"更合乎统治阶层的理想文风。"文胜质则史"标示"史"为最早具有文学性的文体之一。"史"的甲骨文字形,上面是放简策的容器,下面是手,合起来表示掌管文书记录。当"文"作为文字及文字作品来讲,"史"是最早的"文"。当把"文胜质则史"之"文"视为提高叙事能力的文饰,那么"史"的文学性是自先秦时代就具有的,且"史"以"文"为

---

① [汉]司马迁《史记》,北京:中华书局,1959年,第3319页。
② [南朝梁]刘勰著,詹锳义证《文心雕龙义证》,上海:上海古籍出版社,1989年,第576页。
③ [汉]司马迁《史记》,北京:中华书局,1959年,第3297页。
④ 范文澜《中国通史简编》(修订本)第三编第一册,北京:人民出版社,1965年,第81页。
⑤ [汉]班固《汉书》,北京:中华书局,1962年,第2738页。
⑥ 汪荣宝撰,陈仲夫点校《法言义疏》,北京:中华书局,1987年,第507页。

标榜。"文"之相分,如"道生一,一生二,二生三,三生万物",有文字而有文字作品,有文字作品而有各种文体,至经、子、史、集,各自独立;所有文字作品又都汲取着"文"的滋润,有共同的"文"的基因。"文胜质则史"中蕴含的"文"的基因在于叙事能力。文体合久必分,分久必合,在文体一分而众、众合而一的"泛文学体系"的循环往复中,我们不应忽视:"史"本是中国古代"泛文学体系"——"文"的源头之一,也是其最早的表现形态之一。

第四节　玄学与文体学

东汉末年,儒教呈没落之势。至三国分立,曹魏主导中原文化,也不以儒教为重,傅玄称之为"近者魏武好法术,而天下贵刑名;魏文慕通达,而天下贱守节"①。正始年间,以老庄哲学为核心融会儒家思想的玄学思潮形成了。玄学的载体有二,一是谈论,二是文字。后人对玄学的感知都依靠此二者,而此二者流传至今的形态都落实到文本记载上。文本的构成规格和模式是文体,它反映了文本从内容到形式的整体特点,亦包括风格。文体是时代的产物,必定随着时代的变化而有所发展,汤用彤说:"新学术之兴起,虽因于时风环境,然无新眼光新方法,则亦只有支离片段之言论,而不能有组织完备之新学。故学术,新时代之托始,恒依赖新方法之发现。"②新型学术、新型学术人物与其新的思想方法,令新时代的文体也发生了巨大的变化,或者说,新型学术、新型学术人物与其新的思想方法,与新型文体、文体的新的表达方式这两方面是相辅相成的。以下试从玄学与新型文体的创建,玄学思想方法与传统论难文体的新气象,以及新型学术人物的特殊风度对诗、赋的影响三方面来进行探讨。

一、新型文体与玄学创建

玄学兴起、传播的起点在于儒、道经典新释,尤其是道家经典新释,比如"玄",取《老子》首章"玄之又玄,众妙之门"之意,以"玄"来统摄世界,当时就把《周易》《老子》《庄子》称为"三玄"。这些儒、道经典新释,整体上说就是注疏体。两汉经学注疏有两大特点:一是严守师传、家法,师传、家学之言代代积累,越解释越烦琐;二是着重自我阐释,董仲舒提出"《诗》无达诂,《易》无达占,《春秋》无达辞"③,奠定今文学派的学术风

---

① 《傅玄传》,[唐]房玄龄等《晋书》,北京:中华书局,1974 年,第 1317—1318 页。
② 汤用彤《汤用彤学术论文集》,北京:中华书局,1983 年,第 214 页。
③ 《精华》,[汉]董仲舒《春秋繁露》,上海:上海古籍出版社,1989 年,第 24 页上。

气,强调以自己的思想来解说经典,如史称"汉兴,鲁申公为《诗》训故,而齐辕固、燕韩生皆为之传。或取《春秋》,采杂说,咸非其本义"①。何晏、王弼创建玄学,就是以儒、道新释起步的,在对前代学术传统既有所辨正、又有所继承的阐释中创立了新型文体,包括以下三种。

其一,集解体。一门学术新建,必定要向前代典籍中寻求学术资源,何晏、王弼创建玄学,其寻求的学术资源之一就是儒家典籍《论语》。《论语》本有家法、师法,自秦火之后,基于师徒口耳传诵,汉初《论语》之学已分《齐论》《鲁论》《古论》三者;西汉末,安昌侯张禹混合齐、鲁之说,又有郑玄就《鲁论》篇章,考《齐论》《古论》为之注,皆开《论语》不遵家法、师法之先。至此,要从《论语》中得到有效的玄学资源,需要有一种崭新的注疏,于是就有了何晏等创建的集解体。史载,郑冲"与孙邕、曹羲、荀𫖮、何晏共集《论语》诸家训注之善者,记其姓名,因从其义,有不安者辄改易之,名曰《论语集解》"②;《隋书·经籍志一》载录为何晏集《论语集解》十卷③。其主要的意义在于以集解破师传、家学之蔽,所谓"集《论语》诸家训注之善者",即将前人注释《论语》中有利于玄学建设的言论集中起来,做适合于玄学的解释。虽说较为集中地保存《论语》的汉魏古注只是文献学的意义,而更重要的是所谓"有不安者辄改易之",即把前人注释中不利于玄学建设的言论做适当"改易"。《论语集解》中关于"道""任道""自然""无为""一"的阐述多有玄学意味,就是这样来的。

何晏等《论语集解》的文体学意义在于首创古籍注释中的集解一体。在何晏之前的集解有应劭"集解《汉书》"④,《隋书·经籍志二》录:

《汉书》一百一十五卷 汉护军班固撰,太山太守应劭集解

---

① 《艺文志》,[汉]班固《汉书》,北京:中华书局,1962年,第1708页。
② 《郑冲传》,[唐]房玄龄等《晋书》,北京:中华书局,1974年,第993页。这在《论语集解序》亦有所述:"前世传授,师说虽有异同,不为训解,中间为之训解,至于今多矣,所见不同,互有得失。今集诸家之善,记其姓名,有不安者,颇为改易,名曰《论语集解》。"《论语注疏》,《十三经注疏》,上海:上海古籍出版社,1997年,第2456页。
③ [唐]魏徵、令狐德棻《隋书》,北京:中华书局,1973年,第935页。
④ 《应劭传》,[南朝宋]范晔撰,[唐]李贤等注《后汉书》,北京:中华书局,1965年,第1614页。

《汉书集解音义》二十四卷　应劭撰①

唐人颜师古《汉书序例》曰："《汉书》旧无注解,唯服虔、应劭等各为音义,自别施行。"②《汉书集解》只是音义的集解,而非"训解"意义的集合。何晏等以集解的文体形式提倡一种新的学术风气,突破家法、师法在章句训诂上的歧异,自出新意。于是,儒家之作《论语》就通过这种方式成为玄学经典,这也为王弼《论语释疑》以玄学思想解释《论语》做了铺垫。

其二,指略体、略体。何劭《王弼传》称,王弼"注《老子》,为之《指略》,致有理统"③。《旧唐书·经籍下》载"《老子指例略》二卷"④,不著撰人,次何晏《道德论》之后;《新唐书·艺文三》载王弼"《老子指例略》二卷"⑤;如此说来,《老子指例略》二卷总归是何、王之类玄学家所撰,而且都以"略"称之,后人所辑即称为《老子指略》。楼宇烈称:"近人王维诚据《云笈七籖》中《老君指归略例》即《道藏》中《老子微旨例略》,辑成《老子指略》,认为即王弼《老子指例略》之佚文。"⑥略,指简要的情况;指略,犹要旨,所谓"明其指略,切磋究之"⑦。以"略"为文体名,其意就是某某要旨,于是我们可以知道,《老子指略》就是对老子基本观点的概括总说。《老子指略》中有言:

> 《老子》之书,其几乎可一言而蔽之。噫!崇本息末而已矣。观其所由,寻其所归,言不远宗,事不失主。文虽五千,贯之者一;义虽广瞻,众则同类。解其一言而蔽之,则无幽而不识;每事各为意,则虽辩而愈惑。⑧

---

① ［唐］魏徵、令狐德棻《隋书》,北京:中华书局,1973年,第953页。
② ［汉］班固《汉书》,北京:中华书局,1962年,第1页。
③ 《魏书·锺会传》注引何劭《王弼传》,［晋］陈寿撰,［南朝宋］裴松之注,陈乃乾校点《三国志》,北京:中华书局,1982年,第796页。
④ ［后晋］刘昫等《旧唐书》,北京:中华书局,1975年,第2028页。
⑤ ［宋］欧阳修、宋祁《新唐书》,北京:中华书局,1975年,第1514页。
⑥ ［魏］王弼著,楼宇烈校释《王弼集校释》,北京:中华书局,1980年,第11页。原文作《老子指略例》,此据新旧《唐书》所录径改。
⑦ 《董仲舒传》,［汉］班固《汉书》,北京:中华书局,1962年,第2507页。
⑧ ［魏］王弼著,楼宇烈校释《王弼集校释》,北京:中华书局,1980年,第198页。

所以何劭称之为"致有理统"。为《老子》作"指略",就是把《老子》之言以"理"统摄起来,突出其理论核心所在,这就是玄学的思想方法之一"举本统末":"守母以存其子,崇本以举其末。"①只有突出"本"、突出"母",才能实现这种效果。

其三,略例体。《隋书·经籍志一》:"王弼又撰《易略例》一卷。"②王弼有《周易注》,又有《周易略例》,今存。例,准则、成例。汉公车征士颍容撰《春秋释例》,大司农郑众撰《春秋左氏传条例》③,以后《春秋》三传之"例"犹多。略例作为文体,则重在对各组成部分的解释,此"略"应该是分类的名称,汉代图书目录分类即为"七略",《汉书·刘歆传》:"歆乃集六艺群书,种别为《七略》。"④《周易略例》,分为"明彖""明爻通变""明卦适变通爻""明象""辩位""略例下""卦略"诸章,用以说明《周易》各组成部分的作用及其相互关系。如"明彖"章首曰:"夫彖者,何也?统论一卦之体,明其所由之主者也。"楼宇烈称:"此章为论述《彖辞》之作用、意义等。"⑤如"明卦适变通爻"章,其文首曰:"夫卦者,时也;爻者,适时之变者也。"楼宇烈称:"此章为说明卦与爻之间相互变化的关系。"⑥王弼创建略例体以解释《周易》各组成部分,很好地显示了玄学的理论体系。

上述三种新型文体都可视作玄学的以注为论。刘勰《文心雕龙·论说》称:"若夫注释为词,解散论体,杂文虽异,总会是同。"⑦意即把零散的注释文字汇总起来就等同于论文,集解体可作如是观。但玄学家更有直接把注的撰作转换成论的,《世说新语·文学》载:

何晏注《老子》未毕,见王弼自说注《老子》旨。何意多所短,不

---

① 《老子道德经注》三十八章语,[魏]王弼著,楼宇烈校释《王弼集校释》,北京:中华书局,1980年,第95页。
② [唐]魏徵、令狐德棻《隋书》,北京:中华书局,1973年,第909页。
③ 同上书,第928页。
④ [汉]班固《汉书》,北京:中华书局,1962年,第1967页。
⑤ [魏]王弼著,楼宇烈校释《王弼集校释》,北京:中华书局,1980年,第591、592页。
⑥ 同上书,第604、605页。
⑦ [南朝梁]刘勰撰,詹锳义证《文心雕龙义证》,上海:上海古籍出版社,1989年,第701页。

复得作声,但应诺诺,遂不复注,因作《道德论》。①

何晏把注改换为论,表面上看是迫不得已,实际上则是学术内在的需求,玄学更需要阐释大义的论,上述的指略体、略例体,都可视作在注基础上的论,甚或就是以论代注。

玄学更重视阐释大义的论,从向秀、郭象的《庄子注》亦可见出。向、郭《庄子注》的基本格式是以旨要题之于首,是叙明大义与随文释义的结合,"初,注《庄子》者数十家,莫能究其旨要",于是"向秀于旧注外为解义",②"旧注"仅为"注",向秀更"外为解义","注""论"结合,收到了"妙析奇致,大畅玄风"③的效果。今所见向、郭《庄子注》篇前有题解,总括一篇大义,如《逍遥游》题解:

> 夫小大虽殊,而放于自得之场,则物任其性,事称其能,各当其分,逍遥一也,岂容胜负于其间哉!④

以下则随文释义,题解有"举本统末"之效。

二、玄学与传统文体新气象

两汉盛行难体,《汉书·艺文志》载录的"难"性质的著作有:

> 《董子》一篇。名无心,难墨子。(笔者按:儒家)
> 《虞丘说》一篇。难孙卿也。(笔者按:儒家)
> 《秦零陵令信》一篇。难秦相李斯。(笔者按:从横家)
> 《博士臣贤对》一篇。汉世,难韩子、商君。⑤(笔者按:杂家)

又如《盐铁论》《白虎通义》全以"难"的形式展开。又有专门的难体,《后

---

① [南朝宋]刘义庆著,[南朝梁]刘孝标注,余嘉锡笺疏,周祖谟、余淑宜、周士琦整理《世说新语笺疏》(修订本),上海:上海古籍出版社,1993年,第200页。
② 同上书,第205页。
③ 同上。
④ [清]郭庆藩撰,王孝鱼点校《庄子集释》,北京:中华书局,1961年,第1页。
⑤ [汉]班固《汉书》,北京:中华书局,1982年,第1726、1727、1739、1741页。

汉书·儒林列传下》载,李育"作《难左氏义》四十一事",何休"善历算,与其师博士羊弼,追述李育意以难二传,作《公羊墨守》《左氏膏肓》《穀梁废疾》",①等等。

玄学多"有无""本末""体用"等二义对立的论辩命题,玄学"惟玄是务"的论述多持一端而发,玄学论述的特点之一是相互辩论的"难",李充《翰林论》即称"研核名理,而论难生焉"②,谢灵运《山居赋》中称"论难以核有无"③。学术上的论难促进了论难文体的发达,除了单篇的"论"或"难"外,还有文中的自设论难,如嵇康《声无哀乐论》以秦客的问难与东野主人的答难展开;阮籍《乐论》以"刘子问曰"发起,由"阮先生曰"展开;阮籍《达庄论》由"缙绅好事之徒"作为"客"与先生论难展开,欧阳建《言尽意论》以雷同君子与违众先生对问展开。"客主以首引"本是前辈论难的惯用形式。玄学也有两人或数人间的论难,有难有答。如王弼"注《易》,颍川人荀融难弼《大衍义》。弼答其意"④。又,《晋阳秋》及何劭《荀粲传》载荀颙难锺会,荀俣难荀粲,傅嘏难荀粲等,如此往来"难""答",或有十分精彩而"见称于世"者。⑤ 又,嵇康有《养生论》,向秀有《难养生论》,嵇康又有《答难养生论》,向秀称挑起与嵇康的辩论是为了引发对方的高论,所谓"辞难往复,盖欲发康高致也"⑥。

玄学论难崇尚简易,刘勰在批评了汉代的烦琐经学后,特意提到"王弼之解《易》,要约明畅,可为式矣"⑦。玄学的论难多有"辞约而旨达"者,《世说新语·文学》多有记载:

> 客问乐令"旨不至"者,乐亦不复剖析文句,直以麈尾柄确几曰:

---

① [南朝宋]范晔撰,[唐]李贤等注《后汉书》,北京:中华书局,1965年,第2582、2583页。
② [清]严可均校辑《全上古三代秦汉三国六朝文》,北京:中华书局,1958年,第1767页上。
③ [南朝梁]沈约《宋书》,北京:中华书局,1974年,第1770页。
④ 《魏书·锺会传》裴松之注引何劭《王弼传》,[晋]陈寿撰,[南朝宋]裴松之注,陈乃乾校点《三国志》,北京:中华书局,1959年,第795页。
⑤ 《魏书·荀彧传》注引,[晋]陈寿撰,[南朝宋]裴松之注,陈乃乾校点《三国志》,北京:中华书局,1982年,第319—320页。
⑥ 《向秀传》,[唐]房玄龄等《晋书》,北京:中华书局,1974年,第1374页。
⑦ [南朝梁]刘勰撰,詹锳义证《文心雕龙义证》,上海:上海古籍出版社,1989年,第705页。

> "至不?"客曰:"至!"乐因又举麈尾曰:"若至者,那得去?"于是客乃悟服。乐辞约而旨达,皆此类。
>
> 阮宣子有令闻。太尉王夷甫见而问曰:"老、庄与圣教同异?"对曰:"将无同?"太尉善其言,辟之为掾。世谓"三语掾"。①

以"将无同"点出玄学视野下老庄与儒教趋同的倾向以及玄学脱略具体的思想方法。又有论南北学问特点:

> 褚季野语孙安国云:"北人学问,渊综广博。"孙答曰:"南人学问,清通简要。"支道林闻之曰:"圣贤故所忘言。自中人以还,北人看书,如显处视月;南人学问,如牖中窥日。"②

这样的概括、比喻,真可谓形象而简洁。

玄学论难的崇尚简易,使核心观点的表达更为突出,如:

> 王辅嗣弱冠诣裴徽,徽问曰:"夫无者,诚万物之所资,圣人莫肯致言,而老子申之无已,何邪?"弼曰:"圣人体无,无又不可以训,故言必及有;老、庄未免于有,恒训其所不足。"③

后世常以此作为玄学家训"无"的标准解释。

玄学论难又有自己独创的形式,即"自为客主"体:

> 何晏为吏部尚书,有位望,时谈客盈坐,王弼未弱冠往见之。晏闻弼名,因条向者胜理语弼曰:"此理仆以为极,可得复难不?"弼便作难,一坐人便以为屈,于是弼自为客主数番,皆一坐所不及。④

王弼能向别人认为已达极致的"胜理"问难而获胜,又可换位为对手而辩倒原先的论点,可如此"自为客主数番"。于是可见,论辩"自为客主数

---

① [南朝宋]刘义庆著,[南朝梁]刘孝标注,余嘉锡笺疏,周祖谟、余淑宜、周士琦整理《世说新语笺疏》(修订本),上海:上海古籍出版社,1993年,第205、207页。
② 同上书,第216页。
③ 同上书,第199页。
④ 同上书,第195—196页。

番",不仅是在辩对错,把论辩引向深入,也是在展示论辩技能。又如:

> 许掾年少时,人以比王苟子,许大不平。时诸人士及林法师并在会稽西寺讲,王亦在焉。许意甚忿,便往西寺与王论理,共决优劣。苦相折挫,王遂大屈。许复执王理,王执许理,更相覆疏,王复屈。①

许询无论持哪一方之理,都能够辩屈对方,充分展示了他的论辩技能与理论深度。

"笔书以为文"亦有"自为客主"者,如裴頠"理具渊博,赡于论难,著《崇有》《贵无》二论,以矫虚诞之弊,文辞精富,为世名论"②。裴頠《崇有》《贵无》二论为自设客主的论难,《崇有论》现存,《贵无论》佚,不能只见到《崇有论》就称其反对玄学,二论表面上看观点截然相反,实则"宗致"相同。玄学论辩看似激烈而"宗致"相同的例子很多,如"傅嘏善言虚胜,荀粲谈尚玄远,每至共语,有争而不相喻。裴冀州释二家之义,通彼我之怀,常使两情皆得,彼此俱畅"③。当时就有人称:"嘏善名理而粲尚玄远,宗致虽同,仓卒时或有格而不相得意。裴徽通彼我之怀,为二家骑驿。"④"骑驿",驿站传递公文或信件的车马,此借指裴徽沟通双方论点。有时,在论难中可以消解分歧而达到"折中",如"王坦之又尝著《公谦论》,袁宏作论以难之。伯览而美其辞旨,以为是非既辩,谁与正之,遂作《辩谦》以折中"⑤。

玄学有一种特殊的、固定格式的"论难"文体的集合——《四本论》。史载:

---

① [南朝宋]刘义庆著,[南朝梁]刘孝标注,余嘉锡笺疏,周祖谟、余淑宜、周士琦整理《世说新语笺疏》(修订本),上海:上海古籍出版社,1993年,第225页。
② 《魏书·裴潜传》裴松之注,[晋]陈寿撰,[南朝宋]裴松之注,陈乃乾校点《三国志》,北京:中华书局,1959年,第673页。
③ [南朝宋]刘义庆著,[南朝梁]刘孝标注,余嘉锡笺疏,周祖谟、余淑宜、周士琦整理《世说新语笺疏》(修订本),上海:上海古籍出版社,1993年,第199—200页。
④ 《魏书·荀彧传》注引何劭《荀粲传》,[晋]陈寿撰,[南朝宋]裴松之注,陈乃乾校点《三国志》,北京:中华书局,1959年,第320页。
⑤ 《韩伯传》,[唐]房玄龄等《晋书》,北京:中华书局,1974年,第1993页。

> 会论才性同异,传于世。四本者:言才性同,才性异,才性合,才性离也。尚书傅嘏论同,中书令李丰论异,侍郎锺会论合,屯骑校尉王广论离。①

"四本"论述"才""性"二者的同、异、合、离,也就是把这个论题的方方面面都论述到了,不可不谓之周密,体现了玄学时代作为古代中国思辨科学发展高峰的景象。或言锺会既撰《四本论》,特别想让嵇康看看,又怕被当面提意见,就扔进嵇康院里回身便走。②"四本"之论为魏晋显学,如《晋书·阮裕传》载:

> 裕虽不博学,论难甚精。尝问谢万云:"未见《四本论》,君试为言之。"万叙说既毕,裕以傅嘏为长,于是构辞数百言,精义入微,闻者皆嗟味之。③

阮裕离锺会已有六七十年,仍以"四本"为论难之题。南齐顾欢"口不辩,善于著笔。著《三名论》,甚工,锺会《四本》之流也"④。"四本"论辩,使"才""性"问题的各个方面——同、异、合、离——都得以展现,如此一来,问题无所遁形,可见魏晋的思辨科学达到了新的高度。

"自为客主"使论辩命题明确,"自为客主数番"使人们认识到理论无所谓一方压倒另一方,更要紧的是如何由论辩把理论引向深入,这些都是魏晋玄学思辨深化的方法。新型的"自为客主数番"的论难体,进而把论难双方剑拔弩张的对立演化为一种审美欣赏。如:

> 支道林、许掾诸人共在会稽王斋头。支为法师,许为都讲。支通一义,四坐莫不厌心。许送一难,众人莫不抃舞。但共嗟咏二家之

---

① 《文学》注引《魏志》,[南朝宋]刘义庆著,[南朝梁]刘孝标注,余嘉锡笺疏,周祖谟、余淑宜、周士琦整理《世说新语笺疏》(修订本),上海:上海古籍出版社,1993年,第195页。
② [南朝宋]刘义庆著,[南朝梁]刘孝标注,余嘉锡笺疏,周祖谟、余淑宜、周士琦整理《世说新语笺疏》(修订本),上海:上海古籍出版社,1993年,第195页。
③ [唐]房玄龄等《晋书》,北京:中华书局,1974年,第1368页。
④ [南朝梁]萧子显《南齐书》,北京:中华书局,1974年,第935页。

美,不辩其理之所在。①

本来,玄学讲究对玄远超迈的体悟与欣赏,于是当人们从论难中体悟到玄远超迈的意趣,便更赞赏论难的形式美。人们甚至把辩论当作演出来欣赏:

> 支道林、许、谢盛德,共集王家。谢顾谓诸人:"今日可谓彦会,时既不可留,此集固亦难常。当共言咏,以写其怀。"许便问主人有《庄子》不? 正得《渔父》一篇。谢看题,便各使四坐通。支道林先通,作七百许语,叙致精丽,才藻奇拔,众咸称善。于是四坐各言怀毕。谢问曰:"卿等尽不?"皆曰:"今日之言,少不自竭。"谢后粗难,因自叙其意,作万余语,才峰秀逸。既自难干,加意气拟托,萧然自得,四坐莫不厌心。支谓谢曰:"君一往奔诣,故复自佳耳。"②

而玄学家也把论难当作人生的某种赏心悦目的经历,一有机会就设置这样的聚会,前如谢安言"此集固亦难常",后如相女婿的聚会也是如此:

> 羊孚弟娶王永言女。及王家见婿,孚送弟俱往。时永言父东阳尚在,殷仲堪是东阳女婿,亦在坐。孚雅善理义,乃与仲堪道《齐物》。殷难之,羊云:"君四番后,当得见同。"殷笑曰:"乃可得尽,何必相同?"乃至四番后一通。殷咨嗟曰:"仆便无以相异。"叹为新拔者久之。③

人们盼望实力相当者的对抗论辩:

> 时孙盛作《易象妙于见形论》,帝使殷浩难之,不能屈。帝曰:"使真长来,故应有以制之。"乃命迎恢。盛素敬服恢,及至,便与抗

---

① [南朝宋]刘义庆著,[南朝梁]刘孝标注,余嘉锡笺疏,周祖谟、余淑宜、周士琦整理《世说新语笺疏》(修订本),上海:上海古籍出版社,1993年,第227页。
② 同上书,第237页。
③ 同上书,第241页。

答,辞甚简至,盛理遂屈。一坐抚掌大笑,咸称美之。①

论辩带来了审美享受,也获得了"一坐抚掌大笑,咸称美之"的效果。

三、玄学与文体新流派

刘勰《文心雕龙·时序》论述"文变染乎世情,兴废系乎时序"说:

> 自中朝贵玄,江左称盛,因谈余气,流成文体。是以世极迍邅,而辞意夷泰,诗必柱下之旨归,赋乃漆园之义疏。②

与传统诗赋相比,玄言诗与玄言赋都具有特殊风格,这是由玄学人物迥然不同于传统的体悟世界的思维方式决定的。

玄学人物多体悟玄理,当玄言以体悟景物玄理的形式进入诗歌,即为玄言诗;汤用彤说,玄学思想方法之一为"略于具体事物而究心抽象原理"③,玄言诗以此途径进入以景物体悟玄理,由景物的叙写一下子跳跃进仰观俯察宇宙万汇,王羲之《兰亭诗》正是如此写法:

> 三春启群品,寄畅在所因。仰望碧天际,俯磐绿水滨。寥朗无厓观,寓目理自陈。大矣造化功,万殊莫不均。群籁虽参差,适我无非新。④

诗中"三春启群品"下的"碧天际"与"绿水滨"是自然景物,以玄理看待自然景物时,感受永远是新的。这既称赏了玄理在胸时观照自然的方式,又脱略了自然景物的具体特征而使之成为"群籁"之类体悟出来的理念。又如孙绰《答许询诗九章》其三:

> 遗荣荣在,外身身全。卓哉先师,修德就闲。散以玄风,涤以清

---

① 《刘惔传》,[唐]房玄龄等《晋书》,北京:中华书局,1974年,第1991页。
② [南朝梁]刘勰撰,詹锳义证《文心雕龙义证》,上海:上海古籍出版社,1989年,第1710页。
③ 汤用彤《汤用彤学术论文集》,北京:中华书局,1983年,第214页。
④ 逯钦立辑校《先秦汉魏晋南北朝诗》,北京:中华书局,1983年,第895页。

川。或步崇基,或恬蒙园。道足匈怀,神栖浩然。①

诗中的"玄风""清川""崇基""蒙园",都是以玄理组织起来的自然景物。《庄子·知北游》中有这样一段话:

> 天地有大美而不言,四时有明法而不议,万物有成理而不说。圣人者,原天地之美而达万物之理。②

玄学家们往往因景物之美而辨析谈论玄理,也是为了"原天地之美而达万物之理"吧!再来看谢安《与王胡之诗六章》其五:

> 往化转落,运萃勾芒。仁风虚降,与时抑扬。兰栖湛露,竹带素霜。蕊点朱的,薰流清芳。触地舞雩,遇流濠梁。投纶同咏,褰褐俱翔。③

首二句以关于生死兴衰的玄理兴起,"往化"即死亡,"勾芒"即草木嫩芽。次二句承上启下,言春风依时而降。"兰栖"以下四句写一派美妙景物欣欣向荣欢悦不已。"触地"二句写美好景物到处都是,只要心沉浸之,突出论辩玄理中的乐道遂志;"舞雩",《论语·先进》中孔子弟子曾皙有"浴乎沂,风乎舞雩,咏而归"的向往;"濠梁",《庄子·秋水》载庄子与惠子在此辩论知鱼之乐否的问题。末二句写精神愉悦,"投纶"指抛弃钓具,连垂钓之类的乐事也不须去做,只期望与友人共同吟咏怀抱,也包括辨析议论玄理及写玄言诗;终而超脱这尘世。这就是以景物体悟玄理所展示的玄言诗的魅力:玄理引导人们投身美妙的自然景物,自然景物又引导人们探寻玄理,最后在玄远悠深与淡泊冲和的境界中得到某种超脱。我们再来看一个例子,郭景纯有诗云:"林无静树,川无停流。"阮孚评价说:"泓峥萧瑟,实不可言。每读此文,辄觉神超形越。"④大自然中的一切都处于

---

① 逯钦立辑校《先秦汉魏晋南北朝诗》,北京:中华书局,1983 年,第 899 页。
② [清]郭庆藩撰,王孝鱼点校《庄子集释》,北京:中华书局,1961 年,第 735 页。
③ 逯钦立辑校《先秦汉魏晋南北朝诗》,北京:中华书局,1983 年,第 905—906 页。
④ [南朝宋]刘义庆著,[南朝梁]刘孝标注,余嘉锡笺疏,周祖谟、余淑宜、周士琦整理《世说新语笺疏》(修订本),上海:上海古籍出版社,1993 年,第 256—257 页。

永不可停止的状态,这是一个哲学命题,诗中以"林无静树,川无停流"来揭示它。这种揭示让人沉浸在玄理之中,感受到"泓峥萧瑟""神超形越",这就是玄言诗所要达到的效果,也正是玄言诗的魅力所在。

再说玄言赋。我们来看庾敳《意赋》,史载庾敳"见王室多难,终知婴祸,乃著《意赋》以豁情,犹贾谊之《服鸟》也",其词曰:

> 至理归于浑一兮,荣辱固亦同贯。存亡既已均齐兮,正尽死复何叹。物咸定于无初兮,俟时至而后验。若四节之素代兮,岂当今之得远?且安有寿之与夭兮,或者情横多恋。宗统竟初不别兮,大德亡其情愿。蠢动皆神之为兮,痴圣惟质所建。真人都遣秽累兮,性茫荡而无岸。纵驱于辽廓之庭兮,委体乎寂寥之馆。天地短于朝生兮,亿代促于始旦。顾瞻宇宙微细兮,眇若豪锋之半。飘摇玄旷之域兮,深漠畅而靡玩。兀与自然并体兮,融液忽而四散。①

全赋以玄理反复述说人在自然界中的地位,因此"荣辱同贯""存亡均齐",要与自然"并体",走向虚无与永恒。

庾敳的从子庾亮看到《意赋》,问庾敳曰:"若有意邪,非赋之所尽;若无意邪,复何所赋?"庾敳答曰:"正在有意无意之间。"②庾敳自称是以玄学的"得意忘言"立场出发来写这篇赋的。《意赋》的"得意"之处在于点出"豁情",其"忘言"之处在于并不叙写生活中的"王室多难"以及"终知婴祸"的现实征兆等等,着重在"理"的论证。于是,"得意忘言"的指向有二,或得现实之"意"而"忘"理论之"言",或得理论之"意"而"忘"现实之"言"。《意赋》中"意"的根本指向是"无",述说的是"无"的道理;"无"的道理充斥宇宙天地、无所不在,一篇赋又怎么能说得尽?这又是"无"。进而,这个"无意"在赋中还是要通过对具体事物的叙写来表达,如赋中写到"纵驱""委体"于"辽廓之庭""寂寥之馆""玄旷之域"的宇宙漫游,

---

① 《庾敳传》,[唐]房玄龄等《晋书》,北京:中华书局,1974年,第1395页。
② [南朝宋]刘义庆著,[南朝梁]刘孝标注,余嘉锡笺疏,周祖谟、余淑宜、周士琦整理《世说新语笺疏》(修订本),上海:上海古籍出版社,1993年,第256页。

进而"与自然并体",这些叙写当然不是纯粹的"意"、理论的"意",但又与其有密切的联系,真可谓"有意无意之间"。因此,《意赋》的"有意无意之间",就是文体的"有意"与玄学概念的"无意"之间,是文学形象的"有意"与玄学理论的"无意"之间,是玄学探讨时进入审美状态的"有意"与玄学虚空状态的"无意"之间,也是现实生活的"有意"与玄学抽象层面的"无意"之间,玄言赋应作如是解。又有谢尚《谈赋》,只有残句:

> 斐斐亹亹,若有若无;理玄旨远,辞简心虚。①

前二句讲玄学辩论、清谈的状态,"若有若无"讲辩论、清谈进入审美状态时对"意"的把握,是语言的把握呢,还是心灵的把握? 是情感的把握,还是理论的把握? 这也是"有意无意之间"。玄言赋的"有意无意之间"为"体物"的赋开出说理一途,再现了玄理"有意无意之间"的境界,让人们感受到玄理的美妙,使赋具有了别样的魅力!

综上所述,玄学与文体学的关系,可归结为学科创新、学术思想方法创新、学术人物新型风度与文体创新三个层面。第一,新学科、新学术的建立需要有新文体的支撑,集解体寻求旧学术阐释中新学术的要素,并以之为起点建立新学术,指略体显示出新学术的理论核心,略例体则通过对各组成部分的解释、完善、整合新学术的理论系统。第二,新学科、新学术的建立恒赖新方法的发现,玄学思想方法使传统的论辩文体发生变化,这就是玄学论辩时脱略具体、"要约明畅"的风格,"自为客主数番"的思辨,以及论辩时"同""异""合""离"的集合。第三,玄言人物以自然景物体悟玄理或以"得意忘言"体物,其创作的玄言诗、玄言赋魅力无穷,为传统的文学文体成功开拓出说理一途。

---

① [唐]虞世南编撰《北堂书钞》,北京:中国书店,1989年,第373页上。

第四章
小说、乐府文体论

第一节　小说的文体特点

鲁迅先生说:"小说亦如诗,至唐代而一变,虽尚不离于搜奇记逸,然叙述宛转,文辞华艳,与六朝之粗陈梗概者较,演进之迹甚明,而尤显者乃在是时则始有意为小说。"①"有意为小说"的观念也有其自身的"演进之迹",那么,汉魏六朝时代"有意为小说"的表现是怎样的呢?

文学作品的产生有认识论的因素,有心理学的情感因素,有对社会生活起反作用的实践因素。文学作品产生的重要目的之一在于为人们创造审美对象,供人们观赏和感受,诉诸人们的感情,进而实现它的社会功用。"有意为小说"的观念中重要的一点就是正确认识文学作品为人们创造审美对象、供人们观赏和感受的这个性质。此处试图探讨汉魏六朝时代是怎样认识作为文学作品之一的小说的这个性质,以此推求汉魏六朝时代小说的"演进之迹"。

一、小说之"说"的意蕴

我们先从汉魏六朝时代对小说这种文体概念的认识入手展开探讨。"小说"这个名称,最早见于《庄子·外物》的"饰小说以干县令,其于

---

① 鲁迅《中国小说史略》,长沙:湖南大学出版社,2014年,第45页。

大达亦远矣"①,与汉魏六朝时"小说"的概念有所不同,参照《荀子·正名篇》所说,"故知者论道而已矣,小家珍说之所愿皆衰矣"②,他们的"小说"是指不合大道的琐屑之言。汉魏六朝时代小说的概念与此不是绝对不同,而是在此基础上的演变和发展。

汉魏六朝时代,"说"有什么意蕴?

刘向《说苑叙录》言校《说苑》杂事,"除去与《新序》复重者,其余者浅薄不中义理,别集以为《百家》后"③。《说苑》《新序》列入《汉书·艺文志》儒家类,"浅薄不中义理,别集以为《百家》"则入《汉书·艺文志》小说家类。《汉书·艺文志》说:"小说家者流,盖出于稗官。街谈巷语,道听途说者之所造也。"④都是说"小说"即不合大道的琐屑之言。庄子所说的"饰小说"的"饰"很有意思,什么是"街谈巷语,道听途说者"? 就是《汉书·艺文志》小说家类录《鬻子说》而《文心雕龙·诸子》称之为"余文遗事,录为《鬻子》"⑤者。某些能引起人们兴趣的东西,或即故事之类,就是所谓"余文遗事"。魏晋南北朝时代小说的文体观念就是在此基础上发展起来的。

《说文解字》:"说,说释也。"段玉裁注曰:"说释即悦怿……说释者,开解之意,故为喜悦。"⑥《说文解字》认为"说"有二义,一为悦怿,即"说释"之"说",一为解说,即"说释"之"释"。"说"与人的关系,一是悦怿于人,一是解说于人。而所谓悦怿于人,可以理解为"说"这种文体是为人们创造审美对象、供人们观赏与感受的。《说文解字》的说法本于《周易·兑卦》:"兑,亨,利贞。象曰:兑,说也,刚中而柔外,说以利贞,是以顺乎天而应乎人。说以先民,民忘其劳,说以犯难,民忘其死,说之大,民劝矣哉。"⑦所谓悦怿,就是使"民忘其劳",所谓解说,就是使"民忘其死"。

---

① [清]郭庆藩《庄子集释》,北京:中华书局,1961 年,第 925 页。
② 章诗同注《荀子简注》,上海:上海人民出版社,1974 年,第 255 页。
③ [清]严可均校辑《全上古三代秦汉三国六朝文》,北京:中华书局,1958 年,第 334 页下。
④ [汉]班固《汉书》,北京:中华书局,1982 年,第 1745 页。
⑤ [南朝梁]刘勰著,詹锳义证《文心雕龙义证》,上海:上海古籍出版社,1989 年,第 624 页。
⑥ [汉]许慎撰,[清]段玉裁注《说文解字注》,上海:上海古籍出版社,1981 年,第 93 页下。
⑦ 《周易正义》,《十三经注疏》,上海:上海古籍出版社,1997 年,第 69 页中下。

诸子之说与小说本是可以统称为"说"的。班固《汉书·艺文志》所列诸子十家,就包括小说家一门。

前引刘向《说苑叙录》云,《说苑》杂事"除去与《新序》复重者,其余者浅薄不中义理,别集以为《百家》后"。《新序》与《说苑》同列入《汉书·艺文志》儒家类"刘向所序六十七篇"之中,《百家》则列入《汉书·艺文志》的小说家类,可见《百家》与《新序》《说苑》本来是一码事,只是在更严格的分类中才成为小说。并且,即便它已成为小说,还是与《新序》《说苑》同列于诸子之说。

刘勰《文心雕龙·诸子》篇说:"至鬻熊知道,而文王谘询,余文遗事,录为《鬻子》。"①《汉书·艺文志》道家类著录有《鬻子》二十二篇,小说家类著录有《鬻子说》,刘勰所云"余文遗事,录为《鬻子》",当指小说家类的《鬻子说》。如此看来,刘勰也是统论诸子之说与小说的。他还说"子自肇始,莫先于兹"②,推崇《鬻子说》为诸子之说最早的作品。刘勰在《诸子》篇又举例诸子十家,"《青史》曲缀以街谈"③,这是小说家的作品,《青史子》五十七篇,《汉书·艺文志》小说家类著录。

既然诸子之说与小说可以统称为"说",那为什么后来这两者越离越远,最后小说终于独立成为一种文体而蔚为大国?

《汉书·艺文志》说:"小说家者流,盖出于稗官。街谈巷语,道听途说者之所造也。孔子曰:'虽小道,必有可观者焉,致远恐泥,是以君子弗为也。'然亦弗灭也。闾里小知者之所及,亦使缀而不忘。如或一言可采,此亦刍荛狂夫之议也。"④班固完全继承了庄子与荀子的说法,认为小说与诸子之说的区别在于合不合大道、是否君子所作。他又说:"诸子十家,其可观者九家而已。皆起于王道既微,诸侯力政,时君世主,好恶殊方,是以九家之术,蜂出并作,各引一端,崇其所善,以此驰说,取合诸侯。"⑤如

---

① [南朝梁]刘勰著,詹锳义证《文心雕龙义证》,上海:上海古籍出版社,1989年,第624页。
② 同上。
③ 同上书,第627页。
④ [汉]班固《汉书》,北京:中华书局,1982年,第1745页。
⑤ 同上书,第1746页。

此看来,班固特别强调"说"的解说之义,并以此评论诸子之"可观者"与小说。

刘勰则十分强调"说"的悦怿于人之义。《文心雕龙·论说》继续《兑卦》《说文解字》的说法,这样称小说:

> 说者,悦也;兑为口舌,故言资悦怿;过悦必伪,故舜惊谗说。①

又举例称"说之善者,伊尹以论味隆殷"②,《伊尹说》,据严可均曰:"案《汉志》道家有《伊尹》五十一篇,小说家有《伊尹说》二十七篇,本注'其语浅薄,似依托也'。此疑即小说家之一篇,《孟子》伊尹以割烹要汤,谓此篇也。"③"以论味隆殷"当出自小说家录的《伊尹说》。自此我们看到,刘勰非但强调"说"的悦怿于人之义,而且指出了小说悦怿于人的性质。

二、小说的观赏性

根据以上材料,汉魏六朝已经有人认识到,诸子之说与小说虽同为"说",它们本来都具有悦怿于人、解说于人这两重性质,但小说偏重于发展悦怿于人的性质,尽管它保留了解说于人的性质;诸子之说则本来多有解说于人的性质,尽管也有悦怿于人的性质。以下我们再引几条材料来说明汉魏六朝人的这种认识,尤其是他们对小说悦怿于人性质的认识。

张衡《西京赋》说:"匪唯玩好,乃有秘书,小说九百,本自虞初,从容之求,实俟实储。"④他的意思是说,"秘书"与"小说"不仅仅具有"玩好"这个悦怿于人的性质,还具有更大的社会作用。历来引这段话时,大都只引"小说九百,本自虞初",而忽略前边的"匪唯玩好",在这里,"匪唯玩好"不单单领起"乃有秘书",张衡是把"秘书"与"小说"并举的,薛综的注可以佐证:"小说医巫厌祝之术,凡有九百四十三篇,言九百,举大数也。

---

① [南朝梁]刘勰著,詹锳义证《文心雕龙义证》,上海:上海古籍出版社,1989年,第707页。
② 同上书,第708页。
③ [清]严可均校辑《全上古三代秦汉三国六朝文》,北京:中华书局,1958年,第15页下。
④ [南朝梁]萧统编,[唐]李善注《文选》,北京:中华书局,1977年,第45页上下。

持此秘术,储以自随,待上所求问,皆常具也。"①把"秘书"与"小说"当作一类东西。李周翰注曰:"从容,闲和貌,言此非小说徒玩好闲和,亦以书术自随。"②

干宝《搜神记序》云:

> 幸将来好事之士录其根体,有以游心寓目而无尤焉。③

这是从小说欣赏者的角度谈到志怪小说悦怿于人的性质,小说家也就成了"好事之士"。

《文心雕龙·谐讔》说:

> 谐之言皆也;辞浅会俗,皆悦笑也。……然文辞之有谐讔,譬九流之有小说。④

刘勰认为谐讔这种文体具有悦怿于人的性质,而谐讔包括轶事小说的一个支流——笑话集。《隋书·经籍志》子部小说家类载《笑林三卷》,后汉给事中邯郸淳撰,《谐讔》篇说"至魏文因俳说以著笑书,薛综凭宴会而发嘲调"⑤,姚振宗《隋书经籍志考证》引这句话时,认为《笑书》就是《笑林》,《笑林》是邯郸淳奉魏文帝诏而撰。

那时,人们又常常把小说与俳优相提并论。俳优是为人们创造审美对象、供人观赏与感受的,具有悦怿于人的性质。人们把小说认作俳优一类,从另一个角度说明了小说悦怿于人的性质。《魏略》载:"太祖遣淳诣植。植初得淳甚喜,延入坐,不先与谈。时天暑热,植因呼常从取水自澡讫,傅粉。遂科头拍袒,胡舞五椎锻,跳丸击剑,诵俳优小说数千言讫,谓

---

① [南朝梁]萧统编,[唐]李善、吕延济、刘良、张铣、吕向、李周翰注《六臣注文选》,北京:中华书局,1987年,第55页上。
② 同上书,第55页上下。
③ 《序》,[晋]干宝撰,汪绍楹校注《搜神记》,北京:中华书局,1979年,第2页。
④ [南朝梁]刘勰著,詹锳义证《文心雕龙义证》,上海:上海古籍出版社,1989年,第529、556页。
⑤ 同上书,第533页。

淳曰:'邯郸生何如邪'?"①

另外,从当时小说作品的实际情况看,汉魏六朝小说确实极大地发挥了悦怪于人的特性,从当时人对小说的叙述中,我们亦可以得出其对小说的理解与认识。刘义庆《世说新语·文学》载:"裴郎作《语林》,始出,大为远近所传。时流年少,无不传写,各有一通。"②轶事小说一出世就受到同时代人的赞赏,原因何在?《续晋阳秋》说:"河东裴启撰汉、魏以来迄于今时,言语应对之可称者,谓之《语林》。时人多好其事,文遂流行。"③《世说新语·文学》又载:"袁彦伯作《名士传》成,见谢公。公笑曰:'我尝与诸人道江北事,特作狡狯耳!彦伯遂以箸书。'"④《语林》与《名士传》都是轶事小说,所谓"言语应对之可称者""狡狯",都是指小说悦怪于人的性质,也是这些书当时受人欢迎的原因之一。

王嘉《拾遗记》载,张华原作《博物志》四百卷,奏于晋武帝,奉晋武帝令芟截浮疑沉冗,分为十卷,所记皆异境奇物及古代琐闻杂事,"帝常以《博物志》十卷置于函中,暇日览焉"⑤,如此喜爱这种显然不关政务的书籍,且为"暇日"之览,正是因为志怪小说载各种奇闻异谈以悦怪于人、供人观赏的属性。

鲁迅先生论轶事小说:"记人间事者已甚古,列御寇韩非皆有录载,惟其所以录载者,列在用以喻道,韩在储以论政。若为赏心而作,则实萌芽于魏而盛大于晋,虽不免追随俗尚,或供揣摩,然要为远实用而近文艺矣。"⑥"为赏心而作""近娱乐",正是汉魏六朝人创作小说的目的,也就是说,汉魏六朝人对于小说悦怪于人、为人们创造审美的对象以供观赏和

---

① 《魏书·王粲传》裴松之注引,[晋]陈寿撰,[南朝宋]裴松之注,陈乃乾校点《三国志》,北京:中华书局,1982年,第603页。
② [南朝宋]刘义庆著,[南朝梁]刘孝标注,余嘉锡笺疏,周祖谟、余淑宜、周士琦整理《世说新语笺疏》(修订本),上海:上海古籍出版社,1993年,第269页。
③ 《轻诋》刘孝标注引,[南朝宋]刘义庆著,[南朝梁]刘孝标注,余嘉锡笺疏,周祖谟、余淑宜、周士琦整理《世说新语笺疏》(修订本),上海:上海古籍出版社,1993年,第844页。
④ [南朝宋]刘义庆著,[南朝梁]刘孝标注,余嘉锡笺疏,周祖谟、余淑宜、周士琦整理《世说新语笺疏》(修订本),上海:上海古籍出版社,1993年,第272页。
⑤ [晋]王嘉撰,[南朝梁]萧绮录,齐治平校注《拾遗记》,北京:中华书局,1981年,第211页。
⑥ 鲁迅《中国小说史略》,长沙:湖南大学出版社,2014年,第38页。

感受的性质,已有认识。我们之所以肯定汉魏六朝人的这种认识,是因为这种认识客观上向全面深入地认识与把握文学本质迈进了一步,是那个时代文学自觉意识的组成部分。汉魏六朝人的这种认识大大地促进了小说的蓬勃发展,增加了那时小说家追求小说创作艺术的自觉性。既然小说是作为审美对象、观赏对象出现的,那么怎样写得更美、更吸引人,就成为值得小说家们下大功夫钻研的问题了。

但我们还要指出,当时人们对小说的悦怿于人、为人们创造审美对象以供人观赏和感受的性质的认识,还是不充分、有缺陷的。

第一,汉魏六朝人只是直观地感到,与诸子之说比较起来,小说具有悦怿于人的观赏性质,他们还不是从探讨文学本质的角度去认识小说的这一性质,因此也只是提出自己的看法,而不敢大胆为之立论。

第二,由于他们不敢大胆肯定小说悦怿于人的观赏性质,因此,当有人攻击小说因为有这样的性质而只是小人之小道时,他们的回答也是软弱无力的,只能像班固那样说其中有"可观者"来辩解而已,而无法辩驳人们称之为"小道"并予以鄙视的观点。如桓谭所言:"若其小说家,合丛残小语,近取譬论,以作短书,治身治家,有可观之辞。"①

我们对照唐人的言论,很容易看到汉魏六朝人认识的缺陷。韩愈十分强调小说"所以为戏"的性质,并说:"昔者夫子犹有所戏,《诗》不云乎:'善戏谑兮,不为虐兮。《记》曰:'张而不弛,文武不能也。'恶害于道哉!"②论证了人们审美、观赏和感受需要的正当性与合理性,肯定小说并为小说大声呼吁。

三、小说与方士

汉魏六朝时代,小说比起其他一些文学形式来,之所以能较大程度地发展其悦怿于人的观赏性质,与方士有很大关系。这里主要是指志怪

---

① 江淹《杂体诗·李都尉从军》李善注引,[南朝梁]萧统编,[唐]李善、吕延济、刘良、张铣、吕向、李周翰注《六臣注文选》,北京:中华书局,1987年,第589页。
② 《重答张籍书》,[唐]韩愈著,马通伯校注《韩昌黎文集校注》,上海:古典文学出版社,1957年,第79页。

小说。

《西京赋》说"小说九百,本自虞初",《汉书·艺文志》著录有"《虞初周说》九百四十三篇",班固注谓虞初,"河南人,武帝时以方士侍郎号黄车使者"①,明言这是方士所作小说。《汉书·艺文志》著录的小说十五家,今皆已佚。后六家据班固等人的注,大都是汉人方士讲封禅、养生之作。前九家即"《伊尹说》以下九家,班固多注依托也"②,从所托的人如伊尹、黄帝等看,也大都属封禅、养生一类的内容。所以我们说小说一开始是方士之言,是可以成立的。至于以后志怪小说的作者如东方朔、张华、郭璞、干宝、王嘉、葛洪等(其中有的是被托名的),有些是神话传说色彩很浓的人,有些本来就是方士。薛综注《西京赋》时称"小说巫医厌祝之士",也指出小说与巫术有着密切关系。

方士本起自巫。巫通于人神之间,其职责之一是歌舞娱神,以求降福。应劭《风俗通》"城阳景王祠"条下云:"自琅琊、青州六郡及渤海都邑、乡亭,聚落皆为立祠,造饰五二千石车,商人次第为之,立服带绶,备置官属,烹杀讴歌,纷籍连日,转相诳曜,言有神明,其谴问祸福立应,历载弥久,莫之匡纠。"③《后汉书·刘盆子传》载,因刘盆子为城阳景王之后,赤眉樊崇"军中常有齐巫鼓舞祠城阳景王,以求福助"④。这两段话中的"讴歌""鼓舞"以娱神求神,是汉代流行的巫风。更早时代的情况,《尚书·伊训》载:"恒舞于宫,酣歌于室,时谓巫风。"⑤王逸《楚辞章句》载:"昔楚国南郢之邑,沅、湘之间,其俗信鬼而好祠。其祠,必作歌乐鼓舞以乐诸神。"⑥这些都证明巫的职责、特长是用歌舞来娱神。悦怪于神是巫的特长,当巫成为方士以后,又以其特长悦怪于人。《后汉书·方术传序》云:"汉自武帝颇好方术,天下怀协道艺之士,莫不负策抵掌,顺风而届焉。后

---

① [汉]班固《汉书》,北京:中华书局,1982年,第1745页。
② 《小说类序》,[清]永瑢等《四库全书总目》,北京:中华书局,1965年,第1182页上。
③ [东汉]应劭撰,吴树平校释《风俗通义校释》,天津:天津人民出版社,1980年,第333页。
④ [南朝宋]范晔撰,[唐]李贤等注《后汉书》,北京:中华书局,1965年,第479页。
⑤ 《尚书正义》,《十三经注疏》,上海:上海古籍出版社,1997年,第163页中。
⑥ [宋]洪兴祖撰,白化文、许德楠、李如鸾、方进点校《楚辞补注》,北京:中华书局,1983年,第55页。

王莽矫用符命,及光武尤信谶言,士之赴趣时宜者,皆骋驰穿凿,争谈之也。……自是习为内学,尚奇文,贵异数,不乏于时矣。"①方士蜂拥而来,人人挟书以自重,其中的一些就是小说家言。这些书一方面自神其教,以求得到皇帝与世人的信服。而另一方面,这些书继承巫术娱神的传统,妙笔生花,述写异闻奇事,海外天上无所不至,这也正是汉魏六朝小说得以发挥其悦怪于人的观赏性质的得天独厚之处。

四、小说的虚构

汉魏六朝人提出,小说作为一种悦怪于人的文体产生,是为人们创造审美对象、供人观赏和感受的,这对小说的创作实践影响极大。这里我们探讨一下小说虚构理论受到这种观点怎样的影响。

古代中国是一个尚实的国度,孔子就"不语怪力乱神"②,司马迁也表示"《禹本纪》《山海经》所有怪物,余不敢言之也"③。但至汉魏六朝时代,由神话传说和史传中神怪部分演变过来的志怪小说却充满着虚构。轶事小说还接受先秦寓言、野史如东汉赵晔《吴越春秋》和袁康《越绝书》的影响,出现了一些异闻奇谈的虚构成分。小说创作上的这种情况,需要小说家及文艺理论家做出解释:这是虚还是实?如果是虚构,小说创作又是否允许?

对于充满虚构成分的作品,当时社会上普遍存在一种不相信甚至排斥的态度。郭璞《注山海经叙》描述世人的这种态度说:"世之览《山海经》者,皆以其闳诞迂夸,多奇怪俶傥之言,莫不疑焉。"④葛洪《神仙传》自序讲,人们问他:"先生云,仙化可得,不死可学,古之得仙者,岂有其人乎?"⑤这种不相信的态度对小说创作的影响,或者如同孔子解读传说,全面改变其神怪性质,如《尸子》载:"子贡问孔子曰:'古者黄帝四面,信

---

① [南朝宋]范晔撰,[唐]李贤等注《后汉书》,北京:中华书局,1965年,第2705页。
② 《述而》,《论语注疏》,《十三经注疏》,上海:上海古籍出版社,1997年,第2483页上。
③ 《大宛列传》,[汉]司马迁《史记》,北京:中华书局,1959年,第3179页。
④ [清]严可均校辑《全上古三代秦汉三国六朝文》,北京:中华书局,1958年,第2153页上。
⑤ [晋]葛洪《神仙传》,北京:中华书局,1991年,第1页。

乎?'孔子曰:'黄帝取合己者四人,使治四方,不谋而亲,不约而成,大有成功,此之谓四面也。'"①又如"夔一足":"哀公问于孔子曰:'吾闻夔一足,信乎?'曰:'夔,人也,何故一足? 彼其无他异,而独通于声,尧曰:"夔一而足矣。"使为乐正。故君子曰:"夔有一足,非一足也。"'"②或是大量的删裁,如《拾遗记》载,张华"造《博物志》四百卷,奏于武帝。帝诏诘问:'卿才综万代,博识无伦,远冠羲皇,近次夫子,然记事采言,亦多浮妄,宜更删翦,无以冗长成文! 昔仲尼删《诗》《书》,不及鬼神幽昧之事,以言怪力乱神;今卿《博物志》,惊所未闻,异所未见,将恐惑乱于后生,繁芜于耳目,可更芟截浮疑,分为十卷'"③,使得作品数量大为减少。还有一种更厉害的手段,就是加以压制,使之无法流传,这在轶事小说上表现尤为突出。现存的例子如《世说新语·轻诋》:

> 庾道季诧谢公曰:"裴郎云:'谢安谓裴郎乃可不恶,何得为复饮酒?'裴郎又云:'谢安目支道林,如九方皋之相马,略其玄黄,取其俊逸。'"谢公云:"都无此二语,裴自为此辞耳!"庾意甚不以为好,因陈东亭《经酒垆下赋》。读毕,都不下赏裁,直云:"君乃复作裴氏学!"于此《语林》遂废。今时有者,皆是先写,无复谢语。④

裴启略略用了点虚构的手法写《语林》,后因记载谢太傅(谢安)事不符实际,遭到谢太傅的讽刺、讥诮与压制,"于此《语林》遂废"。如此否定虚构的理路,结果就是轶事小说大量散佚,以及新创造的轶事小说尽力避免叙说当代之事,如《世说新语》就避讳记载当代的人与事。所以我们说,对虚构的排斥态度是不利于小说创作的。

针对以上所叙世人的态度,小说家采取的办法之一就是拼命言其虚构之真,前面所言郭璞、葛洪都针对世人的怀疑做出关于真实性的答辩,

---

① [战国]尸佼著,汪继培辑《尸子(及其他一种)》,北京:中华书局,1991年,第32页。
② 《外储说左下》,陈奇猷校注《韩非子集释》,上海:上海人民出版社,1974年,第686页。
③ [晋]王嘉撰,[南朝梁]萧绮录,齐治平校注《拾遗记》,北京:中华书局,1981年,第211页。
④ [南朝宋]刘义庆著,[南朝梁]刘孝标注,余嘉锡笺疏,周祖谟、余淑宜、周士琦整理《世说新语笺疏》(修订本),上海:上海古籍出版社,1993年,第843—844页。

但这不是从文学特性上回答问题的方法,而是方士们自神其教的方法,因此,既不能引导人们正确欣赏文学作品,亦不能从理论上指导创作。

当时亦有能对虚构原则做出较合理、较正确的解释,进而提倡虚构原则的理论。尽管这样的理论较少,论述时亦有缺陷,但毕竟开拓了一个新的领域,接触到了虚构原则的实质,提出了一种有利于小说创作的新观点。

《晋书·干宝传》评价其《搜神记》为"博采异同,遂混虚实"[1],为"虚"争取地位。干宝《搜神记序》:

> 虽考先志于载籍,收遗逸于当时,盖非一耳一目之所亲闻睹也,亦安敢谓无失实者哉。卫朔失国,二传互其所闻;吕望事周,子长存其两说,若此比类,往往有焉。从此观之,闻见之难,由来尚矣。夫书赴告之定辞,据国史之方策,犹尚如此;况仰述千载之前,记殊俗之表,缀片言于残阙,访行事于故老,将使事不二迹,言无异途,然后为信者,固亦前史之所病。然而国家不废注记之官,学士不绝诵览之业,岂不以其所失者小,所存者大乎?今之所集,设有承于前载者,则非余之罪也。若使采访近世之事,苟有虚错,愿与先贤前儒分其讥谤。[2]

干宝身为东晋元帝时佐著作郎领修国史的"良史",作为小说家又曾"撰集古今神祇灵异人物变化,名为《搜神记》,凡三十卷"[3]。干宝在处理虚与实的问题上,基本立足点还是"实",但他指出了"虚"的不可避免,他的证据之一就是正史中已出现这种情况,更何况小说呢?为此,他说"愿与先贤前儒分其讥谤",自愿承担由于虚构而引起的"讥谤",这不就是从个人角度大声疾呼提倡虚构吗?最后,他指出虚构对于小说创作的重要性,"所失者小,所存者大",不可由此而废绝小说创作中的虚构成分。《晋

---

[1] [唐]房玄龄等《晋书》,北京:中华书局,1974年,第2150页。
[2] 《序》,[晋]干宝撰,汪绍楹校注《搜神记》,北京:中华书局,1979年,第2页。
[3] 《干宝传》,[唐]房玄龄等《晋书》,北京:中华书局,1974年,第2150页。

书·干宝传》评价《搜神记》时说"博采异同,遂混虚实",在世人大都排斥虚构原则在小说创作中的运用时,干宝的"混虚实"确实为虚构原则伸张了正义。不过,"混虚实"还只是一种变通的方法,自然不及正面提出在小说创作中运用虚构原则的主张那么有力,那么醒目,但时代就是如此,干宝的首创之功不可磨灭。《晋书·干宝传》所载人们对干宝的一段评论颇能说明问题,书成"以示刘惔,惔曰:'卿可谓鬼之董狐。'"①这就是指干宝的"混虚实",实者即"董狐",孔子曰"董狐,古之良史也,书法不隐"②;虚者,"鬼之董狐",叙幽明世界的鬼事,用真实的笔调写虚构之事。这种"混虚实",实是在为"虚"争一席地位。

陆机《文赋》称"说炜晔而谲诳"③,"谲诳"即有虚构之意。《文心雕龙·诸子》篇论及魏晋时代诸子之说时写道:

> 迄至魏晋,作者间出,谰言兼存,璅语必录,类聚而求,亦充箱照轸矣。然繁辞虽积,而本体易总,述道言治,枝条《五经》。其纯粹者入矩,踳驳者出规。《礼记·月令》,取乎吕氏之《纪》;《三年问》丧,写乎荀子之书:此纯粹之类也。若乃汤之问棘,云蚋睫有雷霆之声;惠施对梁王,云蜗角有伏尸之战;《列子》有移山、跨海之谈,《淮南》有倾天、折地之说:此踳驳之类也。是以世疾诸子混洞虚诞。按《归藏》之经,大明迂怪,乃称羿毙十日,嫦娥奔月。《殷易》如兹,况诸子乎?④

刘勰所谓"踳驳"与"纯粹"之分,显然应该是小说与诸子之说的区别,刘勰也是以经典尚有虚构作为论据来肯定小说的虚构的。

《汉武帝别国洞冥记》,旧题东汉郭宪所撰,实系六朝人作,托名郭

---

① 《干宝传》,[唐]房玄龄等《晋书》,北京:中华书局,1974 年,第 2150 页。
② 《宣公二年》,《春秋左传正义》,《十三经注疏》,上海:上海古籍出版社,1997 年,第 1867 页中。
③ [南朝梁]萧统编,[唐]李善注《文选》,北京:中华书局,1977 年,第 241 页。
④ [南朝梁]刘勰著,詹锳义证《文心雕龙义证》,上海:上海古籍出版社,1989 年,第 633—642 页。

宪,其书自序为六朝人口吻:"或言浮诞,非政教所同。经文史官记事,故略而不取,盖偏国殊方,并不在录。"①明确自己不是假托古代史官创作小说,不是抄录史书,而是自己编写故事,持敢于虚构、公开虚构的态度。又云"愚谓古曩余事,不可得而弃","今借旧史之所不载者,聊以闻见,撰《洞冥记》四卷,成一家之书,庶明博君子,该而异焉"。② 他极力主张自己创作小说,而不是抄录旧史典籍,这里自编故事、推崇虚构的意思很明显,与前时小说家往往假托古史官来创作作品的论调不一样了,其敢于虚构、公开虚构的态度是非常鲜明的。

在小说创作中提倡虚构,主要是因为志怪小说尚奇闻,轶事小说尚异闻。《汉书·东方朔传赞》曰:"朔之诙谐,逢占射覆,其事浮浅,行于众庶,童儿牧竖莫不眩耀。而后世好事者因取奇言怪语附著之朔。"③干宝《上〈搜神记〉表》言:"臣前聊欲撰记古今怪异非常之事,会聚散逸,使同一贯,博访知之者,片纸残行,事事各异。"④萧绮《拾遗记序》称:"王子年乃搜撰异同,而殊怪必举,纪事存朴,爱广尚奇,宪章稽古之文,绮综编杂之部,《山海经》所不载,夏鼎未之或存,乃集而记矣。"⑤《续晋阳秋》载:"晋隆和中,河东裴启撰汉、魏以来迄于今时,言语应对之可称者,谓之《语林》。"⑥尚奇尚异,就是追求小说的趣味性。小说家们尚奇尚异,就是为了满足读者欣赏时尚奇尚异的心理,正是为了悦怪于人。所以我们说,正是小说创作的内部规律,也即为了给人们创造审美对象、供人们观赏和感受,满足人们某种精神生活需要的这个性质,使小说创作中有虚构原则提出的可能性,而虚构原则的提出必将反过来指导小说创作,促进小说的

---

① [东汉]郭宪、[东晋]戴祚、[南朝宋]刘义庆《汉武帝别国洞冥记 甄异记 幽明录》,北京:中华书局,1991年,第1页。
② 同上。
③ [汉]班固《汉书》,北京:中华书局,1962年,第2874页。
④ [唐]徐坚《初学记》,北京:中华书局,1962年,第517页。
⑤ 《萧绮序》,[晋]王嘉撰,[南朝梁]萧绮录,齐治平校注《拾遗记》,北京:中华书局,1981年,第1页。
⑥ [南朝宋]刘义庆著,[南朝梁]刘孝标注,余嘉锡笺疏,周祖谟、余淑宜、周士琦整理《世说新语笺疏》(修订本),上海:上海古籍出版社,1993年,第991页。

发展。

五、小说文体的"炜烨"

既然人们已经逐步认识到小说是悦怿于人、为人们创造审美对象供人们观赏和感受的文体,再加上理论上虚构原则的提出,进而,小说家们在理论上也提出了要把小说作品写得更美、更有艺术性的主张,以求更完美地实现小说创作的目的。

葛洪《神仙传序》谈到其前辈所撰神仙列传一类小说时说:"昔秦大夫阮仓所记,有数百人;刘向所撰,又七十余人。……刘向所述,殊甚简略,美事不举。此传虽深妙奇异,不可尽载,犹存大体。窃谓有愈于向多所遗弃也。"①对前辈作品缺乏艺术性,"殊甚简略,美事不举"的写法提出批评,强调自己的作品"虽深妙奇异,不可尽载,犹存大体,窃谓有愈于向多所遗弃也",认为自己的作品思想意义上要"深妙",故事情节上要"奇异",作品的艺术性要超过刘向。这种对小说艺术性的公开追求,是以前不曾有过的。

《拾遗记》,晋人王嘉(字子年)撰,梁人萧绮录。萧绮在《拾遗记序》中,曾批评王嘉的撰写原则,并提出自己的撰写原则,要求真正写出有丰富艺术性的作品来。他说:

> 辞趣过诞,意旨迂阔,推理陈迹,恨为繁冗;多涉祯祥之书,博采神仙之事,妙万物而为言,盖绝世而弘博矣!世德陵夷,文颇缺略,绮更删其繁紊,纪其实美,搜刊幽秘,捃采残落,言匪浮诡,事弗空诬,推详往迹,则影彻经史,考验真怪,则叶附图籍。若其道业远者,则辞省朴素;世德近者,则文存靡丽;编言贯物,使宛然成章。②

首先,萧绮强调"实美"而反对"繁紊","实美"针对"繁紊"提出,应与葛

---

① [晋]葛洪《神仙传》,北京:中华书局,1991年,第1页。
② 《萧绮序》,[晋]王嘉撰,[南朝梁]萧绮录,齐治平校注《拾遗记》,北京:中华书局,1981年,第1页。

洪所言"美事"相似,即真正优美的故事,而"繁芜"则鱼龙相杂,所谓"辞趣过诞""意旨迂阔"者,都在删裁之列。

其次,萧绮强调"文存靡丽",不主张"纪事存朴"。他以"数运则与世推移,风政则因时回改"为论据,认为文学是进化的,小说也是要前进的。① "道业远者,则辞省朴素",先前辞语朴素的作品还可以说得过去,而"世德近者,则文存靡丽,编言贯物,使宛然成章",如今则要语言华丽,以便更好地表现故事内容。沈约《宋书·谢灵运传论》说:"自建武暨乎义熙,历载将百,虽缀响联辞,波属云委,莫不寄言上德,托意玄珠,遒丽之辞,无闻焉尔。"②《文心雕龙·时序》篇说:"自中朝贵玄,江左称盛,因谈余气,流成文体。是以世极迍邅,而辞意夷泰。"③王嘉所处的时代正是沈约、刘勰所论之时,所以,表现在小说里"纪事存朴"的情况是可以想见的。而萧绮的时代,正如隋李谔《上隋高帝革文华书》所称,"竞骋文华,遂成风俗。江左齐、梁,其弊弥甚",甚至"竞一韵之奇,争一字之巧",④时代如此崇尚优美的辞藻文华,再加上小说本是为了悦怿于人、给人们观赏和感受的文体,所以,萧绮提出"文存靡丽"的小说创作原则也是必然的。鲁迅所说唐代小说的"叙述宛转,文辞华艳"⑤,与萧绮所提倡的"文存靡丽"的一脉相承是显而易见的。

从以上的论述中我们看到,越接近隋唐时代,人们对小说艺术性的追求就越自觉。我们还看到,他们的这种自觉追求,对小说的发展是有利的。这种对小说艺术性的追求,一方面固然与时代崇尚艺术性、崇尚美分不开,另一方面也出于人们对于小说悦怿于人的观赏性质的正确认识。与此同时,小说创作的目的,如干宝《搜神记序》所说"明神道之不诬"⑥的成分越来越少,而越来越多地为"赏心"而作。晋人陆机《文赋》在评论各

---

① 《萧绮序》,[晋]王嘉撰,[南朝梁]萧绮录,齐治平校注《拾遗记》,北京:中华书局,1981年,第1页。
② [南朝梁]沈约《宋书》,北京:中华书局,1974年,第1778页。
③ [南朝梁]刘勰著,詹锳义证《文心雕龙义证》,上海:上海古籍出版社,1989年,第1710页。
④ [唐]魏徵、令狐德棻《隋书》,北京:中华书局,1973年,第1544页。
⑤ 鲁迅《中国小说史略》,长沙:湖南大学出版社,2014年,第45页。
⑥ [晋]干宝撰,汪绍楹校注《搜神记》,北京:中华书局,1979年,序第2页。

种文体时提到"说炜晔而谲诳",范文澜说:"士衡盖指战国策士而言。彦和谓言资悦怪,正即炜烨之义。"①"谲诳"用在小说上,正是那个时代人们的普遍看法,而"炜烨"正是为了悦怪于人。所以,用"说炜晔而谲诳"来评论那个时代的小说正合适,也正是那个时代小说所表现出来的特征。

唐人"有意为小说",包含了对文学本质、小说本质等各方面的认识,如认识因素、情感因素、实践因素、观赏因素等等。而唐人的这些认识,又正是从汉魏六朝人那里一步步发展而来的。在这里,我们单拣出汉魏六朝人对小说悦怪于人的观赏性质的认识来论述,不是说汉魏六朝人对小说的其他性质没有认识,也不是说我们单重视小说的这种性质而轻视其他性质,只是因为对于汉魏六朝小说的悦怪于人的观赏性质,以往人们评论得较少,论述时的侧重面有所不同而已。另外,汉魏六朝小说的悦怪于人的观赏性质,与现代文艺理论中文艺为人们创造审美对象、供人们观赏和感受、满足人们某种精神需要的理论还不尽相同,有相同又有差异,我们只是就其相同之处论述。

---

① [南朝梁]刘勰著,范文澜注《文心雕龙注》,北京:中华书局,1958年,第357—358页。

第二节　说体考辨
——兼论《文选》不录说体

"说"这一文体至少有七种形式。以下分两类论述。

一、"说"为解说、论说、小说、阐述、诸事

其一，对他人著述、观点的解说。《易》"十翼"之一《说卦》，"说"是对卦的解说。《汉书·叙传上》：

> 时上方乡学，郑宽中、张禹朝夕入说《尚书》《论语》于金华殿中。①

这种解说经典的行为就是"说"，形成的著作就是"说"的文本。检《汉书·艺文志》，其《六艺略》有"说"如《易》之《略说》，《书》之《欧阳说义》，《诗经》之《鲁说》《韩说》，《礼》之《〈中庸〉说》《〈明堂阴阳〉说》，《论语》之《齐说》《鲁夏侯说》《鲁安昌侯说》《鲁王骏说》《燕传说》，《孝经》之《长孙氏说》《江氏说》《翼氏说》《后氏说》《安昌侯说》《〈弟子职〉说》等。以上之"说"，当为解说、解释之义。《汉书·艺文志·诸子略》之道家，载录有《老子傅氏经说》《老子徐氏经说》及刘向《说老子》等。以上之"说"作为文体，都是对他人著述、观点的解说。

《汉书·艺文志·六艺略》批评汉末烦琐经学：

> 后世经传既已乖离，博学者又不思多闻阙疑之义，而务碎义逃难，便辞巧说，破坏形体；说五字之文，至于二三万言。②

"便辞巧说""说五字之文"之"说"，都为解说之"说"，如构成文本，就是说体。

其二，"说"即"论"，论证某一问题。吴讷《文章辨体序说》论"说"：

---

① ［汉］班固《汉书》，北京：中华书局，1962 年，第 4198 页。
② 同上书，第 1723 页。

> 说者,释也,述也,解释义理而以己意述之也。说之名,起自吾夫子之《说卦》,厥后汉许慎著《说文》,盖亦祖述其名而为之辞也。魏晋六朝文载《文选》,而无其体。独陆机《文赋》备论作文之义,有曰"说、炜烨而谲诳",是岂知言者哉!至昌黎韩子,悯斯文日弊,作《师说》,抗颜为学者师。迨柳子厚及宋室诸大老出,因各即事即理而为之说,以晓当世,以开悟后学,毓是六朝陋习,一洗而无余矣。卢学士云:"说须自出己意,横说竖说,以抑扬详赡为上。"若夫解者,亦以讲释解剥为义,其与说亦无大相远焉。①

徐师曾《文体明辨序说》论"说":

> 按《字书》:"说,解也,述也,解释义理而以己意述之也。"说之名起于《说卦》,汉许慎作《说文》,亦祖其名以命篇。而魏晋以来,作者绝少,独《曹植集》中有二首,而《文选》不载,故其体阙焉。要之傅于经义,而更出己见,纵横抑扬,以详赡为上而已;与论无大异也。今取名家数篇,以备一体。②

所谓"师说"之"说"应该是"论"的意思,所谓"解释义理而以己意述之","因各即事即理而为之说,以晓当世,以开悟后学",就把"论"的意思说得更明白了。古代墨家逻辑名词有"说",亦即论证,《墨子·小取》:

> 论求群言之比,以名举实,以辞抒意,以说出故。③

《荀子·正名》:

> 实不喻然后命,命不喻然后期,期不喻然后说,说不喻然后辨。④

《管子·立政》:

---

① [明]吴讷、徐师曾著,于北山、罗根泽校点《文章辨体序说 文体明辨序说》,北京:中华书局,1962年,第43页。
② 同上书,第132页。
③ [清]孙诒让撰,孙启治点校《墨子间诂》,北京:中华书局,2001年,第415页。
④ 章诗同注《荀子简注》,上海:上海人民出版社,1974年,第250页。

寝兵之说胜,则险阻不守。……兼爱之说胜,则士族不战。①

《韩非子》中《说疑》《曹植集》中《说疫气》《藉田说》之"说",均是对某一事物的论证。

其三,"说"为小说。上述之"说"为"论",进而又有著书立说之义,先秦就多有诸子之"说",《汉书·艺文志·诸子略》中有许多以作者姓氏命名的作品,如《伊尹》《鬻子》《文子》《庄子》之类。这些都是子书,是自家著书立说,所谓"成一家之言"的"著篇籍",也即曹丕《与王朗书》所谓"生有七尺之形,死唯一棺之土,唯立德扬名,可以不朽,其次莫如著篇籍"②。曹丕《与吴质书》称刘桢"著《中论》二十余篇,成一家之言,辞义典雅,足传于后,此子为不朽矣"③,亦是此意。葛洪《抱朴子·尚博》推崇子书的撰作:

> 正经为道义之渊海,子书为增深之川流。仰而比之,则景星之佐三辰也;俯而方之,则林薄之裨嵩岳也。虽津途殊辟,而进德同归,虽离于举趾,而合于兴化。④

《汉书·艺文志·诸子略》称:

> 诸子十家,其可观者九家而已。皆起于王道既微,诸侯力政,时君世主,好恶殊方,是以九家之术蜂出并作,各引一端,崇其所善,以此驰说,取合诸侯。⑤

但诸子之"说",其义应该是"学说",是"论",大多不标明"说"。题目标明了"说"的诸子之说就成了小说,是诸子之说的余论,或为附属,或为依附。

就"说"为小说之义来看,《荀子·正名》:

---

① 戴望《管子校正》,国学整理社辑《诸子集成》第五册,北京:中华书局,1954 年,第 338 页。
② [晋]陈寿撰,[南朝宋]裴松之注,陈乃乾校点《三国志》,北京:中华书局,1959 年,第 88 页。
③ [南朝梁]萧统编,[唐]李善注《文选》,北京:中华书局,1977 年,第 591 页下。
④ [晋]葛洪《抱朴子》,上海:上海古籍出版社,1990 年,第 258 页下。
⑤ [汉]班固《汉书》,北京:中华书局,1962 年,第 1746 页。

> 故知者论道而已矣,小家珍说之所愿皆衰矣。①

指不合大道的琐屑之言。《汉书·艺文志》述"小说家":

> 小说家者流,盖出于稗官。街谈巷语,道听途说者之所造也。孔子曰:"虽小道,必有可观者焉,致远恐泥,是以君子弗为也。"然亦弗灭也。闾里小知者之所及,亦使缀而不忘。如或一言可采,此亦刍荛狂夫之议也。②

《文心雕龙·诸子》称:

> 至鬻熊知道,而文王谘询,余文遗事,录为《鬻子》。③

《汉书·艺文志·诸子略》道家类著录有《鬻子》二十二卷,《诸子略》之小说家类著录有《鬻子说》(原注:"后世所加"),刘勰所云"余文遗事,录为《鬻子》"当是小说家类的《鬻子说》。《诸子略》之小说家类还著录有《伊尹说》(原注:"其语浅薄,似依托也")、《黄帝说》(原注:"迂诞依托")、《封禅方说》(原注:"武帝时")、《虞初周说》(原注:"河南人,武帝时以方士侍郎号黄车使者")等,④都是"余文遗事"。以上之"说",除《封禅方说》外都标明作者,虽然大都是依托,但从书名看是这些作者自己的"说"的集合体,也即自家的言论,而不是对别人言论的解说。

但至《隋书·经籍志》,其子部小说类所载录的书名有不称为"某某说"者,如《世说》《小说》《迩说》等;而杂家所录具备"小说家"性质的《俗说》《杂说》《善说》,亦是如此。这些也是"说"的集合体。

其四,"说"为叙说、阐述。如《隋书·经籍志》子部天文类有《天仪说要》,历数类有《历日义说》,医方类有《西域诸仙所说药方》《陵阳子说黄金秘法》等。

---

① 章诗同注《荀子简注》,上海:上海人民出版社,1974年,第255页。
② [汉]班固《汉书》,北京:中华书局,1962年,第1745页。
③ [南朝梁]刘勰著,詹锳义证《文心雕龙义证》,上海:上海古籍出版社,1989年,第624页。
④ [汉]班固《汉书》,北京:中华书局,1962年,第1744—1745页。

其五,"说"是"广说诸事"之"诸事",所录为史料、史事或故事。《韩非子》有《说林》篇,梁启雄《韩子浅解》释题目曰:

> 《史记·韩非传》《索隐》:"说林者,广说诸事,其多若林,故曰《说林》也。"太田方说:"刘向著书名《说苑》,《淮南子》亦有《说林》,皆言有众说,犹林中有众木也。"①

陈奇猷《韩非子集释》释题目曰:

> 此盖韩非搜集之史料备著书及游说之用。②

《韩非子》又有《内储说》《外储说》篇,梁启雄《韩子浅解》释题目曰:

> 太田方曰:储,偫也。《前汉·扬雄传》注:"有储蓄以待所用也。"说者,篇中所云"其说在"云云之"说",谓所以然之故也,言此篇储若是之说而备人主之用也。……启雄按:《内外储说》的内容包括"经"和"说"两部分:(一)《经》的部分首先概括地指出所要说的事理,然后用"其说在某事、某事"的简单词句,在历史上约举历史故事以为证。(二)《说》的部分把《经》文中所约举的历史故事逐一详明地来叙说一些,有时还用"一曰"的体裁作补充叙说,或保存不同的异说。③

《说林》《内外储说》都是"说"的集合体。

二、"说"为辩说、上书

其六,辩说。其七,上书。刘勰《文心雕龙·论说》称"说"有二,其云:

> 说者,悦也;兑为口舌,故言资悦怿;过悦必伪,故舜惊谗说。说

---

① 梁启雄《韩子浅解》,北京:中华书局,2009年,第184页。
② 陈奇猷校注《韩非子集释》,上海:上海人民出版社,1974年,第418页。
③ 梁启雄《韩子浅解》,北京:中华书局,2009年,第226页。

之善者，伊尹以论味隆殷；太公以辨钓兴周；及烛武行而纾郑，端木出而存鲁，亦其美也。暨战国争雄，辨士云涌；从横参谋，长短角势；转丸骋其巧辞，飞钳伏其精术；一人之辨，重于九鼎之宝，三寸之舌，强于百万之师；六印磊落以佩，五都隐赈而封。至汉定秦楚，辨士弭节；郦君暨毙于齐镬，蒯子几入乎汉鼎。虽复陆贾籍甚，张释傅会，杜钦文辨，楼护唇舌，颉颃万乘之阶，抵嘘公卿之席；并顺风以托势，莫能逆波而溯洄矣。

夫说贵抚会，弛张相随，不专缓颊，亦在刀笔。范雎之言事，李斯之止逐客，并烦情入机，动言中务，虽批逆鳞，而功成计合，此上书之善说也。至于邹阳之说吴梁，喻巧而理至，故虽危而无咎矣。敬通之说鲍邓，事缓而文繁；所以历骋而罕遇也。①

所谓"伊尹以论味隆殷；太公以辨钓兴周；及烛武行而纾郑，端木出而存鲁"与"郦君暨毙于齐镬，蒯子几入乎汉鼎。虽复陆贾籍甚，张释傅会，杜钦文辨，楼护唇舌"，这些口头表达的对话言辞"说"，内容是与"说"的环境、"说"的对象相协调的，以客观记录某次辩说、游说的形式出现。而所谓"范雎之言事，李斯之止逐客"与"邹阳之说吴梁""敬通之说鲍邓"，是以文字而出的"说"，以"上书"的形式出现，本身就是单篇文字。同是"说"，一是口头之说，为辩说，一是文字之说，为"上书"。也如刘勰所云，一是"缓颊"之说，一是"刀笔"之说。既然是口头之说，那么就有言辞上的来往反复；既然是文字之说，表现在文字上就是自说自话，即便有言辞上的来往反复，也是作者自己设计的辩难，但都有"辩"的意思。

《汉书·艺文志·诸子略》儒家类接《吾丘寿王》六篇之后有《虞丘说》一篇，或以为此篇目标明"说"，即为"说"之文体，如王先谦《汉书补注》称："虞、吾字同，虞丘即吾丘也。此寿王所著杂说。"②其实不然，此人姓名为"虞丘说"，杨树达《汉书窥管》引姚振宗云："此虞丘名说，未详其

---

① [南朝梁]刘勰著，詹锳义证《文心雕龙义证》，上海：上海古籍出版社，1989年，第707—717页。
② 转引自陈国庆编《汉书艺文志注释汇编》，北京：中华书局，1983年，第112页。

始末。《志》列吾丘寿王、庄助之间,则武帝时人。马氏以为即吾丘寿王,以'说'为所说之书,然例以上下文殊不然也。"①此篇原注云:"难孙卿也。"②提出问题以"难"荀卿,似乎是与荀卿辩说,其实不然,辩说与上书之"说"是游说,对象的地位应该比自己高,握有某种主动权。又,《隋书·经籍志》小说家类有萧贲《辩林》二十卷、席希秀《辩林》二卷,不知是否辩说与上书文字的结集。

姚鼐编《古文辞类纂》分文体为十三,其序论书说类与刘勰论"说"分为"缓颊"与"刀笔"二者的观点一致:

> 书说类者,昔周公之告召公,有《君奭》之篇。春秋之世,列国士大夫或面相告语,或为书相遗,其义一也。③

"为书相遗"是文字言辞,是单方面的"说",为《古文辞类纂》的"书";"列国士大夫或面相告语"是对话言辞,其性质是言辞往来反复的交锋,为《古文辞类纂》的"说"。故其"说"大多录《战国策》的"列国士大夫或面相告语"的内容,这些对话言辞当是他人记录而成。

《文选》的文体分类也区分出了辩说与上书,其上书类录有李斯《上书秦始皇》等七篇;但《文选》不录辩说,《文选序》有这样的说法:

> 若贤人之美辞,忠臣之抗直,谋夫之话,辨士之端,冰释泉涌,金相玉振。所谓坐狙丘,议稷下,仲连之却秦军,食其之下齐国,留侯之发八难,曲逆之吐六奇,盖乃事美一时,语流千载。概见坟籍,旁出子史,若斯之流,又亦繁博;虽传之简牍,而事异篇章;今之所集,亦所不取。④

日本学者清水凯夫说到《文心雕龙》分"说"为两类:

> 《文选》没有采用《文心雕龙》在这里所说的"说"的分类,而是以

---

① 转引自陈国庆编《汉书艺文志注释汇编》,北京:中华书局,1983年,第112—113页。
② [汉]班固《汉书》,北京:中华书局,1962年,第1727页。
③ 《序目》,[清]姚鼐纂集,胡士明、李祚唐标校《古文辞类纂》,上海:上海古籍出版社,1998年,第6页。
④ [南朝梁]萧统编,[唐]李善注《文选》,北京:中华书局,1977年,第2页上下。

"上书"的分类采录作品,因此完全没有选录刘勰在这里列举的陆贾、张释之、杜钦、楼护等用"缓颊"表达的"说"。可以说这表明两书的文体观基本上是不相同的。①

其实,《文选》虽然不录辩说,但认可有辩说一体,不能认为《文选》与《文心雕龙》的"文体观基本上是不相同的"。应该说,《文选》也认可《文心雕龙》所说的"说"的分类,但只录上书而不录辩说。

三、"说"的文体特征

上述"说"的七种形式可分为三大类。

第一,论证之"说"与解说之"说",特点是说理。刘勰《文心雕龙·论说》先称"述经叙理曰论",又称"释经,则与传注参体"为"论体"的"条流"之一,刘勰均视为"论"。② "论"的特点就是说理,这是"说"这个词的基本义之一,《说文·言部》:"说,说释也。"段玉裁注:"说释即悦怿。……说释者,开解之意,故为喜悦。采部曰:释,解也。"③《墨子·经上》:"说,所以明也。"④《说文·言部》桂馥义证引《鬼谷子》:"决是非曰说。"⑤《广雅·释诂二》:"诵,说精讲论也。"⑥

第二,辩说之"说"与上书之"说",其共同的特点在于论证、说理,在于"辩";而且这二者都有叙事的成分,是以叙事为主的论证、说理。以下试论述之。

我们先来看《文选序》所列四例辩说。其一"仲连之却秦军",见《战国策·赵策》,事为鲁仲连游说秦将辛垣衍使其退兵,所"说"为鲁仲连以

---

① 〔日〕清水凯夫撰,韩基国译《〈文心雕龙〉对〈文选〉的影响》,载俞绍初、许逸民主编《中外学者文选学论集》,北京:中华书局,1998年,第1032页。
② [南朝梁]刘勰著,詹锳义证《文心雕龙义证》,上海:上海古籍出版社,1989年,第665、669页。
③ [汉]许慎撰,[清]段玉裁注《说文解字注》,上海:上海古籍出版社,1981年,第93页下。
④ [清]孙诒让撰,孙启治点校《墨子间诂》,北京:中华书局,2001年,第314页。
⑤ [清]桂馥《说文解字义证》,上海:上海古籍出版社,1987年,第199页上。
⑥ [魏]张揖撰,[清]王念孙疏证《广雅疏证》,中华书局编辑部编《小学名著六种》,北京:中华书局,1998年,第49页下。

史事论证"秦称帝之害",其中有齐威王之事,鬼侯、鄂侯、文王、殷纣王之事,齐闵王、夷维子之事,等等。其二"食其之下齐国",见《汉书·郦陆朱刘叔孙传》,事为郦食其游说不战而下齐国,所"说"是汉王、项王、义帝之事。其三"留侯之发八难",见《汉书·张陈王周传》,事为张良阻止刘邦"复立六国后",所"说"为汤武革殷的史事。其四"曲逆之吐六奇",见《汉书·张陈王周传》,事为:

> 平自初从,至天下定后,常以护军中尉从击臧荼、陈豨、黥布。凡六出奇计,辄益邑封。奇计或颇秘,世莫得闻也。①

所"说"之"奇计或颇秘,世莫得闻也"。

《文心雕龙·论说》所述"辨士"之"说",所谓"伊尹以论味隆殷;太公以辨钓兴周;及烛武行而纾郑,端木出而存鲁"云云,都是以事为"说","隆殷""兴周""行而纾郑""出而存鲁"都是叙事。我们再来看《文心雕龙·论说》所述汉代"辨士"之"说","陆贾籍甚"者,据《汉书·郦陆朱刘叔孙传》载,陆贾"名有口辩,居左右,常使诸侯",曾以楚汉相争之事说南越王尉佗;以汤武、吴王夫差、智伯、秦始皇之事说汉高祖"马上得之,宁可以马上治乎"。②"张释傅会"者,据《汉书·张冯汲郑传》载,张释之事文帝为谒者,"释之既朝毕,因前言便宜事。文帝曰:'卑之,毋甚高论,令今可行也。'于是释之言秦汉之间事,秦所以失,汉所以兴者"③。"杜钦文辨"者,《汉书·杜周传》载,杜钦,杜周子,"为人深博有谋。自上为太子时,以好色闻,及即位,皇太后诏采良家女。钦因是说大将军凤"④,言晋献、申生、《关雎》等事。"楼护唇舌"者,《汉书·游侠传》载,楼护字君卿,"为人短小精辩,论议常依名节,听之者皆竦。与谷永俱为五侯上客,长安号曰'谷子云笔札,楼君卿唇舌'"⑤。上述四人,除不知楼护以何为说外,

---

① [汉]班固《汉书》,北京:中华书局,1962年,第2045页。
② 同上书,第2111、2113页。
③ 同上书,第2307页。
④ 同上书,第2667—2668页。
⑤ 同上书,第3707页。

其他三人都是以事为说。

《文心雕龙·论说》所述上书之"说",《文选》上书类录文七篇,李斯《上书秦始皇》(即《谏逐客书》),以客有功于秦之事,力陈逐客之失。邹阳《上书吴王》谏吴王反,李善注曰:"为其事尚隐,恶不指斥言,故先引秦为喻,因道胡越齐赵之难,然后乃致其意。"①邹阳《狱中上书自明》,起首部分就以荆轲、卫先生、卞和、李斯诸人忠心而遭疑之事叙己冤枉。司马长卿《上书谏猎》,以兽亦有乌获、庆忌、贲、育之类"殊能者",劝谏皇上不可冒险亲自打猎。枚叔《上书谏吴王》,叙舜、禹、汤、武以德立国之事讽谏吴王。枚叔《上书重谏吴王》,以秦灭六国兼并天下之事说明汉与诸侯国的关系。江淹《诣建平王上书》,以历史上遭冤入狱之人的事迹表明自己的委屈。

无论是辩说还是上书,都是要说服或驳倒一个具体而实在的对象,这个对象的身份比自己高。

第三,"叙说"是单纯的叙述。"诸事"、小说之"说"是单纯的叙事;"叙说"从理论来说,其根本的指向还是义理,但此义理与叙事分离,或意味不具体、不明显而偏向概括。以下论述之。

"诸事"为集合性的叙事,《韩非子·内储说》,梁启雄《韩子浅解》释题为以"事理"连串出"历史故事",要以"历史故事"为"事理"之"证";②《韩非子·说林》,陈奇猷释为"韩非搜集之史料备著书及游说之用"③,认定其叙事属性并指出其叙事指向为"游说",但这些事理只是观念上的、以概括实现的。刘向《说苑》分为君道、臣术、建本、立节、贵德、复恩、政理、尊贤、正谏、敬慎、善说、奉使、权谋、至公、指武、说丛、杂言、辨物、修文、反质共二十卷,除说丛、杂言外,其他的题目均为该卷所载之事的主题指向,各卷首段大多为概括题旨的叙说。曾巩《说苑序》称,"向采传记、百家所载行事之迹以为此书,奏之欲以为法戒"④,所谓"法戒"就是"事理"的意思。尽管如此,"诸事"单纯叙事的意味已显现出来,因为义理与

---

① [南朝梁]萧统编,[唐]李善注《文选》,北京:中华书局,1977年,第545页下。
② 梁启雄《韩子浅解》,北京:中华书局,2009年,第226页。
③ 陈奇猷校注《韩非子集释》,上海:上海人民出版社,1974年,第418页。
④ [汉]刘向《新序 说苑》,上海:上海古籍出版社,1990年,第2页下。

叙事已经分离，而义理是没有具体性的。

小说为"街谈巷语，道听途说"，其叙事功能自不必言。但有的小说亦有事理意味，如《世说》分为三十六门，各有名称表明叙事具有什么性质的事理意味，如德行、言语、政事、文学以及方正、雅量、识鉴、赏誉等。尽管可以如此概括，但具体来说，小说是纯粹的叙事，与"事理"没有关系。

因此，"说"这种文体的范围游动于说理与叙事之间，既可以是说理，也可以是叙事，还可以是以叙事说理，叙事的最高形态是小说。而从观念上来说，作为单纯叙事的小说，应该是从说理出发，经过独立的叙述，最后成为独立的叙事。从说理到叙事，以叙事说理作为"说"这一文体变化的契机与过渡形态，而中介则是叙述、阐述之"说"及独立之"说"的集合。这或许就是小说形成的路线。

再从形态上看，《说林》《内外储说》当是上述小说家类著作的先声。《隋书·经籍志》子部儒家类有《说苑》，刘向《说苑叙录》云，《说苑》所录事"除去与《新序》复重者，其余者浅薄不中义理，别集以为《百家》后"①。《新序》与《说苑》同列入子部儒家类刘向所序六十七篇中，《百家》则列入小说家类。那么，《说苑》与《百家》一样是叙事之作，小说家类的《百家》为"街谈巷语，道听途说"，"浅薄不中义理"，而《说苑》则正规一些，《内外储说》亦当如此。另外，解释经典之"说"也是上述小说家类著作的先声，此即黄以周《儆季杂著·史说略》卷二《读〈汉·艺文志〉》所说：

> 汉儒注经，各守义例，故训传说，体裁不同，读《艺文志》犹可考见。故训者，疏通其文义也；传说者，征引其事实也。故训之体，取法《尔雅》；传说之体，取法《春秋传》。②

取法《春秋传》之"征引其事实"以解释经典，就是强调"说"的叙事意味。

再就名称来说，《隋书·经籍志》杂家载录之《俗说》《杂说》《善说》以

---

① ［清］严可均校辑《全上古三代秦汉三国六朝文》，北京：中华书局，1958年，第334页下。
② ［清］黄式三、黄以周著，詹亚园、张涅主编《黄式三黄以周合集》第十五册，上海：上海古籍出版社，2014年，第383页。

及小说家载录之《世说》《小说》《迩说》《辩林》,当是继《说林》《内外储说》而来,并且内容上有相似之处。此外也有取法解释经典之"说"的意味。

最早论述说体的是录入《文选》的陆机《文赋》,其称"说炜晔而谲诳",李善注曰:"说以感物为先,故炜晔谲诳。"五臣之李周翰注曰:"说者,辩词也。辩口之词,明晓前事,诡谲虚诳,务感人心。炜晔,明晓也。"①王闿运曰:"说当回人之意,改已成之事,谲诳之使反于正,非尚诈也。"②许文雨曰:"炜晔之说,即刘勰'言资悦怿'之谓,兼远符于时利义贞之义。而谲诳之说,刘勰独持忠信以肝胆献主之义,反驳陆说,不知陆氏乃述战国纵横家游说之旨也。"③此处的"说"当是立足于以叙事说理的形式,是辩说一类。

明张鼎文《校刻韩非子序》称说《说林》《内外储说》也有"炜晔而谲诳"的特点,其曰:

> 曰《说林》,皆古人诡稽突梯所为,而非特表出之,固智术之所尚也。④

又称《内储说上篇》为"诡秘矫诈,无所不至"⑤。

从《汉书·艺文志·诸子略》所录又可知,诸子之说与小说家类标明为"说"的一家之言,性质不同。人们认为,诸子之说确实是诸子所为,而标明"说"的那些言论不见得是所标明的作者所为,这或许就是"说"之"谲诳"的表现之一。

《隋书·经籍志》述小说亦称为"街说巷语之说也",从其小说家类著录作品的书名排列来看,其中有"《笑林》三卷、《笑苑》四卷、《解颐》二卷、《世说》八卷、《世说》十卷、《小说》十卷、《小说》五卷、《迩说》一卷、

---

① [南朝梁]萧统编,[唐]李善、吕延济、刘良、张铣、吕向、李周翰注《六臣注文选》,北京:中华书局,1987年,第312页上。
② [晋]陆机撰,张少康集释《文赋集释》,上海:上海古籍出版社,1984年,第85页。
③ 同上书,第86页。
④ 转引自[战国]韩非著,陈奇猷校注《韩非子新校注》,上海:上海古籍出版社,2000年,第1223页。
⑤ 同上。

《辩林》二十卷,《辩林》二卷"。① 作为小说与"笑""辩"之类排列在一起,那么,这些小说也具有"炜晔""谲诳"的性质特点。

四、《文选》不录说体辨

萧统《文选序》说到为什么不录"贤人之美辞,忠臣之抗直,谋夫之话,辨士之端"之类辩说的理由:

> 概见坟籍,旁出子史,若斯之流,又亦繁博;虽传之简牍,而事异篇章;今之所集,亦所不取。②

但考索起来,并不那么简单。

其一,"说"常常作为整体编集出现。《说林》《内外储说》本是《韩非子》的篇章,虽然其中的"事"从意义上看可独立,但《韩非子》是把同一篇内的"事"当作整体看待的。《汉书·艺文志·诸子略》小说家类著录的《鬻子说》《伊尹说》《黄帝说》《封禅方说》《虞初周说》,都是"说"的集合体。《隋书·经籍志》载录杂家之《俗说》《杂说》《善说》,小说家之《世说》《小说》《迩说》等,也是"说"的集合体。这也就是说,"说"往往以集合体出现,具有不可分割性。

其二,《文选序》所称说的辩说一类未构成单独篇章,王运熙说:

> 史部《战国策》《史记》《汉书》中包含了不少贤人、谋夫等的辩说,《文选序》所举诸例,大抵也出自这些史书。对这类说辞,序文肯定它们"金相玉质""语流千载",显然赞美其有文采。但它们不是篇章,即原来是单篇、后来收入别集中的作品,所以也不予选录。今考《文选》所选作品的"上书"类……其性质与贤人、谋夫等的辩说相同,只因当时不但见于史籍,而且还以单篇文章流传,故遂被《文选》收录。③

---

① [唐]魏徵、令狐德棻《隋书》,北京:中华书局,1973年,第1011页。
② [南朝梁]萧统编,[唐]李善注《文选》,北京:中华书局,1977年,第2页下。
③ 王运熙《〈文选〉选录作品的范围和标准》,《复旦学报》1988年第6期,第11页;又载俞绍初、许逸民主编《中外学者文选学论集》,北京:中华书局,1998年,第260—261页。

这就是所谓"事异篇章"。《文选》作为一部选集,录入的作品都是单篇,这从《文选序》中强调所录作品是"篇章""篇翰""篇什"可以看出。所谓"篇者,遍也,言出情铺事明而遍者也"①。有头有尾,自成段落的作品就可以称"篇"了,即《论衡·书解》所谓"出口为言,著文为篇"②。《文选》中曹植《上责躬应诏诗表》"窃感相鼠之篇",吕延济注云:"篇,诗篇也。"③《文选序》"降将著'河梁'之篇"④的"篇",也特指诗篇。"篇"作为单篇讲,可以是文体的一种,《文选序》论及的文体有篇、辞、引、序之类。高步瀛称:"方廷珪《文选集成》谓篇指本书乐府曹子建《美女》《白马》《名都》等篇,未知是否。"⑤唐玄宗时所编《初学记》也把"篇"作为文体,其"武部剑第二"所列叙写"剑"的文体就有诗、篇、歌、启、铭;篇体中录唐李峤《宝剑篇》。其"武部渔第十一"所列叙写"渔"的文体有赋、诗、篇、文;篇中录陈张正见《钓竿篇》、隋李巨仁《钓竿篇》。可见作为独立篇章的"上书"则可以录入选集。

其三,辩说是不可"剪截"的。《文选》录文有"剪截"史籍法,《文选序》解释为什么不录经部文字云:

> 若夫姬公之籍,孔父之书,与日月俱悬,鬼神争奥,孝敬之准式,人伦之师友;岂可重以芟夷,加之剪截。⑥

即所谓"姬公之籍,孔父之书"是不可"剪截"的;倒过来讲,假如要录入经部文字,那录入的方式就是"剪截"。

《文选序》又称有的史部文字属于例外而可以录入,其云:

> 至于记事之史,系年之书,所以褒贬是非,纪别异同;方之篇翰,

---

① 《关雎》"关雎五章,章四句"孔颖达疏,《毛诗正义》,《十三经注疏》,上海:上海古籍出版社,1997年,第274页中。
② [汉]王充《论衡》,上海:上海人民出版社,1974年,第434页。
③ [南朝梁]萧统编,[唐]李善、吕延济、刘良、张铣、吕向、李周翰注《六臣注文选》,北京:中华书局,1987年,第363页上。
④ 同上书,第2页下—3页上。
⑤ 高步瀛著,曹道衡、沈玉成点校《文选李注义疏》,北京:中华书局,1985年,第21页。
⑥ [南朝梁]萧统编,[唐]李善注《文选》,北京:中华书局,1977年,第2页上。

亦已不同。若其赞论之综缉辞采,序述之错比文华,事出于沈思,义归乎翰藻,故与夫篇什,杂而集之。①

那么,其录入方式也应该是"剪截"。

但是辩说是不可"剪截"的。当录入"上书"时,"上书"中虽有辩说,但都含在某作者独立的作品中;当以"剪截"史籍的方式录入作品时,其言语来往等背景是以序的方式附在作品前面的。而辩说体的文字,其辩说双方的交锋往复是交叉、纠缠在一起的,没有办法使某作者所作独立成章。

当萧统《文选序》称辩说为"旁出子史"时,即认为只有从史传中"剪截"出来才可独立成文,萧统是认可"剪截"这种方式的;但这些"说"却未见由"剪截"而成单独之篇,可见这一文体是经不起"剪截"的。

五、《古文辞类纂》的书说类

姚鼐编《古文辞类纂》分文体为十三,其书说类直接"剪截"史籍,把原本是史籍片断的辩说文字直接"剪截"成独立篇章。如书说类下"剪截"自《战国策》三十八篇"说",题目上皆有两个人的姓名,前为说者,后为被说者,如《赵良说商君》等;有时还列出为什么人、什么事而"说",如《陈轸为齐说楚昭阳》等。只有一个例外,即《淳于髡解受魏璧马》,未列出淳于髡解释的对象。其中《鲁仲连说辛垣衍》,即《文选序》称为"仲连之却秦军"者,先述"秦围赵之邯郸,魏安釐王使将军晋鄙救赵";"魏王使客将军辛垣衍间入邯郸,因平原君谓赵王""尊秦昭王为帝",鲁仲连说辛垣衍,秦兵退,鲁仲连不受赏而去。② 那么,《古文辞类纂》所录之文就是史家之言,是史家对某一次辩说的记载,而不是某个人的独立作品;《文选》当然不能把它作为某个人的作品,"今之所集,亦所不取"也就是理所当然的。

---

① [南朝梁]萧统编,[唐]李善注《文选》,北京:中华书局,1977年,第2页下。
② [清]姚鼐纂集,胡士明、李祚唐标校《古文辞类纂》,上海:上海古籍出版社,1998年,第328—330页。

第三节　中古乐府歌辞的原生态状况

探讨乐府歌辞的原生态状况,就是探讨乐府歌辞在形成时是一个什么样子。远古时代,诗、舞、乐三位一体,如《吕氏春秋·古乐》载:

> 昔葛天氏之乐,三人操牛尾,投足以歌八阕:一曰"载民",二曰"玄鸟",三曰"遂草木",四曰"奋五谷",五曰"敬天常",六曰"建帝功",七曰"依地德",八曰"总禽兽之极"。①

"投足"就是舞蹈的姿态,"歌八阕"有乐有诗。又,《宋书·乐志》:

> 《但歌》四曲,出自汉世。无弦节,作伎,最先一人倡,三人和。魏武帝尤好之。时有宋容华者,清彻好声,善倡此曲,当时特妙。②

有"作伎"又有"倡"(唱),应该是有化妆或舞蹈配合演唱的。

诗渐分为两途,一是脱离了舞、乐,一是仍与舞、乐(或仅乐)共生存同命运,后者就是所谓乐府歌辞。对乐府歌辞而言,刘勰《文心雕龙》视乐府歌辞为与诗不同的另一体,认为乐府歌辞应该是以音乐为主的;而萧统《文选》视乐府歌辞为诗之一体,认为乐府歌辞应该是以文字为主。于是我们讨论乐府歌辞,既要讨论乐府歌辞的文字本身,更要把乐府歌辞与音乐性结合在一起讨论,因为无论如何,与其他文体或诗体相比,乐府歌辞的特殊性就在于其音乐性;比起脱离了舞、乐的单纯的诗来,虽然也有乐府歌辞渐渐脱离了舞、乐而独立生存,但是乐府歌辞的原生态生存状况是与舞、乐二者共生存同命运。《汉书·艺文志》云:

> 自孝武立乐府而采歌谣,于是有代赵之讴,秦楚之风,皆感于哀

---

① [秦]吕不韦著,[汉]高诱注《吕氏春秋》,上海:上海古籍出版社,1989年,第43页上。高诱注:"旧本作:总万物之极。"
② [南朝梁]沈约《宋书》,北京:中华书局,1974年,第603页。

乐,缘事而发,亦可以观风俗,知薄厚云。①

乐府歌辞多"因事制歌"②,历来研究乐府歌辞者,无不探寻其本事。乐府歌辞的音乐性,或由歌辞作者实现,或由乐工实现,因为乐工承担着对要演奏的歌诗进行适应演唱的改编的职责;因此,乐府歌辞的原生态状况中还有乐工的参与。而从另一方面讲,文人创作诗歌,一旦进入乐工的演奏阶段,其原生态状况就被改变了,也即乐奏辞与原生态的本辞是有所不同的。乐府歌辞的原生态状况涉及的面比较广,由于乐、舞难以存世,而文辞凭借文字记载易于流传,因此,我们看到的乐府歌辞往往是独立生存的,但不可忘记它们本来是与乐、舞相配合的。倒过来讲,探讨乐府歌辞的原生态状况,不仅在其本身,还应该从乐、舞入手。本节择其要者述论于下。

一、乐府歌辞的音乐性构成

乐府歌辞的音乐性,首先表现在其具有音乐性结构,《乐府诗集·相和歌辞》题解:

> 凡诸调歌词,并以一章为一解。……又诸调曲皆有辞、有声,而大曲又有艳,有趋、有乱。辞者其歌诗也,声者若"羊吾夷""伊那何"之类也,艳在曲之前,趋与乱在曲之后,亦犹吴声西曲前有和,后有送也。③

这里点出了解、辞、声、艳、趋、乱、正曲、和、送等乐府歌辞的构成部分。解是音乐性的段落标志;辞为歌辞;声是乐声标注;艳、趋、乱、和、送,有的仅是器乐演奏,但大多数是有配辞的,这些配辞与正曲一起构成形式上完整的乐府歌辞。乐府歌辞的各个部分在内容上是相互配合的,如《妇病行》

---

① [汉]班固《汉书》,北京:中华书局,1962年,第1756页。
② [南朝梁]沈约《宋书》,北京:中华书局,1974年,第550页。按,原文作"因事制哥","哥"同"歌"。
③ [宋]郭茂倩编《乐府诗集》,北京:中华书局,1979年,第376—377页。

古辞：

> 妇病连年累岁,传呼丈人前一言。当言未及得言,不知泪下一何翩翩。"属累君两三孤子,莫我儿饥且寒,有过慎莫笪笞,行当折摇,思复念之。"乱曰:抱时无衣,襦复无里。闭门塞牖舍,孤儿到市,道逢亲交,泣坐不能起。从乞求与孤买饵,对交啼泣泪不可止。"我欲不伤悲不能已。"探怀中钱持授,交入门,见孤儿啼索其母抱,徘徊空舍中,行复尔耳,弃置勿复道! ①

前述"妇病"托嘱,"乱曰"述妇逝后丈人所见孤儿情形。又如《孤儿行》古辞的"乱曰"：

> 里中一何譊譊,愿欲寄尺书,将与地下父母,兄嫂难与久居。②

前述孤儿遭遇,"乱曰"是总控诉。但很多情况下,艳、趋、乱及正曲在内容上并非一气呵成,只是因为乐曲演奏,这些内容才凑在一起,如曹操《步出夏门行》有"艳"③：

> 云行雨步,超越九江之皋。临观异同,心意怀游豫,不知当复何从。经过至我碣石,心惆怅我东海。④

这里的艳与以下的《观沧海》《冬十月》《土不同》《龟虽寿》的内容是各自独立的,最多只能说是一种铺垫。又如《宋书·乐志》之大曲：

《白鹄》《艳歌何尝》(一曰《飞鹄行》) 古词(四解)：
飞来双白鹄,乃从西北来。十十五五,罗列成行。(一解)妻卒被病,行不能相随。五里一反顾,六里一裴回。(二解)吾欲衔汝去,

---

① [宋]郭茂倩编《乐府诗集》,北京:中华书局,1979年,第566页。
② 同上书,第567页。
③ 《乐府诗集·舞曲歌辞三》有《碣石篇》,郭茂倩云:"按《相和大曲》,《步出夏门行》亦有《碣石篇》,与此并同,但曲前更有艳尔。" [宋]郭茂倩编《乐府诗集》,北京:中华书局,1979年,第791页。
④ [宋]郭茂倩编《乐府诗集》,北京:中华书局,1979年,第545页。

口噤不能开;吾欲负汝去,毛羽何摧颓。(三解)乐哉新相知,忧来生别离。踟蹰顾群侣,泪下不自知。(四解)念与君离别,气结不能言。各各重自爱,道远归还难。妾当守空房,闭门下重关。若生当相见,亡者会黄泉。今日乐相乐,延年万岁期。("念与"下为趋曲,前有艳。)①

趋与正曲本来不是在一起的,所以沈约有注。正因为它们是由音乐上的关系连配在一起的,故内容上有出入,前四解述白鹄雌病雄别而泪下,趋则述人间夫妻的离别哀伤。但是,之所以能连配在一起,还是因为它们内容有一定的相关性。另外,末二句显得很奇怪,这种情况怎么又"今日乐相乐,延年万岁期"呢?萧涤非云:"汉魏乐府,结尾多作祝颂语,往往与上文略不相属,此盖为当时听乐者设,与古诗不同,不可连上文串讲也。"②这二句原来是与全曲不相干的套话,是不能与全曲连在一起分析的。又如曹操有《步出夏门行》,其歌四章,一曰《观沧海》,二曰《冬十月》,三曰《土不同》,四曰《龟虽寿》,末尾都有"幸甚至哉,歌以咏志"③,与全诗意义无涉。有些甚至乐曲也非同一系统,如前述《白鹄》的"'念与'下为趋曲",就应该是不属于瑟调曲而截取其他曲调而成。

因此,我们在阅读欣赏乐府歌辞时,尤其要注意各个部分的相辅相成,如《乐府诗集》所载《西乌夜飞》题解:

《古今乐录》曰:"《西乌夜飞》者,宋元徽五年,荆州刺史沈攸之所作也。攸之举兵发荆州,东下,未败之前,思归京师,所以歌。和云:'白日落西山,还去来。'送声云:'折翅乌,飞何处,被弹归。'"④

共录曲五首,每首五言四句。那么,第一首在演唱时候就应该是这样的:

白日落西山,还去来。日从东方出,团团鸡子黄。夫归思情重,

---

① [南朝梁]沈约《宋书》,北京:中华书局,1974年,第618—619页。
② 萧涤非《汉魏六朝乐府文学史》,北京:人民文学出版社,1984年,第85—86页。
③ [宋]郭茂倩编《乐府诗集》,北京:中华书局,1979年,第545页。
④ 同上书,第722页。

怜欢故在傍。折翅乌,飞何处,被弹归。

而不只是"日从东方出"四句。

由此,我们也可以理解许多乐府诗是拼凑而成的,拿我们最为熟悉的《木兰诗》来说,梁横吹曲《折杨柳》曰:

> 门前一株枣,岁岁不知老。阿婆不嫁女,那得孙儿抱。敕敕何力力,女子临窗织。不闻机杼声,只闻女叹息。①

那么,北朝民歌《木兰诗》前四句"唧唧复唧唧,木兰当户织。不闻机杼声,唯闻女叹息"②,只是《木兰诗》形成时期的借用,并不能恰切解释木兰"当户织"的身份。而有些乐府歌辞本来就是两首诗合成的,但既然已经因为乐曲的缘故合成了,就不能分开来分析了。如现有一版本的《乐府诗集》所载《长歌行》古辞:

> 仙人骑白鹿,发短耳何长。导我上太华,揽芝获赤幢。来到主人门,奉药一玉箱。主人服此药,身体一日康。强发白更黑,延年寿命长。岧岧山上亭,皎皎云间星。远望使心思,游子恋所生。驱车出北门,遥观洛阳城。凯风吹长棘,夭夭枝叶倾。黄鸟飞相追,咬咬弄音声。伫立望西河,泣下沾罗缨。③

严羽对此有所考证,其《沧浪诗话·考证》云:

> 《文选》长歌行,只有一首《青青园中葵》者。郭茂倩《乐府》有两篇,次一首乃《仙人骑白鹿》者。《仙人骑白鹿》之篇,予疑此词"岧岧山上亭"以下,其义不同,当又别是一首,郭茂倩不能辨也。④

实际上乐府歌辞就是有所拼凑、有所合并的,明末冯班校南京国子监重印

---

① [宋]郭茂倩编《乐府诗集》,北京:中华书局,1979 年,第 370 页。
② 同上书,第 373 页。
③ [宋]郭茂倩编《乐府诗集》卷三十,《中华再造善本》,据中国国家图书馆藏元至正元年集庆路儒学刻明修本影印,北京:北京图书馆出版社,2006 年,第 3 页 B 面。
④ [宋]严羽著,郭绍虞校释《沧浪诗话校释》,北京:人民文学出版社,1983 年,第 210 页。

至正本校记已云:

> 此本二诗,乐工合之以协歌之声耳。严沧浪不读《宋》《齐》诸书乐志,疑为两篇,不知乐府多自如此也。①

余冠英《乐府歌辞的拼凑和分割》论之甚详②。而现通行本《乐府诗集》所载,是从"延年寿命长"后切断分为两首的③。

二、本辞与乐奏辞的差异

乐府歌辞合乐演唱的情况,有的是因为时代不同而演唱的歌辞不同,有的是乐工改动诗人的诗以合乐。《乐府诗集》所载相和歌辞,往往标明"魏乐所奏""晋乐所奏""魏晋乐所奏""本辞"以说明,我们可以从中看到后起者与原生态有什么不同及其原因。

《乐府诗集》录《东门行》古辞:

> 出东门,不顾归。来入门,怅欲悲。盎中无斗储,还视桁上无悬衣。(一解)拔剑出门去,儿女牵衣啼。他家但愿富贵,贱妾与君共铺糜。(二解)共铺糜,上用仓浪天故,下为黄口小儿。今时清廉,难犯教言,君复自爱莫为非。(三解)今时清廉,难犯教言,君复自爱,莫为非。行!吾去为迟,平慎行,望君归。(四解)
>
> 右一曲,晋乐所奏。
>
> 出东门,不顾归。来入门,怅欲悲。盎中无斗米储,还视架上无悬衣。拔剑东门去,舍中儿母牵衣啼。他家但愿富贵,贱妾与君共铺糜。上用仓浪天故,下当用此黄口儿。今非,咄!行!吾去为迟,白发时下难久居。
>
> 右一曲,本辞。④

---

① 转引自孙尚勇《乐府文学文献研究》,北京:人民文学出版社2007年,第403页。并有论述,可参阅。
② 余冠英《古代文学杂论》,北京:中华书局,1987年,第148—157页。
③ [宋]郭茂倩编《乐府诗集》,北京:中华书局,1979年,第442—443页。
④ 同上书,第550页。

本辞还具有民间采集而来的意味,反抗性很强。而"晋乐所奏"是官府演奏的版本,改"今非,咄"为"今时清廉,难犯教言,君复自爱莫为非",且重复一次;改丈夫语"白发时下难久居"为妇人语"平慎行,望君归"。读者自可看出其间的不同意识。

又,《乐府诗集》录曹操《短歌行》二首:

> 对酒当歌,人生几何?譬如朝露,去日苦多。(一解)慨当以慷,忧思难忘,以何解愁,唯有杜康。(二解)青青子衿,悠悠我心,但为君故,沈吟至今。(三解)明明如月,何时可掇。忧从中来,不可断绝。(四解)呦呦鹿鸣,食野之苹。我有嘉宾,鼓瑟吹笙。(五解)山不厌高,水不厌深。周公吐哺,天下归心。(六解)
>
> 右一曲,晋乐所奏。
>
> 对酒当歌,人生几何?譬如朝露,去日苦多。慨当以慷,忧思难忘,何以解忧,唯有杜康。青青子衿,悠悠我心。呦呦鹿鸣,食野之苹。我有嘉宾,鼓瑟吹笙。明明如月,何时可掇。忧从中来,不可断绝。越陌度阡,枉用相存。契阔谈䜩,心念旧恩。月明星稀,乌鹊南飞。绕树三匝,何枝可依。山不厌高,海不厌深。周公吐哺,天下归心。
>
> 右一曲,本辞。①

"晋乐所奏"比本辞少"越陌度阡,枉用相存。契阔谈䜩,心念旧恩。月明星稀,乌鹊南飞。绕树三匝,何枝可依"八句,且将"明明如月"四句提至"呦呦鹿鸣"前。又曹操《苦寒行》,乐奏辞将本辞每四句作一解,凡六解,前五解皆将首二句后八字重复一次,第六解首二句的十字皆重复一次。②于是,孙尚勇认为:

> 《短歌行·对酒》和《苦寒行》的本辞是魏武帝原创,而乐奏辞则

---

① [宋]郭茂倩编《乐府诗集》,北京:中华书局,1979年,第447页。
② 同上书,第496页。

不能用以说明他的诗歌成就。①

据此,我们就知曹操《短歌行》("周西伯昌")仅录"晋乐所奏",一定是经过乐工加工的,不能认为纯粹是曹操作品。

又,《乐府诗集》录《西门行》古辞二首:

出西门,步念之。今日不作乐,当待何时?(一解)夫为乐,为乐当及时。何能坐愁怫郁,当复待来兹。(二解)饮醇酒,炙肥牛,请呼心所欢,可用解愁忧。(三解)人生不满百,常怀千岁忧。昼短而夜长,何不秉烛游。(四解)自非仙人王子乔,计会寿命难与期。自非仙人王子乔,计会寿命难与期。(五解)人寿非金石,年命安可期。贪财爱惜费,但为后世嗤。(六解)

右一曲,晋乐所奏。

出西门,步念之,今日不作乐,当待何时?逮为乐,逮为乐,当及时。何能愁怫郁,当复待来兹。酿美酒,炙肥牛,请呼心所欢,可用解忧愁。人生不满百,常怀千岁忧。昼短苦夜长,何不秉烛游。游行去去如云除,弊车羸马为自储。

右一曲,本辞。②

"晋乐所奏"或为了协和曲辞,或为了强调内容表达,增加了许多内容,我们鉴赏时不可不细加辨析。

三、乐府歌辞的音乐性背景

乐府歌辞与诗的最大不同就在于其音乐性。虽然乐府歌辞现在也不能演唱,但若我们稍稍努力一下,还是可以复原其部分音乐性,以下尝试之。

其一,由音乐性考辨乐府作品的内涵。如乐府歌辞的题目自然应该有音乐性的内涵,元稹《乐府古题序》:

---

① 孙尚勇《乐府文学文献研究》,北京:人民文学出版社,2007年,第232页。
② [宋]郭茂倩编《乐府诗集》,北京:中华书局,1979年,第549页。

《诗》讫于周,《离骚》讫于楚。是后诗之流为二十四名:赋、颂、铭、赞、文、诔、箴、诗、行、咏、吟、题、怨、叹、章、篇、操、引、谣、讴、歌、曲、词、调,皆诗人六义之余,而作者之旨。由操而下八名,皆起于郊祭军宾吉凶苦乐之际。在音声者,因声以度词,审调以节唱,句度短长之数,声韵平上之差,莫不由之准度。而又别其在琴瑟者为操引,采民甿者为讴谣,备曲度者总得谓之歌曲词调。斯皆由乐以定词,非选调以配乐也。由诗而下九名,皆属事而作,虽题号不同,而悉谓之为诗可也。后之审乐者,往往采取其词,度为歌曲,盖选词以配乐,非由乐以定词也。而纂撰者由诗而下十七名,尽编为乐录乐府等题。①

而一些有音乐性内涵的题目又自然会有情感性的因素,如《乐府诗集》的《长歌行》题解:

> 崔豹《古今注》曰:"长歌、短歌,言人寿命长短,各有定分,不可妄求。"按古诗云"长歌正激烈",魏文帝《燕歌行》云"短歌微吟不能长",晋傅玄《艳歌行》云"咄来长歌续短歌",然则歌声有长短,非言寿命也。②

又如《文选》录陆机《吴趋行》,李善注曰:

> 崔豹《古今注》曰:吴趋曲,吴人以歌其地也。③

题目标明地名的乐府歌辞,大多是地方土风,其地方音乐特色对作品风格的影响是不言而喻的。

又,依什么乐器创作,也会改变乐府歌辞的意味,杨恽《报孙会宗书》:

> 家本秦也,能为秦声。妇,赵女也,雅善鼓瑟。奴婢歌者数人,酒

---

① 转引自郭绍虞主编《中国历代文论选》第二册,上海:上海古籍出版社,2001年,第110—111页。
② [宋]郭茂倩编《乐府诗集》,北京:中华书局,1979年,第442页。
③ [南朝梁]萧统编,[唐]李善注《文选》,北京:中华书局,1977年,第398页下。

后耳热,仰天拊缶而呼乌乌。其诗曰:"田彼南山,芜秽不治,种一顷豆,落而为萁。人生行乐耳,须富贵何时!"①

颜师古注引应劭曰:"缶,瓦器也,秦人击之以节歌。"②缶,瓦质的打击乐器。那么,用缶作伴奏乐器的作品应该是怎样一种风格,读者自然有自己的理解。又如《乐府诗集》马援《武溪深行》题解及本辞:

> 一曰《武陵深行》。崔豹《古今注》曰:"《武溪深》,马援南征之所作也。援门生爰寄生善吹笛,援作歌,令寄生吹笛以和之。名曰《武溪深》。"
>
> 滔滔武溪一何深,鸟飞不度,兽不敢临。嗟哉武溪兮多毒淫!③

马融《长笛赋序》云:

> 独卧郿平阳邬中,有雒客舍逆旅,吹笛,为《气出》《精列》《相和》。融去京师逾年,暂闻,甚悲而乐之。④

向秀《思旧赋》言"听鸣笛之慷慨兮,妙声绝而复寻"⑤。《武溪深行》曲调已失,但通过此曲是用笛伴奏的音乐属性,也能探求其中些许情感因素。《乐府诗集·郊庙歌辞》谢庄《宋明堂歌》题解:

> 《南齐书·乐志》曰:"明堂祠五帝。汉郊祀歌皆四言,宋孝武使谢庄造辞,庄依五行数,木数用三,火数用七,土数用五,金数用九,水数用六。……又纳音数,一言得土,三言得火,五言得水,七言得金,九言得木。"⑥

那么依"音数"而言,《宋明堂歌》中的《歌白帝》就应该是九言诗,而不能

---

① [汉]班固《汉书》,北京:中华书局,1962 年,第 2896 页。
② 同上。
③ [宋]郭茂倩编《乐府诗集》,北京:中华书局,1979 年,第 1048 页。
④ [南朝梁]萧统编,[唐]李善注《文选》,北京:中华书局,1977 年,第 249 页下。
⑤ 同上书,第 230 页上。
⑥ [宋]郭茂倩编《乐府诗集》,北京:中华书局,1979 年,第 15 页。

断为四言、五言。①

《乐府诗集·鼓吹曲辞》题解称"鼓吹曲,一曰短箫铙歌"②,又引刘瓛定军礼云:

> 鼓吹未知其始也,汉班壹雄朔野而有之矣。鸣笳以和箫声,非八音也。骚人曰"鸣篪吹竽"是也。③

八音是我国古代对乐器的统称,通常为金、石、丝、竹、匏、土、革、木八种不同质材所制。《宋书·谢灵运传论》泛指音乐称"夫五色相宣,八音协畅,由乎玄黄律吕,各适物宜"④,鼓吹曲"非八音",当然不是雅乐了。

其二,乐府歌辞因曲、舞的妙绝而流行。如《文士传》曰:

> 太祖雅闻瑀名,辟之,不应,连见逼促,乃逃入山中。太祖使人焚山,得瑀,送至,召入。太祖时征长安,大延宾客,怒瑀不与语,使就技人列。瑀善解音,能鼓琴,遂抚弦而歌,因造歌曲曰:"奕奕天门开,大魏应期运。青盖巡九州,在东西人怨。士为知己死,女为悦者玩。恩义苟敷畅,他人焉能乱?"为曲既捷,音声殊妙,当时冠坐,太祖大悦。⑤

阮瑀此歌因"音声殊妙"而受到赞赏,而非仅凭其歌辞本身。又有因舞出名者,《乐府诗集·舞曲歌辞》王粲《魏俞儿舞歌》题解引《晋书·乐志》曰:

> 其俗喜歌舞,高帝乐其猛锐,数观其舞,曰:"武王伐纣歌也。"后使乐人习之。阆中有渝水,因其所居,故曰《巴渝舞》。舞曲有《矛

---

① 孙尚勇有详细论证,见孙尚勇《乐府文学文献研究》,北京:人民文学出版社,2007 年,第 370—372 页。
② [宋]郭茂倩编《乐府诗集》,北京:中华书局,1979 年,第 223 页。
③ 同上。
④ [南朝梁]沈约《宋书》,北京:中华书局,1974 年,第 1779 页。
⑤ 《魏书·王卫二刘传》裴松之注引,裴松之又称此作或为伪托,但此处只称说人们欣赏者乃阮瑀之"音声"。[晋]陈寿撰,[南朝宋]裴松之注,陈乃乾校点《三国志》,北京:中华书局,1959 年,第 600 页。

渝》《弩渝》《安台》《行辞》,本歌曲四篇。其辞既古,莫能晓其句度。"①

那么,因舞的妙绝而流行,歌辞后来竟"莫能晓其句度",于是王粲再作。《乐府诗集·舞曲歌辞》之《晋杯槃舞歌》题解:

> 《宋书·乐志》曰:"《槃舞》,汉曲也。张衡《舞赋》云:'历七槃而纵蹑。'王粲《七释》云:'七槃陈于广庭。'颜延之云:'递间关于槃扇。'鲍照云:'七槃起长袖。'皆以七槃为舞也。《搜神记》云:'晋太康中,天下为《晋世宁舞》,矜手以接杯槃而反覆之。'此则汉世唯有《柈舞》,而晋加之以杯,反覆之也。"《五行志》曰:"其歌云:'晋世宁,舞杯盘。'言接杯盘于手上而反覆之,至危也。杯盘者,酒食之器也,而名曰晋世宁者,言晋世之士,偷苟于酒食之间,而其知不及远。晋世之宁,犹杯盘之在手也。"《唐书·乐志》曰:"汉有《盘舞》,晋世谓之《杯盘舞》。乐府诗云:'妍袖陵七盘。'言舞用盘七枚也。"②

显然,《晋杯槃舞歌》是以舞为主的,歌辞中亦多述舞的跳法。

其三,音乐的评价与歌辞的评价属于两个系统。《文心雕龙·乐府》:

> 至于魏之三祖,气爽才丽,宰割辞调,音靡节平。观其"北上"众引,"秋风"列篇,或述酣宴,或伤羁戍,志不出于滔荡,辞不离于哀思,虽三调之正声,实《韶》《夏》之郑曲也。③

对三曹乐府作品持批评态度。而《文心雕龙·明诗》:

> 并怜风月,狎池苑,述恩荣,叙酣宴;慷慨以任气,磊落以使才,造怀指事,不求纤密之巧;驱辞逐貌,唯取昭晰之能。④

---

① [宋]郭茂倩编《乐府诗集》,北京:中华书局,1979年,第767页。
② 同上书,第809页。
③ [南朝梁]刘勰著,詹锳义证《文心雕龙义证》,上海:上海古籍出版社,1989年,第243页。
④ 同上书,第196页。

《文心雕龙·时序》：

> 傲雅觞豆之前，雍容衽席之上，洒笔以成酣歌，和墨以借谈笑。观其时文，雅好慷慨，良由世积乱离，风衰俗怨，并志深而笔长，故梗概而多气也。①

则对三曹诗作包括其乐府作品持褒扬态度。杨明指出，这是对音乐的评价与对文学的评价的角度不同。②

由此我们又想到刘邦《大风歌》。《史记·高祖本纪》载：

> 高祖还归，过沛，留。置酒沛宫，悉召故人父老子弟纵酒，发沛中儿得百二十人，教之歌。酒酣，高祖击筑，自为歌诗曰："大风起兮云飞扬，威加海内兮归故乡，安得猛士兮守四方！"令儿皆和习之。高祖乃起舞，慷慨伤怀，泣数行下。③

有乐有舞又击筑，还有情感投入的演唱者，这是原生态的乐府，依此我们对《大风歌》的原生形态可以有所把握。而《汉书·礼乐志》载：

> 初，高祖既定天下，过沛，与故人父老相乐，醉酒欢哀，作"风起"之诗，令沛中僮儿百二十人习而歌之。至孝惠时，以沛宫为原庙，皆令歌儿习吹以相和，常以百二十人为员。④

如果我们是在高祖祠庙中听到《大风歌》，演唱起来的具体情况自然与高祖原唱是不一样的，我们的感觉也是不一样的。

四、原型的追寻

《汉书·艺文志》称"代赵之讴，秦楚之风"这些民间乐府作品"皆感

---

① [南朝梁]刘勰著，詹锳义证《文心雕龙义证》，上海：上海古籍出版社，1989年，第1692—1694页。
② 杨明《释〈文心雕龙·乐府〉中的几个问题》，《文学遗产》2000年第1期。
③ [汉]司马迁《史记》，北京：中华书局，1959年，第389页。
④ [汉]班固《汉书》，北京：中华书局，1962年，第1045页。

于哀乐,缘事而发",①这是说每首作品都有一个小小的叙事。此后又有乐府研究者明确提出乐府的"因事制哥",《宋书·乐志》:

> 《六变》诸曲,皆因事制哥(笔者按:"哥"同"歌")。②

《唐子西文录》载:

> 古乐府命题皆有主意,后之人用乐府为题者,直当代其人而措词,如《公无渡河》须作妻止其夫之词。③

于是"凡歌辞考之与事不合者,但因其声而作歌尔"④。王运熙说:"至于现存歌词内容往往与本事不合,则是因为现存歌词不一定是原作,它们只在声调上与原作保持联系。"⑤

因此,乐府歌辞的原生态又是与本事分不开的,这里对原型的追寻,主要就是对这些叙事以及叙事中的人物的探讨。吴兢《乐府古题要解序》:

> 乐府之兴,肇于汉魏。历代文士,篇咏实繁。或不睹于本章,便断题取义。赠夫利涉,则述《公无度河》;庆彼载诞,乃引《乌生八九子》;赋雉斑者,但美绣颈锦臆;歌天马者,唯叙骄驰乱蹋。类皆若兹,不可胜载。递相祖习,积用为常,欲令后生,何以取正?⑥

这是批评乐府歌辞创作"不睹于本章,便断题取义"的现象,于是吴兢要撰作《乐府古题要解》。我们可以举出乐府歌词原型的几个例子,比如《乐府诗集·相和歌辞》的《箜篌引》,一曰《公无渡河》,其题解曰"朝鲜津卒霍里子高妻丽玉所作"⑦,《公无渡河》的人物原型,或应从本事中所说的"朝鲜"谈起。又比如曹植《野田黄雀行》,吴均《续齐谐记》所载《黄

---

① [汉]班固《汉书》,北京:中华书局,1962 年,第 1756 页。
② [南朝梁]沈约《宋书》,北京:中华书局,1974 年,第 550 页。
③ [清]何文焕《历代诗话》,北京:中华书局,1981 年,第 443 页。
④ 《黄昙子歌》题解,[宋]郭茂倩编《乐府诗集》,北京:中华书局,1979 年,第 1219 页。
⑤ 《吴声西曲杂考》,王运熙《乐府诗述论》,上海:上海古籍出版社,1996 年,第 43 页。
⑥ 丁福保辑《历代诗话续编》,北京:中华书局,1983 年,第 24 页。
⑦ [宋]郭茂倩编《乐府诗集》,北京:中华书局,1979 年,第 377 页。

雀报恩》称杨修的祖上于黄雀有恩,黄雀有报恩之举,给《野田黄雀行》更增添了几许意味。

但乐府古题题旨的转换也是常见的事,《乐府诗集》卷十六《巫山高》题解即是一例:

> 《乐府解题》曰:"古词言,江淮水深,无梁可度,临水远望,思归而已。若齐王融'想像巫山高',梁范云'巫山高不极'。杂以阳台神女之事,无复远望思归之意也。"①

五、乐府的原始观念

傅毅《舞赋》载:"郑卫之乐,所以娱密坐、接欢欣也。余日怡荡,非以风民也,其何害哉?"②这是说音乐作品,即使是郑卫之乐,虽然只具有愉悦于人的性质,但起码是无害的。《三国志·魏书·鲍勋传》记载曹丕关于乐府作品具有观赏性质的一段话:

> 文帝受禅,勋每陈"今之所急,唯在军农,宽惠百姓。台榭苑囿,宜以为后。"文帝将出游猎,勋停车上疏曰:"臣闻五帝三王,靡不明本立教,以孝治天下。陛下仁圣恻隐,有同古烈。臣冀当继踪前代,令万世则也。如何在谅暗之中,修驰骋之事乎!臣冒死以闻,唯陛下察焉。"帝手毁其表而竟行猎,中道顿息,问侍臣曰:"猎之为乐,何如八音也?"侍中刘晔对曰:"猎胜于乐。"勋抗辞曰:"夫乐,上通神明,下和人理,隆治致化,万邦咸乂。移风易俗,莫善于乐。况猎,暴华盖于原野,伤生育之至理,栉风沐雨,不以时隙哉?昔鲁隐观渔于棠,春秋讥之。虽陛下以为务,愚臣所不愿也。"因奏:"刘晔佞谀不忠,阿顺陛下过戏之言。昔梁丘据取媚于遄台,晔之谓也。请有司议

---

① [宋]郭茂倩编《乐府诗集》,北京:中华书局,1979年,第228页。
② [南朝梁]萧统编,[唐]李善注《文选》,北京:中华书局,1977年,第247页上。

罪以清皇朝。"帝怒作色,罢还,即出勋为右中郎将。①

萧涤非先生说,这就是曹丕的时代乐府观念的改变,"文帝之视乐府,实与田猎游戏之事无异","以八音但为耳目之观好",②曹丕视乐府作品为一种供人观赏的审美对象。

蔡邕《礼乐志》:"汉乐四品……三曰《黄门鼓吹》,天子所以宴乐群臣。"③崔豹《古今注》:"汉乐有黄门鼓吹,天子所以宴乐群臣也。短箫铙歌,鼓吹之一章尔,亦以赐有功诸侯。"④《汉铙歌》中《将进酒》一篇谈到宴会上的作品是为了使人欢悦的,其辞曰:"将进酒,乘大白。辨加哉,诗审搏。放故歌,心所作。同阴气,诗悉索。使禹良工观者苦。"⑤"辨加"即"驾辨",古歌名。"诗审搏""诗悉索"言诗歌的繁盛衰微。"苦",快也,即欢悦。乐府诗就是在宴饮聚会上提供给人观赏者。

《荀子·乐论》称"夫乐者,乐也"⑥,讲到诗乐的娱乐于人的性质,如前述乐府有宴乐群臣之职。诗乐的娱乐于人,也与先古祭祀娱神有很大关系。王逸《九歌注》曰:"《九歌》者,屈原之所作也。昔楚国南郢之邑,沅、湘之间,其俗信鬼而好祠。其祠,必作歌乐舞鼓以乐诸神。"⑦应劭《风俗通义》"城阳景王祠"条:"自琅琊、青州六郡及渤海都邑、乡亭、聚落皆为立祠,造饰五二千石车,商人次第为之,立服带绶,备置官属,烹杀讴歌,纷籍连日。"⑧《毛诗序》所谓"动天地,感鬼神,莫近于诗"⑨,从娱神到娱人,当不是万里之遥。

---

① [晋]陈寿撰,[南朝宋]裴松之注,陈乃乾校点《三国志》,北京:中华书局,1959年,第385页。
② 萧涤非《汉魏六朝乐府文学史》,北京:人民文学出版社,1984年,第123—124页。
③ 《礼仪志》刘昭注引,[南朝宋]范晔撰,[唐]李贤等注《后汉书》,北京:中华书局,1965年,第3131—3132页。
④ [宋]郭茂倩编《乐府诗集》,北京:中华书局,1979年,第224页。
⑤ 同上书,第229页。
⑥ 章诗同注《荀子简注》,上海:上海人民出版社,1974年,第221页。
⑦ [宋]洪兴祖撰,白化文、许德楠、李如鸾、方进点校《楚辞补注》,北京:中华书局,1983年,第55页。
⑧ [东汉]应劭撰,吴树平校释《风俗通义校释》,天津:天津人民出版社,1980年,第333页。
⑨ 《毛诗正义》,《十三经注疏》,上海:上海古籍出版社,1997年,第270页下。

西汉宫廷乐官有太乐、乐府二署,《汉书·百官公卿表》载"奉常,秦官,掌宗庙礼仪",属官有太乐令丞。少府,"掌山海池泽之税,以给供养",属官有乐府令丞。①《后汉书·百官志》载少府"掌中服御诸物,衣服宝货珍膳之属"②。所以,刘永济说:"二官判然不同。盖郊庙之乐,旧隶大乐。乐府所掌,不过供奉帝王之物,侪于衣服宝货珍膳之次而已。与武帝以俳优畜皋、朔之事,同出帝王夸侈荒淫之心。"③这也就是乐府诗的性质与作用之一,即作为审美对象供人观赏。虽然有汉哀帝"罢乐府"之举,只留下从事郊祀宴飨的人员,但当时喜爱乐府诗的风气丝毫不减,《汉书·礼乐志》载:

> 是时,郑声尤甚。黄门名倡丙强、景武之属富显于世,贵戚五侯定陵、富平外戚之家淫侈过度,至与人主争女乐。哀帝自为定陶王时疾之,又性不好音,及即位,下诏曰:"惟世俗奢泰文巧,而郑、卫之声兴。夫奢泰则下不孙而国贫,文巧则趋末背本者众,郑卫之声兴则淫辟之化流,而欲黎庶敦朴家给,犹浊其源而求其清流,岂不难哉!孔子不云乎?'放郑声,郑声淫。'其罢乐府官。郊祭乐及古兵法武乐,在经非郑卫之乐者,条奏,别属他官。"……然百姓渐渍日久,又不制雅乐有以相变,豪富吏民湛沔自若,陵夷坏于王莽。④

至班固时,"郑卫之声"扩大到雅乐,《汉书·礼乐志》载:"今汉郊庙诗歌,未有祖宗之事,八音调均,又不协于钟律,而内有掖庭材人,外有上林乐府,皆以郑声施于朝廷。"⑤

故讨论乐府作品,一方面要注意所谓"自孝武立乐府而采歌谣,于是有代赵之讴,秦楚之风,皆感于哀乐,缘事而发,亦可以观风俗,知薄厚云"⑥,另一方面也要看到,当时人们多视其为娱乐于人的观赏之物。

---

① [汉]班固《汉书》,北京:中华书局,1962年,第726、731页。
② [南朝宋]范晔撰,[唐]李贤等注《后汉书》,北京:中华书局,1965年,第3592页。
③ 刘永济《十四朝文学要略》,哈尔滨:黑龙江人民出版社,1984年,第92页。
④ [汉]班固《汉书》,北京:中华书局,1962年,第1072—1074页。
⑤ 同上书,第1071页。
⑥ 《艺文志》,[汉]班固《汉书》,北京:中华书局,1962年,第1756页。

第四节　吟唱体的非常态化与超常效应

王充《论衡·定贤》称"口出以为言,笔书以为文"①,"口出"与"笔书"两种表达方式所形成的文体,在后世都落实到"笔书以为文"以流传,但在传播方式上,"口出"的文体仍保持了自己的传播特点。刘勰云:"设文之体有常,变文之数无方。"②从普遍意义来说,"有常"指各种文体的体制规格与运用是有规定的,"无方"指各种文体的体制规格与运用是处于变化中的。此处讨论先秦两汉时期吟唱体。或吟诵或歌唱,文人或单方面突出其体制规格的某一方面而运用之,似还不能称之为与正体、常体、惯体、定体相对的破体、谬体、讹体、变体等,但确实是其非常态的运用;吟唱体如此的非常态,却在传播效应上有着奇效③。以下简述这种现象的几个类型。

一、吟、唱等通俗文体被先秦诸子关注——文体的跨界运用

政治家选用大众喜闻乐见的吟唱文体用于政治宣传,就是看中其易出口、易传播、易接受的传播效应。春秋战国时期百家争鸣,社会上不同阶级、阶层的代表人物对自然界、对社会提出了自己的见解,他们游说宣传,互相辩驳,著书立说。如齐桓公召士养士,齐宣王在稷下扩置学宫,招致天下名士,儒家、道家、法家、名家、兵家、农家、阴阳家等百家之学,会集于此,自由讲学、论辩著书。他们"各著书言治乱之事,以干世主,岂可胜道哉"④。论辩,是他们的主要武器。诸子百家论辩的接受对象有三,一是君王,观点合乎君王的心愿就能得到实施,这是最大的成功,如《商君书·更法》载,"孝公平画,公孙鞅、甘龙、杜挚三大夫御于君,虑世事之

---

① [汉]王充《论衡》,上海:上海人民出版社,1974年,第420页。
② [南朝梁]刘勰著,詹锳义证《文心雕龙义证》,上海:上海古籍出版社,1989年,第1079页。
③ 所谓效应,是指在有限环境下,某种成因或原因所产生的一种特定的现象,但并不一定指严格的定理、定律中的因果关系。所谓传播效应,即引发传播效果的各方面因素。
④ 《孟子荀卿列传》,[汉]司马迁《史记》,北京:中华书局,1959年,第2346页。

变,讨正法之本,求使民之道",公孙鞅的言论获得秦孝公的支持,"于是遂出《垦草令》",①变法开始。二是论辩对手,驳倒对方也是很大的胜利,如曹植所说"昔田巴毁五帝,罪三王,訾五霸于稷下,一旦而服千人。鲁连一说,使终身杜口"②。三是普通民众,观点得到普通民众的认同,也能立于不败之地,所以墨子讲自己的言论要"下原察百姓耳目之实""观其中国家百姓人民之利"③。因此,如何在论辩中取得上风,是他们首先要考虑的,如《荀子·非相》就讨论"谈说之术":

> 矜庄以莅之,端诚以处之,坚强以持之,分别以喻之,譬称以明之,欣欢芬芗以送之,宝之珍之,贵之神之,如是则说常无不受。虽不说人,人莫不贵。④

"矜庄""端诚""坚强"等是指论辩谈说时的动作态度;"喻之""明之"是指论辩谈说时运用的语言方法;而要达到的效果就是"常无不受""人莫不贵"。为了这个目的,在严肃的政治论辩中引入人们喜闻乐见的文体来吸引大众,就成为先秦诸子常常采用的方法。

荀子不仅讨论"谈说之术",而且在选用文体以宣传其政治观点上有所实验。《荀子》中有《成相篇》,以民间说唱艺术来宣传自己的政治主张,把"口出以为言"的方法用来著书,以求利于更广大世俗群众的接受。"成相",中国先秦民间说唱艺术,是一种公共演出。"相"是一种击节乐器,郑玄注《礼记·曲礼》"邻有丧,舂不相"曰:"相谓送杵声。"⑤其形制有两说,一说为舂杵,另一说为搏拊,以手拊拍。也即其演唱方式或是以手拊拍配合说唱,或是舂米时所唱的歌,如史有"戚夫人舂且歌"⑥的记载,《汉书·艺文志》著录有《成相杂辞》十一篇,王应麟称:"相者,助也。

---

① 高亨注译《商君书注译》,北京:中华书局,1974年,第2—16页。
② [魏]曹植《与杨德祖书》,[南朝梁]萧统编,[唐]李善注《文选》,北京:中华书局,1977年,第593页下—594页上。
③ [清]孙诒让撰,孙启治点校《墨子间诂》,北京:中华书局,2001年,第265页。
④ [清]王先谦撰,沈啸寰、王星贤点校《荀子集解》,北京:中华书局,1988年,第86页。
⑤ 《礼记正义》,《十三经注疏》,上海:上海古籍出版社,1997年,第1249页中。
⑥ 《外戚传》,[汉]班固《汉书》,北京:中华书局,1962年,第3937页。

举重劝力之歌,史所谓五羖大夫死而舂者不相杵是也。"①《荀子·成相篇》的文体字句排列整齐,换韵有一定的规律,每节都是"三三七四七"的文字格式;主要从两方面宣传儒家思想,一是历史经验,二是民间普遍性经验,前者如:

> 请成相,道圣王,尧、舜尚贤身辞让。许由、善卷,重义轻利行显明。

后者如:

> 思乃精,志之荣,好而壹之神以成。精神相反,一而不贰为圣人。治之道,美不老,君子由之佼以好。下以教诲子弟,上以事祖考。②

这些文段没有叙述故事,又没有散文说白,应该是说唱的文本,但不能算真正的民间说唱;作者要用这种通俗的文艺形式来阐发他的政治观点,内容明白易懂,读起来朗朗上口,可说是不可多得的通俗文艺作品。先秦诸子虽然以理论性著称,但在其著述中又引入了大众喜闻乐见的吟唱文体,采用了"口出以为言"的宣传形式,除了荀子这样做,其前还有《老子》,以格言、谣谚为主的语言构成也有利于传播。

又,《荀子》有《赋篇》,其中的五篇赋每首描写一件事物。其前半是一种句式较为整练而接近于诗的谜语,后半是一种句式较为散文化的猜测之辞,如:

> 爰有大物,非丝非帛,文理成章。非日非月,为天下明。生者以寿,死者以葬。城郭以固,三军以强。粹而王,驳而伯,无一焉而亡。臣愚不识,敢请之王。王曰:此夫文而不采者与?简然易知而致有理者与?君子所敬而小人所不者与?性不得则若禽兽,性得之则甚雅

---

① 陈国庆编《汉书艺文志注释汇编》,北京:中华书局,1983年,第177页。
② [清]王先谦撰,沈啸寰、王星贤点校《荀子集解》,北京:中华书局,1988年,第462、461、461页。

似者与？匹夫隆之则为圣人,诸侯隆之则一四海者与？致明而约,甚顺而体,请归之礼。①

用猜谜的方式来宣传儒家的礼,以赋的方式来宣扬礼,所谓"不歌而诵谓之赋",赋的传播方式在于吟诵,就是为了把群众喜闻乐见的谐隐文体以"口出以为言"的形式表达出来,以利传播。

二、歌在政治宣传中的巨大冲击力——文体的特殊表达方式

歌本为个体抒发情感,《韩非子·外储说左上》称传说中的歌:"昔者舜鼓五弦之琴,歌《南风》之诗而天下治。"②《文心雕龙·乐府》称最早的歌:

> 至于涂山歌于"候人",始为南音;有娀谣于"飞燕",始为北声。③

《文心雕龙》所称见于《吕氏春秋·音初》:

> 禹行功,见涂山之女。禹未之遇而巡省南土。涂山氏之女乃令其妾候禹于涂山之阳。女乃作歌,歌曰"候人兮猗",实始作为南音。
>
> 有娀氏有二佚女,为之九成之台,饮食必以鼓。帝令燕往视之,鸣若谥隘。二女爱而争搏之,覆以玉筐。少选,发而视之,燕遗二卵,北飞,遂不反。二女作歌一终,曰"燕燕往飞",实始作为北音。④

最早的歌是在生活中即兴而随机的创作。

歌虽然强调其抒发内心的功能,所谓"直言不足以申意,故长歌之,教令歌咏其诗之义以长其言"⑤;但只有通过"听"才能产生影响他人的效果,《礼记·乐记》所谓"乐在宗庙之中,君臣上下同听之,则莫不和敬;在

---

① [清]王先谦撰,沈啸寰、王星贤点校《荀子集解》,北京:中华书局,1988年,第472—473页。
② 陈奇猷校注《韩非子集释》,上海:上海人民出版社,1974年,第622页。
③ [南朝梁]刘勰著,詹锳义证《文心雕龙义证》,上海:上海古籍出版社,1989年,第223页。
④ [秦]吕不韦著,[汉]高诱注《吕氏春秋》,上海:上海古籍出版社,1989年,第48页上—49页上。
⑤ 《尚书·舜典》"诗言志,歌永言"孔颖达《正义》,《尚书正义》,《十三经注疏》,上海:上海古籍出版社,1997年,第131页下。

族长乡里之中,长幼同听之,则莫不和顺;在闺门之内,父子兄弟同听之,则莫不和亲"①。"乐"的作用由"同听"实现。在现实生活中,人们非常关注歌的发生场景中的听众多少,《列子·汤问》载,韩娥"因曼声哀哭,一里老幼悲愁,垂涕相对,三日不食",韩娥"复为曼声长歌,一里老幼喜跃抃舞,弗能自禁,忘向之悲也"。② 这是称赏韩娥的歌能打动所有的人。又如宋玉《对楚王问》载:

> 客有歌于郢中者,其始曰《下里巴人》,国中属而和者数千人。其为《阳阿》《薤露》,国中属而和者数百人。其为《阳春白雪》,国中属而和者不过数十人。引商刻羽,杂以流徵,国中属而和者,不过数人而已。③

歌有"和者",受歌曲感动而唱和,这样的听众越多,当然是传播效果越好;这里还特别指出歌自身具备怎样的条件,自然会获得怎样数量的听众。

在现实生活中,歌的巨大力量体现在集体咏唱上,如《左传·宣公二年》:

> 宋城,华元为植,巡功。城者讴曰:"睅其目,皤其腹,弃甲而复。于思于思,弃甲复来。"使其骖乘谓之曰:"牛则有皮,犀兕尚多,弃甲则那?"役人曰:"从其有皮,丹漆若何?"华元曰:"去之夫,其口众我寡。"④

城者集体咏唱,华元一方以"其口众我寡"败下场来。歌的巨大力量又体现在集体演唱的震撼人心上,《左传·襄公十七年》载,子罕为民请命,请求停止筑台,筑者咏歌他的行为,讴曰:"泽门之晳,实兴我役。邑中之黔,实慰我心。"子罕制止筑者说:如此大型咏歌会影响人心,小小的宋国承受

---

① 《礼记正义》,《十三经注疏》,上海:上海古籍出版社,1997 年,第 1545 页上。
② 杨伯峻《列子集释》,北京:中华书局,1979 年,第 178 页。
③ [南朝梁]萧统编,[唐]李善注《文选》,北京:中华书局,1977 年,第 628 页上。
④ 《春秋左传正义》,《十三经注疏》,上海:上海古籍出版社,1997 年,第 1866 页下。

不起。①

以集体咏唱呈现歌的巨大力量,并以之震撼人心而取得战争的胜利,这就是垓下之战的数十万人大合唱所实现的效果,甚至比《上林赋》所谓"奏陶唐氏之舞,听葛天氏之歌,千人唱,万人和,山陵为之震动,川谷为之荡波"②的场面还要宏大得多,《史记·项羽本纪》载:

> 项王军壁垓下,兵少食尽,汉军及诸侯兵围之数重。夜闻汉军四面皆楚歌,项王乃大惊曰:"汉皆已得楚乎?是何楚人之多也!"③

传说有称是张良用计,但《史记》中并无记载,或认为可能是同为楚人出身的刘邦部队看到数年征战而胜利在望,自发地唱起楚歌。不管是什么说法,总之都是汉军高唱楚歌瓦解了楚兵的斗志。《史记·高祖本纪》又载:

> 高祖还归,过沛,留。置酒沛宫,悉召故人父老子弟纵酒,发沛中儿得百二十人,教之歌。酒酣,高祖击筑,自为歌诗曰:"大风起兮云飞扬,威加海内兮归故乡,安得猛士兮守四方!"令儿皆和习之。④

刘邦深谙大合唱的作用,安排以大合唱来扩大自己诗作的威力。而历史上的许多例子也说明,危机时刻以大合唱来鼓动人心,其传播效应是无可比拟的。

三、风谣:以"明天会发生什么"来引导受众——文体表达内容的转换

风谣、谣俗、谣言、歌谣、童谣等,重心在"谣",歌唱而不用乐器伴奏称"谣",主要指民间流行的歌谣,《国语·晋语六》:"辨祅祥于谣。"⑤谣的功能就在于"辨祅祥",具有新闻性,其在传播上的特性是具有最大的

---

① 《春秋左传正义》,《十三经注疏》,上海:上海古籍出版社,1997 年,第 1964 页上中。
② [南朝梁]萧统编,[唐]李善注《文选》,北京:中华书局,1977 年,第 128 页上下。
③ [汉]司马迁《史记》,北京:中华书局,1959 年,第 333 页。
④ 同上书,第 389 页。
⑤ [战国]左丘明著,上海师范大学古籍整理组校点《国语》,上海:上海古籍出版社,1978 年,第 410 页。

传播面,拥有最广泛的群众。因此,统治阶层常常极其关注讴谣,用以视民意、辨祆祥。如《汉书·韩延寿传》载,韩延寿任颍川时考察"政教善恶","乃历召郡中长老为乡里所信向者数十人,设酒具食,亲与相对,接以礼意,人人问以谣俗,民所疾苦",颜师古注:"谣俗谓闾里歌谣,政教善恶也。"① 到东汉,官员奏事要有"谣言"为依据,如《后汉书·蔡邕传》载,蔡邕上封事有"令三公谣言奏事"②之语。歌谣成为官员政绩的依据之一,《后汉书·方术列传》载:"和帝即位,分遣使者,皆微服单行,各至州县,观采风谣。"③《后汉书·循吏列传》载"光武长于民间,颇达情伪","广求民瘼,观纳风谣",甚至"亟以谣言单辞"而更换地方长官。④《后汉书·刘陶传》载:"光和五年,诏公卿以谣言举刺史、二千石为民蠹害者。""由是诸坐谣言征者悉拜议郎。"李贤注云:"谣言谓听百姓风谣善恶而黜陟之也。"⑤

不可把讴谣简单地视作民间自发产生的,如《列子·仲尼》载:

> 尧乃微服游于康衢,闻儿童谣曰:"立我蒸民,莫匪尔极。不识不知,顺帝之则。"尧喜问曰:"谁教尔为此言?"童儿曰:"我闻之大夫。"问大夫。大夫曰:"古诗也。"⑥

从这个传说可知,童谣是人们有意识地创制和传播的。汉末就有人假造歌谣来伪托民意,如《汉书·王莽传》载,元始四年春,"遣大司徒司直陈崇等八人分行天下,览观风俗",元始五年秋,"风俗使者八人还,言天下风俗齐同,诈为郡国造歌谣,颂功德,凡三万言",⑦粉饰太平以讨好王莽。

讴谣本为"饥者歌其食,劳者歌其事""感于哀乐,缘事而发"的当前性、新闻性的吟咏,但两汉时讴谣往往有预示前景的内容,如《后汉书·五

---

① [汉]班固《汉书》,北京:中华书局,1962年,第3210—3211页。
② [南朝宋]范晔撰,[唐]李贤等注《后汉书》,北京:中华书局,1965年,第1996页。
③ 同上书,第2717页。
④ 同上书,第2457页。
⑤ 同上书,第1851页。
⑥ 杨伯峻《列子集释》,北京:中华书局,1979年,第143—144页。
⑦ [汉]班固《汉书》,北京:中华书局,1962年,第4066,4076页。

行志》载：

> 桓帝之末，京都童谣曰："茅田一顷中有井，四方纤纤不可整。嚼复嚼，今年尚可后年铙。"……茅田一顷者，言群贤众多也。中有井者，言虽厄穷，不失其法度也。四方纤纤不可整者，言奸慝大炽，不可整理。嚼复嚼者，京都饮酒相强之辞也。言食肉者鄙，不恤王政，徒耽宴饮歌呼而已也。今年尚可者，言但禁锢也。后年铙者，陈、窦被诛，天下大坏。①

预示天下将要大乱。又如《后汉书·五行志》载：

> 灵帝中平中，京都歌曰："承乐世董逃，游四郭董逃，蒙天恩董逃，带金紫董逃，行谢恩董逃，整车骑董逃，垂欲发董逃，与中辞董逃，出西门董逃，瞻宫殿董逃，望京城董逃，日夜绝董逃，心摧伤董逃。"案"董"谓董卓也，言虽跋扈，纵其残暴，终归逃窜，至于灭族也。②

后汉游童所作歌谣，其中"董逃"本只以声为用而并无实义，反董人士巧妙地解说合乐的象声词"董逃"来称董卓最终要逃亡，董卓神经过敏，"以《董逃》之歌，主为己发，太禁绝之"③，又"改《董逃》为'董安'"④。或禁止它，或改变其合乐的声词。《后汉书·五行志》载：

> 献帝践祚之初，京都童谣曰："千里草，何青青。十日卜，不得生。"案千里草为董，十日卜为卓。凡别字之体，皆从上起，左右离合，无有从下发端者也。今二字如此者，天意若曰：卓自下摩上，以臣陵君也。青青者，暴盛之貌也。不得生者，亦旋破亡。"⑤

---

① [南朝宋]范晔撰，[唐]李贤等注《后汉书》，北京：中华书局，1965年，第3283页。
② 同上书，第3284页。
③ 《董逃行五解》解题引《风俗通》，[宋]郭茂倩编《乐府诗集》，北京：中华书局，1979年，第505页。
④ 《董逃行五解》解题引杨阜《董卓传》，[宋]郭茂倩编《乐府诗集》，北京：中华书局，1979年，第505页。
⑤ [南朝宋]范晔撰，[唐]李贤等注《后汉书》，北京：中华书局，1965年，第3285页。

这应该是反董人士的制作,用以预言董卓的败亡。

如果讴谣不仅仅是预示,而且有前瞻性诉求、实现性愿景的内容,则极大增强了其传播效应。因为从信息接受心理讲,说出受众的当前需求与潜在需求,才能打动受众,引导受众。与吟诵或批评官员过去政绩的歌谣相比,吟诵未来更有威力,这是利用人们对未来会发生什么的关注,有意识地引导舆论以发动群众,由此而实现了传播的最高目标——听众的参与。

在动乱时代将起风云之时,这样的歌谣传播出的政治信息更有力量,对局势推波助澜,如"楚虽三户,亡秦必楚"①,一来表达楚的复仇决心,二来预示秦必灭亡,增强了人们反抗暴政的信心。又如《史记·陈涉世家》载:

> 乃丹书帛曰"陈胜王",置人所罾鱼腹中。卒买鱼烹食,得鱼腹中书,固以怪之矣。又间令吴广之次所旁丛祠中,夜篝火,狐鸣呼曰"大楚兴,陈胜王"。卒皆夜惊恐。旦日,卒中往往语,皆指目陈胜。②

如此谣谚宣告了天命,人们正是在"大楚兴,陈胜王"的谣谚鼓动中走向起义。又如东汉末年黄巾起义时,造出"苍天已死,黄天当立,岁在甲子,天下大吉"③的民谣,号集民众,迎接造反,给民众以胜利的希望。

四、引诗:士人最方便、最有依据地议论政事——文体从文学空间进入政治空间

所谓"诗言志",《小序》以为《诗经》之作本都有确定的意义指向。历史上对《诗经》之作的意义指向有不同的理解,但认为其有确定的意义指向是《小序》一派一致的观点。

先秦贵族阶层对诗应该是熟习于心。诗本为官方教材,《礼记·文王世子》载"春诵、夏弦"为贵族教育的内容之一,郑玄注:"诵,谓歌乐也;

---

① [汉]司马迁《史记》,北京:中华书局,1959年,第300页。
② 同上书,第1950页。
③ [南朝宋]范晔撰,[唐]李贤等注《后汉书》,北京:中华书局,1965年,第2299页。

弦,谓以丝播诗。"孔颖达疏:"'诵谓歌乐'者,谓口诵歌乐之篇章,不以琴瑟歌也;云'弦谓以丝播诗'者,谓以琴瑟播彼诗之音节,诗音则乐章也。"①《国语·楚语上》记载申叔所说的太子教育,有"教之诗,而为之导广显德,以耀明其志"②之语。古代的教育制度使诗得以普及。而士人对诗的熟习,又是经过了"赋诗言志"的训练的。春秋时代诸侯士大夫常在各种社交场合朗诵《诗》,以《诗》句表明自己的立场、观点和感情,这就是"赋诗言志";对于听诗的人来说,可以通过诗歌来观察赋诗者的意图。《左传》中记载的赋诗就有七十余次,主要是现成诗歌的运用。因此,如果不懂诗,是要被人轻视的,如子革问倚相关于祭公谋父作《祈招》之诗以止周穆王周行天下之事,而倚相不知,于是子革断定倚相焉能知远。③ 在外交赋诗的场合,不懂诗,会被人笑话,甚至会出乱子,《左传》中例子很多。

引诗论政在传播效应方面有着优势,一来士人对诗本来是熟习于心的,出口成诵而易于表达。二来诗本身就是以讽诵来传播的,且诗本来就具有诵美讥过的政治功能。《国语·周语上》:"故天子听政,使公卿至于列士献诗。"④"听政"就是通过听诵美讥过的话语来治理。郑玄《诗谱序》:"《虞书》曰:'诗言志,歌永言,声依永,律和声。'然则诗之道放于此乎?"孔颖达《正义》曰:"谓今诵美讥过之诗,其道始于此,非初作讴歌始于此也。"⑤歌是自由抒发阶段的产物,诗则是诵美讥过之作。引诗论政,以有所依据而具有强大的说服力。

但是,有确定指向意义的诗怎么论证随机产生的时事政治? 于是就有所谓"赋诗断章,余取所求焉"⑥的引诗论证的方法。即引诗称说己意

---

① 《礼记正义》,《十三经注疏》,上海:上海古籍出版社,1997 年.第 1405 页上中。
② [战国]左丘明著,上海师范大学古籍整理组校点《国语》,上海:上海古籍出版社,1978 年,第 528 页。
③ 《昭公十二年》,《春秋左传正义》,《十三经注疏》,上海:上海古籍出版社,1997 年,第 2064 页中下。
④ [战国]左丘明著,上海师范大学古籍整理组校点《国语》,上海:上海古籍出版社,1978 年,第 9 页。
⑤ 《毛诗正义》,《十三经注疏》,上海:上海古籍出版社,1997 年,第 262 页。
⑥ 《襄公二十八年》,《春秋左传正义》,《十三经注疏》,上海:上海古籍出版社,1997 年,第 2000 页上。

可以不顾全篇而只取其中的一段或一句,而且可以把"比兴"用于解诗,如《论语·八佾》载:

> 子夏问曰:"'巧笑倩兮,美目盼兮,素以为绚兮。'何谓也?"子曰:"绘事后素。"曰:"礼后乎?"子曰:"起予者商也,始可与言《诗》已矣。"①

由"素以为绚兮"引发"绘事后素",再引发"礼后"为"仁"。"断章取义"以其有简短的引用、灵活的解说,顺利实现政治论辩。《左传》中有不少引诗论政的具体事例,如:

> 齐侯欲以文姜妻郑大子忽。大子忽辞,人问其故,大子曰:"人各有耦,齐大,非吾耦也。《诗》云:'自求多福。'在我而已,大国何为?"②

郑大子忽以"自求多福"拒绝了与大国的婚姻。又如:狄人伐邢,邢以简书告急,管敬仲以《小雅·出车》"岂不怀归,畏此简书"言于齐侯,于是齐人救邢。③ 士蒍以《大雅·板》"怀德惟宁,宗子惟城",称只有修德才能巩固公子们的地位,又何必修城?④ 晋楚交战,楚孙叔敖引《小雅·六月》"元戎十乘,以先启行",称应该抢先出击,于是取得胜利。⑤

孔子多有与弟子讨论《诗》句的情况,《论语·学而》载:

> 子贡曰:"贫而无谄,富而无骄,何如?"子曰:"可也。未若贫而乐,富而好礼者也。"子贡曰:"《诗》云:'如切如磋,如琢如磨。'其斯

---

① 《论语注疏》,《十三经注疏》,上海:上海古籍出版社,1997年,第2466页中。
② 《桓公六年》,《春秋左传正义》,《十三经注疏》,上海:上海古籍出版社,1997年,第1750页下。
③ 《闵公元年》,《春秋左传正义》,《十三经注疏》,上海:上海古籍出版社,1997年,第1786页上中。
④ 《僖公五年》,《春秋左传正义》,《十三经注疏》,上海:上海古籍出版社,1997年,第1794页下—1795页上。
⑤ 《宣公十二年》,《春秋左传正义》,《十三经注疏》,上海:上海古籍出版社,1997年,第1881页下。

之谓与?"子曰:"赐也,始可与言《诗》已矣。告诸往而知来者。"①

诗句脱口而来,随意用以论证。在生活的各个方面都有引诗的例子,如《庄子·外物》载:

> 儒以《诗》《礼》发冢,大儒胪传曰:"东方作矣,事之何若?"小儒曰:"未解裙襦,口中有珠。《诗》固有之曰:'青青之麦,生于陵陂。生不布施,死何含珠为!'接其鬓,压其颥,儒以金椎控其颐,徐别其颊,无伤口中珠!"

这虽然是对儒家的讽刺,但也说明引诗说事的风气。

在"断章取义"解说诗的基础上论政,把诗切割成章、句,既易于出口成诵,又比较容易切合随机产生的时事政治,诗正以其非常态的形态实现了论证的目的。

五、吟唱非常态化运用的传播学意义

上述吟唱文体的非常态化运用,都是建立在关注接受者的基础上的。如说唱、谐隐、歌、讴谣、诗等,都因其自身具有某些有利于传播的特点,并且有广泛的下层接受者,于是诸子百家对吟唱文体的运用,使自己的政治主张不仅面向上层统治阶级,而且引起更广泛的大众的注意。歌以特殊的表达方式在政治宣传中显示出巨大冲击力,也是借助接受者对自身命运的关注而实现的。风谣以内容的转换表达有关未来的信息,以"明天会发生什么"来引导接受者的参与。《诗经》作品之所以由文学空间进入政治空间,则利用了接受者对经典的崇拜。因此,从普遍意义上说,文体要实现传播效应的最大化,第一要素是要考虑接受者。因此,上述吟唱文体达到了传播效应的最大化,是在所谓传播过程的末项——接受者的倒逼下产生的文体变形、文体非常态化,而这些也可以说是接受者对文体形态的反作用力。

---

① 《论语注疏》,《十三经注疏》,上海:上海古籍出版社,1997年,第2458页下。

第五章
诗歌文体论

第一节 诗歌文体功能与"诗言志"

一般说来,"诗歌的最显著的特征,就是饱和着丰富的想象和感情"[①],但这仅仅是诗歌这种文体区别于其他文体的自身所具有的功能。诗歌除了文体功能外,还具有社会功能,即一般所说的诗歌的认识作用、教育作用与审美作用等。诗歌的文体功能与社会功能不是同一层面的问题,但它们之间又有着密切的联系,文体功能使社会功能得以实现,而社会功能的实现则充分显示出文体功能的魅力。

清代人程廷祚《诗论十三》说:"汉儒言诗,不过美刺二端。"[②]虽然这里所说的"汉儒言诗"是指汉代人对《诗经》的论说,但正是对《诗经》的评价标准主宰和左右了汉代人对其他类型诗作的评价。所谓"美刺",是指称善讽恶,那么我们可以看到,"汉儒言诗"是以诗的社会功能为对象的,其核心观念是崇尚诗歌的政教作用,崇尚其实用性,这已是世人公认的结论。此处要探讨的问题是:汉代人所认为的诗的文体功能是怎么样的,他们的这种认识与他们对诗的社会功能的认识的关系如何。进而探讨汉代诗论的得失。

---

① 以群《文学的基本原理》,上海:上海文艺出版社,1962 年,第 389 页。
② 转引自郭绍虞主编《中国历代文论选》第一册,上海:上海古籍出版社,2001 年,第 14 页。

一、诗的叙事功能

汉代的文体论本不发达,至后汉蔡邕分天子令群臣之文为策、制、诏、戒四类,分群臣上天子之文为章、奏、表、驳四类,但这仅限于朝廷的公文。中国古代对文体的分类及功能的阐述,当推三国时曹丕为其开创者。但汉代对诗这一文体的功能还是有着自己的认识,这表现在汉代人对当时诸类诗歌——《诗经》、楚辞、乐府、当代人的创作——的分别论述中。

其一,《诗经》的叙事功能。对《诗经》的论述,汉代传授解说《诗经》的主要有四家,即鲁人申培、燕人韩婴、齐人辕固与大小毛公,时称"四家诗",他们所传授解说的《诗经》分别称为《鲁诗》《韩诗》《齐诗》与《毛诗》。至东汉时,属古文学派的《毛诗》独盛而占统治地位,并流传至今;其他三家的《诂训传》逐渐式微。东汉人郑玄又为《毛诗诂训传》作《笺》。又有《毛诗序》,即整部《毛诗》的序言与每首诗的题解;《毛诗序》的作者,有人认为是子夏、毛公,也有人认为是东汉卫宏,作者的定名从东汉迄今尚无定论。但无论是何人所作,从内容上说,《毛诗序》是先秦至汉这一时期内对《诗经》论述的总结,是可以肯定的。从《毛诗》的《传》《笺》《序》,我们可以看到汉代人对《诗经》所载诗歌这一文体的功能的论述。

《诗大序》有一段很有名的话:

> 情动于中而形于言,言之不足故嗟叹之,嗟叹之不足故永歌之,永歌之不足,不知手之舞之足之蹈之也。①

这是对诗歌文体抒发怀抱功能的最好论述。但《诗大序》这一论述又是与"发乎情,止乎礼义"联系起来的。它还说:

> 故正得失,动天地,感鬼神,莫近于诗。先王以是经夫妇,成孝敬,厚人伦,美教化,移风俗。

---

① 《毛诗正义》,《十三经注疏》,上海:上海古籍出版社,1997年,第270页上。本节所引《诗大序》及孔颖达疏均见于该书第269—273页,不再出注。

由此可见，《诗大序》认为抒发怀抱的文体功能与社会功能二者有着紧密联系。

另外，汉代人认为《诗经》中的诗都具有叙事功能。汉代人认为，《诗经》三百零五篇，几乎篇篇可以与历史上具体的人与事联系在一起。我们不否认《诗经》中的有些诗确是这样的，但绝不是篇篇如此。《诗经》中风诗以抒情诗为多，我们以汉代人对风诗的阐述为例来深入谈谈这个问题。如《周南》共十一首，《毛诗序》把前八首系于后妃之事，其中《卷耳》这首思念出征丈夫的诗，即被说成："后妃之志也。又当辅佐君子，求贤审官，知臣下之勤劳，内有进贤之志；而无险诐私谒之心，朝夕思念至于忧勤也。"①又如《郑风·褰裳》本是"女子戏谑情人的诗"②，《毛诗序》则说："《褰裳》，思见正也，狂童恣行，国人思大国之正已也。"《笺》说："狂童恣行，谓突与忽争国，更出更入，而无大国正之。"③忽、突争国之事，见于《左传》桓公十一年至十六年，但此事与《褰裳》是没有关系的；退一步讲，即便有些关系，《褰裳》一诗也未曾担当过叙述忽、突争国之事的功能。但汉代人恰恰认为，《诗经》里的诗都担当着叙述某一事件的功能。

另据前辈学者考证，《鲁诗》《韩诗》《齐诗》更多地附会史书《春秋》及谶纬杂说上的事件来解诗，因此，此三家更强调《诗经》作品叙述具体之事，自不待言。

这些明明是抒情诗，汉代人是怎样把它说成是具有叙事功能的呢？汉代人是怎样把此二者联系起来的呢？《毛诗序》曾这样说：

  是以一国之事，系一人之本，谓之风；言天下之事，形四方之风，谓之雅。

此中已明言《诗经》中的诗具有叙事功能，唐人孔颖达《正义》解释这句话说：

---

① 《毛诗正义》，《十三经注疏》，上海：上海古籍出版社，1997年，第277页下。
② 余冠英注译《诗经选》，北京：人民文学出版社，1979年，第88页。
③ 《毛诗正义》，《十三经注疏》，上海：上海古籍出版社，1997年，第342页中。

> 一人者作诗之人,其作诗者道己一人之心耳。要所言一人,心乃是一国之心。诗人览一国之意以为己心,故一国之事系此一人使言也。……言天下之事,亦谓一人言之。

这里是说,"一国之事""天下之事"是诗人抒发怀抱的原由与背景。如果我们从这个角度出发去看待汉人对《诗经》中的诗的叙事功能的强调,就是可以理解的了。

从上面的论述我们可以看到,汉人在强调《诗经》中的诗具有社会政教作用的同时,还强调了诗歌这一文体具有抒发怀抱与叙述事件的功能。

其二,对《离骚》叙事功能的论述。屈原的《离骚》是我国古代最长的一首抒情诗,如何评价屈原及《离骚》,汉代曾有过一场争论。司马迁评价屈原的《离骚》说:

> 屈平疾王听之不聪也,谗谄之蔽明也,邪曲之害公也,方正之不容也,故忧愁幽思而作《离骚》。……屈平之作《离骚》,盖自怨生也。《国风》好色而不淫,《小雅》怨诽而不乱。若《离骚》者,可谓兼之矣。上称帝喾,下道齐桓,中述汤武,以刺世事。明道德之广崇,治乱之条贯,靡不毕见。……推此志也,虽与日月争光可也。[①]

此中司马迁充分肯定了《离骚》的思想倾向,同时也指出《离骚》是抒发怀抱之作,所叙述的是屈原与楚怀王之事。司马迁的意见有些本是刘安的话,所以这可能也是刘安的意见。

班固对屈原及《离骚》也有论述。其《离骚序》完全是一种否定性评价:

> 今若屈原,露才扬己,竞乎危国群小之间,以离谗贼。然责数怀王,怨恶椒、兰,愁神苦思,强非其人,忿怼不容,沈江而死,亦贬絜狂

---

① 《屈贾列传》,[汉]司马迁《史记》,北京:中华书局,1959年,第2482页。

猗景行之士。……谓之兼《诗》风雅,而与日月争光,过矣!①

虽然司马迁与班固对屈原及《离骚》评价不同,但都是围绕着政教中心来论述的,这是可以肯定的。另外,班固对《离骚》的抒情性与叙屈原和楚怀王之事也做出了肯定的答复,其《离骚赞序》说:

> 《离骚》者,屈原之所作也。屈原初事怀王,甚见信任。同列上官大夫妒害其宠,谗之王,王怒而疏屈原。屈原以忠信见疑,忧愁幽思而作《离骚》。……是时周室已灭,七国并争。屈原痛君不明,信用群小,国将危亡,忠诚之情,怀不能已,故作《离骚》。上陈尧、舜、禹、汤、文王之法,下言羿、浇、桀、纣之失,以风。②

这一段话点出了屈原是在什么样的背景下抒发怀抱的。尽管不能说这就是班固在述说《离骚》一诗的叙事性,但是他把诗歌与具体的历史事件联系在一起了。班固在《离骚序》中的另一段话可作为反证,他称《离骚》"多称昆仑、冥婚宓妃虚无之语,皆非法度之政,经义所载"③,对诗中没有历史事件根据的部分嗤之以鼻。

此后又有王逸作《离骚章句》,推衍刘安、司马迁之说,反驳班固,他的结论也是根据《离骚》的抒发怀抱及屈原与楚怀王之事得出的。即便是对屈原在民间祭歌基础上创作的一组神话诗——《九歌》,王逸《九歌序》也把它与屈原所经历的事件结合在一起来考察,认为是"屈原放逐,窜伏其域,怀忧苦毒,愁思沸郁"而作的,是屈原"上陈事神之敬,下见己之冤结,托之以风谏"。④

其三,对乐府诗叙事功能的论述。汉代有乐府机关,乐府机关的职责之一是"采诗"。班固在《汉书·艺文志》里述说前代的"采诗"制度:"故

---

① 《离骚》洪兴祖注引班孟坚序,[宋]洪兴祖撰,白化文、许德楠、李如鸾、方进点校《楚辞补注》,北京:中华书局,1983年,第49—50页。
② 同上书,第51页。
③ 同上书,第49—50页。
④ 同上书,第55页。

古有采诗之官,王者所以观风俗,知得失,自考正也。"①汉代延续了这个制度,经常派遣使者"广求民瘼,观纳风谣",有时还根据"谣言单辞,转易守长"。② 汉代乐府民歌最大的特点之一便是叙事性,清人说:"乐府之异于诗者,往往叙事。"③对这一点,班固的《汉书·艺文志》有所论述:

> 自孝武立乐府而采歌谣,于是有代赵之讴,秦楚之风,皆感于哀乐,缘事而发,亦可以观风俗,知薄厚云。④

从"感于哀乐"可知汉时人们对乐府民歌抒发怀抱的认识;从"观风俗,知得失"又可知汉时人们对乐府民歌社会功能的要求是偏重于政治教化方面的;从"缘事而发"还可知汉时人们对乐府民歌记识事件的认识,这点对当时与后世的影响尤大,当时人坚定不疑地认为乐府民歌的文体功能就是叙事,当他们学习乐府民歌进行创作时,他们所作的乐府诗也多具叙事性,如辛延年《羽林郎》、宋子侯《董娇娆》即是,以后文人也是这样创作的。

汉代人蔡邕曾撰集《琴操》,对一部分抒情性的乐府诗做了论述,从中我们亦可以看到当时人对乐府诗这一文体具有叙事功能的看法。他叙《将归操》云:

> 《将归操》者,孔子之所作也。赵简子循执玉帛以聘孔子。孔子将往,未至,渡狄水,闻赵杀其贤大夫窦鸣犊,喟然而叹曰:"夫赵之所以治者,鸣犊之力也。杀鸣犊而聘余,胡丘之往也?夫燔林而田,则麒麟不至,覆巢破卵,则凤皇不翔,鸟兽尚恶伤类,而况君子哉?"于是援琴而鼓之。⑤

《琴操》所载,除《鹿鸣》等五诗是《诗经》的作品外,其余都是两汉琴家的

---

① [汉]班固《汉书》,北京:中华书局,1962 年,第 1708 页。
② 《循吏传叙》,[南朝宋]范晔撰,[唐]李贤等注《后汉书》,北京:中华书局,1965 年,第 2457 页。
③ 《师友诗传录》张实居语,丁福保辑《清诗话》,上海:上海古籍出版社,1978 年,第 132 页。
④ [汉]班固《汉书》,北京:中华书局,1962 年,第 1756 页。
⑤ [宋]李昉等辑《太平御览》卷五百七十八,北京:中华书局,1960 年,第 2609 页下。

拟作,这首被称为孔子所作的诗也不例外。从诗的本身来看,抒情味很浓而叙事意味并不浓,但序加上了一个动人的故事来讲说它,于是这首诗也被融入一个事件之中。《琴操》中的每首诗,都是这样与故事完满和谐地结合在一起的。这就是汉人对乐府诗叙事功能的认识。

其四,汉代人对当代文人创作诗歌的叙事功能的论述。我们再来看汉代史书对诗歌创作的记载,尽管所记载的诗都可以视为纯粹的抒情诗,但史书在记载这些诗作时,把创作这些诗作的场景及有关事件描摹得十分具体生动,因此,这些诗作也就带有十分浓郁的叙述某个事件的意味了,成为事件中的一个环节。如《汉书·张良传》载有刘邦《鸿鹄歌》:

> 鸿鹄高飞,一举千里。羽翼以就,横绝四海。横绝四海,又可奈何!虽有矰缴,尚安所施!①

其记载此诗时也有一个故事:

> 上欲废太子,立戚夫人子赵王如意。……汉十二年,上从破布归,疾益甚,愈欲易太子。……及宴,置酒,太子侍。四人者从太子,年皆八十有余,须眉皓白,衣冠甚伟。……四人为寿已毕,趋去。上目送之,召戚夫人指视曰:"我欲易之,彼四人为之辅,羽翼已成,难动矣。吕氏真乃主矣。"戚夫人泣涕,上曰:"为我楚舞,吾为若楚歌。"②

从中读者可以知道此诗与什么事件联系在一起。见于汉代书籍的有主名的汉人诗作大都伴随着一个事件,如刘邦《大风歌》、项羽《垓下歌》、戚夫人《舂歌》、赵王刘友《幽歌》、城阳王刘季《耕田歌》、汉武帝刘彻《瓠子歌》《秋风辞》《天马歌》《李夫人歌》、东方朔《据地歌》、李延年《歌》、韦孟《讽谏诗》《在邹诗》、燕王刘旦《歌》、华容夫人《歌》、李陵《别歌》、广川王刘去《歌》、广陵王刘胥《歌》、乌孙公主刘细君《悲愁歌》、韦玄成《自劾

---

① [汉]班固《汉书》,北京:中华书局,1962年,第2036页。
② 同上书,第2033—2036页。

诗》《戒孙诗》、息夫躬《绝命辞》、王吉《射乌辞》、应季先《美严王思诗》，等等。《后汉书》所记载的，如白狼王唐菆《歌诗》、梁鸿《五噫歌》《适吴诗》、少帝刘辩《悲歌》、唐姬《起舞歌》等，也是与具体场景、具体事件联系起来的，当时人们有这样的说法，《后汉书》才会有这样的记载；况《后汉书》虽是刘宋时范晔所作，但范晔本是在修订诸家对后汉史实记载的基础上写成一家之言的，所谓"乃删众家《后汉书》为一家之作"①，可见这样的记载本是当时的看法。

汉人还有一些诗作是附系于作者的赋作或其他作品之中的，作者把诗作纳入整个赋作或其他作品所叙述的大事件中去，这也是作者对抒发怀抱性的诗做出的叙事的要求。这类作品如司马相如《美人赋》中的《歌》，班固《东都赋》中的《明堂诗》《辟雍诗》《灵台诗》《宝鼎诗》《白雉诗》，杨恽《答孙会宗书》中的《拊缶歌》，赵壹《刺世疾邪赋》中的《秦客诗》《鲁生歌》，石勋的《费凤别碑诗》，蔡邕的《酸枣令刘熊碑诗》，崔骃《北巡颂》中的《歌》，仇靖的《李翕析里桥郙阁颂新诗》，等等。

汉代还有一些诗作，作者往往在题目中标出此诗是为某事件而抒发怀抱感情的，如班固《咏史》、崔骃《安封侯诗》、刘珍《赞贾逵诗》、朱穆《与刘伯宗绝交诗》、秦嘉《述婚诗》等等。这也表明，作者认为自己的诗是与叙事联系在一起的。

从以上叙述中我们可以看到，汉人认为诗这一文体本身具有两大功能，一是抒发怀抱、抒发感情，二是叙事，诗必定与某件事联系在一起，而且这事件必须是具体的、真实存在的。前者已成为古今中外的共识，作为诗来说，一定要强调抒发怀抱、抒发感情，否则不成其为诗；即便是叙事诗，必定也有相当分量的抒情成分。后者却大有疑问，诗人可以就某一具体事件抒发怀抱、抒发感情，可以让诗带上某一具体事件的意味而与之联系在一起，但诗并不见得一定要与某一具体事件联系在一起。首先，诗歌本质上是抒情的，它为什么要与具体的事件联系在一起呢？其次，诗可以就概括而言的整个人生、整个社会抒发怀抱、感情，也可以就虚拟的事与

---

① 《范晔传》，[南朝梁]沈约《宋书》，北京：中华书局，1974年，第1820页。

物抒发怀抱、感情,为什么一定要与具体的事件联系在一起呢?

二、诗与政治教化

汉人认为,诗抒发的怀抱感情必须符合政治教化并为之服务,这本是先秦论诗的传统,也是"诗言志"的传统。《左传·昭公二十五年》载:

> 简子曰:"敢问何谓礼?"对曰:"吉也闻诸先大夫子产曰:'……民有好、恶、喜、怒、哀、乐,生于六气。是故审则宜类,以制六志。哀有哭泣,乐有歌舞,喜有施舍,怒有战斗。喜生于好,怒生于恶。是故审行信令,祸福赏罚,以制死生。生,好物也;死,恶物也。好物,乐也;恶物,哀也。哀乐不失,乃能协于天地之性,是以长久。'"①

朱自清在《诗言志辨·献诗陈志》中引用这段话并加以解释说:

> 但看子产的话跟子太叔的口气,这种志,这种怀抱是与"礼"分不开的,也就是与政治、教化分不开的。②

我们从孔子的言论中,可以更清楚明白地看出先秦时候儒家诗论对抒发怀抱要符合礼教的要求。《论语·泰伯》载:

> 子曰:"兴于诗,立于礼,成于乐。"③

《论语·为政》载:

> 子曰:"《诗》三百,一言以蔽之,曰:'思无邪'。"④

"思无邪"是指诗抒发怀抱要合乎礼教。《礼记·孔子闲居》中称"志之所至,诗亦至焉;诗之所至,礼亦至焉"⑤,也是把"志"与"礼"紧密联系在一

---

① 《春秋左传正义》,《十三经注疏》,上海:上海古籍出版社,1997年,第2107页中—2108页下。
② 朱自清《诗言志辨》,北京:古籍出版社,1956年,第3页。
③ 《论语注疏》,《十三经注疏》,上海:上海古籍出版社,1997年,第2487页上。
④ 同上书,第2461页下。
⑤ 《礼记正义》,《十三经注疏》,上海:上海古籍出版社,1997年,第1616页下。

起的。关于先秦诗论要求抒发怀抱必须符合政治教化,前人述之甚详,此处不再赘述。

　　以下我们主要探讨汉代人是如何得出诗具有抒发怀抱感情与叙事这两大文体功能的观点的。第一,它来自"诗言志"的传统。《尚书·尧典》记载舜命夔典乐以教胄子的话,说:"诗言志,歌永言,声依永,律和声,八音克谐,无相夺伦,神人以和。"① 其中的"诗言志",朱自清认为是历代论诗的"开山的纲领"。先秦人讲"诗言志",从他们对诗歌的文体功能的认识来讲,他们认为其意义之一即是抒发怀抱。闻一多说,当时"志"有三个意思,其中一个意思即为"怀抱"。朱自清认为《论语》的《公冶长篇》《先进篇》与《礼记》的《檀弓篇》中的"言志",都是抒发、陈诉怀抱之意②。汉人也是这样认为的,汉人赵歧注《孟子》的《公孙丑上》与《万章上》中的"夫志,气之帅也"与"不以辞害志",即称"志"为"心所念虑"与"诗人志所欲之事";③汉人郑玄注《礼记·学记》中的"一年视离经辨志",即称"志"为"心意所趣乡"。④

　　先秦两汉人认为"志"是记录、记识事物的意思,"志"作为一种文体,即是记载事物。《周礼·春官宗伯·小史》中有"掌邦国之志"之语,郑司农曰:"志谓记也。《春秋传》所谓周志,《国语》所谓郑书之属是也。"⑤ "小史""掌邦国之志"即小史掌诸侯国的记录之事,或记事,或记言。所以,"志"作为动词来看是记录的意思,作为词组来看是记识事物的意思。汉人班固作《汉书》,其中有《志》,明代人徐师曾《文体明辨序说》中解释说:

　　　　按字书云:"志者,记也,字亦作誌。"其名起于《汉书·十志》,而

---

① 《尚书正义》,《十三经注疏》,上海:上海古籍出版社,1997年,第131页下。
② 《献诗陈志》,朱自清《诗言志辨》,北京:古籍出版社,1956年,第3页。
③ 《孟子注疏》,《十三经注疏》,上海:上海古籍出版社,1997年,第2685页下、2735页下。
④ 《礼记正义》,《十三经注疏》,上海:上海古籍出版社,1997年,第1521页中。
⑤ 《周礼正义》,《十三经注疏》,上海:上海古籍出版社,1997年,第818页中。

后人因之,大抵记事之作也。①

他认为班固是把"志"作为一种记事文体来对待的。

先秦人认为,诗概括地讲,同史一样也是记事的。《墨子·明鬼下》称"《周书·大雅》",孙诒让曰:"古者《诗》《书》多互称。"②《墨子·非命中》引《尚书》,称"商、夏之《诗》《书》曰"③,这都说明先秦时人们的观念中诗类同于史,都是记事的。《孟子·离娄下》载孟子之语:

> 王者之迹熄而诗亡,诗亡然后《春秋》作。晋之《乘》,楚之《梼杌》,鲁之《春秋》,一也:其事则齐桓、晋文,其文则史。④

《春秋》之属是史书,毫无疑问,其文体功能是记事,但孟子认为它们是继诗而来,那么说明孟子也认为诗这种文体是具有记事功能的。

就某一单篇诗来说,先秦人认为诗记识的事物必定是具体而非概指的,必定有具体所指的人与事而非泛指。首先,这从《诗经》中的一些作品本是就某一具体事件而发可见出端倪。朱自清《诗言志辨·献诗陈志》引述春秋时代献诗之事,认为这是"诗言志"的内容之一,如《左传·隐公三年》载:"卫庄公娶于齐东宫得臣之妹,曰庄姜,美而无子,卫人所为赋《硕人》也。"⑤这就是《诗经·卫风·硕人》。又如《左传·闵公二年》载,狄人灭卫,卫之遗民"立戴公以庐于曹,许穆夫人赋《载驰》"⑥。这是说《载驰》的产生。其次,先秦时代曾大量地出现赋诗言志的事,这当然也是"诗言志"的内容之一,那时的卿大夫经常引用《诗经》的成句来表达赞美、讽刺、规劝等外交意愿,而这些外交意愿本来是因事而发的。如《左传·文公十三年》载,郑伯与鲁文公宴会,郑大夫子家赋引《小雅·

---

① [明]吴讷、徐师曾著,于北山、罗根泽校点《文章辨体序说 文体明辨序说》,北京:人民文学出版社,1962 年,第 146 页。
② [清]孙诒让撰,孙启治点校《墨子间诂》,北京:中华书局,2001 年,第 236 页。
③ 同上书,第 277 页。
④ 《孟子注疏》,《十三经注疏》,上海:上海古籍出版社,1997 年,第 2727 页下—2728 页上。
⑤ 《春秋左传正义》,《十三经注疏》,上海:上海古籍出版社,1997 年,第 1724 页上。
⑥ 同上书,第 1788 页上。

鸿雁》,以"爰及矜人,哀此鳏寡"希望鲁文公怜恤而为其到晋国说情,其中"鳏寡"即比郑国。鲁大夫季文子赋引《小雅·四月》作答,诗中的"四月维夏,六月徂暑,先祖匪人,胡宁忍予",即表示要回国去祭祖而不想去晋国。子家又赋引《鄘风·载驰》第四章,以其中"控于大邦"说明小国向大国求援之意。季文子又赋引《小雅·采薇》,以其中的"岂敢定居,一月三捷"表示愿意为郑国走一趟。① 这样的例子还有一些,当时人学诗的目的之一就是在外交场合赋引诗句来表达自己的意思,《论语·子路》载孔子之语:"诵《诗》三百,授之以政,不达;使于四方,不能专对,虽多,亦奚以为?"② 因此,即使本来并非专指某人某事的诗篇,在特殊的场合也就专指某事了,于是,反过来也促使人们认为该诗篇本来就是专指某人某事的。

第二,汉人所持的诗具有抒发怀抱感情与叙事两大文体功能的观点,与孟子的"知人论世"说有相当的渊源关系。《孟子·万章下》载孟子的话:

> 一乡之善士斯友一乡之善士,一国之善士斯友一国之善士,天下之善士斯友天下之善士。以友天下之善士为未足,又尚论古之人。颂其诗,读其书,不知其人,可乎? 是以论其世也,是尚友也。③

这些话本来是就士的修养来说的,善士的交友不应限于一乡、一国或天下的善士,还要上溯到古代。而对待古代的善士,不仅要"颂其诗,读其书",而且还要知其人,论其世,要了解古人的思想生平经历与时代状况。我们看到,汉代人无论是对《诗经》、楚辞、乐府还是对当代文人的创作的评述,都是论述其生平事迹,论述诗作者生活的时代发生的相关事件。这些论述本身自然是叙事的,于是让人感觉到诗本身也该具有叙事功能。

---

① 《春秋左传正义》,《十三经注疏》,上海:上海古籍出版社,1997年,第1853页上。
② 《论语注疏》,《十三经注疏》,上海:上海古籍出版社,1997年,第2507页上。
③ 《孟子注疏》,《十三经注疏》,上海:上海古籍出版社,1997年,第2746页中。

三、"礼义之旨,须事以明之"

汉代人为什么要把主抒情的诗歌视作是既抒情又叙事的呢?除了对"诗言志"与"知人论世"的继承外,还有没有别的原因呢?晋人挚虞的一段话解开了这个谜,他在《文章流别论》中曾这样说:

> 赋者,敷陈之称,古诗之流也。古之作诗者,发乎情,止乎礼义。情之发,因辞以形之;礼义之旨,须事以明之。①

早期的正宗的赋是一种叙事性的作品,挚虞解释为什么要叙事,就是因为"礼义之旨,须事以明之",而汉人之所以强调诗歌具有叙事功能,其意旨也正在这里。

我们知道,礼是社会行为的法则、规范、仪式等规定的总称,这些规定本身就是现实的行为,本身也就是种种事例。反过来讲,也只有在现实行为与种种事例中才能显示出礼来。《论语·子路》载孔子之语说:"名不正则言不顺,言不顺则事不成,事不成则礼乐不兴。"②孔子就把"礼"与"事"二者紧密结合起来,几乎是视为一体的。用具体的事来表现"礼义之旨",因为礼是有事可依,叙事也就成为实施礼的具体体现。反过来讲,如果不指出具体的事来而仅仅强调"发乎情,止乎礼义",因为"情"本身没有"事"的依托而具有某种不确定性,那么"止乎礼义"便会成为一句空话。现在在"情"与"礼"中间加上"事"这个中间环节,"事"到底合乎不合乎礼义便可一目了然,于是"情"合乎不合乎礼义也就可一目了然。

《毛诗序》说:

> 国史明乎得失之迹。伤人伦之废,哀刑政之苛,吟咏情性,以风其上,达于事变而怀其旧俗者也。

汉人认为作诗者要"达于事变"才能"吟咏情性"而使之"止乎礼义",就是

---

① [清]严可均校辑《全上古三代秦汉三国六朝文》,北京:中华书局,1958 年,第 1905 页下。
② 《论语注疏》,《十三经注疏》,上海:上海古籍出版社,1997 年,第 2506 页中。

说要通晓社会上事件、事物的变化才能作诗,这是从诗的产生上讲诗的叙事功能。从诗依靠什么去发挥社会作用上讲,司马迁在《史记·太史公自序》中引孔子的"我欲载之空言,不如见之于行事之深切著明也"①,这句话可以视作当时人们对诗歌叙事功能的认识。孔子是借着整理改写鲁国史《春秋》来表现自己的政治观点的,司马迁要以《史记》来表现自己的思想感情,那么诗歌也要以"事"来表现出"情"的合乎礼义。至此我们就清楚了,汉代人之所以把叙事作为诗歌的文体功能,就是要用叙事来进一步明确诗歌的社会功能,用叙事来具体实现诗歌的社会功能。

汉代人把诗歌的文体功能与社会功能结合起来的努力是值得肯定的,尽管这种努力带有偏向性。这种努力表现出实现诗歌社会功能的最好途径是加强诗歌的文体功能,也表现出汉代人对诗歌自身性质功能与社会功能的双重重视,而不是像一般流行的说法认为汉代人只注意诗歌的社会功能。但是,由于汉代人仅强调诗歌的文体功能服务于社会功能,使诗歌在社会功能实现之时,诗歌本身的魅力未能全部展现。这固然是由于汉代人片面化地理解诗歌的社会功能,仅强调教育、认识作用而忽略审美作用,但另一方面也是对诗歌文体功能的偏向性探索所致。这样要求诗歌的抒情纳入叙事的轨道,把抒情与具体事件联系起来,在诗歌创作实践上,妨碍了诗歌就整个人生、整个社会抒发自己的怀抱与感情,妨碍了诗歌就虚拟事物抒发自己的怀抱与感情,也就从根本上妨碍了诗歌的抒情功能的实现。因此,在诗歌理论方面,诗歌真正实现自身最根本的文体功能——抒情性——这一任务显得更为急迫。

---

① [汉]司马迁《史记》,北京:中华书局,1959 年,第 3297 页。

第二节　从抒情诉求到诗体探索
——从汉赋"乱曰"的改革谈起

赋这一文学体裁至汉代已经成熟,文学家在成熟地运用赋体来叙事、抒情、咏物、说理的同时,又在赋中与赋的结尾处灵活运用诗体来强化某一方面旨意的表达。在赋的结尾处运用的诗体有四言、五言、七言、楚歌;楚歌体又有齐言、杂言等。诗体中,先秦已经成熟的有四言与楚歌,前者以《诗经》为主,后者以屈原作品为主;两汉直至东汉中期,五言、七言并未成熟、尚未流行,而文学家在汉赋中多有运用。赋家在赋中与赋末运用各种诗体,这种对诗体的关注意味着什么?本节拟对此有所探讨。

一、从诗歌居于赋作中部谈起

我们先来看诗歌居于赋作中部的情况。司马相如《美人赋》篇中写"有女独处","臣遂抚弦,为幽兰白雪之曲,女乃歌曰":

> 独处室兮廊无依,思佳人兮情伤悲。有美人兮来何迟?日既暮兮华色衰,敢托身兮长自私。①

赋中主人公对女子"托身"的自白没有回应,进而对女子托身的行为也没有回应。此处的歌是故事发展的一个步骤。

傅毅《舞赋》写舞蹈中的"亢音高歌","歌曰":

> 摅予意以弘观兮,绎精灵之所束。弛紧急之弦张兮,慢末事之骩曲。舒恢炱之广度兮,阔细体之苛缛。嘉《关雎》之不淫兮,哀《蟋蟀》之局促。启泰贞之否隔兮,超遗物而度俗。②

这也是描摹音乐并叙说其感人力量,其中有对歌诗的评价。

---

① 费振刚、胡双宝、宗明华辑校《全汉赋》,北京:北京大学出版社,1993年,第97页。
② 同上书,第280—281页。

张衡《舞赋》是残篇,其中亦写到舞者"展清声而长歌,歌曰":

> 惊雄逝兮孤雌翔,临归风兮思故乡。①

这是叙写舞姿并抒情。

以上就是诗歌居于赋作中部的情况。表面上看,这些诗歌都是以歌的名义,伴随音乐或舞蹈出现的。细分之下,司马相如《美人赋》中的歌是用来表达情感的,在赋作中是叙事的需要,是整个情节发展链条中的一环。从赋的发展来看,这是一种继承。此前《楚辞》中已有这样的情况,《楚辞·渔父》载,"渔父莞尔而笑,鼓枻而去。歌曰":

> 沧浪之水清兮,可以濯吾缨;沧浪之水浊兮,可以濯吾足。②

宋玉赋中亦有吟咏诗歌的情况,其《登徒子好色赋》有"臣观其丽者,因称诗曰:遵大路兮揽子祛",接着又有女子的答诗,"复称诗曰:寤春风兮发鲜荣,絜斋俟兮惠音声。赠我如此兮,不如无生"。③ 前语本《诗经·郑风·遵大路》"遵大路兮,掺执子之祛兮"④,后语本《诗经·小雅·苕之华》"苕之华,其叶青青。知我如此,不如无生"⑤,以示情绪波动至深。宋玉是化用《诗经》诗句来表达男女之间交往的情感,而司马相如则直接以歌来吟咏情感,可以肯定的是,他们赋中的诗歌是用来强化主人公的抒情的;所谓赋中诗歌是情节发展的需要,他们赋中的情节也是男女之间交往、情感交流的情节。

其他诸赋作中的诗歌都是表明赋中的"琴""舞"是可以与歌相配合的,《毛诗序》所谓"情动于中而形于言,言之不足故嗟叹之,嗟叹之不足故永歌之,永歌之不足,不知手之舞之,足之蹈之"⑥,歌是具有强烈的抒

---

① 费振刚、胡双宝、宗明华辑校《全汉赋》,北京:北京大学出版社,1993年,第478页。
② [宋]洪兴祖撰,白化文、许德楠、李如鸾、方进点校《楚辞补注》,北京:中华书局,1983年,第180—181页。
③ [南朝梁]萧统编,[唐]李善注《文选》,北京:中华书局,1977年,第269页下。
④ 《毛诗正义》,《十三经注疏》,上海:上海古籍出版社,1997年,第340页中。
⑤ 同上书,第501页上。
⑥ 同上书,第270页上。

情功能的,从其与音乐、舞蹈的相互关系中可以看得很明确。

从居于赋作篇中的诗歌的作用,我们可以看到赋家是从赋本身的情节发展的需要出发才在赋作中安排诗歌的,赋本身的情节发展需要在赋中此处安排诗歌以表现两人的交流,或是表现所咏的事物具有与歌相配合的性质。并不是因为赋这种文体本身的抒情诉求才在赋作中安排诗歌的。但是,这些歌的抒情特性以及在赋的情节发展中所起的抒情作用,所有的人都很清楚。

二、楚辞的"乱曰"与荀卿赋的"佹诗"

进而我们探讨,在赋篇末的诗歌又有什么意味呢?

汉赋的来源之一是楚辞,刘勰《文心雕龙·诠赋》称赋"受命于诗人,而拓宇于《楚辞》也"①,章学诚《校雠通义》称赋"原本诗骚,出入战国诸子"②;又有辞赋并称,浑言时并无区别,如班固《汉书·扬雄传》称"赋莫深于《离骚》","辞莫丽于相如",③单言时或以赋称楚辞,如称屈原作品为屈赋。

许多楚辞作品在篇末有"乱曰"之类的文字,屈原《离骚》篇末的"乱曰",汉王逸注曰:

> 乱,理也。所以发理词指,总撮其要也。屈原舒肆愤懑,极意陈词,或去或留,文采纷华,然后结括一言,以明所趣之意也。④

"乱",用我们现在的话讲就是总结概括全篇内容、揭示题旨、强调重点。《九章》之《涉江》《哀郢》《怀沙》亦有"乱曰",《抽思》甚或在"乱曰"前有"少歌曰""倡曰",虽然都有"结括一言,以明所趣之意也"的意味,但另一种意味更强调抒发情感,如《哀郢》的"乱曰":

---

① [南朝梁]刘勰著,詹锳义证《文心雕龙义证》,上海:上海古籍出版社,1989年,第274页。
② [清]章学诚著,叶瑛校注《文史通义校注》,北京:中华书局,1985年,第1064页。
③ [汉]班固《汉书》,北京:中华书局,1962年,第3583页。
④ [宋]洪兴祖撰,白化文、许德楠、李如鸾、方进点校《楚辞补注》,北京:中华书局,1983年,第47页。

> 曼余目以流观兮,冀壹反之何时?鸟飞反故乡兮,狐死必首丘。信非吾罪而弃逐兮,何日夜而忘之?①

其抒情的一个标志就是突出自我。

汉赋的另一来源是荀卿赋,刘勰《文心雕龙·诠赋》称"荀况《礼》《智》,宋玉《风》《钓》,爰锡名号,与《诗》画境。六义附庸,蔚成大国"②即是。《荀子》的《赋篇》在叙述"礼""知""云""蚕""针"后言"天下不治,请陈佹诗",其后又有:

> 其《小歌》曰:念彼远方,何其塞矣。仁人绌约,暴人衍矣。忠臣危殆,谗人服矣。琁、玉、瑶、珠,不知佩也。杂布与锦,不知异也。闾娵、子奢,莫之媒也。嫫母、力父,是之喜也。以盲为明,以聋为聪,以危为安,以吉为凶。呜呼上天,曷维其同!③

"佹诗"还有客观叙述后的总结的意味,而《小歌》则更有内心独白乃至大声呼吁之意。

三、以篇末诗歌替代"乱曰"的功能

一般说枚乘创建、司马相如确立了汉散体大赋的体制,这个体制的形式之一就是问答体。我们注意到,篇末有"乱曰"之类"发理词指,总撮其要"的赋作都不是问答体的;这也就是说,问答体的汉散体大赋篇末没有"乱曰"之类内容。那么,问答体的汉散体大赋"发理词指,总撮其要"及强调重点如何实现?枚乘《七发》篇末称太子听"要言妙道""霍然病已"④,那么,"要言妙道"就是"发理词指,总撮其要"。司马相如《子虚》《上林》篇末写天子于校猎、"酒中乐酣"后醒悟,关心农桑、注重礼乐;而

---

① [宋]洪兴祖撰,白化文、许德楠、李如鸾、方进点校《楚辞补注》,北京:中华书局,1983年,第136页。
② [南朝梁]刘勰著,詹锳义证《文心雕龙义证》,上海:上海古籍出版社,1989年,第277页。
③ 章诗同注《荀子简注》,上海:上海人民出版社,1974年,第291页。
④ 费振刚、胡双宝、宗明华辑校《全汉赋》,北京:北京大学出版社,1993年,第21页。

子虚、乌有二先生"愀然改容,超若自失",自称"乃今日见教,谨受命矣"。① "发理词旨,总撮其要"的任务也完成了。此二赋的"发理词旨,总撮其要"是情节的进展所至,是以问答中某个人肯定或承认对方的观点来实现的,但赋作未用某种重复的方式加以刻意总结与强调。

但是,在枚乘时就有例外。从现存的汉赋作品看,最早篇末带有抒情性文字且以对话的方式出之的赋作是枚乘《梁王菟园赋》,篇末有:"于是妇人先称曰:春阳生兮萋萋,不才子兮心哀。见嘉客兮不能归,桑萎蚕饥,中人望奈何。"②

《古文苑》载此赋,宋人章樵注曰:"观其词,始言苑囿之广,中言林木禽鸟之富,继以士女游观之乐,而终之以郊上采桑之妇人。"③这是在"士女游观"时以对话的面目出现的,用于向对方表达情感;这些文字虽然未称作是歌,但其口吻、语言格式、背景等都显示出它是诗歌。这表明,赋家渴望以其他文体的文字来替代篇末"乱曰"的"发理词指,总撮其要",并已有所尝试。

班固时情况就更不一样了,其《两都赋》假如按照司马相如《子虚》《上林》的模式,赋至"主人之辞未终,西都宾矍然失容,逡巡降阶,慄然意下,捧手欲辞"④就该结束了,但主人不允许,曰:"复位,今将喻子五篇之诗。"其中前三篇为四言。其一《明堂诗》,诗曰:

> 于昭明堂,明堂孔阳。圣皇宗祀,穆穆煌煌。上帝宴飨,五位时序。谁其配之,世祖光武。普天率土,各以其职。猗欤缉熙,允怀多福。

其二《辟雍诗》,诗曰:

> 乃流辟雍,辟雍汤汤。圣皇莅止,造舟为梁。皤皤国老,乃父乃

---

① 费振刚、胡双宝、宗明华辑校《全汉赋》,北京:北京大学出版社,1993年,第68页。
② 同上书,第30页。
③ [宋]章樵注《古文苑》,上海:商务印书馆,1937年,第78—79页。
④ 费振刚、胡双宝、宗明华辑校《全汉赋》,北京:北京大学出版社,1993年,第331页。以下所引《两都赋》正文均见于该书第331—332页,不再出注。

兄。抑抑威仪,孝友光明。于赫太上,示我汉行。鸿化惟神,永观厥成。

其三《灵台诗》,诗曰:

乃经灵台,灵台既崇。帝勤时登,爰考休征。三光宣精,五行布序;习习祥风,祁祁甘雨。百谷溱溱,庶草蕃芜。屡惟丰年,于皇乐胥。

后两篇是楚歌。其四曰《宝鼎诗》,诗曰:

岳修贡兮川效珍,吐金景兮歊浮云。宝鼎见兮色纷缊,焕其炳兮被龙文。登祖庙兮享圣神,昭灵德兮弥亿年。

其五曰《白雉诗》,诗曰:

启灵篇兮披瑞图,获白雉兮效素乌,发皓羽兮奋翘英,容絜朗兮于淳精。彰皇德兮侔周成,永延长兮膺天庆。

此五篇全为颂东汉之德,这是统一的主题。《两都赋序》曾称此赋的创作宗旨为:"故臣作《两都赋》,以极众人之所眩曜,折以今之法度。"[①]赋末东都主人批评"论者""罕能精古今之清浊,究汉德之所由","而知德者鲜矣"。《明堂诗》言宗祀光武皇帝于明堂,以配五帝。《辟雍诗》赞扬汉家德行。《灵台诗》言明帝登临灵台观祥瑞丰年。《宝鼎诗》言永平六年王雒山出宝鼎之事,以颂灵德。《白雉诗》言嘉祥之物彰显皇德。赋作是以诗歌完成对汉德的歌颂,诗歌所处位置之所以在篇末,是因为这是对全赋内容的概括性总结;但更重要的是这是在强调与突出全赋的重心、重点所在,这从诗作是在西都宾"矍然失容,逡巡降阶,惵然意下,捧手欲辞"时让其"复位"才吟诵出来的情节亦可以看出。这又是对全赋内容抒情化的总结概括,这从"五篇之诗"感叹词的运用、景物情感化的描摹、诗作主人公殷切的语气、颂扬的笔调等都可以见出。其作用既是"发理词旨,总撮其要",更重要的是强调重点,而且是以对话的方式。

---

① 费振刚、胡双宝、宗明华辑校《全汉赋》,北京:北京大学出版社,1993年,第311页。

张衡《南都赋》篇末写道"于是乎鲵齿眉寿鲐背之叟,皤皤然被黄发者,喟然相与歌曰":

> 望翠华兮葳蕤,建太常兮裵裴。驷飞龙兮骙骙,振和鸾兮京师。总万乘兮徘徊,按平路兮来归。①

南都,即南阳,是光武帝刘秀的家乡,光武建汉,南阳也就自然成为南都。全赋颂扬南都南阳的自然地理、社会文化,赞美光武帝的丰功伟绩。赋在载录此歌后接着说:"岂不思天子南巡之辞者哉?"此歌是全赋叙事自然而然的进展所在,实际上成为全赋的点睛、点题之笔:具有如此的自然地理、社会文化的南阳,盼望南阳之子刘秀回到家乡,南阳将更加辉煌。在这里,诗歌掀起颂扬南都南阳的高潮,并总结概括出颂扬南都南阳就是颂扬光武帝的丰功伟绩,这是带有强烈情感意味的颂扬,是家乡父老对南阳之子刘秀的情感抒发与表达。

张衡《南都赋》在歌后还有"颂"。颂本来就是诗,《诗经》诗体分为风、雅、颂,颂是诗体之一。挚虞《文章流别论》在解释了《诗经》之"颂"为"美盛德之形容"后,又说:

> 后世之为诗者多矣,其功德者谓之颂,其余则总谓之诗。颂,诗之美者也。②

颂是具有诗的性质的。当张衡《南都赋》把"喟然相与歌曰"及"岂不思天子南巡之辞者哉"作为全赋顺序最后的情节进程,赋作又以"遂作颂曰"来"发理词旨,总撮其要",颂曰:

> 皇祖止焉,光武起焉。据彼河洛,统四海焉。本枝百世,位天子焉。永世克孝,怀桑梓焉。真人南巡,睹旧里焉。③

颂的意思是说,汉高祖曾在南阳停驻,光武帝的事业从南阳兴起。光武帝

---

① 费振刚、胡双宝、宗明华辑校《全汉赋》,北京:北京大学出版社,1993年,第461页。
② [清]严可均校辑《全上古三代秦汉三国六朝文》,北京:中华书局,1958年,第1905页上。
③ 费振刚、胡双宝、宗明华辑校《全汉赋》,北京:北京大学出版社,1993年,第461页。

依据河洛统治四海。他子孙百代永在天子之位。他永世行孝怀恋家乡。那年他南巡曾探望故里。这里表明,作品颂扬南阳南都就是颂扬光武帝,颂扬光武帝的事业。这种颂扬是情感化的表达。

与《两都赋》的问答体不同,《南都赋》全篇是直叙,只是到篇末了,才是"鲵齿眉寿鲐背之叟,皤皤然被黄发者,喟然相与歌曰";赋作者让歌在对话中完成,保持问答体的传统。在这些赋作中,只有张衡《南都赋》篇末的"颂曰"还稍具有"乱曰"的功能,是没有标明人称的颂,但亦明确表明这不仅仅是总结概括,更是充满感情的颂扬。

赵壹《刺世疾邪赋》篇末载,"有秦客者,乃为诗曰":

> 河清不可俟,人命不可延。顺风激靡草,富贵者称贤。文籍虽满腹,不如一囊钱。伊优北堂上,抗脏倚门边。①

此赋又载,"鲁生闻此辞,系而作歌曰":

> 势家多所宜,咳唾自成珠。被褐怀金玉,兰蕙化为刍。贤者虽独悟,所困在群愚。且各守尔分,勿复空驰驱。鞶哉复哀哉,此是命矣夫。

就赋的正文来说,其叙写是十分具体的,批判了黑暗社会的腐朽、道德风气的败坏,抨击了邪恶奸佞的得势、权门豪族的横行;而篇末的诗则关注这些丑恶现实对所经历者的意义,这是对全赋内容的另一种方式的表达,是情感化、概括化的。与《两都赋》的叙事及问答体不同,赵壹《刺世疾邪赋》稍有变化,全篇是直接说理抒情,篇末才显现问答体,以两人的诗歌唱和揭露当时社会的黑暗和腐朽,强调正直人才的受压。

《两都赋》《南都赋》《刺世疾邪赋》篇末诗、歌或颂,既起"发理词旨,总撮其要"的概括主体、强调重点的作用,又有充分的抒情性,发挥了诗、歌或颂的文体功能。因此,从某种意义上说,《两都赋》《南都赋》《刺世疾

---

① 费振刚、胡双宝、宗明华辑校《全汉赋》,北京:北京大学出版社,1993年,第555页。下文所引《刺世疾邪赋》均见于此,不再出注。

邪赋》篇末诗、歌或颂是对《离骚》篇末"乱曰"的继承,只不过是一种否定之否定的继承,司马相如的散体大赋否定了"乱曰",《两都赋》《刺世疾邪赋》《南都赋》又否定司马相如赋作而回归《离骚》篇末"乱曰"的形式,有了"发理词旨,总撮其要"之类的文字,但这已是高一层次的回归了。总的来说,《两都赋》等赋作以问答体对话的方式在篇末吟咏诗、歌或颂,替代了篇末"乱曰"。这些诗、歌或颂既"发理词旨,总撮其要",又具有充分的抒情性。赋以篇末吟咏诗、歌或颂表现出其文体本身也应该具备抒情的功能。

四、赋家运用诗歌特性与赋的抒情诉求

为什么要以诗、歌替代篇末"乱曰"?作者生怕总结性、概括化的再一次叙说有重复之嫌,会令人生厌,故以另一种文体出之。但这只是表面现象,深层的原因还要从诗歌的特性来谈。

什么叫诗?《简明不列颠百科全书》"诗"条有这样的解释:

> 美国诗人弗罗斯特说,诗是散文言所未尽之处;人有所怀疑,则用语言去解释,用散文解释之后,尚有待解释者则须由诗来完成。[①]

又引诗人的话来解释:

> 正如英国诗人蒲柏所说,诗所表达的是往往想到而未能充分表达的东西。英国诗人济慈也说,诗应当使读者感到,它表达他的最崇高的思想,似乎就是他所曾有过的想法的重现。[②]

"言所未尽之处",即是散文作品"尚有待解释者"以及读者"往往想到而未能充分表达的东西",那么,这"言所未尽之处"就要用诗来表达了。

中国古代也讲到"散文言所未尽之处"产生诗歌,是从音乐性与抒情性两方面讲的,《毛诗序》这样说:

---

① 《简明不列颠百科全书》第七卷,北京:中国大百科全书出版社,1986年,第239页。
② 同上书,第239—240页。

> 诗者,志之所之也,在心为志,发言为诗。情动于中而形于言,言之不足故嗟叹之,嗟叹之不足故永歌之,永歌之不足,不知手之舞之,足之蹈之也。①

孔颖达《毛诗正义》解释说,"而直言者非诗,故更序诗必长歌之意";"初言之时,直平言之耳",但这还不是诗,"故为诗必长歌也";"此言为诗必歌";"然则在心为志,出口为言,诵言为诗,咏声为歌,播于八音谓之为乐,皆始末之异名耳"。② 诗是一种"言",所谓"发言为诗";但它不是普通的"言",而是"嗟叹"之"言",进而是"嗟叹之不足故永歌之"之"言"。这也就是说,散文作品之类普通的"言"表达时有所不足。什么有所不足?从诗歌的特性上讲,散文作品之类普通的"言"在抒情性上有所不足;"言之不足故嗟叹之,嗟叹之不足故永歌之",强化了抒情性后,这才是诗歌。

当我们说赋的篇末以诗、歌或颂来替代"乱曰"的"发理词旨,总撮其要",也就是赋作者以为散体的赋还有"言所未尽之处",故以诗来"完成"全篇。那么,诗要"完成"什么"言所未尽之处"呢?这就是抒情。而赋作篇末诗作的抒情性是显而易见的,前已有述。反过来讲,假如《两都赋》《南都赋》《刺世疾邪赋》没有篇末的诗、歌或颂,其主题意味的表达并不受多大影响,因为在赋作正文中,该说的主题内容都已经有了比篇末的诗、歌或颂更多的表达,篇末的诗、歌或颂充其量只是强调与凸现;但假如真的没有篇末的诗、歌或颂,赋作的抒情性以及赋家所要表达的情感就要大打折扣了。

五、赋家关注篇末诗歌的语言格式

赋家以诗、歌或颂替代篇末"乱曰",还关注篇末诗、歌或颂的语言格式。汉赋篇末诗、歌或颂的语言格式呈多样化的趋势,有带有"兮"字的杂言楚歌体,如枚乘《梁王菟园赋》;有加上"兮"字为六言的楚歌体,如张

---

① 《毛诗正义》,《十三经注疏》,上海:上海古籍出版社,1997年,第269页下—270页上。
② 同上书,第270页上。

衡《南都赋》"其歌";有加上"兮"字为七言的楚歌体,如班固《两都赋》、蔡邕《释诲》。有四言体,如班固《两都赋》、张衡《南都赋》"其颂";有五言体,如赵壹《刺世疾邪赋》。

与赋家关注篇末诗歌的语言格式同步,赋家也关注"乱曰"的语言格式。我们先来看一般情况。

"乱曰"为杂言者:贾谊《吊屈原赋》正文除一句六言外,其他均为四言、五言;其"讯曰"全篇,除首句"已矣"二言外二十四句,其中九言二句、八言三句、七言八句、六言十一句,每二句有一"兮"字,语言格式更像《离骚》。董仲舒《士不遇赋》正文均为四言,基本每二句有一"兮"字;其"重曰"为六言、七言、八言、九言,还有十言、十一言。

"乱曰"为四言者(有句中加上"兮"字为四言者):汉武帝《李夫人赋》"乱曰"共二十六句,除两句五言,均为四言,每两句有一带有"兮"字的句子。王褒《洞箫赋》"乱曰"共三十句,均为四言;大部分三句有一带有"兮"字的句子,间或两句。扬雄《甘泉赋》"乱曰"共二十句,均为四言,每两句有一带有"兮"字的句子。扬雄《太玄赋》"乱曰"共二十句,均为四言,每两句有一带有"兮"字的句子。刘歆《遂初赋》"乱曰"共十六句,均为四言,每两句有一带有"兮"字的句子。班彪《北征赋》"乱曰"共十二句,均为四言,每两句有一带有"兮"字的句子。班固《幽通赋》"乱曰"共十六句,均为四言,每两句有一带有"兮"字的句子。班昭《东征赋》"乱曰"共十二句,均为四言,每两句有一带有"兮"字的句子。张衡《温泉赋》"乱曰"共十二句,均为四言,每两句有一带有"兮"字的句子。王延寿《鲁灵光殿赋》"乱曰"共二十一句,均为四言,每三句有一带有"兮"字的句子。蔡邕《述行赋》"乱曰"共十六句,均为四言,每两句有一带有"兮"字的句子。考察这些"乱曰"为四言的赋作,其正文以六言、七言为主,基本每两句有一带有"兮"字的句子。

从上述考察我们注意到一个现象,当篇末"乱曰"之类文字为以六言、七言为主的杂言时,正文基本上是整齐的四言;当正文文字基本上以六言、七言为主时,篇末"乱曰"之类文字则是整齐的四言。这也就是说,正文的语言格式与篇末"乱曰"之类文字的语言格式是不一样的,这当然是作者有意为之,他们不愿意正文的语言格式与篇末"乱曰"之类文字的语言格式是一样的。这体现了赋家有要求语言格式有所变化的冲动与激情。

篇末"乱曰"之类文字以整齐的四言为多,表明这类文字以整齐的四言为正格;再考虑到篇末"乱曰"为六言、七言为主的杂言的形式产生年代较早,到汉中叶以后,篇末"乱曰"就基本上是整齐的四言了,可见"乱曰"语言格式有凝固化的趋势。且"乱曰"语言格式的凝固化,为诗作替代篇末"乱曰"提供了契机。

当赋家有了要求语言格式有所变化的冲动与激情,他们自然不愿意让凝固化的语言格式来约束自己。于是,篇末诗、歌或颂的形式呈多样化,如汉初就流行的楚歌体,在班固《两都赋》、张衡《南都赋》的篇末出现;而新兴的五言诗体,在赵壹《刺世疾邪赋》的篇末出现;当然对传统的四言体亦有继承,出现在班固《两都赋》、张衡《南都赋》的篇末。汉赋结尾的地方成为各种诗体的试验场,尤其成为新兴的五言诗体的试验场。

以上所说只是"乱曰"语言格式的一般情况,还有特殊情况,即七言或四、七言混合者,如张衡《思玄赋》"系曰":

> 天长地久岁不留,俟河之清祇怀忧。愿得远度以自娱,上下无常穷六区。超逾腾跃绝世俗,飘摇神举逞所欲。天不可阶仙夫希,《柏舟》悄悄吝不飞。松乔高跱孰能离,结精远游使心携。回志揭来从玄谋,获我所求夫何思!①

"系曰"共十二句,均为七言,无"兮"字。这首七言体富有抒情性。联系张衡曾作七言体《四愁诗》,其对诗体语言格式的关怀是可以想见的。

又有王延寿《梦赋》"乱曰":

> 齐桓梦物,而亦以霸。武丁夜感,而得贤佐。周梦九龄克百庆,晋文监脑国以竞。老子役鬼为神将,传祸为福永无恙。②

---

① 费振刚、胡双宝、宗明华辑校《全汉赋》,北京:北京大学出版社,1993年,第398—399页。
② 同上书,第534页。

"乱曰"四句四言,四句七言,无"兮"字。这只是四、七言而称不上是诗,但其对七言的运用仍令人关注。

还有马融《长笛赋》篇末载,有庶士丘仲,言长笛"所由出,而不知其弘妙。其辞曰":

> 近世双笛从羌起,羌人伐竹未及已。龙鸣水中不见己,截竹吹之声相似。剡其上孔通洞之,裁以当簻便易持。易京君明识音律,故本四孔加以一。君明所加孔后出,是谓商声五音毕。①

此处七言未称作"诗"或"歌",只是比较含糊的"辞曰",但这是诗体文字是可以肯定的。赋作先叙写制笛之材——竹子的生长环境,又叙写砍伐制作之难,接着叙写笛声的感动人心,叙写笛声的象征意义。而诗体文字则是追述笛由羌地传入及内地人改制使其合乎五音的经过,是吟咏笛的制作过程。这也是作者的总结概括,尽管不是赋作的正文内容,却也是针对笛的。这些文字是新兴的七言体,虽然说对七言诗的形成有相当的影响,但这首七言体在抒情性上还差得远。

上述《思玄赋》《梦赋》《长笛赋》的"乱曰"文字都是七言格式,但其抒情性较差,格式亦不确定,表明七言还不成熟。但赋家对七言体进行试验的努力还是看得出来的。

汉赋改革楚辞"乱曰"为篇末的诗、歌或颂,其语言格式有四言及楚歌体。汉赋继承了楚辞"乱曰",同时又改革"乱曰"的语言格式,从无定式到基本四言,又从改变凝固的四言起步,或为七言,或为四言、七言相杂。汉赋对"乱曰"的这些改革,实际上体现了赋家对赋作抒情性的追求,赋家通过赋作体制的变动实现了抒情意愿。而赋家改变"乱曰"凝固的语言格式的努力,又促进了新兴诗体的形成,即五言诗、七言诗。这就是汉赋"乱曰"的改革,体现了赋家从抒情诉求到诗体探索的努力。

---

① 费振刚、胡双宝、宗明华辑校《全汉赋》,北京:北京大学出版社,1993年,第498页。

第三节　中古"学人之诗"的类型与诗体革新

宋以来多拈出"学人之诗""诗人之诗"来讨论诗歌流派、诗歌作法，清人此类论述尤多。何谓"学人"？即读书人、做学问的人。何谓"学人之诗"？我觉得宁夏江、魏中林的定义下得很好，其云："'学人之诗'有两重意义，本意是指学人所创作的诗歌，派生意是指不是学人所作但具有学人之诗风格和特征的诗歌。"① 研究者的视点多集中在诗歌"具有学人之诗风格和特征"这一点上，并多把其定位在诗歌的"议论"或"才学"上，尤其是后者。我以为，"学人之诗"即诗歌围绕"学人"展开，其特征在于思考自身命运、展示自我特长。本节要探讨的，即中古"学人之诗"在不同的社会条件下有着怎样的类型。美国韦勒克、沃伦在《文学理论》中认为："文学类型应视为一种对文学作品的分类编组，在理论上，这种编组是建立在两个根据之上的：一个是外在形式（如特殊的格律或结构等），一个是内在形式（如态度、情调、目的等以及较为粗糙的题材和读者观众范围等）。"② 关于中古"学人之诗"的类型，此处先集中讨论其内在形式特质，再针对其外在形式如语言及诗体方面做讨论。

一、思考命运式——汉末古诗

汉武帝"罢黜百家，独尊儒术"，董仲舒建议建立太学，公孙弘为学官，上书请立博士弟子，"为博士官置弟子五十人"，"一岁皆辄课，能通一艺以上，补文学掌故缺；其高第可以为郎中，太常籍奏"，岁课博士弟子，入选的可补官。"昭帝时举贤良文学，增博士弟子员满百人，宣帝末增倍之。元帝好儒，能通一经者皆复。数年，以用度不足，更为设员千人，郡国置《五经》百石卒史。成帝末，或言孔子布衣养徒三千人，今天子太学弟子

---

① 宁夏江、魏中林《论学人之诗》，《暨南大学学报》2009年第3期，第16页。该文对宋以来"学人之诗""诗人之诗"的讨论多有论述。
② 〔美〕雷·韦勒克、奥·沃伦著，刘象愚、邢培明、陈圣生、李哲明译《文学理论》，北京：生活·读书·新知三联书店，1984年，第263页。

少,于是增弟子员三千人。岁余,复如故。平帝时王莽秉政,增元士之子得受业如弟子,勿以为员,岁课甲科四十人为郎中,乙科二十人为太子舍人,丙科四十人补文学掌故云。"①博士弟子人员不断扩大,入选官员的名额亦不断扩大。东汉后期,太学达"诸生三万余人"②。如此庞大队伍的太学生,他们有怎样的情怀?

现存汉末古诗多有叙写太学生生活的,主体部分一是《文选》所载《古诗十九首》,"所写的无非是,生活上的牢骚和不平,时代的哀愁与苦闷"③;二是托名李陵、苏武的诗,《文选》所载为李陵《与苏武三首》、苏武《诗四首》,亦是如此性质。有古诗云:

> 寂寂君子坐,奕奕合众芳。温声何穆穆,因风动馨香。清言振东序,良时著西庠。乃令丝竹音,列席无(当作抚。)高唱。悲意何慷慨,清歌正激扬。长哀发华屋,四坐莫不伤。④

"清言振东序,良时著西庠"是太学生在课堂上活动的情况,而"乃令丝竹音,列席抚高唱"当是其情感抒发,这是些什么样的情感呢?

其一,对交友、同学之道的反思。汉时学问的传授注重师门,而同师门交接并援为同党是常态,如东汉时,周福、房植有名当朝,乡人为之谣曰:"天下规矩房伯武,因师获印周仲进。"而"二家宾客,互相讥揣,遂各树朋徒"⑤。太学生间交接崇尚"信",《后汉书·朱晖传》载:

> 晖同县张堪素有名称,尝于太学见晖,甚重之,接以友道,乃把晖臂曰:"欲以妻子托朱生。"晖以堪先达,举手未敢对,自后不复相见。堪卒,晖闻其妻子贫困,乃自往候视,厚赈赡之。晖少子颉怪而问曰:"大人不与堪为友,平生未曾相闻,子孙窃怪之。"晖曰:"堪尝有知己

---

① 《儒林传》,[汉]班固《汉书》,北京:中华书局,1962年,第3594—3596页。
② 《党锢列传》,[南朝宋]范晔撰,[唐]李贤等注《后汉书》,北京:中华书局,1965年,第2186页。
③ 马茂元《古诗十九首初探》,西安:陕西人民出版社,1981年,第17页。
④ 逯钦立辑校《先秦汉魏晋南北朝诗》,北京:中华书局,1983年,第339页。
⑤ 《党锢列传》,[南朝宋]范晔撰,[唐]李贤等注《后汉书》,北京:中华书局,1965年,第2186页。

之言,吾以信于心也。"①

但是,当彼此利益发生冲突时,往往会出现"同门友"相互出卖的事,《后汉书·儒林·孔僖传》载:

> 僖与崔篆、孙骃复相友善,同游太学,习《春秋》。因读吴王夫差时事,僖废书叹曰:"若是,所谓画龙不成反为狗者。"骃曰:"然。昔孝武皇帝始为天子,年方十八,崇信圣道,师则先王,五六年间,号胜文、景。及后恣己,忘其前之为善。"僖曰:"书传若此多矣!"邻房生梁郁儳和之曰:"如此,武帝亦是狗邪?"僖、骃默然不对。郁怒恨之,阴上书告骃、僖诽谤先帝,刺讥当世。事下有司,骃诣吏受讯。僖以吏捕方至,恐诛,乃上书肃宗自讼。②

于是,《明月皎夜光》中称:

> 昔我同门友,高举振六翮。不念携手好,弃我如遗迹。南箕北有斗,牵牛不负轭。良无盘石固,虚名复何益。③

朋友不做朋友的事,那还要朋友的虚名干什么。《凛凛岁云暮》述"同袍与我违"④,又有"采葵莫伤根,伤根葵不生。结交莫羞贫,羞贫友不成"⑤,批评交友的嫌贫爱富。

其二,对知音的向往。太学生重"同门友"的交往,因此,汉末古诗多有追求知音的憧憬,如《西北有高楼》,诗人听到"上有弦歌声",悲苦的"清商随风发"引起他的共鸣;诗人"不惜歌者苦,但伤知音稀",感伤知音难觅,于是,诗人"愿为双鸣鹤,奋翅起高飞"。⑥ 但诗人的愿望能否实现呢?是否会有更深层的忧愁悲伤等待着世人呢? 又如《今日良宴会》称

---

① [南朝宋]范晔撰,[唐]李贤等注《后汉书》,北京:中华书局,1965 年,第 1459 页。
② 同上书,第 2560—2561 页。
③ [南朝梁]萧统编,[唐]李善注《文选》,北京:中华书局,1977 年,第 410 页下。
④ 同上书,第 412 页上。
⑤ 逯钦立辑校《先秦汉魏晋南北朝诗》,北京:中华书局,1983 年,第 342 页。
⑥ [南朝梁]萧统编,[唐]李善注《文选》,北京:中华书局,1977 年,第 410 页上。

"弹筝奋逸响,新声妙入神"的"欢乐难具陈",原因就是"令德唱高言,识曲听其真;齐心同所愿,含意俱未伸",①这是得到知音的快乐。

那么,对彼此间离别的叙说也成为题中之义。《与苏武三首》其一:

> 良时不再至,离别在须臾。屏营衢路侧,执手野踟蹰。仰视浮云驰,奄忽互相逾。风波一失所,各在天一隅。长当从此别,且复立斯须。欲因晨风发,送子以贱躯。②

这是离别情形,只是因为"风波一失所"而"各在天一隅"。又有苏武《诗四首》其一"骨肉缘枝叶,结交亦相因。四海皆兄弟,谁为行路人"③,如此密友亲交,怎能忍受离别!又有古诗云:

> 双凫俱北飞,一凫独南翔。子当留斯馆,我当归故乡。一别如秦胡,会见何讵央。怆恨切中怀,不觉泪沾裳。愿子长努力,言笑莫相忘。④

一留书馆,一返故乡,学子分离,难免"怆恨切中怀"。东汉对待读书人,一是实行养士政策,二是选举,地方推荐、朝廷征辟,于是学人或求学、或求宦,乃至赴官赴任,离乡以及各自离别成为必然,都是为了谋个出路。此时此刻,学人反思自身行为,哀鸣不已。

其三,对自身命运的焦虑。《古诗十九首》中多慨叹年华短促,如"人生寄一世,奄忽若飙尘","人生非金石,岂能长寿考","浩浩阴阳移,年命如朝露,人生忽如寄,寿无金石固","生年不满百,常怀千岁忧",等等。之所以慨叹年寿短促,并非因为获得某些东西却不能尽情享受,而是与某些东西不曾获得有关,因为猎取总是需要时间的,这是抒发人生失意之感。又如《青青陵上柏》先叙说"人生天地间,忽如远行客",又说:

---

① [南朝梁]萧统编,[唐]李善注《文选》,北京:中华书局,1977年,第410页上。
② 同上书,第412页下。
③ 同上书,第413页上。
④ 逯钦立辑校《先秦汉魏晋南北朝诗》,北京:中华书局,1983年,第341页。

> 斗酒相娱乐，聊厚不为薄。驱车策驽马，游戏宛与洛。洛中何郁郁，冠带自相索。长衢罗夹巷，王侯多第宅。两宫遥相望，双阙百余尺。极宴娱心意，戚戚何所迫？①

他认为能够过上这样的生活，才算是解决了"戚戚何所迫"的问题。于是就有《回车驾言迈》的抒情：

> 回车驾言迈，悠悠涉长道。四顾何茫茫，东风摇百草。所遇无故物，焉得不速老。盛衰各有时，立身苦不早。人生非金石，岂能长寿考。奄忽随物化，荣名以为宝。②

其焦虑就在于所谓"立身苦不早"而没有实现"荣名以为宝"。又如《钟子歌南音》，其中既云"人生一世间，贵与愿同俱"要实现愿望，又称自己的愿望就是"与其苦筋力，必欲荣薄躯；不如及清时，策名于天衢"。③

《诗经·郑风·子衿》，其《序》云："子衿，刺学校废也。乱世则学校不修焉。"正义曰："郑国衰乱不修校，学者分散，或去或留，故陈其留者恨责去者之辞。以刺学校之废也。"④也是学人之间的恨责之辞。汉末"学人之诗"是围绕着读书生涯的种种思考而展开，呈现给社会的是他们的两方面的焦虑，一是叙写自己与"同门友"的关系，二是对自己的前途焦虑。总的来说，即反思自己这一阶层的生存环境与遭遇，这是中古"学人之诗"的最早形态。

二、理论思辨式——东晋玄言诗

魏晋时期兴起玄言诗热潮，这是围绕着理论思辨这一学问展开的"学人之诗"。这些"学人之诗"总的来说是述说玄理，充满理论探讨的热情。在诗中展开理论思辨，具体而言又有这样两个特点。

---

① [南朝梁]萧统编，[唐]李善注《文选》，北京：中华书局，1977年，第409页下—410页上。
② 同上书，第411页上。
③ 逯钦立辑校《先秦汉魏晋南北朝诗》，北京：中华书局，1983年，第340页。
④ 《毛诗正义》，《十三经注疏》，上海：上海古籍出版社，1997年，第345页上。

其一,以述说玄理展示"学人"的人生境界。玄言诗叙写、描摹了玄学人物追寻玄学的心路历程。或称赏诗中人物自小研习玄学,如郗超《答傅郎诗六章》第二章:

> 昔在总角,有怀大方。虽乏超诣,性不比常。奇趣感心,虚飙流芳。始自践迹,遂登慧场。①

或描摹人物体悟玄理玄思时的精神状态,如支遁《咏怀诗五首》其二:

> 端坐邻孤影,眇罔玄思劬。偃蹇收神辔,领略综名书。涉老咍双玄,披庄玩太初。咏发清风集,触思皆恬愉。俯欣质文蔚,仰悲二匠徂。萧萧柱下迥,寂寂蒙邑虚。廓矣千载事,消液归空无。无矣复何伤,万殊归一途。道会贵冥想,罔象掇玄珠。怅怏浊水际,几忘映清渠。反鉴归澄漠,容与含道符。心与理理密,形与物物疏。萧条人事去,独与神明居。②

诗首点出"玄思",诗中在叙写所悟之玄理后点明"道会贵冥想",诗末言自己"独与神明居",仍沉浸于此中。或写玄学人物为弘扬玄学而做的努力,此以郗超《答傅郎诗六章》第四、五章为著:

> 暧暧末叶,运钟交丧。绵绵虚宗,千载靡畅。谁能憨中,仰谐冥匠。并辔一方,明心绝向。
> 明向若易,潜行谅深。时惟同得,婉转嘿寻。望关启扉,披帷解衿。情兴未足,祈我冲箴。③

四章称追随老、庄,五章称自己研习解决问题。

郭璞《与王使君诗五章》的末一章提出理想人格应具备中和之质:

> 靡竭匪浚,靡颓匪隆。持贵以降,把满以冲。迈德遗功,于盛思终。愿林之蔼,乐岱之崇。永观玉振,长赖英风。④

---

① 逯钦立辑校《先秦汉魏晋南北朝诗》,北京:中华书局,1983年,第887—888页。
② 同上书,第1080—1081页。
③ 同上书,第888页。
④ 同上书,第863页。

郭璞《答王门子诗六章》末二章亦提倡这样的理想人格：

> 皇极委夷，运有经纶。聊以傲咏，不荣不遁。敢希寂放，庶几无闷。匪薰匪莸，安知藜苏。
>
> 遗物任性，兀然自纵。倚荣雕蔿，寓音雅弄。匪涉魏阙，匪滞陋巷。永赖不才，逍遥无用。①

这里在中和基础上又有"任性"、顺应自然的要求，所谓"倚荣雕蔿，寓音雅弄"即是顺应原有条件而有所发挥。

玄言诗或以叙写人物不受外在环境的影响来展示理想人格，如卢谌《时兴诗》，前半部分叙写萧瑟岁暮之景，诗人"登高眺遐荒，极望无崖崿"，本应该悲伤万物的零落，但诗中此时却说：

> 形变随时化，神感因物作。澹乎至人心，恬然存玄漠。②

又如谢混《游西池》，在游西池时引发"美人愆岁月，迟暮独如何"的慨叹，但马上又用玄言来解脱，所谓"无为牵所思，南荣戒其多"。③

从理想人格出发，玄言诗对不合乎玄学要义的行为从理论上进行了抨击或否定，如王胡之《答谢安诗八章》第四章批评"利交甘绝，仰违玄指"④，王羲之《兰亭诗二首》其二不满意"有心未能悟，适足缠利害"⑤。

玄言诗还叙写了理想化的玄学人物的现实生活，如郭璞《答贾九州愁诗三章》末章中称"未若遗荣，闲情丘壑。逍遥永年，抽簪收发"⑥，点出"逍遥"之意。王胡之《赠庾翼诗八章》末章所述人物在理想境界的活动：

> 回驾蓬庐，独游偶影。陵风行歌，肆目崇岭。高丘隐天，长湖万顷。可以垂纶，可以啸咏。取诸匈怀，寄之匠郢。⑦

---

① 逯钦立辑校《先秦汉魏晋南北朝诗》，北京：中华书局，1983 年，第 864 页。
② 同上书，第 885 页。
③ [南朝梁]萧统编，[唐]李善注《文选》，北京：中华书局，1977 年，第 312 页上下。
④ 逯钦立辑校《先秦汉魏晋南北朝诗》，北京：中华书局，1983 年，第 887 页。
⑤ 同上书，第 895 页。
⑥ 同上书，第 863 页。
⑦ 同上书，第 886 页。

从这里可以看到,玄言诗崇尚的是活动在山水自然中的心灵满足与愉悦,以及在山水自然中获得的人身自由与心灵自由,这比较典型地体现了"逍遥"成为玄学人生活动的最高境界。

其二,与《古诗十九首》之类"学人之诗"抨击"同门友"有所不同,玄言诗之类"学人之诗"展现对其他"学人"的惺惺相惜,多有心心相契互诉知音者,如王胡之《答谢安诗八章》末章:

> 来赠载婉,妙有新唱。博以兼济,约以理当。非不悦子,驽骥殊量。乌养养之,任其沉扬。取诸胸怀,寄想郢匠。①

前六句是对谢安诗作的称赏,后四句进入玄言,指在任性自然、逍遥自在的境界中视对方为知音。又如孙绰《答许询诗九章》第八章:

> 贻我新诗,韵灵旨清。粲如挥锦,琅若叩琼。既欣梦解,独愧未冥。愠在有身,乐在忘生。余则异矣,无往不平。理苟皆是,何累于情。②

表达对赠作所叙说、体悟玄理的钦佩,并表达自己的体悟。第九章又称"且戢谠言,永以书绅"③,表示要永记对方所述玄理。

玄言诗多有颂赞对方玄学风度的篇章,如朱德才《赠傅氏诗》:

> 猗猗彼君子,逍遥集华堂。高谕现玄妙,弹笔播文章。④

其风度"逍遥",不仅清谈既"高谕"又"玄妙",且善于撰作,而一般清谈家是不善笔才的。又如郭璞《答王门子诗六章》第一章:

> 芊芊玉英,济美琼林。靡靡王生,实迈俊心。藻艳三秀,响谐韶音。映彩春兰,擢蕊秋岑。⑤

---

① 逯钦立辑校《先秦汉魏晋南北朝诗》,北京:中华书局,1983年,第887页。
② 同上书,第900页。
③ 同上。
④ 同上书,第862页。
⑤ 同上书,第863页。

玄言诗作又往往述说彼我双方探讨玄理的过程,如郭璞《赠温峤诗五章》第五章"言以忘得,交以淡成。同匪伊和,惟我与生。尔神余契,我怀子情。携手一壑,安知尘冥"①。

玄学论辩重在思辨本身而不重"理之所在",如《世说新语·文学》载:

> 何晏为吏部尚书,有位望,时谈客盈坐,王弼未弱冠往见之。晏闻弼名,因条向者胜理语弼曰:"此理仆以为极,可得复难不?"弼便作难,一坐人便以为屈,于是弼自为客主数番,皆一坐所不及。②

所谓王弼"自为客主",即分别担当论辩的正反方,可见重在思辨。听众当然也是只重论辩本身,所谓"但共嗟咏二家之美,不辩其理之所在"③。在这种情况下,只要能思辨、能辩论,就能彼此欣赏。

其三,玄言诗之类"学人之诗"常常展示出作者的士人身份,晋宋高门华胄的文化标志之一就是清谈的思辨之才,《世说新语·文学》记载一次典型的清谈:

> 殷中军为庾公长史,下都,王丞相为之集,桓公、王长史、王蓝田、谢镇西并在。丞相自起解帐带麈尾,语殷曰:"身今日当与君共谈析理。"既共清言,遂达三更。④

见面就要清谈,是在名士的小圈子中进行的。从《世说新语》所载的清谈不在《言语》篇而均在《文学》篇即可知,这些清谈具有很强的"学"的性质——理论性。《南齐书·王僧虔传》载刘宋世王僧虔尝有书诫子,谈及清谈之难,所谓"曼倩有云:'谈何容易。'见诸玄,志为之逸,肠为之抽,专一书,转诵数十家注,自少至老,手不释卷,尚未敢轻言"⑤,如此高深艰

---

① 逯钦立辑校《先秦汉魏晋南北朝诗》,北京:中华书局,1983 年,第 864 页。
② [南朝宋]刘义庆著,[南朝梁]刘孝标注,余嘉锡笺疏,周祖谟、余淑宜、周士琦整理《世说新语笺疏》(修订本),上海:上海古籍出版社,1993 年,第 195—196 页。
③ 同上书,第 227 页。
④ 同上书,第 212 页。
⑤ [南朝梁]萧子显《南齐书》,北京:中华书局,1972 年,第 598 页。

难,只有文化大户人家可以掌握。玄言诗是论辩谈析玄理的另一种形式,是由口头的论辩谈析转化为文字的论辩谈析,以诗的语言与境界来论辩谈析玄理。

玄言诗之类是"学人之诗"的专利,玄言诗致力于塑造的是玄学化的平和、自然的人生境界,这些应该是彼时"学人"的活动与面貌吧,于是,这样的"学人之诗"处处流露出一种优雅与从容,显示出与《古诗十九首》之类的"学人之诗"完全不同的风格,也是可以想见的。

三、展现知识式——永明体

学人在作品中展现学问自有传统。司马相如精通文字学,作过字书《凡将篇》,其赋作好用奇词僻字、同偏旁字以显示学问。左思作赋,自以所见不博,求为秘书郎以观皇家藏书,其《三都赋》称,赋中"其山川城邑,则稽之地图;其鸟兽草木,则验之方志"①,告诉世人自己全凭学问作赋。南朝齐时把学问运用在诗中,是为永明体,主要着眼于"用事要求自然,音调讲求和谐"②,而用事与声律二者皆由学问转化而来。

先说用事。南北朝崇尚才华,其中之一就是隶事的才华,史载"尚书令王俭尝集才学之士,总校虚实,类物隶之,谓之隶事","使宾客隶事多者赏之"。③隶事之风引得同辈相竞,史载:

> 武帝每集文士策经史事,时范云、沈约之徒皆引短推长,帝乃悦,加其赏赉。曾策锦被事,咸言已罄,帝试呼问峻,峻时贫悴冗散,忽请纸笔,疏十余事,坐客皆惊,帝不觉失色。④

> 约尝侍宴,值豫州献栗,径寸半,帝奇之,问曰:"栗事多少?"与约各疏所忆,少帝三事。出谓人曰:"此公护前,不让即羞死。"帝以其言不逊,欲抵其罪,徐勉固谏乃止。⑤

---

① [南朝梁]萧统编,[唐]李善注《文选》,北京:中华书局,1977年,第74页下。
② 曹道衡、沈玉成《南北朝文学史》,北京:中华书局,1991年,第130页。
③ 《王谌传》,[唐]李延寿《南史》,北京:中华书局,1975年,第1213页。
④ 《刘峻传》,[唐]李延寿《南史》,北京:中华书局,1975年,,第1219页。
⑤ 《沈约传》,[唐]姚思廉《梁书》,北京:中华书局,1973年,第243页。

当诗歌也成为表现隶事才华的平台,于是也有用典相竞之风。《诗品序》就称"任昉、王元长等,词不贵奇,竞须新事。尔来作者,浸以成俗"①。人们又崇尚用"新事",用"人所未见者",如史称王僧孺"少笃志精力,于书无所不睹。其文丽逸,多用新事,人所未见者,世重其富"②。

《诗品序》称诗歌用典一时成为风尚的另一原因:

> 词既失高,则宜加事义。虽谢天才,且表学问,亦一理乎!③

"表学问"的用事使"学人之诗"呈现出新的面目,所谓有得有失,得者,刘勰《文心雕龙·事类》所称"据事以类义,援古以证今"④;失者,《诗品》称颜延之诗歌"喜用古事"而"弥见拘束""乖秀逸",批评为"文章殆同书抄",⑤诗人们追求"用事不使人觉,若胸忆语"⑥。典故的运用与彼时主张性情的"诗人之诗"有冲突,《诗品序》就说过:"若乃经国文符,应资博古;撰德驳奏,宜穷往烈。至乎吟咏情性,亦何贵于用事?"⑦所以宫体诗人萧纲批评说:

> 若夫六典三礼,所施则有地;吉凶嘉宾,用之则有所。未闻吟咏情性,反拟《内则》之篇;操笔写志,更摹《酒诰》之作;迟迟春日,翻学《归藏》;湛湛江水,遂同《大传》。⑧

再说声律的规定,《诗品序》称声律说的兴起:

> 齐有王元长者,尝谓余云:"宫商与二仪俱生,自古词人不知用之。唯颜宪子论文乃云'律吕音调',而其实大谬。唯见范晔、谢庄,

---

① [南朝梁]锺嵘著,曹旭集注《诗品集注》,上海:上海古籍出版社,1994年,第180页。
② 《王僧孺传》,[唐]姚思廉《梁书》,北京:中华书局,1973年,第474页。
③ [南朝梁]锺嵘著,曹旭集注《诗品集注》,上海:上海古籍出版社,1994年,第181页。
④ [南朝梁]刘勰著,詹锳义证《文心雕龙义证》,上海:上海古籍出版社,1989年,第1407页。
⑤ [南朝梁]锺嵘著,曹旭集注《诗品集注》,上海:上海古籍出版社,1994年,第270、180页。
⑥ 北朝邢子才语,[北齐]颜之推撰,王利器集解《颜氏家训集解》,上海:上海古籍出版社,1980年,第253页。
⑦ [南朝梁]锺嵘著,曹旭集注《诗品集注》,上海:上海古籍出版社,1994年,第174页。
⑧ 《文学上》,[唐]姚思廉《梁书》,北京:中华书局,1973年,第690页。

颇识之耳。"常欲造《知音论》,未就而卒。王元长创其首,谢朓、沈约扬其波。三贤咸贵公子孙,幼有文辨,于是士流景慕,务为精密。①

其实声律说更有源流,音韵理论上的专著如三国时孙炎的《尔雅音义》、魏李登的《声类》、晋代吕静的《韵集》,这些韵书的研究成果推动了当时人们对声韵学的认识,而周颙《四声切韵》、沈约《四声谱》直接为诗歌声律运用制定规则。史载:

> 永明末,盛为文章。吴兴沈约、陈郡谢朓、琅琊王融以气类相推毂。汝南周颙善识声韵。约等文皆用宫商,以平上去入为四声,以此制韵,不可增减,世呼为"永明体"。②

以学问为诗歌制定规则,诗歌出现了新现象。此亦有得有失,失者,《诗品序》云:

> 襞绩细微,专相凌架。故使文多拘忌,伤其真美。余谓文制,本须讽读,不可蹇碍。但令清浊通流,口吻调利,斯为足矣。③

得者也在此,使诗歌可以人为地、有规则地达到"清浊通流,口吻调利"。

《文镜秘府论》天卷《四声论》称北魏孝明帝继位之后社会讲究音律之风:

> 才子比肩,声韵抑扬,文情婉丽,洛阳之下,吟讽成群。及徙宅邺中,辞人间出,风流弘雅,泉涌云奔,动合宫商,韵谐金石者,盖以千数……乃瓮牖绳枢之士,绮襦纨裤之童,习俗已久,渐以成性。假使对宾谈论,听讼断决,运笔吐辞,皆莫之犯。④

这里说的情况,显然是全社会都服从这个规则。北朝的音律声韵尚且如

---

① [南朝梁]锺嵘著,曹旭集注《诗品集注》,上海:上海古籍出版社,1994年,第337—340页。
② 《文学传》,[南朝梁]萧子显《南齐书》,北京:中华书局,1972年,第898页。
③ [南朝梁]锺嵘著,曹旭集注《诗品集注》,上海:上海古籍出版社,1994年,第340页。
④ [日]弘法大师撰,王利器校注《文镜秘府论校注》,北京:中国社会科学出版社,1983年,第81页。

此盛行，更不要说南朝了。

四、"学人之诗"与诗体革新

汉末古诗、玄言诗、永明体这"学人之诗"的三大类型，在围绕着学问作诗的前提下又引领风气，或开创出文人诗歌创作的主流形式，成为诗歌史上的主要体式，或奠定诗歌创作的规则，成为诗歌创作的主要手法。

其一，汉末古诗以士人反思自我命运的面目出现在世人面前，强调学人与社会的关系以及学人之间的竞争关系，体现出作为社会角色的学人自我的觉醒与自主。这些诗作对自我在社会中的遭遇的关切是焦虑的，以牢骚、反讽、愤激而出之，是知识分子的批判精神在诗歌中的体现，给后世"学人之诗"乃至"诗人之诗"留下永不磨灭的传统。在文学史的长河中，这些传统能不能成为常态，常常是诗歌能不能发出时代最强音的关键所在。

汉末古诗的形态特征为五言、抒情、不入乐，这样的形态特征与"学人之诗"的主题表达有着密切的关联。汉时流行乐府诗，葛晓音认为，汉乐府观风、采风的基本内容以体恤鳏寡孤独和考察郡县吏治这两项为主，[①]于是我们不难理解为什么汉乐府民歌要以叙事为主，就是要以事例说明鳏寡孤独和郡县吏治的情况。由此可以理解，以叙事为主的诗歌，其语言运用最方便的形式就是叙说式的杂言，即以生活语言的本来面目稍加改进即可。而汉末"学人之诗"是学人反思自我命运而作，以抒情为主，是学人之间的交流，所谓"若秀才对朋友说家常话"[②]，因此在诗歌语言方面，不可能像民歌叙说鳏寡孤独和郡县吏治的事例那样运用杂言，于是趋于运用整齐的五言形式，也是可以想见的。另外，乐府民歌是由官家的音乐机关掌控的，民歌的录入是经过过滤的；"学人之诗"采用新兴的五言形式，其不入乐就不仅仅是形式问题，而且意味着不经过官家音乐机关的

---

① 葛晓音《八代诗史》，西安：陕西人民出版社，1989年，第4页。
② [明]谢榛《四溟诗话》，丁福保辑《历代诗话续编》，北京：中华书局，1983年，第1178页。

掌控,是文人自主的抒情。试想如果经过官家的掌控,某些反正统的倾向就难以正常地表达。

其二,玄言诗以思辨者与传道者的口吻出之,自恃高门士族对文化的垄断而彼此惺惺相惜,他们吟咏玄言诗多用四言,都是自觉不自觉地在显示自我身份,挚虞《文章流别论》所谓"雅音之韵,四言为正"①,《诗品序》所谓"四言,文约易广,取效《风》《骚》,便可多得"②。这些"学人之诗"多为学人研讨玄言的心得,是说理的,有的只是体悟玄理的自得与喜悦,他们探索到了玄理,把得到的宇宙真谛在诗歌中展现出来;也有的体现出向他人传送玄理体悟的迫切与期望。玄言诗之类"学人之诗"奠定了中国古代说理诗的形态之一。但是,在魏与西晋诗歌渐现个性化之后,玄言诗高扬玄理而在表现手法上去个人化的作为,遭到南朝诗人的否定,《诗品序》视其"皆平典似《道德论》,建安风力尽矣"③,这又是以后的说理诗力图避免的。

其三,典故式的"学人之诗"。典故的运用,既体现了"学人"不直述对象的内敛,又是"据事以类义,援古以证今"的张扬,丰富了诗歌的内涵,把学问转化为诗歌能够接受的形式,力图把学问运用到诗中,使其顺理成章地成为诗歌的组成部分。

其四,声律式的"学人之诗",其形态的核心特征是以学人的学术水平为基础,显示出学人的知识才华。学人自觉地把声律运用在诗歌创作中,使诗歌易诵读、能吟咏的性质在脱离了音乐之后有了极致的发挥。学人把声韵研究的学术成果应用于诗歌的内动力,不仅仅在于诗歌本身的音韵协调、口诵流利,还在于以学人之所长为诗歌制定规则。此前,魏晋诗歌或多或少地追随着民间创作,东晋玄言诗又是高门士族的专利,而至此,既占据文化统治地位又代表最广大阶层的文人,真正掌握了引领诗歌前进的权利,由"学人之诗"形成的格律特点,也被"诗人之诗"汲取,完成

---

① [清]严可均校辑《全上古三代秦汉三国六朝文》,北京:中华书局,1958年,第1905页下。
② [南朝梁]锺嵘著,曹旭集注《诗品集注》,上海:上海古籍出版社,1994年,第36页。
③ 同上书,第24页。

了中国古代诗歌由自由向格律转化的关键一步。

"学人之诗"这三大类型,显示出中古士人的特有气质、学问特长及其改造诗歌、引领诗歌的愿望与实践努力,他们实现了自己的目标,与他们自身难以完全控制自我命运的景况相比,他们掌控了诗歌的发展方向。但是,科举使读书人命运的安排方式趋于固定;玄言的没落使理论思辨趋于宁静与大众化;于是只有声律、典故这样的学问入诗,似乎还是学人的本色发挥,"学人之诗"只是在知识上展示自己。但是,从表现自我命运到具有传道性质,再到为诗歌制定规则,围绕着学问的"学人之诗"的影响力不可低估且逐步扩大,推进古代诗歌的发展。

第四节　论"宫体"在南朝各体文字的蔓延
——"宫体之文"考述

"宫体"的意味在于叙写男女之间，宫体诗固然是"宫体"最主要的文体，却不见得是"宫体"的唯一文体。"宫体"在南朝各体文字中蔓延。

一、"宫体"蔓衍首要为赋

清倪璠注庾信《春赋》曰：

> 观其文气，略与梁朝诸君相似。晋安、湘东所赋，题颇类之。盖当时宫体之文，徐、庾并称者也。……《梁简文帝集》中有《晚春赋》，《元帝集》有《春赋》，赋中多有类七言诗者。唐王勃、骆宾王亦尝为之，云效庾体。明是梁朝宫中庾子山创为此体也。①

指出庾信的《春赋》之类作品带有"宫体"性质。又，倪璠《注释庾集题辞》曰：

> 若夫《三春》《七夕》之章，《荡子》《鸳鸯》之赋，《灯》前可出丽人，《镜》中惟有好面，此当时宫体之文，而非仕周之所为作也。②

倪璠所说的都是赋作，因此，他所说的"宫体之文"应该都可称为宫体赋。

赋在创始流行时，有的传统题材就是叙写女性及其活动的，南朝时又有新的内容、新的写法，这是时代特色。如《文选》赋有音乐类，有汉代王子渊《洞箫赋》叙写乐器的演奏，傅武仲《舞赋》叙写舞女的表演。而萧纲《筝赋》还是依照传统，写"燕余丽姿，方桃譬李"的美女，写"促筵命妓，衔觞置酒"的宴会，于是"命丽人于玉席，陈宝器于纨罗，抚鸣筝而动曲，譬

---

① [北周]庾信撰，[清]倪璠注，许逸民校点《庾子山集注》，北京：中华书局，1980年，第74页。
② 同上书，第5页。

轻薄之经过",又写"使长廊之瓦虚坠,梁上之尘染衣"。① 但萧纲的《舞赋》就不同了,前部分写舞女舞姿,末几句"昐鼓微吟,回巾自拥。发乱难持,簪低易捧,牵福悑恩,怀娇知宠"②则写娇姿,点明男女情感的交流,这应该是时代特色。

汉魏南北朝时,赋的拟古有几种形式,一是赋的创作多把前代文士作为主人公写入作品中,这也是一种传统,先如傅武仲《舞赋》假托楚襄王与宋玉之事写舞女表演;谢庄《月赋》,以"陈王初丧应、刘,端忧多暇"而"抽毫进牍""以命仲宣"展开;③又如谢惠连《雪赋》假托梁孝王菟园游宴,司马相如作《雪赋》,邹阳接着作《积雪之歌》,枚乘又作乱辞;又如江淹《恨赋》《别赋》,也述及许多古人之事。这些赋作中就有写到女性的,但只是一种点缀,并不是说拟古就一定要写到女性。另一种拟古是直接运用前人的作品题目并标明"学",如枚乘有《梁王菟园赋》,赋中先述梁王菟园中的景色与事物,又写到士女的园中游观,游观的最后是遇到"采桑之妇人",被其委婉地拒绝交往,有规讽之义。江淹《学梁王菟园赋》的情节也是如此写来,增加了叙写男女交往方面的篇幅,着重表现情感交流的委婉曲折,更引人注目的是此一情节已无规讽之义而只见出未能交往的遗憾。江淹之作叙写与女性的交往是具备规定性的,既然表明"学"枚乘赋,就一定要叙写与女性的交往。还有一种赋的拟古是所谓传统性题材,即全面模拟前人作品,王楙《野客丛书》卷十六叙说后代模拟宋玉《登徒子好色赋》的情况:

> 仆观相如《美人赋》又出于宋玉《好色赋》,自宋玉《好色赋》相如拟之为《美人赋》,蔡邕又拟之为《协和赋》,曹植为《静思赋》,陈琳为《止欲赋》,王粲为《闲邪赋》,应玚为《正情赋》,张华为《永怀赋》,江淹为《丽色赋》,沈约为《丽人赋》,转转规仿,以至于今。④

---

① [清]严可均校辑《全上古三代秦汉三国六朝文》,北京:中华书局,1958年,第2996页下。
② 同上书,第2996页上。
③ 同上书,第2625页上下。
④ [宋]王楙撰,郑明、王义耀校点《野客丛书》,上海:上海古籍出版社,1991年,第234—235页。

江淹之前的这些作品的叙写模式,一方面铺叙美色动人的娇艳,一方面讲要抑制交往,所以有"止欲""闲邪""正情"之称,即"劝百而讽一"。但是,到了江淹《丽色赋》就改变了写法,起首述说"楚臣既放,魂往江南"而"兹忧何止",随后关注女性在男性生活中占什么地位的问题,也就是为什么要叙写女性,谓"独有丽色之说(悦)"可以解除忧愁,以下便介绍"夫绝代独立者,信东邻之佳人"的美妙,所谓"既翠眉而瑶质,亦卢瞳而赪唇。洒金花于珠履,飒绮袂与锦绅。色练练而欲夺,光炎炎其若神"。又称"虽玉堂春姬,石室素女""比之无色,方之非侣",各方面的女性与之相比都会黯然失色;又分别写"红华舒春,黄鸟飞时""西陆始秋,白道月弦"之时,"冱阴涸时,冰泉凝节,轩叠厚霜,庭澄积雪"之时,以及水、烟、霞、云、雾、风之境中女子的表现。最后写女子"言必入媚,动必应规,有光有艳,如合如离,气柔色靡,神凝骨奇"的神态,终云:

  经秦历赵,既无其双;寻楚访蔡,不觌其容。亦可驻发还质,骖星驭龙。蠲忧忘死,保其家邦。非天下之至丽,孰能与于此哉!①

在这种情况下,"宋大夫耀影汰迹,萦魂洒魄,赏以双珠,赐以合璧,拂巫荡祝,永为上客"。江淹这样写的目的是突出女性在男性生活中的地位,这正是宫体诗所关注的。到了沈约《丽人赋》,铺叙女子的美貌,又写实际上的男女交往,写"有客弱冠未仕"与"狭斜才女,铜街丽人"的交往,此女"响罗衣而不进,隐明灯而未前,中步檐而一息,顺长廊而回归"以及"薄暮延伫,宵分乃至。出暗入光,含羞隐媚"云云,写女子的娇羞,这是在男性面前才会有的表现;至于说"来脱薄妆,去留余腻",②这就是写床笫之间事了。沈约《丽人赋》可称典型的"宫体之文"了。

  此类全面模拟前人作品的传统性题材,还有神女赋系列。宋玉有《高唐赋》《神女赋》,此后形成神女赋系列,有汉末王粲、陈琳、应玚、杨修各人所作《神女赋》,徐干、缪袭都有《嘉梦赋》,这一系列赋都是写梦中与飘

---

① [清]严可均校辑《全上古三代秦汉三国六朝文》,北京:中华书局,1958年,第3141页上下。
② 同上书,第3097页上下。

逸又灿烂的神女相会，但又述人神男女不能相通的礼义大防。曹植《洛神赋》则是写在虚无缥缈的境界中与神女相会，虽然叙写具体，但落脚还是在人神男女不能相通。张敏《神女赋》叙写弦超与天上玉女相会，张华亦有叙写弦超与玉女的《神女赋》，惜已不存。至江淹《水上神女赋》，写"游宦荆吴"的"江上丈人"，自称遍览天下美女，只是未见神女，后在"精飞视乱，意徙心移"的情况下，睹"一丽女兮，碧渚之崖"，以下便展开对神女"冶异绝俗，奇丽不常"容貌的叙写，①但江淹之作没有写到人神间、男女间的交往。值得注意的是，江淹之后再无神女一类的赋作，或许可以理解为，士人们的关注对象已是人间女性，士人们在作品中追求的是真实存在的男女间的交往。或者说，当叙写男女间真实存在的交往的辞赋创作已蔚成风气，就不需要以拟古为依托了。

南朝还有一些赋以咏物为依托，大致写法是前半段写物，后半段写女性。如此写法就是刻意寻求某种对应物来描摹人类情爱。如《鸳鸯赋》系列，萧纲之作的后半部分写道："亦有佳丽自如神，宜羞宜笑复宜颦。既是金闺新入宠，复是兰房得意人。见兹禽之栖宿，想君意之相亲。"②全写女性，似是寄托，实际应该是物与人的对举。萧绎《鸳鸯赋》以离雁别鹤为对比，在叙写鸳鸯的情状后，以"愿学鸳鸯鸟，连翩恒逐君"的男女交往结尾。③ 又如徐陵《鸳鸯赋》，一开始写鸳鸯为女性化成，"飞飞兮海滨，去去兮迎春。炎皇之季女，织素之佳人。未若宋王之小史，含情而死。忆少妇之生离，恨新婚之无子"。中间部分咏鸳鸯活动，结尾写男女交往，"特讶鸳鸯鸟，长情真可念。许处胜人多，何时肯相厌。闻道鸳鸯一鸟名，教人如有逐春情。不见临邛卓家女，只为琴中作许声"④。鸳鸯与女性交织在一起叙写，分不清何为咏物，何为咏人。庾信《鸳鸯赋》更进一步，全写"空床"女子见鸳鸯后的感怀：

---

① [清]严可均校辑《全上古三代秦汉三国六朝文》，北京：中华书局，1958年，第3147页下。
② 同上书，第2998页上。
③ 同上书，第3038页下—3039页上。
④ 同上书，第3431页上。

> 卢姬小来事魏王,自有歌声足绕梁,何曾织锦,未肯挑桑,终归薄命,著罢空床。见鸳鸯之相学,还欹眼而泪落。①

最后以"必见此之双飞,觉空床之难守"突出"空床"女子的情怀。又如萧纲《梅花赋》,可称为"梅花女子赋","折此芳花,举兹轻袖。或插鬓而问人,或残枝而相授。恨鬓前之大空,嫌金钿之转旧。顾影丹墀,弄此娇姿",有梅花即人、人即梅花之义;赋末引入情感抒发:

> 春风吹梅长落尽,贱妾为此敛娥眉。花色持相比,恒愁恐失时。②

又有直接描摹妇女生活用品的赋,如萧纲《眼明囊赋》,类似沈约《十咏诗》之《领边绣》《脚下履》,读来不禁使人联想起使用这些物品的女性。又如庾信《镜赋》,先是写清晨女子残妆,"临桁下而牵衫,就箱边而著钏。宿鬟尚卷,残妆已薄。无复唇朱,才余眉萼,靥上星稀,黄中月落",接着宕开一笔写镜的神奇,当写到女子"暂设妆奁,还抽镜匣"的时候,实则重在写化妆:

> 鬟齐故略,眉平犹剃。飞花砖子,次第须安。朱开锦蹹,黛难油檀,脂和甲煎,泽渍香兰。量髻鬟之长短,度安花之相去,悬媌子于搔头,拭钗梁于粉絮。梳头新罢照著衣,还从妆处取将归。③

化完妆就是"真成个镜特相宜,不能片时藏匣里,暂出园中也自随"的美色炫耀。又有刘缓《照镜赋》,也是重在写"讶宿粉之犹调,笑残黄之不正,欲开奁而更饰,乃当窗而取镜"④的照镜梳妆。

如此半咏物半吟咏描摹女性的写法进一步发展,就是以咏物叙写女性的情爱行为与情感,如庾信《灯赋》,先是咏灯,然后写灯前女子的

---

① [清]严可均校辑《全上古三代秦汉三国六朝文》,北京:中华书局,1958年,第3927页下。
② 同上书,第2998页上。
③ 同上书,第3926页下—3927页上。
④ 同上书,第3325页上。

情感:

> 况复上兰深夜,中山酾清,楚妃留客,韩娥合声。低歌著节,《游弦》绝鸣。辉辉朱烬,焰焰红荧,乍九光而连彩,或双花而并明。寄言苏季子,应知余照情。①

又如萧纲《对烛赋》,烛台形状的"眠龙傍绕,倒凤双安"是一种暗示或比拟,而写"对烛"归根结底要落实到"回照金屏里,脉脉两相看"。② 又如萧绎《对烛赋》,写"长袖留宾待华烛",而最关键的则是"恨九重分夕掩,怨三秋分不同","烛火灯光一双炷,讵照谁人两处情"的情感交流。③

总之,这些赋咏鸳鸯与宫体诗异曲同工,都有比拟男女之义;咏"灯""烛",则是沈约《六忆诗》"忆眠时"之"解罗不待劝,就枕更须牵,复恐傍人见,娇羞在烛前"④之义;咏"花",则是萧纲《林下妓》"泉深影相得,花与面相宜"⑤之义;咏"镜",则是王孝礼《咏镜诗》的"可怜不自识,终须因镜中,分眉一等翠,对面两边红"⑥之义。

梁时赋作又多与南朝乐府相结合来吟咏女性。如萧纲、萧绎有同题之作《采莲赋》,萧纲之作写"楚王暇日之欢,丽人妖艳之质"的"共采新莲","歌曰"点出"千春谁与乐,唯有妾随君"。⑦ 萧绎之作写"妖童媛女"采莲,"歌曰"点出"碧玉小家女,来嫁汝南王"而"因持荐君子,愿袭芙蓉裳"。⑧《采莲赋》之类因袭江南乐府而来,乐府古辞有《江南》,《乐府解题》曰:"江南古辞,盖美芳晨丽景,嬉游得时。若梁简文'桂楫晚应旋',唯歌游戏也。"⑨又有《西洲曲》,写男女相思,其中"开门郎不至,出门采红

---

① [清]严可均校辑《全上古三代秦汉三国六朝文》,北京:中华书局,1958年,第3925页下。
② 同上书,第2997页下。
③ 同上书,第3038页下。
④ [南朝陈]徐陵编,[清]吴兆宜注,[清]程琰删补,穆克宏点校《玉台新咏笺注》,北京:中华书局,1985年,第191页。
⑤ 同上书,第300页。
⑥ [唐]欧阳询撰,汪绍楹校《艺文类聚》,上海:上海古籍出版社,1982年,第1227页。
⑦ [清]严可均校辑《全上古三代秦汉三国六朝文》,北京:中华书局,1958年,第2998页上。
⑧ 同上书,第3038页下。
⑨ [宋]郭茂倩编《乐府诗集》,北京:中华书局,1979年,第384页。

莲。采莲南塘秋,莲花过人头。低头弄莲子,莲子青如水。置莲怀袖中,莲心彻底红"①,就是采莲的内容。梁武帝、梁简文帝都有《采莲曲》。《采莲赋》之类本是传统题材,《艺文类聚》卷八十二录有闵鸿、曹植、夏侯湛、潘岳、傅亮、鲍照、萧统的《芙蓉赋》之作,孙楚、潘岳、江淹的《莲花赋》之作,以及苏彦的《芙蕖赋》之作。从上述诸作到萧纲、萧绎的《采莲赋》,其演进是明显的。后汉闵鸿《芙蓉赋》写"乃有阳文修嫮,倾城之色,扬桂枻而来游,玩英华于水侧",却反复强调"盛《桃夭》而歌诗,申《关雎》以自敕";②曹植《芙蓉赋》写"姣童媛女,相与同游,擢素手于罗袖,接红葩于中流";③而萧纲、萧绎之作是以女子容貌、女子活动为中心,表达强烈的男女交往意愿,表现实际进行的女子行为动作及男女交往,在赋所附的"歌"中叙说得更为明显,这不能不说是诗对赋的强大影响力所致。

南朝又有咏节气的赋作,很具"宫体之文"的意味。如庾信《春赋》,第一节写明媚春光,"宜春苑中春已归,披香殿里作春衣"二句已有足够的宫体味。第二节写容貌:

> 出丽华之金屋,下飞燕之兰宫。钗朵多而讶重,髻鬟高而畏风,眉将柳而争绿,面共桃而竞红,影来池里,花落衫中。④

以下写男女交往活动,如"日晚河边多解神""三晡未醉莫还家""缕薄窄衫袖,穿珠帖领巾",以及"池中水影悬胜镜,屋里衣香不如花",都具挑逗、诱惑意味。

南朝又有荡子系列的赋作,本自拟古而来。江淹《倡妇自悲赋》序即曰"汉有其录,而亡其文。泣蕙草之飘落,怜佳人之埋暮,乃为辞焉"云云,是托古的意思。赋作先述与君王在一起的时光,再写"侍青鸾以云耸,夹丹辇以霞飞"的分别,接着写"度九冬而廓处,经十秋以分居",最后归

---

① [宋]郭茂倩编《乐府诗集》,北京:中华书局,1979年,第1027页。
② [唐]欧阳询撰,汪绍楹校《艺文类聚》,上海:上海古籍出版社,1982年,第1402页。
③ [清]严可均校辑《全上古三代秦汉三国六朝文》,北京:中华书局,1958年,第1129页上。
④ 同上书,第3920页。

结于幽明两隔,感伤无比,以"诗曰"结尾。① 梁元帝萧绎有《荡妇秋思赋》,赋首二句"荡子之别十年,倡妇之居自怜"点明离别,以下写倡妇远望,不知心上人在何处,茫茫间只有天水相逼、山云共色;又写倡妇倡楼近看,一片黯然失色的凄苦。赋多从男女双方写出,"妾怨回文之锦,君思出塞之歌",总括为"愁萦翠眉敛,啼多红粉漫"的哀愁,末尾以七言作结。② 庾信《荡子赋》,亦从男女双方着笔,"荡子辛苦逐征行",而重点在"倡妇生离,纱窗独掩",虽然"新歌《子夜》,旧舞《前溪》",但是,"别后关情无复情";当听说荡子将归,于是"逆想行人至,迎前含笑来",但不知能否真正实现团聚愿望。③ 这些都写得艳丽华靡。

二、"宫体"在各种文体的蔓衍

不仅仅是赋有"宫体",南朝时"宫体"蔓衍在各种文体中。如连珠体中描绘女色,吴均《连珠》云:

> 盖闻艳丽居身,而以娥媚入炉,贞华炤物,而以绝等见猜。是以班姬辞宠,非无妖冶之色;扬子守玄,岂乏炫曜之才。④

这是拿女性的"色"与"才"说事,叙写"艳丽""娥媚""妖冶"等女性容貌,可说是时代影响。甚至有些"连珠"标明为"艳体",如刘孝仪《探物作艳体连珠》云:

> 妾闻洛妃高髻,不姿于芳泽。玄妻长发,无籍于金钿。故云多由于自美,蝉称得于天然。是以梁妻独其妖艳,卫姬专其可怜。
>
> 妾闻芳性深情,虽欲忘而不歇。薰芬动虑,事逾久而更思。是以津亭掩馥,只结秦妇之恨;爵台余妒,追生魏妾之悲。⑤

---

① [清]严可均校辑《全上古三代秦汉三国六朝文》,北京:中华书局,1958年,第3143页下。
② 同上书,第3038页上下。
③ 同上书,第3925页下。
④ 同上书,第3306页下。
⑤ 同上书,第3317页下。

傅玄《叙连珠》对连珠体有权威性的论述,称其"辞丽而言约,不指说事情,必假喻以达其旨,而贤者微悟,合于古诗劝兴之义"①,强调的是"劝兴";张铣注《文选·演连珠》称其"假托众物陈义,以通讽喻之道"②。吴均《连珠》,虽说"不指说事情"而是以女性容貌"达其旨",但宗旨尚在"辞宠""守玄";而刘孝仪《探物作艳体连珠》一叙女性的姿丽天成,一叙女性的"芳性深情",全为宫体诗描摹女色及女性活动的本色。

又如表体,刘勰《文心雕龙·章表》称之为"必雅义以扇其风,清文以驰其丽"③,多用于陈请谢贺,而江总《为陈六宫谢表》注明为"谢表",却把笔力着重在描摹女性姿容、神态、心绪上,写得无比美艳,其云:

> 鹤籥晨启,雀钗晓暎。恭承盛典,肃荷徽章。步动云桂,香飘雾縠。愧缠艳粉,无情拂镜;愁萦巧黛,息意临窗。妾闻汉水赠珠,人间绝世;洛川拾翠,仙处无双。或有风流行雨,窈窕初日,声高一笑,价起两环。乃可桂殿迎春,兰房侍宠。借班姬之扇,未掩惊羞;假蔡琰之文,宁披悚戴。④

与宫体诗如出一辙。

又如书体,涉及女性时文风也特别的艳丽。书信本是特别自我化的,但南朝偏偏多有请人代为作书给自己的妻子,这些文字多卖弄笔墨以呈艳情,像何逊《为衡山侯与妇书》、伏知道《为王宽与妇义安主书》、庾信《为梁上黄侯世子与妇书》之类,此举伏知道之作为例:

> 昔鱼岭逢车,芝田息驾,虽见妖淫,终成挥忽。遂使家胜阳台,为欢非梦;人惭萧史,相偶成仙。轻扇初开,欣看笑靥;长眉始画,愁对离妆,犹闻徙佩,顾长廊之未尽;尚分行幰,冀迥陌之难回。广摄金屏,莫令愁拥;恒开锦幔,速望人归。镜台新去,应余落粉;熏炉未徙,

---

① 〔清〕严可均校辑《全上古三代秦汉三国六朝文》,北京:中华书局,1958年,第1724页上。
② 〔南朝梁〕萧统编,〔唐〕李善、吕延济、刘良、张铣、吕向、李周翰注《六臣注文选》,北京:中华书局,1987年,第1020页上。
③ 〔南朝梁〕刘勰著,詹锳义证《文心雕龙义证》,上海:上海古籍出版社,1989年,第844页。
④ 〔清〕严可均校辑《全上古三代秦汉三国六朝文》,北京:中华书局,1958年,第4070页上下。

定有余烟。泪滴芳衾,锦花常湿;愁随玉轸,琴鹤恒惊。已觉锦水丹鳞,素书稀远;玉山青鸟,仙使难通。彩笔试操,香笺遂满;行云可托,梦想还劳。九重千日,讵想倡家;单枕一宵,便如荡子。当令照影双来,一鸾羞镜;勿使窥窗独坐,姮娥笑人。①

多是妇人容貌、神色、情感的描摹。恐是出于他人代笔可以无所顾忌地大肆描摹叙写的缘故吧! 书本来是言事抒情的,但南朝书信又多有描摹,如萧纲《答新渝侯和诗书》:

垂示三首,风云吐于行间,珠玉生于字里,跨蹑曹左,含超潘陆。双鬟向光,风流已绝,九梁插花,步摇为古,高楼怀怨,结眉表色,长门下泣,破粉成痕。复有影里细腰,令与真类,镜中好面,还将尽等,此皆性情卓绝,亲致英奇。②

信中评论新渝侯萧暎所作三首诗,所述女子的容饰体貌、风流意绪及叙写方式,与宫体诗并无二致,许梿《六朝文絜》评价时把它与宫体诗并列起来:

貌无停趣,态有遗妍,眉色粉痕,至今尚留纸上。设与美人晨妆、倡妇怨情诸什连而读之,当如荀令君坐席,三日犹香。③

又如启体,庾肩吾《谢东宫赍内人春衣启》称:

阶边细草,犹推绽叶之光;户前桃树,反讶蓝花之色。遂得裾飞合燕,领斗分鸾,试顾采薪,皆成留客。④

重在写女性春衣以引起人们对女性的遐想。

又如序这种文体,自序即陈说著作的主题与著述经过,他序则基本上

---

① [唐]欧阳询撰,汪绍楹校《艺文类聚》,上海:上海古籍出版社,1982 年,第 572—573 页。
② 同上书,第 1042 页。
③ [清]许梿评选,[清]黎经浩笺注《六朝文絜笺注》,上海:上海古籍出版社,1982 年,第 104—105 页。
④ [唐]欧阳询撰,汪绍楹校《艺文类聚》,上海:上海古籍出版社,1982 年,第 1189 页。

就是陈说主题了。汉时孔安国《尚书序》称"序所以为作者之意,昭然义见"①。《文心雕龙·论说》分"论"为四品,其中有"铨文"一品,刘勰称为"铨文,则与叙引共纪"。②《论说》又称:"序者,次事;引者,胤辞。"③序是要把原书的事理说得头头是道。而徐陵《玉台新咏序》则全力描摹一位丽人,许梿《六朝文絜》评语中有这样的话:

> 黛痕欲滴,脂晕微烘,如汰腻妆而出靓面。
> 态冶思柔,香浓骨艳,飘飘乎恐留仙裙捉不住矣。④

既是说文中的女性描摹,又是指文章的风格。这些文体都有绮艳靡丽、富有脂粉味的作品,说明了一种时代风气。

又如铭体,历来是十分庄重的文体,刘勰《文心雕龙·铭箴》称:

> 故铭者,名也,观器必也正名,审用贵乎盛德。⑤

南朝往往选择与女性有联系的东西作铭。如徐陵《后堂望美人山铭》,其中云"禁苑斜通,春人恒聚,树里闻歌,枝中见舞,恰对妆台,诸窗并开,遥看已识,试唤便回"⑥,全是美人描写。《六朝文絜》许梿评此数句曰:

> 不必作时世妆、挽飞仙髻,而一种妩媚之态,当不减画里唤真真也。⑦

梁简文帝《行雨山铭》,从题目就可见是吟咏男女交往,其中有"月映成水,人来当花"⑧云云;庾信亦有《梁东宫行雨山铭》,其中写"春人无数,神

---

① [南朝梁]萧统编,[唐]李善注《文选》,北京:中华书局,1977年,第638页下。
② [南朝梁]刘勰著,詹锳义证《文心雕龙义证》,上海:上海古籍出版社,1989年,第669页。
③ 同上书,第673页。
④ [清]许梿评选,[清]黎经诰笺注《六朝文絜笺注》,上海:上海古籍出版社,1982年,第145、146页。
⑤ [南朝梁]刘勰著,詹锳义证《文心雕龙义证》,上海:上海古籍出版社,1989年,第394页。
⑥ [唐]欧阳询撰,汪绍楹校《艺文类聚》,上海:上海古籍出版社,1982年,第129页。
⑦ [清]许梿评选,[清]黎经诰笺注《六朝文絜笺注》,上海:上海古籍出版社,1982年,第159页。
⑧ [唐]欧阳询撰,汪绍楹校《艺文类聚》,上海:上海古籍出版社,1982年,第128页。

女羞来。翠幌朝开,新妆旦起。树入床前,山来镜里。草色衫同,花红面似"①云云,以叙写女色为主。

又如令体,钱锺书曰:

> 元帝《耕种令》:"况三农务业,尚看夭桃数水;四人有令,犹及落杏飞花。……不植燕颔,空候蝉鸣。"按叶适《习学纪言序目》卷三二引此数语而讥之曰:"帝之文章所以润色时务者如此,岂'载芟良耜'之变者耶!"帝皇劝农,本如"布谷催农不自耕"(杨万里《诚斋集》卷三六《初夏即事》),此《令》直似士女相约游春小简,官样文章而佻浮失礼。《全三国文》卷一八陈王植《藉田论》云:"非徒娱耳目而已";若"看夭桃、及落杏"等语,真可谓"娱耳目"也。②

这就是时代风气之下的现象。

又有专叙"妇人事"的类书,《梁书·张率传》载:

> 直文德待诏省,敕使抄乙部书,又使撰妇人事二十余条,勒成百卷,使工书人琅邪王深、吴郡范怀约、褚洵等缮写,以给后宫。③

"以给后宫"说明是专供女性阅读的。

另外,人们经常论述的佛经文中对女性的叙写及其风格对宫体诗的影响,换一个角度说,也是叙写女性的一类文体;不过,这是外来文体对此处所述的叙写女性的影响。

三、"宫体"蔓衍及"文生于情"与"情生于文"的互动

南朝时期最重"情""文"关系,刘勰《文心雕龙》有《情采》一篇专门讨论"情""文"也即情感与文采的关系。沈约《宋书·谢灵运传论》强调

---

① [唐]欧阳询撰,汪绍楹校《艺文类聚》,上海:上海古籍出版社,1982年,第128—129页。
② 钱锺书《管锥篇》,北京:中华书局,1986年,第1397页。
③ [唐]姚思廉《梁书》,北京:中华书局,1973年,第475页。校勘记:"'二十',疑有误。二十余条不能'勒成百卷'。"见该书第488页。笔者认为"十"应作"千"。

"文以情变","以情纬文,以文被质",①他提出最上乘的文学应该是"情""文"互用的。"情""文"互用换一种表述就是"文生于情"与"情生于文"的互动,《世说新语·文学篇》载:

> 孙子荆除妇服,作诗以示王武子。王曰:"未知文生于情,情生于文? 览之凄然,增伉俪之重。"②

其表现形式就是追逐"情"的最大化与"文"的最大化。

所谓"文生于情",就是说文章或文采是诞生于情感的,换句话说就是情感越浓郁就意味着文章或文采越好。东晋流行玄言诗,追求人生的洒脱超然,把人生、社会的各种各样的情感全以淡泊中和、逍遥自在的玄理内容来矫正,这是玄言诗的魅力。但是,诗歌一味追求玄远悠深与淡泊冲和,一味追求超脱,消释了人生道路上的各种各样的情感,如不"淡乎寡味"才奇怪了,这大概是玄言诗在抒情方面的最大失误吧! 南朝诗歌回归人情世俗,怎样才能改变"盛道家之言"而"淡乎寡味"的情况? 那就是重归抒情。自《诗经》至《古诗十九首》,都有着叙写男女之情的传统,于是,宫体诗以刘宋拟古写男女之情起步,南齐以咏物带出吟咏女性的内容,齐梁之际对女性的吟咏由附属成为主导,梁时既吟咏歌伎舞女又吟咏妻子,陈时追求淫靡曲调与放浪的吟咏方式,宫体诗成为潮流。当时,人们视叙写、吟咏男女之间的作品为最优秀的情感抒发,萧纲在《答新渝侯和诗书》所云"垂示三首,风云吐于行间,珠玉生于字里",当时认为这样的作品"皆性情卓绝"者,视之为作品抒情的最大化,后人则蔑视这些作品为"宫体"。在这样的社会风气中,人们对"宫体"的趋之若鹜是可以理解的;也就是说,社会与时代都认为,最好的"文"只有叙写、吟咏男女之间的"情"才能产生,那么,在各种文体中都尽可能有一些"宫体"文字,就是可以理解的。

---

① [南朝梁]沈约《宋书》,北京:中华书局,1974年,第1778页。
② [南朝宋]刘义庆著,[南朝梁]刘孝标注,余嘉锡笺疏,周祖谟、余淑宜、周士琦整理《世说新语笺疏》(修订本),上海:上海古籍出版社,1993年,第254页。

所谓"情生于文",就是说打动人的情感产生于好的文采。对"篇什之美"的追求是当时的历史大趋势,东晋葛洪《抱朴子·钧世》称"古者事事醇素,今则莫不雕饰,时移世改,理自然也"①;刘勰《文心雕龙·通变》称"黄、唐淳而质,虞、夏质而辨,商、周丽而雅,楚、汉侈而艳,魏、晋浅而绮,宋初讹而新"②,指出文学史趋新历程;萧统《文选序》指出文学的发展是日益增华的过程:"若夫椎轮为大辂之始,大辂宁有椎轮之质?增冰为积水所成,积水曾微增冰之凛,何哉?盖踵其事而增华,变其本而加厉。物既有之,文亦宜然。"③《南齐书·文学传序》论证"习玩为理,事久则渎,在乎文章,弥患凡旧。若无新变,不能代雄"④。齐梁时代,社会对"篇什之美"有不断的尝试与充分的自信,对宫体诗来说,其讲究声律对偶,少用典及不用僻典,描摹人物"曲写毫芥",语言运用的"清辞",都达到时代的高峰。萧纲《与湘东王书》云:

> 比见京师文体,懦钝殊常,竞学浮疏,争为阐缓。玄冬修夜,思所不得,既殊比兴,正背《风》《骚》。若夫六典三礼,所施则有地,吉凶嘉宾,用之则有所。未闻吟咏情性,反拟《内则》之篇;操笔写志,更摹《酒诰》之作;迟迟春日,翻学《归藏》;湛湛江水,遂同《大传》。⑤

他理直气壮地要求"吟咏情性"所需要的艺术表现力,是学术、哲学著作不能比拟的,从反面论证了"情生于文"。文采优美可以增添情感的力量,何乐而不为!

萧绎《金楼子·立言》称:

> 至如文者,维须绮縠纷披,宫徵靡曼,唇吻适会,情灵摇荡。⑥

这句话最充分地显示了"文生于情"与"情生于文"的互动,南朝认为"宫

---

① [晋]葛洪《抱朴子》,上海:上海古籍出版社,1990年,第255页下。
② [南朝梁]刘勰著,詹锳义证《文心雕龙义证》,上海:上海古籍出版社,1989年,第1089页。
③ [南朝梁]萧统编,[唐]李善注《文选》,北京:中华书局,1977年,第1页下。
④ [南朝梁]萧子显《南齐书》,北京:中华书局,1972年,第908页。
⑤ [唐]姚思廉《梁书》,北京:中华书局,1973年,第690页。
⑥ [南朝梁]萧绎撰,许逸民校笺《金楼子校笺》,北京:中华书局,2011年,第966页。

体"文字就是能够达到"文生于情"与"情生于文"两结合效果的最好样板。可惜的是,南朝时多把"情"局限在男女之间并把它推向床笫之间的极致,"情"没有跨步走向更大范围的社会及人生,走向更大的天地。于是,叙写男女之间本应该"为情而造文",则有了"为文而造情"的嫌疑;"情生于文"走到偏执,刘勰《文心雕龙·情采》云:

> 昔诗人什篇,为情而造文;辞人赋颂,为文而造情。……而后之作者,采滥忽真,远弃风雅,近师辞赋,故体情之制日疏,逐文之篇愈盛。①

所谓"体情之制日疏,逐文之篇愈盛",似乎就预见到宫体诗的盛行。

四、"宫体"蔓衍的文学史意义

从"宫体"在各体文字蔓衍的事实,我们看到,一种风气的形成,或是某一文体先行而其他文体响应,或是各种文体一起响应,最终应该是各种文体合力的结果,并非孤立形成的。

但是,各种文体的"宫体之文"写法是不一样的,这是由各种文体的文体规范所决定的,如宫体诗与宫体赋就有不同的写法。梁代宫体诗的典型之作是直接记述、叙写男女交往的事件,这些交往常常是发生在特殊场合中的,又常常发生在文士身上。如何逊《嘲刘咨议孝绰》,写刘孝绰贪恋女色而耽误上朝,诗中刘孝绰与女性的行为动作是重心;刘孝绰《淇上戏荡子妇示行事》,记述一次男女幽会,而所谓"翠钗挂已落,罗衣拂更香"②成为事件中的一环;刘孝绰《遥见邻舟主人投一物众姬争之有客请余为咏》,这是男性对女性奴婢的戏耍调笑活动,又如沈约《少年新婚为之咏》、何逊《看新妇》、王僧儒《月夜咏陈南康新有所纳》等。梁代宫体诗的典型之作更有直接记述、叙写诗人自身参与的,或是以参与者的口吻吟

---

① [南朝梁]刘勰著,詹锳义证《文心雕龙义证》,上海:上海古籍出版社,1989年,第1158—1162页。
② 逯钦立辑校《先秦汉魏晋南北朝诗》,北京:中华书局,1983年,第1836页。

咏出来的事件,如沈约《六忆诗四首》,所谓"忆来时""忆坐时""忆食时""忆眠时",是诗人眼中最令其怦然心动的女性行为动作;沈约又有《梦见美人》,写美人"既荐巫山枕,又奉齐眉食"①,这是诗人以参与者口吻吟咏。又有王枢《至乌林村见采桑者聊以赠之》、萧纶《车中见美人》等。更有诗人对自己夫妻生活的记述、叙写,且有很强的行为动作意味。如庾丹《夜梦还家》、徐君倩《共内人夜坐守岁》与《初春携内人行戏》、萧纲《咏内人昼眠》、刘孝威《都县遇见人织率尔寄妇》、徐悱《对房前桃树咏佳期赠内》等。相比之下,宫体赋之类就没有直接记述、叙写发生在文士自己身上的男女交往事件。这说明,在记述、叙写发生在文士自己身上的事件方面,宫体赋还没有找到自己的位置,而其他题材的赋作,则有对发生在文士自己身上事件的记述、叙写,如《哀江南赋》《观我生赋》等。

从另一方面讲,由于"宫体之文"都涉及女色而以女性为中心,有时候某些文体也会改变自己的文体规范,在肆扬笔力艳丽绮靡风格的同时,又或多或少改变了原本文体规范要求的抒情、陈事、说理,如启本是奏疏、公文之类,《文心雕龙·奏启》称其文体规范是"陈政言事""让爵谢恩",②庾肩吾《谢东宫赉内人春衣启》要保持"谢恩"的"言事"本色,又都增加描摹功能,诸如"阶边细草,犹推绿叶之光;户前桃树,翻讶蓝花之色"之类;推而广之,我们再看其他具有"宫体之文"倾向的文体,在保持各自的文体规范的同时,无不增加了描摹功能,否则这些文体将减弱甚或失去以女性为中心的意味。把笔力凝聚在描摹上,使文学作品乐于、善于叙写男女之间这一时代风气得以体现。

由此我们可以进一步探讨,一种风气的形成,在各种文艺领域都有表现。文学领域的叙写女性自不待言;而文学叙写的女性内容,很多时候又弥漫到音乐领域,或者说在某一时候,宫体就是文学与音乐的结合,即《陈书·后主张贵妃传》载:

---

① 逯钦立辑校《先秦汉魏晋南北朝诗》,北京:中华书局,1983年,第1640页。
② [南朝梁]刘勰著,詹锳义证《文心雕龙义证》,上海:上海古籍出版社,1989年,第873页。

以宫人有文学者袁大舍等为女学士。后主每引宾客对贵妃等游宴,则使诸贵人及女学士与狎客共赋新诗,互相赠答,采其尤艳丽者以为曲词,被以新声,选宫女有容色者以千百数,令习而哥之,分部迭进,持以相乐。其曲有《玉树后庭花》《临春乐》等,大指所归,皆美张贵妃、孔贵嫔之容色也。①

又如绘画领域,庾信有《咏画屏风诗》二十四首,从其所咏可见,那屏风上的绘画,十之八九是对女性的吟咏。《北齐书·文苑传》载,北齐后主高纬因画屏风,令兰陵萧放和晋陵王孝式"录古名贤烈士及近代轻艳诸诗以充图画"②。又如工艺品,庾信有《题结线袋子》:

交丝结龙凤,镂彩织云霞。一寸同心缕,千年长命花。③

所谓"一寸同心缕"云云,可知这个结线袋子上面所绣何物。

那么,当日所谓"宫体",特定的概念是指宫体诗。而从广义上看,"宫体"小则是弥漫于文学领域许多文体中的题材与文风,大则是弥漫于文艺领域许多门类中的题材与风格。我们把握了广义上的"宫体",对宫体诗现象就会有更深切的理解。唐杜确《岑嘉州集序》云:

梁简文帝及庾肩吾之属,始为轻浮绮靡之词,名曰宫体。自后沿袭,务于妖艳。④

从整体风气上说,就是这种情况。

五、《六朝文絜》所录"宫体之文"

从清道光年间许梿编选《六朝文絜》所录之文,可以考见"宫体"在各体文字蔓衍的情况。许梿《六朝文絜序》曰:

---

① [唐]姚思廉《陈书》,北京:中华书局,1972 年,第 132 页。校勘记:"哥古歌字。"
② [唐]李百药《北齐书》,北京:中华书局,1972 年,第 603 页。
③ 逯钦立辑校《先秦汉魏晋南北朝诗》,北京:中华书局,1983 年,第 2407 页。
④ 刘开扬《岑参诗集编年笺注》,成都:巴蜀书社,1995 年,第 893 页。

余盖深韪乎刘舍人之言也,析词尚絜。然则文至六朝絜矣乎?曰:繁冗莫六朝若矣。或曰:既繁冗之,复絜名之,厥又何说? 曰:繁冗奚虑?夫"蹊要所司,职在镕裁",薙繁冗而絜是弋,则絜者弥絜矣,繁冗奚虑哉! 往余齿舞勺,辄喜绎徐庾诸家文,塾师禁弗与,夜篝灯窃记之,始未尝不贻盲者镜,予蹙者履也。习稍稍久,恍然于三唐奥窔,未有不胎息六朝者。由此上溯汉魏裕如尔。岁丙寅,辑选斯帙,不揆窳陋,为甄别其义,迄今二十禩矣。易稿者数四,凡雠句比字,捃理务核,然犹未哜其胾为歉歉也。今年春,视朱君小沤。小沤喜欲狂,亟鸠工锓版,阅七月蒇事。小沤曰:子曷不骈言于首乎? 余曰:是犹鸟雀于佛髻放粪矣,岂非以不絜者颡絜耶?不获已,姑错落赘数语。道光五年岁在旃蒙作噩壮月海昌许梿书于古韵阁。①

从此《序》可以看到许梿这么几方面的观点。其一,六朝文有"繁冗"有"絜者";"絜者"是六朝文之精华。刘勰《文心雕龙·镕裁》称谋篇布局,"蹊要所司,职在镕裁";所谓"镕裁",即"规范本体谓之镕,剪截浮词谓之裁",达到"句有可削,足见其疏;字不得减,乃知其密"。② 其《议对》篇举例曰:

汉世善驳,则应劭为首;晋代能议,则傅咸为宗。然仲瑗博古,而诠贯以叙;长虞识治,而属辞枝繁。及陆机断议,亦有锋颖,而腴辞弗剪,颇累文骨。……标以显义,约以正辞,文以辨洁为能,不以繁缛为巧;事以明核为美,不以环隐为奇;此纲领之大要也。③

《体性》篇称赏"贾生俊发,故文洁而体清"④。六朝文之精华"絜者"体现了刘勰《文心雕龙》所崇尚的"析词尚絜"。于是可知,书名题为"六朝文

---

① [清]许梿评选,[清]黎经诰笺注《六朝文絜笺注》,上海:上海古籍出版社,1982年,第1页。
② [南朝梁]刘勰著,詹锳义证《文心雕龙义证》,上海:上海古籍出版社,1989年,第1177、1180、1190页。
③ 同上书,第895—899页。
④ 同上书,第1024页。

絜",意为所录之文皆六朝文之"絜者",即"六朝絜文",或称为"六朝小品文"。其二,许梿研习六朝文从"喜绎徐庾诸家文"开始,认为六朝文的代表是"徐庾诸家文"。其三,从研习六朝文得知六朝文孕育出了辉煌的唐文,又可"上溯汉魏"而探讨其上流,这是其"习稍稍久"才"恍然"所悟。

我们再来看《六朝文絜》的基本情况。《六朝文絜》为十二卷,共录文七十二篇,所录文体为:赋、诏、敕、令、教、策问、表、疏、启、笺、书、移文、序、论、铭、碑、诔、祭文,共十八体,其中多者十七篇,如书;少者一篇,如笺、移文、序、论、碑。所录作家为:晋陆机(一篇);宋武帝(一篇)、傅亮(一篇)、颜延之(二篇)、鲍照(五篇)、谢庄(二篇)、王僧达(一篇);南齐武帝(一篇)、王融(一篇)、谢朓(一篇)、孔稚圭(一篇);梁简文帝(五篇)、元帝(四篇)、陶宏景(一篇)、江淹(五篇)、吴均(二篇)、沈约(二篇)、任昉(二篇)、丘迟(一篇)、刘峻(二篇)、刘孝仪(二篇)、庾肩吾(二篇)、何逊(一篇)、刘令娴(一篇);陈后主(一篇)、徐陵(一篇)、伏知道(一篇)、周宏让(一篇)、沈炯(一篇)、江总(一篇);北魏孝文帝(二篇)、祖鸿勋(一篇);北齐文宣帝(一篇);北周王褒(一篇)、庾信(十三篇);隋杨睙(一篇)。

此中叙写女色或叙写男女之间者,依文体排列为《采莲赋》《荡妇秋思赋》(梁元帝),《春赋》《镜赋》《灯赋》《对烛赋》(北周庾信),《为陈六宫谢表》(陈江总),《谢东宫赉内人春衣启》(梁庾肩吾),《答新渝侯和诗书》(梁简文帝),《为衡山侯与妇书》(梁何逊),《为王宽与妇义安主书》(陈伏知道),《为梁上黄侯世子与妇书》(北周庾信),《玉台新咏序》(陈徐陵),《团扇铭》(梁庾肩吾),《后堂望美人山铭》《梁东宫行雨山铭》(北周庾信),《祭夫徐敬业文》(梁刘令娴),共十七篇,占《六朝文絜》总篇幅的四分之一弱。值得注意的还有,这十七篇全是梁陈后的作品。于此可知"宫体"在各体文字的蔓衍。

第五节 "以赋为诗"考辨

一、沈约《八咏》"以赋为诗"

寒山赵氏本《玉台新咏》卷九有沈约《八咏二首》,一为《望秋月》,一为《临春风》①;纪容舒《玉台新咏考异》在《望秋月》题下注曰:"本作'登台望秋月'。寒山赵氏以为与后首'会圃'二字,皆孝穆所删,于理为近。《艺文类聚》亦题曰'望秋月',盖即从此本也。"②那么,此二题当为"登台望秋月"与"会圃临春风"。寒山赵氏本《玉台新咏》卷九又录另六首,并注云:"《八咏》,孝穆止收前二首,此皆后人附录,故在卷末。"③《玉台新咏考异》称:"按此书之例,非词关闺阃者不收,故《八咏》惟录二章,非挂漏也。以类赘附,殊失孝穆之旨。"④可是从这个事例,我们可以看到后世对沈约《八咏》的钟爱,硬要把"非词关闺阃者"补录入《玉台新咏》。再从沈约《八咏》在原创作地的声誉也可以看出人们对此作的看重,万历《金华府志》即载:"《八咏》诗,旧南齐隆昌元年太守沈约所作,留题于玄畅楼壁间,时号绝唱。宋至道中郡守冯伉因之更玄畅为八咏楼云。"⑤

沈约《八咏》有什么奇特之处?从组织形式上看,组诗是"八个诗题合在一起,又恰恰组成一首完整的五言八句"⑥,即:

> 登台望秋月,会圃临春风。岁暮愍衰草,霜来悲落桐。夕行闻夜

---

① [南朝陈]徐陵编《玉台新咏》,北京:人民文学出版社,2010年,第121—122页。
② [清]纪容舒《玉台新咏考异》,上海:商务印书馆,1937年,第133页。
③ [南朝陈]徐陵编《玉台新咏》,北京:人民文学出版社,2010年,第129页。所录六首见该书第129—132页。
④ [清]纪容舒《玉台新咏考异》,上海:商务印书馆,1937年,第142页。
⑤ 《万历金华府志》,《中国地方志集成·善本方志辑》第一编,南京:凤凰出版社,2014年,第540页下。
⑥ 曹道衡、沈玉成《南北朝文学史》,北京:人民文学出版社,1991年,第174页。此类诗题可组成诗作的例子,在《玉台新咏》中还有,如卷七萧纲《同庾肩吾四咏二首》,题目分别是"莲舟买荷度""照流看落钗";卷十王台卿《同萧治中十咏二首》,题目分别是"荡妇高楼月""南浦别佳人",都极似诗句,只是因为《玉台新咏》是选录二首,不得见全貌。

鹤,晨征听晓鸿。解佩去朝市,被褐守山东。

倒回来讲,沈约以诸句为题作诗,这就是当时所谓"赋得"。沈约以"赋得"的形式,创作了中古时期规模最大的组诗。

《八咏》从单篇来看,也有卓然独立之处,这里以"词关闺阃者"即《玉台新咏》所选的二首为例来分析一下。诗云:

> 望秋月,秋月光如练。照曜三爵台,徘徊九华殿。九华玳瑁梁,华榱与璧珰。以兹雕丽色,持照明月光。凝华入黼帐,清晖悬洞房。先过飞燕户,却照班姬床。桂宫袅袅落桂枝,露寒凄凄凝白露。上林晚叶飒飒鸣,雁门早鸿离离度。湛秀质兮似规,委清光兮如素。照愁轩之蓬影,映金阶之轻步。居人临此笑以歌,别客对之伤且慕。经衰圃,映寒丛,凝清夜,带秋风。随庭雪以偕素,与池荷而共红。临玉墀之皎皎,含霜霭之蒙蒙。轥天衢而徒步,轹长汉而飞空。隐岩崖而半出,隔帷幌而才通。散朱庭之奕奕,入青琐而玲珑。闲阶悲寡鹄,沙州怨别鸿。昭姬泣胡殿,明君思汉宫。余亦何为者,淹留此山东。(《望秋月》)

> 临春风,春风起春树。游丝暧如网,落花雾似雾。先泛天渊池,还过细柳枝。蝶逢飞摇扬,燕值羽差池。扬桂旆,动芝盖。开燕裾,吹赵带。赵带飞参差,燕裾合且离。回簪复转黛,顾步惜容仪。容仪已超灼,春风复回薄。氤氲桃李花,青柎含素萼。既为风所开,复为风所落。摇绿带,杭紫茎。舞春雪,杂流莺。曲房开兮金铺响,金铺响兮妾思惊。梧桐未阴,淇川如碧。迎行雨于高唐,送归鸿于碣石。经洞房,响纨素。感幽闺,思帷帝。想芳园可以游,念兰翘兮渐堪摘。拂明镜之冬尘,解罗衣之秋襞。既铿锵以动佩,又氤氲而流麝。始摇荡以入闱,终徘徊而缘隙。鸣珠帘于绣户,散芳尘于绮席。是时怅思妇,安能久行役。佳人不在兹,春风为谁惜。(《临春风》)①

---

① [南朝陈]徐陵编《玉台新咏》,北京:人民文学出版社,2010 年,第 121—122 页。

首先可以看到,作为抒情诗来说,其篇幅超出一般。我们知道,叙事作品容易写得长,赋有叙事成分,所以篇幅一般都比较长。但《八咏》是诗,整体上是描摹或抒情,没有叙事成分,其篇幅较长的原因在于描摹或抒情上展现着铺陈的特点,而这正所谓是赋的特点;正如扬雄"以为赋者,将以风也,必推类而言,极丽靡之辞,闳侈钜衍,竞于使人不能加也"①。《玉台新咏》中篇幅长的诗作,一是叙事之类,如《日出东南隅行》《古诗无名人为焦仲卿妻作》和左思《娇女诗》;二是运用铺叙手法的作品,如繁钦《定情诗》"何以致拳拳,绾臂双金环"②之类,以"何以"起首的抒情句式就有十一韵,且"与我期何所,乃期东山隅;日旰兮不至,谷风吹我襦;远望无所见,涕泣起踟蹰"六句的抒情一共有四组,东、南、西、北都要说到。因此,运用铺叙,篇幅自然比正常抒情要长许多。繁钦《定情诗》的铺叙手法是排比,句式一样而变化字眼,这应该说是铺叙的初级阶段,而《八咏》则是从各方面展开,变化多端。这就是运用铺叙手法的"以赋为诗"。

其次,《八咏》在语言上的特点。既有纯粹的三、五、七言,又有带虚字的五、六、七言。作为三言,八首诗篇首第一句皆是。其中六首就只此一句;《望秋月》篇中另有四句,为一组合;《临春风》篇中有十二句,每四句为一组合,穿插诗中。起首三言有所自来,南朝民歌《华山畿》:

> 华山畿!君既为侬死,独生为谁施?欢若见怜时,棺木为侬开。③

但《华山畿》的起首三言带有感叹意味,与第二句没有必然的联系,第二句是与第三句连在一起的。而《八咏》的起首三言与第二句是必然联系在一起的,所谓三言、五言二句为一单位,这可说是借鉴民歌形式而形成的文人诗歌的一种体式,当时颇为流行,如《玉台新咏》卷五沈约《六忆诗四首》其一:

---

① [汉]班固《汉书》,北京:中华书局,1962年,第3575页。
② [南朝陈]徐陵编《玉台新咏》,北京:人民文学出版社,2010年,第13页。
③ [宋]郭茂倩编《乐府诗集》,北京:中华书局,1979年,第669页。

> 忆来时,旳旳上阶墀。勤勤叙离别,慊慊道相思。相看常不足,相见乃忘饥。①

其他三首都是如此句式。又如《玉台新咏》卷九徐君蒨《别义阳郡二首》,前二句分别是"翔凤楼,遥望与云浮","饬面亭,庄成更点星"②,然后是五言四句。此种句式北朝亦盛,如王肃《悲平城》:

> 悲平城,驱马入云中。阴山常晦雪,荒松无罢风。③

又如元勰《问松林》:

> 问松林,松林经几冬? 山川何如昔,风云与古同。④

但篇幅短了。陈后主《独酌谣四首》,前二句即是以三言"独酌谣"领起,接以五言句,但陈后主作品更有意味处在于:一是篇幅长,短的也是六韵十二句;二是其第二首有七言二句。影响至唐代,有上官仪《八咏应制二首》,二首分别为十八句、十六句,起首分别是"启重帷,重帷照文杏""入丛台,丛台裹春露",以下又分别有七言四句、二句,没有带虚字的句式。上官仪《八咏应制二首》从题目上看,就是依沈约之作而来,实际也是这样。当然这些格式的作品,都以五言为主;锺嵘《诗品序》云:"五言居文词之要,是众作之有滋味者也,故云会于流俗。"⑤五言最为流行。

另外,《八咏》组诗不离五言句,八首诗皆有五言句,《霜来悲落桐》全是五言。齐梁时候,五言句是诗歌的典型句式,这显示出《八咏》还是诗歌的作法,毕竟还是以诗的句式为主;又比如,《八咏》中避免纯粹的四言句,而有些赋是以四言句为主的。但是,《八咏》组诗在语言上另一引人注目之处,就是其中七首多有赋体句式。带有"兮"字的骚体句,带有"而""之""以"等虚字的五言、六言、七言句是赋中经常采用的句式,称为

---

① [南朝陈]徐陵编《玉台新咏》,北京:人民文学出版社,2010年,第57页。
② 同上书,第129页。
③ 逯钦立辑校《先秦汉魏晋南北朝诗》,北京:中华书局,1983年,第2205页。
④ 同上。
⑤ [南朝梁]锺嵘撰,曹旭集注《诗品集注》,上海:上海古籍出版社,1994年,第36页。

赋体句；骚体有时含在赋体中，统而言之就是赋体句式。在《望秋月》《晨征听晓鸿》《解佩去朝市》中，赋体句式的数量甚至超过了纯粹的三言、五言句式。这也可以看作是"以赋为诗"。

二、《艺文类聚》认定《八咏》与"赋"的关系

可以说，沈约《八咏》展现出一种新诗体的气象，篇幅长，用铺叙，语言形式多变，多有赋的特征，似赋却是诗。《玉台新咏》之后著录沈约《八咏》的是《艺文类聚》，沈约《八咏》与赋的关系得到《艺文类聚》的认定；且认定得较为过分，因为《艺文类聚》把它归入赋类了。

欧阳询作《艺文类聚序》，以前辈所谓大型"集"的编纂的缺陷称其新的录"事"录"文"的体例：

> 以为前辈缀集，各杼其意，《流别》《文选》，专取其文；《皇览》《遍略》，直书其事，文义既殊，寻检难一。爰诏撰其事且文，弃其浮杂，删其冗长，金箱玉印，比类相从，号曰《艺文类聚》，凡一百卷。其有事出于文者，便不破之为事；故事居其前，文列于后，俾夫览者易为功，作者资其用，可以折衷今古，宪章坟典云尔。①

称《艺文类聚》"事居其前，文列于后"，也就是说，"事"后录有各种"文"，即标明文体。《艺文类聚》赋类载录作品，先录以"赋"而名的作品，再录不以"赋"名的作品，截然两分，绝不相混，以下单录后者：

> 卷一天部上"月"之"赋"——梁沈约《八咏·望秋月》。
> 卷一天部上"风"之"赋"——梁沈约《八咏·临春风》。
> 卷二天部下"雪"之"赋"——宋谢庄《杂言咏雪》。
> 卷三岁时上"春"之"赋"——晋夏侯湛《春可乐》、晋王廙《春可乐》、晋李颙《悲四时》。
> 卷三岁时上"秋"之"赋"——晋夏侯湛《秋可哀》与《秋夕哀》、

---

① [唐]欧阳询撰，汪绍楹校《艺文类聚》，上海：上海古籍出版社，1982年，第27页。

晋湛方生《秋夜诗》①、宋谢琨《秋夜长》、宋苏彦《秋夜长》、宋何瑾《悲秋夜》、宋伏系之《秋怀》。

卷五岁时下"寒"之"赋"——晋夏侯湛《寒苦谣》。

卷十九人部三"啸"之"赋"——晋殷仲堪《将离咏》。

卷三十六人部二十"隐逸上"之"赋"——宋陶潜《归去来》、梁沈约《八咏·守山东》。

卷五十四刑法部"刑法"之"赋"——晋傅玄《释法篇》。

卷五十六杂文部"赋"之"赋"——汉杨雄《反骚》、后汉班彪《悼离骚》、晋挚虞《愍骚》、魏陈王曹植《九咏》、梁元帝《拟秋气摇落》、梁张缵《拟古有人兮》、梁武帝《赋体》、梁任昉《赋体》、梁王僧孺《赋体》、陆倕《赋体》、梁柳恽《赋体》。

卷八十八木部上"桐"之"赋"——梁沈约《八咏·悲落桐》。

卷九十鸟部上"鸿"之"赋"——梁沈约《八咏·听晓鸿篇》。

卷九十鸟部上"玄鹤"之"赋"——梁沈约《八咏·闻夜鹤篇》。

上述这些作品虽然不以"赋"名,但归入赋类也是有缘由的,即全都有带虚字的骚体、赋体句式②,语言体式上显示出骚、赋的标记。《八咏》亦是如此,虽然因其载入《玉台新咏》,故诗的身份是确定的,但《艺文类聚》把《八咏》归入赋类之内,可见《八咏》也具有某些赋的品性与意味。于是出现这样一个问题,与《八咏》载录在一起的其他作品是不是全为赋?亦或也是诗呢?确实,细分起来,这些作品是可以不算作赋的。《昭明文选》赋类作品,都是以"赋"而名的;而上文所录的作品都不以"赋"名③,《艺文类聚》列这些作品在赋类,也是把它们与题以"赋"名的作品分开,列入"赋"的另类。以下试析之。

---

① "诗",原注:冯校本作"清"。[唐]欧阳询撰,汪绍楹校《艺文类聚》,上海:上海古籍出版社,1982年,第53页。
② 仅傅玄《释法篇》似为完整四言。共十七句,疑"多疑少决"下脱一句。
③ 仅有一篇例外,即卷三岁时上"春"之"赋"之晋李颙《悲四时》,在卷三岁时上"夏"之"赋"则题名为李颙《悲四时赋》。此或许是误题,因为《八咏》的作品也有误题为"赋"的,即卷八十一药香草部上"草"之"赋"的"梁沈约《愍衰草赋》"。

《艺文类聚》卷五十六杂文部"赋"之赋类载录不以"赋"名的作品,可归入赋。依题目看,这些作品或为"骚",即汉杨雄《反骚》、后汉班彪《悼离骚》、晋挚虞《愍骚》,此当依屈原《离骚》而来。或为"九",依屈原《九歌》、宋玉《九辩》而来,即魏陈王曹植《九咏》;梁元帝《拟秋气摇落》,宋玉《九辩》有"悲哉秋之为气也,萧瑟兮草木摇落而变衰"①;梁张缵《拟古有人兮》,屈原《九歌·山鬼》有"若有人兮山之阿"②。无论是"骚"还是"九",在《文选》中都属骚类,但在《汉书·艺文志》中,屈原之作是归入赋类的。还有陶潜《归去来》,一般称《归去来辞》,人们是"辞""赋"连称的。

《艺文类聚》赋类中载录不以"赋"名的作品如谢庄《杂言咏雪》、夏侯湛《寒苦谣》、晋殷仲堪《将离咏》、傅玄《释法篇》之类,其篇名的"咏""谣""篇"等带有诗的标记,这些作品也确实应该是诗。

除上面所述以外,《艺文类聚》赋类不以"赋"名的作品就是以下两类:其一,晋夏侯湛《春可乐》、晋王廙《春可乐》、晋李颙《悲四时》、晋夏侯湛《秋可哀》与《秋夕哀》、晋湛方生《秋夜清》、宋谢琨《秋夜长》、宋苏彦《秋夜长》、宋何瑾《悲秋夜》、宋伏系之《秋怀》等③;其二,《赋体》五篇。以下我们将进一步论证,这些作品非但不以"赋"名,而且更应该属于诗类。

三、"以骚体制歌"是"以赋为诗"的起步

晋夏侯湛《春可乐》:

> 春可乐兮,乐东作之良时。嘉新田之启莱,悦中畴之发菑。桑冉冉以奋条,麦遂遂以扬秀。泽苗翳渚,原卉耀阜。春可乐兮,乐崇陆

---

① [宋]洪兴祖撰,白化文、许德楠、李如鸾、方进点校《楚辞补注》,北京:中华书局,1983年,第182页。
② 同上书,第79页。
③ 罗宗强《魏晋南北朝文学思想史》第三章"西晋士风与西晋文学思想"第四节"对文体特征的探讨"有云:"在现存夏侯湛的作品中,我们看到一些从文体上说颇难归属的作品,如《春可乐》《秋可哀》《秋夕哀》《山路吟》《江上泛歌》等等","这是夏侯湛对一种文体的新的探索,类赋而似诗","有的写来其实通篇似赋,只是没有赋通常用于交代的首尾",云云。此处论"以赋为诗"就是从这里起步的。罗宗强《魏晋南北朝文学思想史》,北京:中华书局,1996年,第100页。

之可娱。登夷冈以回眺,超矫驾乎山崵。缀杂华以为盖,集繁蕤以饰裳。散风衣之馥气,纳戢怀之潜芳。鹦交交以弄音,翠翾翾以轻翔。招君子以偕乐,携淑人以微行。①

作品分为两个层次,各以"春可乐兮"是骚体句式起首。第一层次重在写春日景象,第二层次重在写人物在春日中的活动;以两个层次的"春可乐"完成主题。从句式上看,除两个"春可乐兮"与两个纯粹四言句,其他都是带虚字的六言赋体句。

晋王廙《春可乐》,共六句,除"春可乐兮"骚体句式,其他都是带虚字的六言赋体句。

晋李颙《悲四时》:

悲春日兮,悲阳泽之方宣。建灵威以延蛰,叩东震而响天。布和气之烟煴,舒朗景之淑鲜。云兴滋于秀石,飙鸣柯于崇山。平皋眇莽,中林葱青。野马飞涧,晨虹垂旌。阳燕南徂,阴雁北征。素华浩浩,丹秀荧荧。②

前半部分八句用骚体、赋体句式,后半部分八句是四言诗句。作品的前部分,"悲春日"二句抒情,"建灵威"二句叙事,"布和气"四句写景。四言部分全为写景。

又夏侯湛《秋可哀》:

秋可哀兮,哀秋日之萧条。火回景以西流,天既清而气高。壤含素霜,山结玄霄。月延路以增夜,日迁行以收晖。屏绨绤于笥匣,纳纶缟以授衣。秋可哀兮,哀新物之陈芜。绸筱朔以敛稀,密叶搣以陨疏。雁摧翼于太清,燕蟠形乎榛墟。秋可哀兮,哀良夜之遥长。月翳翳以隐云,时笼笼以投光。映前轩之疏幌,炤后帷之闲房。拊轻衾而

---

① [唐]欧阳询撰,汪绍楹校《艺文类聚》,上海:上海古籍出版社,1982年,第45页。
② 同上。

不寐,临虚槛而褰裳。感时迈以兴思,情怆怆以含伤。①

全文三部分,都以"秋可哀兮"骚体句式的抒情领起。第一部分先写景,以人们"屏绨绤于笥匣,纳纶缟以授衣"的活动作结。第二部分写景,第三部分重在主人公抒情,有景物的铺垫与衬托。

夏侯湛《秋夕哀》的前四句、后六句,是类如"秋夕兮遥长"的带"兮"字的五言骚体句,中六句是带虚字的六言赋体句。湛方生《秋夜诗》前二十八句中,二十七句是带虚字的六言赋体句,夹杂一句"秋夜清兮"四言;末四句中,二句六言,二句七言。宋谢琨《秋夜长》,首句"秋夜长兮",另七句是带虚字的六言赋体句。宋苏彦《秋夜长》,前六句七言,中六句带虚字的六言赋体句,后二句七言。宋何瑾《悲秋夜》,首二句带"兮"字的骚体句,其他是带虚字的六言赋体句。宋伏系之《秋怀》,前四句四言,但有"于是"二字领起;后六句是带虚字的六言赋体句。

这些作品大都有一定的篇幅,要长于汉代那些楚歌,但显然称不上长篇鸿制。赋有叙事成分,这些作品强调的是抒情,或寓于景中的抒情。而就景物的叙写来看,更具诗的意味,文中提供的并不是实实在在的、具体的景物,而是概括化的写景,是浪漫化的写景,只是以此作为抒情的基础。赋会有各种关联词,这些关联词除了叙事需要外,各个段落间也需要,如司马相如《上林赋》,就有好几个"于是"串联起语意、层次;即便是抒情小赋,如张衡《归田赋》,第二、三、四层次就是各以"于是""尔乃""于时"承接上一层次的,这些作品一般是没有各种关联词的②。因此可以说,上述这些属于赋类又不以"赋"名的作品,又都有骚体句式、赋体句式。

《汉书·艺文志·诗赋略》有"歌诗",其中的楚歌体作品自然应该是与骚赋不同的,如《高祖歌诗》二篇,即《大风歌》《鸿鹄歌》,一般是不会被称为赋的;又如《吴楚汝南歌诗》十五篇,亦是如此。所以刘勰《文心雕龙·乐府》云:"延年以曼声协律,朱、马以骚体制歌。"③提出"以骚体制

---

① [唐]欧阳询撰,汪绍楹校《艺文类聚》,上海:上海古籍出版社,1982年,第53页。
② 除伏系之《秋怀》起首即"于是"二字领起,或是抄录时衍文,或是特例。
③ [南朝梁]刘勰著,詹锳义证《文心雕龙义证》,上海:上海古籍出版社,1989年,第235页。

歌",这些就不是赋。因此,当把骚体归入赋的同时,"以骚体制歌"的诗也产生了,并生气勃勃地存在着。随着声曲的遗落,楚歌渐渐退出文学史舞台,"以骚体制歌"成为"以赋体制诗",即用骚体句式、赋体句式以"制诗"。先是汉末有蔡文姬,《后汉书·列女传》称她"感伤乱离,追怀悲愤"①而作骚体《悲愤诗》,又如曹丕《寡妇诗》,今存十四句,十三句有"兮"字。此后,这些用骚体句式、赋体句式的作品集中出现在晋宋时期,或者说这是一种时代风气。

"朱、马以骚体制歌"是借用声曲,而晋宋时期诗人为什么要用骚体句式、赋体句式以"制诗"?比起五言诗来,骚体在两方面有独特之处,首先是抒情的强度,五言诗或秉承传统诗教的温柔敦厚,而骚体则不同,刘勰《文心雕龙·辨骚》曾谈到骚体的四个特点:"故其叙情怨,则郁伊而易感;述离居,则怆怏而难怀;论山水,则循声而得貌;言节候,则披文而见时。"②我们看到,上述《春可乐》《秋可哀》之类,与刘勰的论证是相合的。

其次,晋宋"以骚体制诗",或是单纯追求一种语言句式。骚体比起五言来,有人为地用虚字来调配一句之中的节奏、顿挫的作用。刘勰《文心雕龙·章句》:"又诗人以'兮'字入于句限,《楚辞》用之,字出于句外。寻'兮'字成句,乃语助余声。"③刘知几《史通·浮词》云:"夫人枢机之发,亹亹不穷,必有徐音足句,为其始末。是以伊、惟、夫、盖,发语之端也;焉、哉、矣、兮,断句之助也。"④

晋宋"以骚体制诗"还有一个更显著的例子,就是谢晦的《悲人道》。《宋书·谢晦传》载,谢晦败,"乃携其弟遁、兄子世基等七骑北走。遁肥壮不能骑马,晦每待之,行不得速。至安陆延头,为戍主光顺之所执。顺

---

① [南朝宋]范晔撰,[唐]李贤等注《后汉书》,北京:中华书局,1965年,第2801页。即便说蔡文姬骚体《悲愤诗》作者有疑问而是后人伪托,但产生的时代至晚也应该在范晔写作《后汉书》之前的晋代。
② [南朝梁]刘勰著,詹锳义证《文心雕龙义证》,上海:上海古籍出版社,1989年,第161—162页。
③ 同上书,第1281页。
④ [唐]刘知几著,[清]浦起龙通释,王煦华整理《史通通释》,上海:上海古籍出版社,2009年,第146页。

之,晦故吏也。槛送京师,于路作《悲人道》"①。首二句为"悲人道兮,悲人道之实难",与夏侯湛《春可乐》《秋可哀》及李颙《悲四时》等格式一样。全诗共一百五十六句,末节为:

> 羁角偃兮衡间,亲朋交兮平义。虽履尚兮不一,隆分好兮情寄。俱惮耕兮从禄,睹世道兮艰诐。规志局兮功名,每谓之兮为易。今定谥兮阖棺,惭明智兮昔议。虽待尽兮为耻,嗟厚颜兮靡置。长揖兮数子,谢尔兮明智。百龄兮浮促,终焉兮尌克。卧尽兮斧斤,理命兮同得。世安彼兮非此,岂晓分兮辨惑。御庄生之达言,请承风以为则。②

末节除末二句外,全是带"兮"字的六言句,而诗作的中间几节全是带虚字(而非"兮"字)的六言句。此诗虽带有某些叙事性质,但以抒情为主,从题目"悲人道"及末节就可看出。这种长篇巨制,是"以骚体制诗"中的极致。

《艺文类聚》中又有独立以"咏""吟""引"成类的"以骚体制诗"的例子,如《艺文类聚》卷六十五产业部"园"之"咏",录湛方生《游园咏》:

> 谅兹境之可怀,究川阜之奇势,水穷清以澈鉴,山邻天而无际,乘初霁之新景,登北馆以悠瞩,对荆门之孤阜,傍渔阳之秀岳,乘夕阳而含咏,杖轻策以行游,袭秋兰之流芬,幕长猗之森修,任缓步以升降,历丘墟而四周,智无涯而难恬,性有方而易适,差一豪而遽乖,徒理存而事隔,故羁马思其华林,笼雉想其皋泽,矧流客之归思,岂可忘于畴昔。③

同样具诗的性质的又有《艺文类聚》中载录的吟类作品,如卷七山部上"总载山"之"吟"录晋夏侯湛《山路吟》:

> 凤驾兮待明,陟山路兮逶征,冒晨朝兮入大谷,道逶迤兮岚气清,揽辔兮抑马,跼蹰兮旷野,旷野躯兮辽落,崇岳兮嵬崿,丘陵兮连离,

---

① [南朝梁]沈约《宋书》,北京:中华书局,1974年,第1359页。
② 同上书,第1361页。
③ [唐]欧阳询撰,汪绍楹校《艺文类聚》,上海:上海古籍出版社,1982年,第1164页。

卉木兮交错,渌水兮长流,惊涛兮拂石。①

又录谢庄《山夜忧》:

> 庭光尽,山明归,流风乘轩卷,明月缘河飞。涧鸟鸣兮夜蝉清,橘露靡兮蕙烟轻,凌别浦兮值泉跃,经乔林兮遇猿惊。南皋别鹤伫行汉,东邻孤管入青天。沉痾白发共急日,朝露过隙讵赊年。年去兮发不还,金膏玉液岂留颜。回舻拓绳户,收棹掩荆关。②

以及《艺文类聚》卷六十五产业部"园"之"引"录谢庄《怀园引》:

> 鸿飞从万里,飞飞河岱起,辛勤越霜雾,联翩溯江汜。去旧国,违旧乡,旧海悠且长。回首瞻东路,延翩向秋方。登楚都,入楚关,楚地萧瑟楚山寒。岁去冰未已,春来雁不还。风肃幌兮露濡庭,汉水初绿柳叶青。朱光蔼蔼云英英,离禽喈喈又晨鸣。菊有秀兮松有蕤,忧来年去容发衰。流阴逝景不可追,临堂危坐怅欲悲。试托意兮向芳荪,心绵绵兮属荒樊。想绿蘋兮既冒沼,念幽兰兮已盈园。夭桃晨暮发,春莺旦夕喧。青苔芜石路,宿草尘蓬门。③

以后,江淹《杂三言五首》亦是"以骚体制诗",此类作品或明明白白表明是回归于对"骚体"的模拟,如范缜《拟招隐士》之类,江淹是集大成者,如其《应谢主簿骚体》:

> 山棍静兮悲凝凉,涧轩掩兮酒涵霜。曾风激兮绿蘋断,积石闭兮紫苔伤。芝原寂少色,筠庭黯无光。沐予冠于极浦,驰予珮兮江阳。吊秋冬之已暮,忧与忧兮不忘。使杜蘅可翦而弃,夫何贵于芬芳。④

又如《刘仆射东山集学骚》:

---

① [唐]欧阳询撰,汪绍楹校《艺文类聚》,上海:上海古籍出版社,1982年,第127页。
② 同上。
③ 同上书,第1164页。
④ [明]胡之骥注,李长路、赵威点校《江文通集汇注》,北京:中华书局,1984年,第173页。

含秋一顾,眇然山中。檀栾循石,便娟来风。木瑟瑟兮气芬苣,石戋戋兮水成文。擷江崖之素草,窥海岫之青云。愿芙蓉兮未晦,遵江波兮待君。①

江淹的时代紧接晋宋,或许是江淹认为晋宋的"以骚体制诗"并没显示出特别的与骚体不同之处,不如题为"骚体""学骚"更直接表现出特点。此二首连同江淹《山中楚辞五首》,又颇有屈原作品以第一人称抒情的意味,而晋宋之作则多有客观写景抒情意味。当五言在运用平、上、去、入以调配节奏以后,"以骚体制诗"或许在调配节奏上就失去其追求的方向了,于是直接题为"骚体""学骚"之类。

四、"以赋为诗"成为诗人的集体行为

《艺文类聚》卷五十六录梁武帝萧衍、任昉、王僧孺、陆倕、柳恽诸人《赋体》,作品如下:

> 草回风以照春,木承云以含化。芳竞飞于阳和,花争开于日夜。乐万类之得所,岂此心之云舍。欣分竹其厉精,惭戎车之屡驾。(梁武帝萧衍)
>
> 倣征侣兮舣行舟,奉君命兮不俟驾。属轩轨之易循,值尧民之可化。惭孺雉之声朝,恶细鱼之在夜。奉玉检之陆离,待金罍之云舍。(任昉)
>
> 杂沓兮翠旌,容与兮龙驾。新桐兮始华,乳雀兮初化。思治兮终朝,求人兮仄夜。竟大德之未德(德字疑衍。)酬,何飞光之徒舍。(王僧孺)
>
> 奉钦明之睿后,沐隆平之玄化。参振鹭之充庭,侍长徒之曾舍。冀无恨于终南,豫告成于芝驾。虽就列而陈力,终胡颜于长夜。(陆倕)
>
> 飞辔踈兮不停阴,徂川逝兮无暂舍。白日出兮烁晚辰,春雷奋兮动兰夜。窃匪服于储闱,叨洪恩于良驾。何眇身之多幸,濯微缨于唐

---

① [明]胡之骥注,李长路、赵威点校《江文通集汇注》,北京:中华书局,1984年,第174页。

化。(柳憕)①

这五篇作品都是由四韵八句组成,都是以"化""夜""舍""驾"四字为韵,只是次序不同。有人认为,这显然是一次同题共作活动的产品,因此有相近的背景和题旨②。同题共作的背景,表明这是一种时代潮流。

何以称其"赋体"?齐梁时候,五言句是诗歌的典型句式,此处不用五言句,可视为故意避之。从句式看,任昉、王僧孺、柳憕之作句中有"兮"字,是骚体句式。萧衍、陆倕之作句中有非"兮"字的虚字,可视为赋体句式。因此,这些作品之所以称之为"赋体",就是因为其句式。

为什么又是诗?有人认为,在某种意义上说,"赋体"也可以说就是以赋得体作赋,如果把其中的虚字省去,并稍做句式改动,"赋体"就变为一首五言诗③。这实际上是说,这些作品题名为"赋体",即是以赋的体制来创作的诗。所谓"赋体",就是以赋的体式来创作的、除赋以外的其他文体的作品,如蔡文姬《骚体悲愤诗》④,就是以骚体创作的诗。正如一篇作品题名为"诗体",就是说要以诗体来创作别的什么东西,那它一般来说就不会是诗,否则不是多此一举吗?所以《艺文类聚》把上述作品列入赋类的另类,只是说它们与赋有关系,而并不实实在在地视"赋体"为赋。

又,《艺文类聚》卷十九录梁代六位诗人《大言诗》《细言诗》各一首。其《大言诗》如下:

> 观修鲲其若鱮鲋,视沧海之如滥觞,经二仪而跼躇,跨六合以翱翔。(昭明太子)
> 噫气为风,挥汗成雨,聊灼戴山龟,欲持探遂古。(殷钧)
> 俯身望日入,下视见星罗,嘘八风而为气,吹四海而扬波。(王规)
> 欲游五岳,迫不得申,杖千里之木,鲙横海之鳞。(王锡)
> 河流既渴,日月俱腾,罝罗微物,动落云鹏。(张缵)

---

① [唐]欧阳询撰,汪绍楹校《艺文类聚》,上海:上海古籍出版社,1982年,第1016—1017页。
② 程章灿《魏晋南北朝赋史》,南京:江苏古籍出版社,1992年,第243页。
③ 同上。
④ 《骚体悲愤诗》虽不能确定为蔡文姬所作,但这是魏晋南北朝时代的作品,是可以确定的。

> 临此大泛庭,方知九陔局,穷天岂弥指,尽地不容足。(沈约)

其《细言诗》如下:

> 坐卧邻空尘,凭附蟭螟翼,越咫尺而三秋,度毫氂而九息。(昭明太子)
> 泛舟毛滴海,为政蜗牛国,逍遥轻尘上,指辰问南北。(殷钧)
> 针锋于焉止息,发杪可以翱翔,蚊眉深而易阻,蚁目旷而难航。(王规)
> 冥冥蔼蔼,离朱不辩其实,步蜗角而三伏,经针孔而千日。(王锡)
> 遨游蚁目辩轻尘,蚊睫成宇虱如轮。(张缵)
> 开馆尺捶余,筑榭微尘裹,蜗角列州县,毫端建朝市。(沈约)①

这些诗人都有在太子东宫任职的经历,沈约位居太子少傅,殷钧、王规、王锡、张缵都曾任太子舍人,而这些《大言诗》《细言诗》,除萧统之作外,题目上又标明"应令",这应该是萧统领导下的文学集团的同题共作。诗作有可能是节录,每首四句,只有一首是七言两句。其语言格式,合而言之,有正统的四言、五言、七言,又有带虚字的五言、六言、七言,语言特点上看得出是"以赋为诗"。从另一个角度,如果把上述诗作视为联句,那么合而言之就是类似《八咏》之一的长篇幅的"以赋为诗"作品。

五、"以赋为诗"在北朝的新气象

此后"以赋为诗"在北朝有所光大,先是萧综,梁武帝普通六年(525)投奔北魏后在洛阳写下《听钟鸣》,杨衒之《洛阳伽蓝记》载,洛阳城东建阳里,"有土台,高三丈,上作二精舍。赵逸云:'此台是中朝旗亭也。'上有二层楼,悬鼓击之以罢市。有钟一口,撞之闻五十里。太后以钟声远闻,遂移在宫内,置凝闲堂前,讲内典,沙门打为时节。初,萧衍子豫章王综来降,闻此钟声,以为奇异,造《听钟歌》三首行传于世"②。《梁书·萧

---

① [唐]欧阳询撰,汪绍楹校《艺文类聚》,上海:上海古籍出版社,1982年,第345—346页。
② 范祥雍校注《洛阳伽蓝记校注》,上海:上海古籍出版社,1978年,第75页。

综传》载:"初,综既不得志,尝作《听钟鸣》《悲落叶辞》,以申其志。大略曰……当时见者莫不悲之。"其所记载作品:

> 听钟鸣,当知在帝城。参差定难数,历乱百愁生。去声悬窈窕,来响急徘徊。谁怜传漏子,辛苦建章台。
> 听钟鸣,听听非一所。怀瑾握瑜空掷去,攀松折桂谁相许?昔朋旧爱各东西,譬如落叶不更齐。漂漂孤雁何所栖,依依别鹤夜半啼。
> 听钟鸣,听此何穷极?二十有余年,淹留在京域。窥明镜,罢容色,云悲海思徒掩抑。①

《艺文类聚》卷三十人部"怨"之"诗",录梁豫章王萧综《听钟鸣诗》曰:

> 历历听钟鸣,当知在帝城。西树隐落月,东窗见晓星。雾露胐胐未分明,乌啼哑哑已流声。惊客思,动客情,客思郁纵横。翩翩孤雁何所栖,依依别鹤半夜鸣。今岁行已暮,雨雪向凄凄。飞蓬旦夕起,杨柳尚翻低。气郁结,涕滂沱,愁思无所托,强作听钟歌。②

《梁书·萧综传》载其《悲落叶》云:

> 悲落叶,连翩下重叠。落且飞,纵横去不归。
> 悲落叶,落叶悲。人生譬如此,零落不可持。
> 悲落叶,落叶何时还?夙昔共根本,无复一相关。③

《艺文类聚》卷八十八木部"木"之"诗"录梁豫章王萧综《悲落叶诗》:

> 悲落叶,联翩下重叠。重叠落且飞,从横去不归。长枝交荫昔何密,黄鸟关关动相失。夕蕊杂凝露,朝花翻乱日。乱春日,起春风,春风春日此时同。一霜两霜犹可当,五晨六旦飒已黄。乍逐惊风举,高下任飘扬。悲落叶,落叶何时还。夙昔共根本,无复一相关。各随灰

---

① [唐]姚思廉《梁书》,北京:中华书局,1973年,第824—825页。
② [唐]欧阳询撰,汪绍楹校《艺文类聚》,上海:上海古籍出版社,1982年,第539页。
③ [唐]姚思廉《梁书》,北京:中华书局,1973年,第825页。

土去,高枝难重攀。①

这些作品的特点,一是首二句为三言、五言,这与沈约《八咏》之作相同。《梁书》所录《听钟鸣》《悲落叶》各三篇,已特别说明是"大略"之类的节录,那么可知原作是有一定的篇幅的。但《艺文类聚》所录各一篇,也不是完整的篇章,是拼凑而成,如其《听钟鸣诗》,就有《梁书》所录其一、其二的句子;其《悲落叶诗》,就有《梁书》所录其一、其三的句子。但即便《艺文类聚》所录不是完篇,我们也可以看出铺叙手法的运用。这样,我们就看到了其与沈约《八咏》的关系及"以赋为诗"的努力。这些努力的新气象在于,全部不用带有虚字的骚体、赋体句,是纯粹的三、五、七言错杂而成。既运用赋的铺叙体制,又不用有虚字的骚体、赋体句而回归于单纯的诗句。

从上述几首诗可见,诗运用赋的体制,从注重语言形式骚体句、赋体句的错落有致,进展到纯用诗句,以三、五、七言来实现其错落;而从下面几首诗,又可见诗运用赋的体制,在铺叙手法上从平面到立体的努力,这几篇同题共作又标注为"篇"的诗作,成为北朝诗歌一道风景线。

北朝有邢劭《冬日伤志篇》,其云:

> 昔时惰游士,任性少矜裁。朝驱玛瑙勒,夕衔熊耳杯。折花步淇水,抚瑟望丛台。繁华忽昔改,衰病一时来。重以三冬月,愁云聚复开。天高日色浅,林劲鸟声哀。终风激檐宇,余雪满条枚。遨游昔宛洛,踟蹰今草莱。时事方去矣,抚己独伤怀。②

前六句写昔时"惰游"生活;"繁华忽昔改"以下八句写今日身体的"衰病"及风光的"衰病";末四句从个体的"衰病"写到时代的"衰病"。全诗共十八句,篇幅不能算长但也不短,有铺叙但不那么铺张扬厉,且全为五言。

《冬日伤志篇》的"篇"还不具典型意义,最值得称道的是卢思道、颜之推诸人之作,那是一组同题共作诗。《隋书·卢思道传》载:"周武帝平

---

① [唐]欧阳询撰,汪绍楹校《艺文类聚》,上海:上海古籍出版社,1982年,第1509页。
② 逯钦立辑校《先秦汉魏晋南北朝诗》,北京:中华书局,1983年,第2264—2265页。

齐,授仪同三司,追赴长安,与同辈阳休之等数人作《听蝉鸣篇》,思道所为,词意清切,为时人所重。新野庾信遍览诸同作者,而深叹美之。"①今存只有卢思道、颜之推二人之作。卢思道《听鸣蝉篇》:

> 听鸣蝉,此听悲无极。群嘶玉树里,回噪金门侧。长风送晚声,清露供朝食。晚风朝露实多宜,秋日高鸣独见知。轻身蔽数叶,哀鸣抱一枝。流乱罢还续,酸伤合更离。暂听别人心即断,才闻客子泪先垂。故乡已超忽,空庭正芜没。一夕复一朝,坐见凉秋月。河流带地从来嶮,峭路干天不可越。红尘早弊陆生衣,明镜空悲潘掾发。长安城里帝王州,鸣钟列鼎自相求。西望渐台临太液,东瞻甲观距龙楼。说客恒持小冠出,越使常怀宝剑游。学仙未成便尚主,寻源不见已封侯。富贵功名本多豫,繁华轻薄尽无忧。讵念嫖姚嗟木梗,谁忆田单倦土牛。归去来,青山下;秋菊离离日堪把,独焚枯鱼宴林野。终成独校子云书,何如还驱少游马。②

"听鸣蝉,此听悲无极"二句总括。接下来十句写蝉的"哀鸣";次"暂听别人心即断,才闻客子泪先垂"承"听鸣蝉"而启思乡;"故乡"以下八句写思乡,以陆机、潘岳二人作品的典故作结;"长安"以下十二句,写仕途风尘、宦海沉浮,用汉代杜钦、陆贾、栾大、张骞写得意者的"富贵功名""繁华轻薄",用霍去病、田单写得意者也有令人嗟叹之事;末六句先直述愿望理想,再用陶渊明、应璩《百一诗》、扬雄、马少游的典故落实回归田园之意。诗作的铺陈表现在对"听鸣蝉,此听悲无极"的叙写上,分别从蝉声之悲、听鸣蝉而生思乡之悲、出外游宦之悲及如何解脱来叙写。其每个层次内都有铺叙,如"群嘶玉树里,回噪金门侧"二句就是一个意思,但通过重复,写蝉声何处不在;又如对前代人物的叙写,杜钦诸人的事迹意思是一样的,之所以在平面上并列起来,就是强化情感抒发。之所以称其为立体化铺叙,就是说其对"听鸣蝉,此听悲无极"的铺陈是在不同层面上层层递

---

① [唐]魏徵、令狐德棻《隋书》,北京:中华书局,1973年,第1398页。
② 逯钦立辑校《先秦汉魏晋南北朝诗》,北京:中华书局,1983年,第2637页。

进的,而不是用相同相似的意象或相同句式的重复来强调某种情感的抒发。而其对仗是立体化铺叙的简括表现,如"暂听别人心即断,才闻客子泪先垂","河流带地从来岭,峭路干天不可越"之类。于是,配合着立体化铺叙,三、五、七言穿插、错落运用,更是相得益彰。《艺文类聚》以赋录之。

又有颜之推之作,《初学记》收录时题名《听鸣蝉诗》:

听秋蝉,秋蝉悲,非一处。细柳高飞夕,长杨明月曙。历乱起秋声,参差揽人虑。单吟如转箫,群噪学调笙。乍飘流曼响,多含断绝声。垂阴自有乐,饮露独为清。短绥何足贵,薄羽不羞轻。螗螂罻下偏难见,翡翠竿头绝易惊。容止由来桂林苑,无事淹留南斗城。城中帝皇里,金张及许史。权势热如汤,意气喧城市。剑影奔星落,马色浮云起。鼎俎陈龙凤,金石谐宫徵。关中满季心,关西饶孔子。讵用虞公立国臣,谁爱韩王游说士。红颜宿昔同春花,素鬓俄顷变秋华。中肠自有极,那堪教作转轮车。①

立意与卢思道之作相同,其立体铺叙的写法也是可以看出来的。

同题共作,那就意味着大家都用相同的文体、相同的手法来创作同一题目的作品。大家都"以赋为诗",此时"篇"的形成达到高潮,"铺张扬厉之气"卓然可见。以一种新文体为标志,"以赋为诗"在"篇"这种诗体上得到淋漓尽致的体现,而唐代也把有"以赋为诗"倾向的作品称为"篇",如《艺文类聚》卷九十鸟部上的沈约《八咏·听晓鸿篇》《闻夜鹤篇》。

何谓"篇"?《汉书·武帝纪》:"诏贤良曰:'……贤良明于古今王事之体,受策察问,咸以书对,著之于篇,朕亲览焉。'"颜师古注:"篇谓竹简也。"②文章有头有尾者称为"篇",《诗经·周南·关雎》章后孔疏曰:"篇者,遍也。言出情铺事,明而遍者也。"③刘知几《史通·叙事》:"夫饰言者

---

① [唐]徐坚等《初学记》,北京:中华书局,1962年,第750页。
② [汉]班固《汉书》,北京:中华书局,1962年,第161—162页。
③ 《毛诗正义》,《十三经注疏》,上海:上海古籍出版社,1997年,第274页中。

为文,编文者为句,句积而章立,章积而篇成。篇目既分,而一家之言备矣。"①因此,一般来说篇幅比较大的诗作才可以称作"篇"。高步瀛云:"方廷珪《文选集成》谓篇指本书乐府曹子建《美女》《白马》《名都》等篇,未知是否。"②这几篇作品的篇幅也是比较大的。

题名为"篇"的乐府作品,往往有拟旧作而新制的意味,如曹植《鰕䱇》,《乐府解题》曰:"曹植拟《长歌行》为《鰕䱇》。"③曹植《吁嗟篇》,《乐府解题》曰:"曹植拟《苦寒行》为《吁嗟》。"④曹植《名都篇》《美女篇》《白马篇》,《歌录》曰"并《齐瑟行》也"⑤,即依《齐瑟行》而新作。曹植有《圣皇篇》等题名为"篇"的《鞞舞歌》诗作五篇,其《鞞舞歌序》称之为"故依前曲,改作新歌五篇"⑥。鲍照《松柏篇》序曰:"余患脚上气四十余日,知旧先借《傅玄集》,以余病剧,遂见还。开袟,适见乐府诗《龟鹤篇》。于危病中见长逝词,恻然酸怀抱。如此重病,弥时不差,呼吸乏喘,举目悲矣! 火药间阙而拟之。"⑦那么,《松柏篇》是拟《龟鹤篇》而作。

六、赋的"体兼众制,文备多方"

总结起来,所谓"以赋为诗",是从汉代"以骚体制歌"起步,那时还仅仅是用楚歌的形式而篇幅仍像诗,至晋时"以骚体为诗",注重骚体的怨愤之情,采用骚体、赋体的句式,以骚体、赋体句式的虚字调配音韵节奏,但有点与骚体、赋体亦步亦趋,或被直接视之为赋。至沈约时,句式上诗句与骚体、赋体句式相杂,整体上是描写或抒情,没有叙事成分,展现着赋的铺陈的特点,于是篇幅加大了,给人们展示出"以赋为诗"的基本走向。梁武帝诸人的"以赋为诗"有着与沈约不同的努力,一是全以骚体、赋体

---

① [唐]刘知几著,[清]浦起龙通释,王煦华整理《史通通释》,上海:上海古籍出版社,2009年,第161页。
② 高步瀛《文选李注义疏》,北京:中华书局,1985年,第21页。
③ [宋]郭茂倩编《乐府诗集》,北京:中华书局,1979年,第446页。
④ 同上书,第499页。
⑤ 同上书,第911页。
⑥ [清]严可均校辑《全上古三代秦汉三国六朝文》,北京:中华书局,1958年,第1143页下。
⑦ 逯钦立辑校《先秦汉魏晋南北朝诗》,北京:中华书局,1983年,第1264—1265页。

句式出之,但直接在篇题上标注"赋体",表明是以"赋体"作的另一种文体;而形式上的四韵八句,则显示出诗歌永明体之后逐步的规范,他们是在尝试"以赋为诗"作为短篇行不行。北朝继承沈约的传统,一是三、五言起首,并全篇为三、五、七言诗句,有刻意显示此为诗体之意;二是力主铺张扬厉而篇幅加大,"以赋为诗"从语句模式走向铺陈,铺陈中突出笔墨纵横。

中古"以赋为诗"的历程,恰恰又是在赋的兼容众制、与其他文体相通相融的努力中实现的,以下尝试简述之。

班固《两都赋序》称"赋者,古诗之流也"①,刘勰《文心雕龙·诠赋》论赋的源流及赋的体制:"《诗》有六义,其二曰赋。……然则赋也者,受命于诗人,而拓宇于《楚辞》也。于是荀况《礼》《智》,宋玉《风》《钓》,爰锡名号,与《诗》画境。六义附庸,蔚成大国。"②赋由"古诗之流"发展为独立成体,又渐渐包容其他文体体式,这就是赋的"体兼众制,文备多方"。《梁书·萧子显传》:"子显尝为《自序》,其略云:'……每有制作,特寡思功,须其自来,不以力构。少来所为诗赋,则《鸿序》一作,体兼众制,文备多方,颇为好事所传,故虚声易远。'"③《鸿序》一赋,今已不得其详,但汉魏六朝赋的"体兼众制,文备多方"却是可以看到的。比如说赋作所含的诗类诸体,既有"拓宇于《楚辞》"的骚,还有:

诗——班固《两都赋》之"五篇之诗"。

歌——司马相如《美人赋》之"女乃歌曰"、张衡《南都赋》之"喟然相与歌曰"。

颂——张衡《南都赋》之"遂作《颂》曰"。

辞——马融《长笛赋》之"其辞曰"。

系——张衡《思玄赋》篇末之"系曰",《文选》李善注引"旧注":"系,繫也。言繫一赋之前意也。"《六臣注文选》注引"旧注":"系,繫也。重繫

---

① [南朝梁]萧统编,[唐]李善注《文选》,北京:中华书局,1977年,第21页上。
② [南朝梁]刘勰著,詹锳义证《文心雕龙义证》,上海:上海古籍出版社,1989年,第270—277页。
③ [唐]姚思廉《梁书》,北京:中华书局,1973年,第512页。

一赋之意也。"等等。①

而从另一方面看，章学诚《校雠通义》卷三"汉志诗赋第十五"之二，称赋的"出入战国诸子"，即所谓"假设问对，《庄》《列》寓言之遗也；恢廓声势，苏张纵横之体也；排比谐隐，韩非《储说》之属也；征材聚事，《吕览》类辑之义也"②等处，在汉魏六朝赋中是一一可以征实的。所以程千帆也说："两京之文，若符命、论说、哀吊以及箴、铭、颂、赞之作，凡挟铺张扬厉之气者，莫不与赋相通。"③这些都是讲赋与其他文体的相通相融，通俗点说，就是赋与其他文体相似相像，界限并不那么清晰，只不过赋标注了与之相适应的文体名。到了梁代后期以后，又有了切切实实从赋出发使赋与诗相通相融的努力。如萧纲《对烛赋》：

> 云母窗中含花毡，茱萸幔里铺锦筵。照夜明珠且莫取，金羊灯火不须燃。下弦三更未有月，甲夜繁星徒衣天。于是摇同心之明烛，施雕金之丽盘。眠龙傍绕，倒凤双安。菖蒲传酒坐欲阑，碧玉舞罢罗衣单。影度临长枕，烟生向果盘。回照金屏里，脉脉两相看。④

除了"于是"数句，几乎全用诗句了。又如庾信《荡子赋》：

> 荡子辛苦逐征行，直守长城千里城。陇水恒冰合，关山唯明月。况复空床起怨，倡妇生离，纱窗独掩，罗帐长垂，新筝不弄，长笛羞吹。常年桂苑，昔日兰闱，罗敷总发，弄玉初笄，新歌《子夜》，旧舞《前溪》。别后关情无复情，离前明镜不须明。合欢无信寄，回纹织未成。游尘满床不用拂，细草横阶随意生。前日汉使著章台，闻道夫婿定应回。手巾还欲燥，愁眉即剩开。逆想行人至，迎前含笑来。⑤

只有"况复"二字显示出赋在叙事处的转折连接，其他都不怎么能看出赋

---

① 参见本书第一章第三节、第五章第二节的相关论述。
② [清]章学诚著，叶瑛校注《文史通义校注》，北京：中华书局，1985年，第1064页。
③ 《赋之隆盛与旁衍》，程千帆《闲堂文薮》，济南：齐鲁书社，1984年，第148页。
④ [唐]欧阳询撰，汪绍楹校《艺文类聚》，上海：上海古籍出版社，1982年，第1372页。
⑤ 同上书，第571页。

的意味。而萧悫《春赋》则全用诗句:

> 落花无限数,飞鸟排花度。禁苑至饶风,吹花春满路。岩前片石迥如楼,水里连沙聚作洲。二月莺声才欲断,三月春风已复流。分流绕小渡,堑水还相注。山头望水云,水底看山树。舞余香尚在,歌尽声犹住。麦垄一惊翚,菱潭两飞鹭。①

上述就是中古"以赋为诗"的基本情况。其实,称"以赋为诗"或称赋的诗化,都有定位不明确之处,即凭什么说起点是"诗"、是"赋"。但是有一点应该是明确的,就是自晋至南北朝时,有一些作品称之为诗则像赋,称之为赋则像诗,这就是诗赋合一的趋向,但赋还是赋,诗还是诗。《八咏》的"以赋为诗",表面上看起来是向其他文体学习、借鉴,而其本质体现出一种发散性思维,追求语言形式的错落有致,追求创作手法的创新,让诗的范围更大。而沈约创制的永明体,是一种凝聚型作法,追求音韵的整齐划一,让诗的规范范围变得更小。对诗歌的改革发展有如此双向的思维,表明诗歌的求新、求变,已有时代性、全社会的紧迫感。

在"以赋为诗"的进程中,诗引进与借鉴骚体,增进了抒情的力度;诗引进与借鉴骚体、赋体的句式,以虚字突出了诗的节奏,并以铺叙扩大了表现手法与篇幅。但同时其中的一些因素又使诗变得有点不像诗了。于是,当诗逐步实行以内在四声调配声律时,就单纯以三、五、七言显示外在的节奏,而摒弃了以虚字调配节奏;诗确定引进与借鉴赋的所谓立体化铺叙方式;诗树立了长篇巨制写法模式,就是日后中国式长篇抒情诗的体制,也即唐代篇类、歌行类作品的根本写法。人们在追求诗赋融合的过程中诗的收益最大,诗的领域扩大了,也为唐代诗歌的繁荣做出贡献。宋陈师道《后山诗话》:"退之以文为诗,子瞻以诗为词,如教坊雷大使之舞,虽极天下之工,要非本色。"②正是这种"要非本色",促进了诗歌在某一领域新的发展。

---

① [唐]徐坚等《初学记》,北京:中华书局,1962年,第47页。类书录文有可能节选,此处姑且视为全文,以说明赋的诗化。
② [清]何文焕辑《历代诗话》,北京:中华书局,1981年,第309页。

第六章
辞赋文体论

第一节　赋与《尚书》的渊源关系

关于赋的起源,前人论述详矣,总括而言有出自《诗》、《骚》、诸子、隐语四途,今拈出赋出自《尚书》一途,是从赋的命名、赋的对话体及篇末作歌的结构入手的探讨,以下试论证之。

一、赋的文体命名与《禹贡》

钱锺书曾论经典如《易》《诗》《论语》之一名多义的情况①,给我们提供了一个讨论文体的路径,即如何从文体命名、文体释名的多方面来考察文体的性质、功能等,由此,我们可以寻找赋的文体渊源。

一般来说,早期文体命名是由"做什么"来实现的,如宋陈骙《文则》论及《左传》的"八体":

> 春秋之时,王道虽微,文风未殄,森罗辞翰,备括规摹。考诸《左氏》,摘其英华,别为八体,各系本文:一曰"命"婉而当(如"周灵王命齐侯"),二曰"誓"谨而严(如"晋赵简子誓伐郑"),三曰"盟"约而信("亳城北之盟"),四曰"祷"切而悫(如"卫蒯聩战祷于铁"),五曰"谏"和而直("臧哀伯谏鲁威公纳郜鼎"),六曰"让"辩而正(如"周詹桓伯责晋率阴戎伐颖"),七曰"书"达而法(如"晋叔向诒郑子产铸

---
① 参见本书第27—28页引用。

刑书书"),八曰"对"美而敏(如"郑子产对晋人问陈罪")。作者观之,庶知古人之大全也。①

"八体"中的命、誓、盟、祷、谏、让、对都是行为动作本身,即命令、发誓、结盟、祈祷、劝谏、责让、回答这些行为动作,而这些行为动作本身形成的文字就被命名为命、誓、盟、祷、谏、让、对诸文体。"八体"中的"书",以行为动作本身来命名文体的意味有所泛化,书写这个动作产生的文辞都可以称为"书",而此处的"书"是狭义的书信文体。

赋,田地税,泛指赋税。《尚书·禹贡》"厥赋惟上上错",伪孔传云:"赋,谓土地所生以供天子。"②又指征收或缴纳赋税,《孟子·滕文公上》:"请野九一而助,国中什一使自赋。"③从时间上说,这是"赋"的最早的一个义项,似乎"赋"的这个义项与作为文体的赋没有关系,实则意义巨大。我们可以看到《禹贡》对赋这一文体的形成有很大的影响。《尚书·禹贡》是古代最早的系统全面记载我国古代地理的著作,首言"禹敷土,随山刊木,奠高山大川"④,然后按九州记录其山川、土壤、物产等,给各州田地划分等级及划定各州贡赋的高低,每州之末叙述该州输送贡赋的路径以作结。我们来看宋玉《高唐赋》的叙写,当宋玉称高唐"高矣显矣,临望远矣;广矣普矣,万物祖矣。上属于天,下见于渊,珍怪奇伟,不可称论",称说的就是山川物产,于是楚襄王说"试为寡人赋之",⑤以下展开赋对高唐的铺叙。下面再来看一些著名大赋,大都依方位叙写山川、土壤、物产等。如《子虚赋》载,齐王让子虚言楚之外泽,子虚对曰:

> 唯唯。臣闻楚有七泽,尝见其一,未睹其余也。臣之所见,盖特其小小者耳。名曰云梦。云梦者方九百里,其中有山焉。其山则盘

---

① [宋]陈骙、李涂著,刘明晖校点《文则 文章精义》,北京:人民文学出版社,1960年,第37—41页。括号中文字为笔者将后文所引诸例前置。
② 《尚书正义》,《十三经注疏》,上海:上海古籍出版社,1997年,第146页下。
③ 《孟子注疏》,《十三经注疏》,上海:上海古籍出版社,1997年,第2702页下。
④ 顾颉刚、刘起釪《尚书校释译论》,北京:中华书局,2005年,第523页。
⑤ [南朝梁]萧统编,[唐]李善注《文选》,北京:中华书局,1977年,第265页上。

纤弟郁,隆崇峰崒。岑崟参差,日月蔽亏。交错纠纷,上干青云。罢池陂陀,下属江河。其土则丹青赭垩,雌黄白坿,锡碧金银。众色炫耀,照烂龙鳞。其石则赤玉玫瑰,琳珉昆吾。瑊玏玄厉,碔石碱砆。其东则有蕙圃;衡兰芷若,**䓖**茏菖蒲,茳蓠蘪芜,诸柘巴苴。其南则有平原广泽,登降陁靡,案衍坛曼,缘以大江,限以巫山。其高燥则生葴菥苞荔,薛莎青薠。其埤湿则生藏莨蒹葭,东蔷雕胡,莲藕觚卢,庵闾轩于。众物居之,不可胜图。其西则有涌泉清池,激水推移,外发芙蓉菱华,内隐钜石白沙。其中则有神龟蛟鼍,玳瑁鳖鼋。其北则有阴林,其树梗楠豫章,桂椒木兰,檗离朱杨。栌梨梬栗,橘柚芬芳。其上则有鹓雏孔鸾,腾远射干。其下则有白虎玄豹,蟃蜒**貙**犴。①

先叙山川、土壤,又以其东、其南、其西、其中、其北分叙物产。以后的京都赋,对象是城市,但也有城市地形、宫殿建筑之类的叙写,班固《两都赋》之叙"西都"详于叙"东都",张衡《二京赋》之叙"西京"详于叙"东京",因为作者的笔墨重在盛赞后者的礼仪文化。这些赋作中的铺叙除去了给田地划分等级及划定贡赋高低这样实用的成分,但城市地形、宫殿建筑亦是有高下之分的。更有意思的是,左思《三都赋序》,既说自己的赋对汉代赋作叙写山川、土壤、物产的继承,又明说对《禹贡》的学习继承,其云:

> 盖诗有六义焉,其二曰赋。杨雄曰:"诗人之赋丽以则。"班固曰:"赋者,古诗之流也。"先王采焉,以观土风。见"绿竹猗猗",则知卫地淇澳之产。见"在其版屋",则知秦野西戎之宅。故能居然而辨八方。……余既思摹《二京》而赋《三都》。其山川城邑,则稽之地图;其鸟兽草木,则验之方志。风谣歌舞,各附其俗,魁梧长者,莫非其旧。何则? 发言为诗者,咏其所志也;升高能赋者,颂其所见也。美物者贵依其本,赞事者宜本其实。匪本匪实,览者奚信? 且夫任土作贡,《虞书》所著;辩物居方,《周易》所慎。聊举其一隅,摄其体统,

---

① [南朝梁]萧统编,[唐]李善注《文选》,北京:中华书局,1977年,第119页下—120页下。

归诸诂训焉。①

李善注云：

>《虞书》曰：禹别九州,任土作贡,定其肥硗之所生也。而著九州贡赋之法也。②

因此,赋的文体命名,应该是由缴纳赋税这个动作行为的意味而来,缴纳赋税依山川物产而实行,赋则是依山川物产而叙写,于是,缴纳赋税的"赋"成为文体的"赋"。

又,作为文体的赋,也有上贡一途,班固《两都赋序》谈到汉代的赋创作云：

>故言语侍从之臣,若司马相如、虞丘寿王、东方朔、枚皋、王褒、刘向之属,朝夕论思,日月献纳。而公卿大臣,御史大夫倪宽、太常孔臧、太中大夫董仲舒、宗正刘德、太子太傅萧望之等,时时间作。③

"日月献纳",就有"赋"作为征收或缴纳的遗风。

二、赋的对话体与《皋陶谟》

赋的"客主以首引"之类的对话体或许来自《尚书·皋陶谟》。《尚书·皋陶谟》之"谟",伪孔传："谟,谋也。皋陶为帝舜谋。"④《皋陶谟》：

>曰若稽古皋陶曰："允迪厥德,谟明弼谐。"⑤

伪孔传："言人君当信蹈行古人之德,谋广聪明,以辅谐其政。"⑥"允迪厥德,谟明弼谐"以下是帝舜、禹、皋陶之间的讨论、谋划,最后又有乐正夔参

---

① ［南朝梁］萧统编,［唐］李善注《文选》,北京：中华书局,1977年,第74页上下。
② 同上书,第74页下。
③ 同上书,第21页下。
④ 《尚书正义》,《十三经注疏》,上海：上海古籍出版社,1997年,第138页上。
⑤ 顾颉刚、刘起釪《尚书校释译论》,北京：中华书局,2005年,第393页。
⑥ 《尚书正义》,《十三经注疏》,上海：上海古籍出版社,1997年,第138页上。

与讨论、谋划。谟,计谋、谋略。文中主要是谟体,后世不常用,但以行为动作来命名文体的原则是体现出来了。而"谟"由几个人相互讨论谋划的形式,即对问体的格式,却为后代所沿用,赋的"客主以首引"也可能是一脉相承而来的。

以后,诗歌作为外交的工具,《论语·子路》载:"子曰:'诵《诗》三百,授之以政,不达;使于四方,不能专对;虽多,亦奚以为?'"①这是说,春秋时候,列国大夫出使聘问时赋诗言志,或用于酬酢,或用为媒介,以进行外交上的交涉。《汉书·艺文志》说:"古者诸侯卿大夫交接邻国,以微言相感,当揖让之时,必称《诗》以谕其志,盖以别贤不肖而观盛衰焉。"②就说的是这个意思。赋诗,一般不是外交官自己唱诗,而是指定诗篇,命乐工奏乐演唱,断章取义地利用个别诗句来暗示自己的意见、要求或态度。

《左传》中就记载了不少外交赋诗的事例。比较典型的如《昭公十六年》:

> 夏四月,郑六卿饯宣子于郊。宣子曰:"二三君子请皆赋,起亦以知郑志。"子齹赋《野有蔓草》。宣子曰:"孺子善哉!吾有望矣。"子产赋郑之《羔裘》。宣子曰:"起不堪也。"子大叔赋《褰裳》。宣子曰:"起在此,敢勤子,至于他人乎?"子大叔拜。宣子曰:"善哉,子之言是!不有是事,其能终乎?"子游赋《风雨》,子旗赋《有女同车》,子柳赋《萚兮》。宣子喜曰:"郑其庶乎!二三君子,以君命贶起,赋不出郑志,皆昵燕好也。二三君子,数世之主也,可以无惧矣。"宣子皆献马焉,而赋《我将》。子产拜,使五卿皆拜,曰:"吾子靖乱,敢不拜德?"③

晋国韩宣子聘于郑,回去时,郑六卿为他饯行,韩宣子让郑六卿各言其志,以见郑国的意见。子齹赋《郑风·野有蔓草》,表示与宣子相见很高兴。

---

① 《论语注疏》,《十三经注疏》,上海:上海古籍出版社,1997年,第2507页上。
② [汉]班固《汉书》,北京:中华书局,1962年,第1755—1756页。
③ 《春秋左传正义》,《十三经注疏》,上海:上海古籍出版社,1997年,第2080页上中。

子产赋《郑风·羔裘》，以原诗称赏人之勇武正直称赏宣子。子大叔赋《郑风·褰裳》，以男女爱情表达晋、郑关系，意指晋如亲郑，郑必亲晋，晋如不亲郑，郑即亲近他国。子游赋《郑风·风雨》，取风雨之中与所爱之人相见，很有安慰。子旗赋《郑风·有女同车》，以美好而有风度称赏宣子。子柳赋《郑风·萚兮》，借诗意表示宣子倡我将和之。宣子赋《周颂·我将》作答，谓晋敬畏天命，志在靖乱，保护小国。宾主双方都以《诗三百》的作品顺畅地表达了自己的意见。

外交赋诗在当时是很普遍的事，仅《左传》襄公年间所载就有十二例，如《襄公二十七年》载：

> 郑伯享赵孟于垂陇，子展、伯有、子西、子产、子大叔、二子石从。赵孟曰："七子从君，以宠武也。请皆赋以卒君贶，武亦以观七子之志。"子展赋《草虫》，赵孟曰："善哉！民之主也。抑武也不足以当之。"伯有赋《鹑之贲贲》，赵孟曰："床笫之言不逾阈，况在野乎？非使人之所得闻也。"子西赋《黍苗》之四章，赵孟曰："寡君在，武何能焉？"子产赋《隰桑》，赵孟曰："武请受其卒章。"子大叔赋《野有蔓草》，赵孟曰："吾子之惠也。"印段赋《蟋蟀》，赵孟曰："善哉！保家之主也，吾有望矣！"公孙段赋《桑扈》，赵孟曰："'匪交匪敖'，福将焉往？若保是言也，欲辞福禄，得乎？"卒享。文子告叔向曰："伯有将为戮矣！诗以言志，志诬其上，而公怨之，以为宾荣，其能久乎？幸而后亡。"叔向曰："然。已侈！所谓不及五稔者，夫子之谓矣。"文子曰："其余皆数世之主也。子展其后亡者也，在上不忘降。印氏其次也，乐而不荒。乐以安民，不淫以使之，后亡，不亦可乎？"①

朱自清解释说：

> 这里赋诗的郑国诸臣，除伯有外，都志在称美赵孟，联络晋、郑两国的交谊。赵孟对于这些颂美，"有的是谦而不敢受，有的是回敬几

---

① 《春秋左传正义》，《十三经注疏》，上海：上海古籍出版社，1997年，第1997页上中。

句好话"(顾颉刚先生语)。只伯有和郑伯有怨,所赋的诗里有云:"人之无良,我以为君!"是在借机会骂郑伯。所以范文子说他"志诬其上而公怨之"。又,在赋诗的人,诗所以"言志",在听诗的人,诗所以"观志""知志"。①

从上述所引我们知道,外交赋诗的赋诗言志是一种对问体,一来一往,这也是一种"谟"(谋),《皋陶谟》的"谋"是自己内部的,外交赋诗的"谋"是与对方之间的。而屈原作品之所以称为屈赋,或许也与《史记·屈原列传》所称屈原"出则接遇宾客,应对诸侯"②的身份有关,"应对诸侯"就是要赋诗言志。当宋玉的作品被称为赋时,把其前辈屈原的作品也称为赋是理所当然的。作为文体的赋也是从赋诗言志的对问体演化而来,这就是从赋诗言志到赋物言志或赋事言志的过程。如《战国策·楚四》有这样一段文字:

> 孙子为书谢曰……因为赋曰:"宝珍隋珠,不知佩兮。袆布与丝,不知异兮。闾姝子奢,莫知媒兮。嫫母求之,又甚喜之兮。以瞽为明,以聋为聪,以是为非,以吉为凶。呜呼上天,曷惟其同!"③

《韩诗外传》所录亦是如此,本来"赋曰"云云是《荀子·赋篇》末尾的一段文字,现在又是"为书谢曰",又是"因为赋曰",成为对问体了,其结构即先有一个客、春申君、荀子的对话,再到荀子的回话。而由其中的"因为赋曰"可知,赋作为文体成立了;或者说,赋成为文体名了。"因为赋曰"即是说,赋是作为一种文体被创作出来的,这正是赋正式形成道路上的重要一步。

三、赋与《皋陶谟》的篇末作歌

刘勰《文心雕龙·诠赋》称"归余于总乱"为赋的结构形式④,这是赋

---

① 朱自清《朱自清古典文学论文集》,上海:上海古籍出版社,1981年,第205页。
② [汉]司马迁《史记》,北京:中华书局,1959年,第2481页。
③ [汉]刘向集录《战国策》,上海:上海古籍出版社,1985年,第567页。
④ [南朝梁]刘勰著,詹锳义证《文心雕龙义证》,上海:上海古籍出版社,1989年,第283页。

的又一文体特征。楚辞有"乱曰",《荀子·赋篇》末有佹诗、小歌,汉赋中仍有延续,如汉武帝《李夫人赋》、王褒《洞箫赋》、扬雄《甘泉赋》、班固《幽通赋》、张衡《温泉赋》、王延寿《鲁灵光殿赋》、蔡邕《述行赋》。又或为贾谊《吊屈原赋》的"谇曰"(又作"讯曰"),李奇注《汉书·贾谊传》时引张晏曰:"谇,《离骚》下章'乱'也。"①又或为董仲舒《士不遇赋》"重曰"。又或为张衡《思玄赋》"系曰",《文选·思玄赋》旧注曰:"系,繋也,言繋一赋之前意也。"②但汉赋的"乱曰"又有被篇末诗歌替代的趋势,如班固《两都赋》,赋至"主人之辞未终,西都宾矍然失容,逡巡降阶,慄然意下,捧手欲辞",但主人不允许,曰:"复位,今将授子以五篇之诗。"③

《皋陶谟》记载帝舜、禹、皋陶之间的讨论、谋划,结束后,乐正夔奏乐,帝舜有歌:

> 夔曰:"戛击鸣球,搏拊琴瑟以咏。"祖考来格,虞宾在位,群后德让。下管鼗鼓,合止柷敔,笙镛以间。鸟兽跄跄;箫韶九成,凤凰来仪。夔曰:"於!予击石拊石,百兽率舞,庶尹允谐。"帝庸作歌曰:"敕天之命,惟时惟几。"乃歌曰:"股肱喜哉,元首起哉,百工熙哉!"皋陶拜手稽首扬言曰:"念哉!率作兴事,慎乃宪,钦哉!屡省乃成,钦哉!"乃赓载歌曰:"元首明哉!股肱良哉!庶事康哉!"又歌曰:"元首丛脞哉!股肱惰哉!万事堕哉!"帝曰:"俞!往钦哉!"④

看到上述"庶尹允谐"的"谟",于是有"帝庸作歌曰",此处的"作歌",是对帝舜、禹、皋陶之"谟"的一个总结。《尚书·皋陶谟》以对问体的格式记载帝舜、禹、皋陶之"谟",最后有一个总结之"作歌",赋作不也正是这样作的吗?或许上古氏族社会首领间的议事最后以歌作结,而《尚书》所载帝舜诸人的作歌,正是上古遗风。

上述《皋陶谟》所载篇末作歌,《史记·夏本纪》是这样记载的:

---

① [汉]班固《汉书》,北京:中华书局,1962年,第2225页。
② [南朝梁]萧统编,[唐]李善注《文选》,北京:中华书局,1977年,第222页下。
③ 同上书,第35页上。
④ 顾颉刚、刘起釪《尚书校释译论》,北京:中华书局,2005年,第477页。

> 于是夔行乐,祖考至,群后相让,鸟兽翔舞,《箫韶》九成,凤皇来仪,百兽率舞,百官信谐。帝用此作歌曰:"陟天之命,维时维几。"乃歌曰:"股肱喜哉,元首起哉,百工熙哉!"皋陶拜手稽首扬言曰:"念哉,率为兴事,慎乃宪,敬哉!"乃更为歌曰:"元首明哉,股肱良哉,庶事康哉!"又歌曰:"元首丛脞哉,股肱惰哉,万事堕哉!"帝拜曰:"然,往钦哉!"于是天下皆宗禹之明度数声乐,为山川神主。①

《史记》所载的文本更有篇末总结之义,更像是"乱曰"或赋末诗歌的先声。

《尚书》即上古之书,以《尚书》来考察赋的起源,也会有意想不到的效果。

---

① [汉]司马迁《史记》,北京:中华书局,1959年,第81—82页。

第二节　赋的文体象征
——"客主以首引"辨

刘勰《文心雕龙·诠赋》曰：

> 然则赋也者，受命于诗人，而拓宇于《楚辞》也。于是荀况《礼》《智》，宋玉《风》《钓》，爰锡名号，与《诗》画境，六义附庸，蔚成大国。遂客主以首引，极声貌以穷文，斯盖别《诗》之原始，命赋之厥初也。①

"客主以首引"是人们所公认的赋的体制之一。"客主以首引"，意即作品是以客主相向而叙的形式展开的，且客主相向而叙在篇首就出现了。但是，这并不是"客主以首引"的全部意义。作为一种形式，它有着深切的内涵，是与赋所要表现的内容联系在一起的，本节拟做深一层的探讨。

一、"客主以首引"的几种格式

我们先从"客主以首引"有几种格式来进行探讨。

其一，以真实人物出现的"客主以首引"，首推宋玉赋。其赋凡是有人物的，都是以宋玉与楚王及周围人物的对话展开，如《风赋》的"楚襄王游于兰台之宫，宋玉、景差侍"；《高唐赋》的"昔者，楚襄王与宋玉游于云梦之台"；《神女赋》的"楚襄王与宋玉游于云梦之浦"；《登徒子好色赋》的"大夫登徒子侍于楚王"，还有宋玉、秦章华大夫；《大言赋》的"楚襄王与唐勒、景差、宋玉游于阳云之台"；在楚襄王前，大夫景差、唐勒、宋玉等并造《小言赋》；《讽赋》的"楚襄王时，宋玉休归，唐勒谗之于王曰"；《钓赋》的"宋玉与登徒子偕受钓于玄渊，止而并见于楚襄王"；《御赋》的"唐勒与宋玉言御襄王前"；等等。② 上述人物，有的史有明载，有的史无明

---

① [南朝梁]刘勰著，詹锳义证《文心雕龙义证》，上海：上海古籍出版社，1989年，第274—277页。
② 以上宋玉赋作录自吴广平编注《宋玉集》，长沙：岳麓书社，2001年。

载,应该都是与赋家同一时代的真实人物,是宋玉借此做文章①。真实人物的"客主以首引",赋家自己是"主",对方是"客";有时"客"还不止一人。延至汉代,亦有如此者,如司马相如《美人赋》的"司马相如美丽闲都,游于梁王,梁王悦之。邹阳赞之于王曰"②等。

其二,"主"为真实人物,"客"为虚设。曹植《洛神赋》,篇首云:

> 余从京域……睹一丽人,于岩之畔。乃援御者而告之曰:"尔有觌于彼者乎?彼何人斯?若此之艳也!"御者对曰:"臣闻河洛之神,名曰宓妃,然则君王所见,无乃是乎?其状若何?臣愿闻之。"③

上述的"主"实"客"虚,但还都是人物,或有"客"为非人物者,如贾谊《鹏鸟赋》的"鹏鸟",扬雄《逐贫赋》的"贫",左思《白发赋》的"白发"等。

其三,全为虚构人物的"客主以首引"。司马相如《子虚》《上林》赋,其"客主以首引"完完全全是虚构人物,《子虚》《上林》赋中载"楚使子虚使于齐,齐王悉发境内之士,备车骑之众,与使者出田。田罢,子虚过诧乌有先生,而无是公在焉";《史记·司马相如列传》载赋作时这样说:"故空借此三人为辞,以推天子诸侯之苑囿。"④这就是新体大赋的模式,又如孔臧《谏格虎赋》的"帝使亡诸大夫问乎下国";扬雄《长杨赋》的"子墨客卿问于翰林主人曰";班固《西都赋》的"有西都宾问于东都主人曰";张衡《西京赋》的"有凭虚公子者,心侈体忲,雅好博古,学乎旧史氏,是以多识前代之载。言于安处先生曰";等等。⑤

---

① 在作品中拿自己的朋友开玩笑,后代颇有之,如《汉书·枚皋传》载:"皋不通经术,诙笑类俳倡,为赋颂,好嫚戏……皋赋辞中自言为赋不如相如,又言为赋乃俳,见视如倡,自悔类倡也。故其赋有诋娸东方朔,又自诋娸。其文骫骳,曲随其事,皆得其意,颇诙笑,不甚闲靡。"枚皋作赋也拿东方朔说事。又如《诗品》下记载:区惠恭本胡人,"造《独乐赋》,语侵给主,被斥"。又如南齐孔稚珪《北山移文》,用移文体,假借"钟山之英,草堂之灵"的口吻戏谑周颙先隐后又出山。
② 费振刚,胡双宝,宗明华辑校《全汉赋》,北京:北京大学出版社,1993年,第97页。
③ [南朝梁]萧统编,[唐]李善注《文选》,北京:中华书局,1977年,第270页上。
④ [汉]司马迁《史记》,北京:中华书局,1959年,第3002—3043页。以下录《子虚》《上林》赋文字,不再出注。
⑤ 费振刚,胡双宝,宗明华辑校《全汉赋》,北京:北京大学出版社,1993年,第115、201、311、412页。

其四,假托人物的"客主以首引"。傅毅《舞赋》:

> 楚襄王既游云梦,使宋玉赋高唐之事,将置酒宴饮,谓宋玉曰:"寡人欲觞群臣,何以娱之?"①

以下是宋玉的回答,赋作由此展开。这样的"客主"显然是赋家假托的,借前代人物说事。如此假托,以后形成风气,如谢惠连《雪赋》,"梁王不悦,游于兔园",李善《文选》注即称"此假主客以为辞也",于是赋中称"乃置旨酒,命宾友,召邹生,延枚叟;相如末至,居客之右",命司马相如作赋,又"顾谓枚叔:'起而为乱'";②谢庄《月赋》,假托曹植、王粲的文学相会,李善《文选》注即称"假设陈王、应、刘,以起赋端也"③。又有庾信《竹杖赋》,假托桓宣武与楚丘先生对话展开。

其五,出现在篇末的虚构人物的"客主"相向,这是"客主以首引"的变格。班固《两都赋》篇末又有诗,其云:

> 主人曰:"复位。今将授子以五篇之诗。"宾既卒业,乃称曰:"美哉乎斯诗,义正乎杨雄,事实乎相如,匪唯主人之好学,盖乃遭遇乎斯时也。小子狂简,不知所裁,既闻正道,请终身而诵之。"④(诗略)

这可以理解为虚构人物的"客主以首引"在篇末的延伸。赵壹《刺世疾邪赋》篇首就不见"客主以首引",而其篇末"有秦客者,乃为诗曰",又有"鲁生闻此辞,系而作歌曰",⑤此处的"客主"以诗歌相和相答,即补叙赋作亦是以"客主"形式展开的。又有张衡《南都赋》,篇首没有"客主以首引",其篇末亦有诗,所谓"于是乎鲵齿眉寿鲐背之叟,皤皤然被黄发者,喟然相与歌曰"⑥表明赋作亦是以"客主"对话形式展开的。

---

① 费振刚、胡双宝、宗明华辑校《全汉赋》,北京:北京大学出版社,1993年,第280页。
② [南朝梁]萧统编,[唐]李善注《文选》,北京:中华书局,1977年,第194页上—196页上。
③ 同上书,第196页上—198页上。
④ 同上书,第35页上。
⑤ 费振刚、胡双宝、宗明华辑校《全汉赋》,北京:北京大学出版社,1993年,第555页。
⑥ 同上书,第461页。

二、"客主以首引"与讽谏

作赋要有讽谏,这是共识,而且人们公认屈原在这方面做得最好。但是,屈原作品如《离骚》一类有讽谏而无"客主以首引",宋玉作品首开"客主以首引"的讽谏,其《登徒子好色赋》的"客主以首引"为"大夫登徒子侍于楚王,短宋玉曰","是时秦章华大夫在侧";以宋玉与登徒子的辩论,再加上秦章华大夫的帮腔,这才完成"目欲其颜,心顾其义,扬诗守礼,终不过差,故足称也"的守德不好色的讽谏,"于是楚王称善,宋玉遂不退";这就是李善《文选》注所称:"此赋假以为辞,讽于淫也。"①

讽谏在汉代的重新确立是通过枚乘、司马相如的作品,《史记·司马相如传》即称《子虚》《上林》赋"其卒章归之于节俭,因以风谏"。其"风谏"借由"客主以首引"的形式才得以很好地展开,子虚先生之言使乌有先生有的放矢,子虚先生与乌有先生之言使无是公有的放矢,没有如此"客主"相对,其"风谏"的主题将会采用另一种表述。

所谓"谏",就是针对错误进行劝阻,"谏"的目的是"止",如《史记·南越列传》载"数谏止王,王弗听"②,现实生活中的"谏"有"止"有不"止",但赋中的"谏"一般是成功的,如《子虚》《上林》赋中"天子芒然而思,似若有亡,曰:嗟乎,此泰奢侈"云云。其中的"谏"是讽谏,是以婉言隐语相劝谏,其表现有二:一是从过程来看,无是公借批评子虚先生与乌有先生批评楚王、齐王,而非直指;二是从效果来看,天子是在奢侈豪华的畋猎及随后的酒宴活动中自觉自悟的。可以说,正是设立了"客主以首引",上述两项才有可能实现,否则就是刘向《说苑·臣术》中所说"有能尽言于君,用则留之,不用则去之,谓之谏;用则可生,不用则死,谓之诤"③之"谏诤",而不是讽谏。

又如扬雄《长杨赋》,"谏"的结果"又恐后世迷于一时之事,常以此为

---

① [南朝梁]萧统编,[唐]李善注《文选》,北京:中华书局,1977年版,第268页下—269页下。
② [汉]司马迁《史记》,北京:中华书局,1959年,第2973页。
③ [汉]刘向《新序 说苑》,上海:上海古籍出版社,1990年,第20页上。

国家之大务,淫荒田猎,陵夷而不御也。是以车不安轫,日未麇旃,从者仿佛,骪属而还",是天子的自觉自悟;而批评的对象是子墨客卿,所谓"言未卒,墨客降席,再拜稽首曰:'大哉体乎! 允非小人之所能及也。乃今日发蒙,廓然已昭矣。'"①又如班固《两都赋》、张衡《二京赋》的讽谏,意在直指天子而其文不直指天子,但是其他文体如上疏的"谏",则不是这样,《史记·司马相如列传》载司马相如"常从上至长杨猎,是时天子方好自击熊豕,驰逐野兽,相如上疏谏之",其文中就多有直指天子之语,如"今陛下好陵阻险,射猛兽,卒然遇轶材之兽,骇不存之地,犯属车之清尘,舆不及还辕,人不暇施巧,虽有乌获、逢蒙之伎,力不得用,枯木朽株尽为害矣";"然本非天子之所宜近也";"夫轻万乘之重不以为安,而乐出于万有一危之涂以为娱,臣窃为陛下不取也";"臣愿陛下之留意幸察"等,②这就是直谏,而赋的"谏"与上疏的"谏"显然不同。

三、"客主以首引"与赋作情节

赋作有"客主以首引",又可以在讽谏的同时展示"客主"的形象,为赋作叙事的情节演进提供了绝好的形式,意趣顿出。如《子虚》《上林》赋中先是子虚先生的发难:"仆乐齐王之欲夸仆以车骑之众,而仆对以云梦之事也。"然后有乌有先生反诘:

> 是何言之过也! 足下不远千里,来况齐国,王悉发境内之士,而备车骑之众,以出田,乃欲勠力致获,以娱左右也,何名为夸哉! 问楚地之有无者,愿闻大国之风烈,先生之余论也。今足下不称楚王之德厚,而盛推云梦以为高,奢言淫乐而显侈靡,窃为足下不取也。

又有无是公一起批驳:"亡是公听然而笑,曰:'楚则失矣,齐亦未为得也。'"最后是"二子愀然改容,超若自失,逡巡避席,曰:'鄙人固陋,不知忌讳,乃今日见教,谨闻命矣'"云云。彼此之间的斗嘴与夸耀,历历可

---

① 费振刚、胡双宝、宗明华辑校《全汉赋》,北京:北京大学出版社,1993 年,第 203 页。
② [汉]司马迁《史记》,北京:中华书局,1959 年,第 3053—3054 页。

见。又如班固《两都赋》篇末：

> 主人之辞未终，西都宾矍然失容，逡巡降阶，慄然意下，捧手欲辞。①

惟妙惟肖，增添了赋作的讽谏力量。

赋作有"客主以首引"，又成为赋作生发故事性的契机，如谢惠连《雪赋》先称"岁将暮，时既昏。寒风积，愁云繁"之时"梁王不悦"，再加上"微霰零，密雪下"，于是"王乃歌《北风》于《卫诗》，咏《南山》于《周雅》，然后命相如作赋，"相如于是避席而起，逡巡而揖"，后又命枚叔作赋之乱。②又有谢庄《月赋》，其首云：

> 陈王初丧应、刘，端忧多暇。绿苔生阁，芳尘凝榭。悄焉疚怀，不怡中夜。乃清兰路，肃桂苑，腾吹寒山，弭盖秋阪。临濬壑而怨遥，登崇岫而伤远。于时斜汉左界，北陆南躔。白露暧空，素月流天。沈吟齐章，殷勤陈篇。抽毫进牍，以命仲宣。③

然后是王仲宣作赋。又有庾信《竹杖赋》，其首云：

> 桓宣武平荆州，外白："有称楚丘先生，来诣门下。"桓帝曰："名父之子，流离江汉，孤之责矣！"及命引进，乃曰："噫，子老矣！鹤发鸡皮，蓬头历齿。乃是江、汉英灵，衡、荆杞梓，虽有闻于十室，幸无求于千里。寡人有铜环灵寿，银角桃枝。开木瓜而未落，养莲花而不萎。迎仙客于锦市，送游龙于葛陂。先生将以养老，将以扶危。"④

随后是楚丘先生的长篇叙述。如此读来，赋作有了小说意味。

---

① ［南朝梁］萧统编，［唐］李善注《文选》，北京：中华书局，1977年，第35页上。
② 同上书，第194页上下。
③ 同上书，第196页下。
④ ［北周］庾信撰，［清］倪璠注，许逸民校点《庾子山集注》，北京：中华书局，1980年，第35页。

四、"客主以首引"的缺席及原因

赋的一些类别又确实没有"客主以首引",如《文选》赋志类班固《幽通赋》、张衡《思玄赋》与《归田赋》、潘岳《闲居赋》。陆机《遂志赋序》谈及这几篇赋的渊源:

> 昔崔篆作诗,以明道述志,而冯衍又作《显志赋》,班固作《幽通赋》,皆相依仿焉。张衡《思玄》,蔡邕《玄表》,张叔《哀系》,此前世之可得言者也。①

崔篆之赋为《慰志赋》,而所谓"作诗",当是陆机以赋为"古诗之流",故称。《后汉书·崔篆传》称崔篆"临终作赋以自悼,名曰《慰志》"②;《后汉书·冯衍传》称,"衍不得志,退而作赋,又自论曰",其"自论"中说"乃作赋自厉,命其篇曰《显志》。显志者,言光明风化之情,昭章玄妙之思也";③潘岳《闲居赋》,其序称"乃作《闲居赋》以歌事遂情焉"④。崔篆、冯衍、潘岳都明言是自己抒写情志,这就是没有"客主以首引"的原因。那么,如何看待《文选》赋情类作品的"客主以首引"呢?不也是自己抒写情志吗?"情"一定是要有对象的,"情"也一定是要表达的,所以在作品中,既写双方的往来,在形式上还表现为"客主以首引"的某种交流。就爱情来说,不是向对方表达就是向他人倾诉,没有表达与倾诉就是暗恋,所以《文选》赋情类都是"客主以首引"的。而"志"在表达上则个人化得多,所谓"暗下决心"的说法就是没有表达和倾诉的"志"。

《文选》赋纪行类录赋三篇,游览类录赋三篇,江海类录赋两篇,也都没有"客主以首引"。我们以"纪行"类为例,班彪《北征赋》篇首云:

> 余遭世之颠覆兮,罹填塞之厄灾。旧室灭以丘墟兮,曾不得乎少

---

① [晋]陆机撰,金涛声点校《陆机集》,北京:中华书局,1982年,第15页。
② [南朝宋]范晔撰,[唐]李贤等注《后汉书》,北京:中华书局,1965年,第1705页。
③ 同上书,第985、987页。
④ [南朝梁]萧统编,[唐]李善注《文选》,北京:中华书局,1977年,第225页上。

留。遂奋袂以北征兮,超绝迹而远游。"①

赋作记叙北行途中所见,怀古伤时,并抒发"哀生民之多故"及安贫乐道的思想。另两篇作品述途中所见更为明显,曹大家《东征赋》,《文选》李善注引《流别论》曰:"发洛至陈留,述所经历也。"②潘岳《西征赋》,《文选》李善注:"岳为长安令,因行役之感,而作此赋。"又引臧荣绪《晋书》曰:"岳为长安令,作《西征赋》,述行历,论所经人物山水也。"③借用小说展开情节的时空方式,一是宫廷或宅院式,西方称之"哥特式",一是游走式,西方所谓"流浪汉式"。以"客主以首引"来展开叙述的赋作,是在一个封闭环境里慢慢谈各种事物,而纪行类赋作,一路走来,其叙写是移步换形。那么,纪行、游览、江海类赋作没有"客主以首引"就是可以理解的。

还有咏物赋一般没有"客主以首引",如《文选》赋鸟兽类五篇,除了贾谊《鵩鸟赋》的"我"与鵩鸟的对话,其他四篇都是直截了当的铺叙,《文选》赋音乐类亦是如此。但后世亦有所尝试,如庾信《枯树赋》吟诵枯树,篇首曰:

殷仲文风流儒雅,海内知名。世异时移,出为东阳太守。常忽忽不乐,顾庭槐而叹曰:"此树婆娑,生意尽矣。"

中间部分是铺叙枯树,篇末曰:

乃歌曰:"建章三月火,黄河万里槎。若非金谷满园树,即是河阳一县花。"桓大司马闻而叹曰:"昔年种柳,依依汉南;今看摇落,凄怆江潭。树犹如此,人何以堪!"④

一前一后,也构成"客主以首引",有人物、有情感抒发。

---

① [南朝梁]萧统编,[唐]李善注《文选》,北京:中华书局,1977年,第142页下。
② 同上书,第144页下。
③ 同上书,第146页下。
④ [北周]庾信撰,[清]倪璠注,许逸民校点《庾子山集注》,北京:中华书局,1980年,第46、53页。

五、受"客主以首引"影响的赋序

我们会感到,赋作如果没有"客主以首引"的话,比起有"客主以首引"者,难免会显得事情原由交代不清楚,正文突兀而至。所以,刘勰《文心雕龙·诠赋》论赋的体制又有"既履端于倡序"①之说,中古很多赋作是有序的,既有自己所为,又多后人所附加,②序能不能解决这个问题呢?

宋人王观国《学林》卷七"古赋序"条谈赋有问答开端而误为赋序,其云:

> 傅武仲《舞赋》、宋玉《高唐赋》《神女赋》《登徒子好色赋》,本皆无序。梁昭明太子编《文选》,各析其赋首一段为序。此四赋皆托楚襄王答问之语,盖借意也,故皆有'唯唯'之文,昭明误认'唯唯'之文为赋序,遂析其辞。观国按:司马长卿《子虚赋》托乌有先生、亡是公为言,扬子云《长杨赋》托翰林主人、子墨客卿为言,二赋皆有'唯唯'之文,是以知傅武仲、宋玉四赋本皆无序,昭明太子因其赋皆有'唯唯'之文,遂误析为序也。③

昭明太子误析"客主以首引"为序。那么,倒过来讲,没有"客主以首引"的赋作,人们也可以造序或附加序来替代"客主以首引",如司马相如《长门赋》,其序云:

> 孝武皇帝陈皇后,时得幸,颇妒。别在长门宫,愁闷悲思。闻蜀郡成都司马相如,天下工为文,奉黄金百斤,为相如文君取酒,因于解悲愁之辞。而相如为文以悟主上,陈皇后复得亲幸。④

是不是也起到了"客主以首引"的作用?又如王逸《鲁灵光殿赋序》:

---

① [南朝梁]刘勰著,詹锳义证《文心雕龙义证》,上海:上海古籍出版社,1989年,第283页。
② 程章灿《魏晋南北朝赋史》,南京:江苏古籍出版社,1992年,第184页。
③ [宋]王观国撰,田瑞娟点校《学林》,北京:中华书局,1988年,第220页。
④ [南朝梁]萧统编,[唐]李善注《文选》,北京:中华书局,1977年,第227页下。

> 鲁灵光殿者,盖景帝程姬之子,恭王余之所立也。初,恭王始都下国,好治宫室,遂因鲁僖基兆而营焉。遭汉中微,盗贼奔突。自西京未央、建章之殿,皆见隳坏,而灵光岿然独存。意者岂非神明依凭支持,以保汉室者也。然其规矩制度,上应星宿,亦所以永安也。予客自南鄙,观艺于鲁,睹斯而眙,曰:嗟乎!诗人之兴,感物而作。故奚斯颂僖,歌其路寝,而功绩存乎辞,德音昭乎声。物以赋显,事以颂宣,匪赋匪颂,将何述焉?①

又如祢衡《鹦鹉赋序》:

> 时黄祖太子射宾客大会。有献鹦鹉者,举酒于衡前曰:"祢处士,今日无用娱宾,窃以此鸟自远而至,明慧聪善,羽族之可贵,愿先生为之赋,使四坐咸共荣观,不亦可乎?"衡因为赋,笔不停缀,文不加点。②

有人提出请求,于是作者回答,引出赋作。又如马融《长笛赋》,其序曰:

> 融既博览典雅,精核数术,又性好音,能鼓琴吹笛。而为督邮,无留事。独卧郿平阳邬中,有雒客舍逆旅,吹笛为《气出》《精列》《相和》。融去京师逾年,暂闻,甚悲而乐之。追慕王子渊、枚乘、刘伯康、傅武仲等《箫》《琴》《笙》颂,唯笛独无,故聊复备数,作《长笛赋》。③

作笛赋虽无他人请求,但却是文学史的空缺,于是作者作答而引出赋作。这些序交代了作赋的缘起与事件,确实可以起到"客主以首引"的作用。

或谓这些序是总集编纂者、史家所为。假如是赋家所为,那么,以序来顶替赋作篇首"客主以首引"的目的是很明显的;假如是他人所为,那么,人们觉得赋作没有"客主以首引"是个不足,就作序来顶替"客主以首

---

① [南朝梁]萧统编,[唐]李善注《文选》,北京:中华书局,1977 年,第 168 页上下。
② 同上书,第 200 页上。
③ 同上书,第 249 页下。

引"。章学诚《文史通义·诗教》称"赋有问答发端,误为赋序"①的说法,这是指《文选》的分类处理;那么,倒过来讲,作序来顶替"客主以首引"也是可能的。

六、"客主以首引"成为赋的文体象征

最早创立"客主以首引"这种形式的是宋玉,这种形式这也是赋定型的标志,所以距离宋玉八百多年后刘勰称"客主以首引"为"命赋之厥初也"②。"客主以首引"影响甚大,那些不以赋名的"对问""设论"之类,我们之所以也视为赋,首要的因素也在于它们是以"客主以首引"出之的。

可以说,"客主以首引"是赋文体的一种象征。每一种形式都有其内在意蕴,如诗歌的韵律,实际上反映着诗人情感抒发时语言表达的节奏律动。我们讨论了"客主以首引"的正格、变格,还需注意"客主以首引"对讽谏的影响,对作品展开、情节演进的引导,对赋家自我励志抒怀的激励,对作品意趣的渲染,在赋家心目中的地位,以及对没有"客主以首引"的弥补方式等。正是因为"客主以首引"有这样一些内涵,故而必然成为赋的文体象征。

从文体发展的源头来说,"客主以首引"追溯的是"记言"的传统,《汉书·艺文志》称古者"君举必书……左史记言,右史记事;事为《春秋》,言为《尚书》"③。那么,"客主以首引"追溯的是《尚书》以及《论语》《孟子》《庄子》的传统。读着一篇篇赋作,不禁会想起《国语》《战国策》也是用"客主以首引"来记载谋臣策士的谋议或辞说,宋玉不也正是谋臣策士吗?

进一步说,"客主以首引"又象征着人们渴望追寻作为文学作品的语言的原始意味。语言是用来交流的,"客主以首引"是交流的基本要素之一。人类在现实生活中运用语言的根本愿望就是交流,创作文学作品的

---

① [清]章学诚著,叶瑛校注《文史通义校注》,北京:中华书局,1985年,第81页。
② [南朝梁]刘勰著,詹锳义证《文心雕龙义证》,上海:上海古籍出版社,1989年,第277页。
③ [汉]班固《汉书》,北京:中华书局,1962年,第1715页。

根本愿望也就是交流,那么,何不以"客主以首引"的形式让人物在赋作中先交流起来?

七、"客主以首引"不能喧宾夺主

试比较以下作品。

一是宋玉《风赋》:

> 楚襄王游于兰台之宫,宋玉、景差侍。有风飒然而至,王乃披襟而当之曰:"快哉此风!寡人所与庶人共者邪?"宋玉对曰:"此独大王之风耳,庶人安得而共之?"王曰:"夫风者,天地之气,溥畅而至,不择贵贱高下而加焉,今子独以为寡人之风,岂有说乎?"宋玉对曰:"臣闻于师,枳句来巢,空穴来风。其所托者然,则风气殊焉。"
>
> 王曰:"夫风始安生哉?"宋玉对曰:"夫风生于地,起于青蘋之末,侵淫溪谷,盛怒于土囊之口;缘泰山之阿,舞于松柏之下。飘忽溯滂,激飘怒,耾耾雷声,回穴错迕。蹶石伐木,梢杀林莽。至其将衰也,被丽披离,冲孔动楗。眴焕粲烂,离散转移。故其清凉雄风,则飘举升降,乘凌高城,入于深宫。邸华叶而振气,徘徊于桂椒之间,翱翔于激水之上,将击芙蓉之精,猎蕙草,离秦衡,概新夷,被黄杨。回穴冲陵,萧条众芳。然后倘佯中庭,北上玉堂,跻于罗帷,经于洞房,乃得为大王之风也。故其风中人,状直憯凄惏慄,清凉增欷。清清泠泠,愈病析酲。发明耳目,宁体便人。此所谓大王之雄风也。"
>
> 王曰:"善哉论事!夫庶人之风,岂可闻乎?"宋玉对曰:"夫庶人之风,塕然起于穷巷之间,堀堁扬尘。勃郁烦冤,冲孔袭门。动沙堁,吹死灰,骇溷浊,扬腐余,邪薄入瓮牖,至于室庐,故其风中人,状直憞溷郁邑,殴温致湿。中心惨怛,生病造热,中唇为胗,得目为蔑,啗齰嗽获,死生不卒。此所谓庶人之雌风也。"①

宋玉铺叙大王之雄风与庶人之雌风,其"客主以首引"只是"引"而已,没

---

① 吴广平编注《宋玉集》,长沙:岳麓书社,2001年,第43—47页。

有别的实质性内容。

与宋玉铺叙相似者,有《庄子·说剑》的铺叙天子之剑、诸侯之剑、庶人之剑:

> 昔赵文王喜剑,剑士夹门而客三千余人,日夜相击于前,死伤者岁百余人,好之不厌。如是三年,国衰,诸侯谋之。太子悝患之,募左右曰:"孰能说王之意止剑士者,赐之千金。"左右曰:"庄子当能。"太子乃使人以千金奉庄子。庄子弗受,与使者俱,往见太子曰:"太子何以教周,赐周千金?"太子曰:"闻夫子明圣,谨奉千金以币从者。夫子弗受,悝尚何敢言!"庄子曰:"闻太子所欲用周者,欲绝王之喜好也。使臣上说大王而逆王意,下不当太子,则身刑而死,周尚安所事金乎?使臣上说大王,下当太子,赵国何求而不得也!"太子曰:"然。吾王所见,唯剑士也。"庄子曰:"诺。周善为剑。"太子曰:"然吾王所见剑士,皆蓬头突鬓垂冠,曼胡之缨,短后之衣,瞋目而语难,王乃说之。今夫子必儒服而见王,事必大逆。"庄子曰:"请治剑服。"治剑服三日,乃见太子。太子乃与见王,王脱白刃待之。庄子入殿门不趋,见王不拜。王曰:"子欲何以教寡人,使太子先?"曰:"臣闻大王喜剑,故以剑见王。"王曰:"子之剑何能禁制?"曰:"臣之剑,十步一人,千里不留行。"王大悦之,曰:"天下无敌矣!"庄子曰:"夫为剑者,示之以虚,开之以利,后之以发,先之以至。愿得试之。"王曰:"夫子休就舍,待命令设戏请夫子。"
>
> 王乃校剑士七日,死伤者六十余人,得五六人,使奉剑于殿下,乃召庄子。王曰:"今日试使士敦剑。"庄子曰:"望之久矣。"王曰:"夫子所御杖,长短何如?"曰:"臣之所奉皆可。然臣有三剑,唯王所用,请先言而后试。"王曰:"愿闻三剑。"曰:"有天子剑,有诸侯剑,有庶人剑。"
>
> 王曰:"天子之剑何如?"曰:"天子之剑,以燕溪石城为锋,齐岱为锷,晋魏为脊,周宋为镡,韩魏为夹;包以四夷,裹以四时;绕以渤海,带以常山;制以五行,论以刑德;开以阴阳,持以春夏,行以秋冬。

此剑,直之无前,举之无上,案之无下,运之无旁,上决浮云,下绝地纪。此剑一用,匡诸侯,天下服矣。此天子之剑也。"

文王芒然自失,曰:"诸侯之剑何如?"曰:"诸侯之剑,以知勇士为锋,以清廉士为锷,以贤良士为脊,以忠圣士为镡,以豪桀士为夹。此剑,直之亦无前,举之亦无上,案之亦无下,运之亦无旁;上法圆天以顺三光,下法方地以顺四时,中和民意以安四乡。此剑一用,如雷霆之震也,四封之内,无不宾服而听从君命者矣。此诸侯之剑也。"

王曰:"庶人之剑何如?"曰:"庶人之剑,蓬头突鬓垂冠,曼胡之缨,短后之衣,瞋目而语难。相击于前,上斩颈领,下决肝肺。此庶人之剑,无异于斗鸡,一旦命已绝矣,无所用于国事。今大王有天子之位而好庶人之剑,臣窃为大王薄之。"

王乃牵而上殿。宰人上食,王三环之。庄子曰:"大王安坐定气,剑事已毕奏矣。"于是文王不出宫三月,剑士皆服毙其处也。①

此篇的前半部分有两次"客主以首引",先是庄子与太子悝的,后才是庄子与赵文王的。待实实在在说起天子之剑、诸侯之剑、庶人之剑时,锋芒似尽。此篇不被后人视为赋,或许就在于前面"客主以首引"太长吧。

又有《战国策·魏策四》之"秦王使人谓安陵君"铺叙天子之怒、布衣之怒:

秦王使人谓安陵君曰:"寡人欲以五百里之地易安陵,安陵君其许寡人?"安陵君曰:"大王加惠,以大易小,甚善。虽然,受地于先生,愿终守之,弗敢易。"秦王不说。安陵君因使唐且使于秦。秦王谓唐且曰:"寡人以五百里之地易安陵,安陵君不听寡人,何也?且秦灭韩亡魏,而君以五十里之地存者,以君为长者,故不错意也。今吾以十倍之地,请广于君,而君逆寡人者,轻寡人与?"唐且对曰:"否,非若是也。安陵君受地于先生而守之,虽千里不敢易也,岂直五百里哉?"

---

① [清]郭庆藩《庄子集释》,北京:中华书局,1961年,第1016—1023页。

秦王怫然怒,谓唐且曰:"公亦尝闻天子之怒乎?"唐且对曰:"臣未尝闻也。"秦王曰:"天子之怒,伏尸百万,流血千里。"唐且曰:"大王尝闻布衣之怒乎?"秦王曰:"布衣之怒,亦免冠徒跣,以头抢地尔。"唐且曰:"此庸夫之怒也,非士之怒也。夫专诸之刺王僚也,彗星袭月;聂政之刺韩傀也,白虹贯日;要离之刺庆忌也,仓鹰击于殿上。此三子者,皆布衣之士也,怀怒未发,休祲降于天,与臣而将四矣。若士必怒,伏尸二人,流血五步,天下缟素,今日是也。"挺剑而起。秦王色挠,长跪而谢之曰:"先生坐,何至于此,寡人谕矣。夫韩、魏灭亡,而安陵以五十里之地存者,徒以有先生也。"①

如果以"赋"名,仿江淹《恨赋》《别赋》,此可谓《怒赋》。显而易见,此篇"客主以首引"长而铺叙少。于是我们也可理解,为什么越到后世,"客主以首引"就越短,乃至到江淹《恨赋》《别赋》,已经没有什么"客主以首引"的内容了。

---

① [汉]刘向集录《战国策》,上海:上海古籍出版社,1985年,第922—923页。

第三节　赋的纪实性

一、虚构事件与虚构人物

汉武帝时,赋开始兴盛,至汉成帝时达到鼎盛,表现为赋这一文体得到社会极大的认可,主流社会上层人士对赋的创作投入极大的热情,赋作数量丰富。班固《两都赋序》云:

> 故言语侍从之臣,若司马相如、虞丘寿王、东方朔、枚皋、王褒、刘向之属,朝夕论思,日月献纳。而公卿大臣:御史大夫倪宽、太常孔臧、太中大夫董仲舒、宗正刘德、太子太傅萧望之等,时时间作。或以抒下情而通讽谕,或以宣上德而尽忠孝。雍容揄扬,著于后嗣,抑亦雅颂之亚也。故孝成之世,论而录之。盖奏御者千有余篇,而后大汉之文章,炳焉与三代同风。①

现在,我们来考察汉初至扬雄以前的赋作,看看这些赋作在叙事与作者对事件的参与上有什么表现。

贾谊《鵩鸟赋》借鵩鸟飞集舍中,以自我口吻抒情说理;其《吊屈原赋》是作者自我抒情;其《旱云赋》《簴赋》为咏物。枚乘、邹阳、公孙胜、路乔如、公孙诡、羊胜、刘安诸人的赋作全为咏物。司马相如,其《子虚》《上林》二赋叙事,主人公的虚构更加强化,干脆以子虚先生、乌有先生、无是公的名目出现;其《哀二世赋》为抒情;其《大人赋》咏神仙,其《长门赋》咏宫妃,其《美人赋》仿宋玉《登徒子好色赋》咏美人,此三赋为咏人、抒情兼咏物的格式;《难蜀父老》为说理,以虚构名目的耆老先生、搢绅先生引出使者的长篇议论。董仲舒《士不遇赋》为抒情言志。孔臧《谏格虎赋》以虚构化的亡诸大夫与下国之君就格虎之事的对话出之;其他诸赋为咏物。刘胜《文木赋》,咏物。汉武帝刘彻《李夫人赋》,咏人。司马迁《悲士不遇

---

① 费振刚、胡双宝、宗明华辑校《全汉赋》,北京:北京大学出版社,1993年,第311页。

赋》,抒情言志。王褒《洞箫赋》,咏物。

以上诸赋,咏物者没有主人公;咏人者,其主人公不是作者自我,且没有叙事成分;抒情言志说理者,一般是作者以自我口吻直接述出,但也有以人物对话的形式出现,或作者自我或虚构人物。以上诸赋,叙事的赋只有《子虚》《上林》,赋为叙事,但人物却是虚构的,既然是虚构人物,当然作者不是主人公,也未参与事件。他比屈原退后了。屈原《涉江》《哀郢》叙述的是作为主人公的作者路途中的经历,蕴含着对祖国巨大的忧虑;《离骚》叙述的是作为主人公的作者在楚国进行政治改革的历程与遭遇,这些作品中所叙人物与事件的真实性是其震撼人心的力量所在。而司马相如以虚构人物叙事,其所叙之事从形式上来说当然也是虚构的,这是赋的幸运,还是其不幸?

司马迁《史记·太史公自序》中称说作司马相如列传的大要:

> 《子虚》之事,《大人》赋说,靡丽多夸,然其指风谏,归于无为。①

他认为《子虚》叙事的目的是"风谏",司马相如以虚构人物叙虚构事件,其叙述面与其讽谏面可以不受本人经历的局限而扩大,但其讽谏力度比起以作者的自我参与真实事件来,则有所削弱。枚乘、司马相如自我游离于所叙事件之外,他们有没有失落感?

二、自我对真实事件的参与

情况至扬雄时有了变化,这种变化突出地表现在扬雄的《甘泉》《河东》二赋上。在《甘泉赋》中,扬雄自称此赋记时事,是叙事的,且自己是参与的,其起首云:

> 惟汉十世,将郊上玄,定泰畤,雍神休,尊明号,同符三皇,录功五帝,恤胤锡羡,拓迹开统。于是乃命群僚,历吉日,协灵辰,星陈而天行。②

---

① [汉]司马迁《史记》,北京:中华书局,1959年,第3317页。
② 费振刚、胡双宝、宗明华辑校《全汉赋》,北京:北京大学出版社,1993年,第170页。

此段为概述事件，以散文出之；之后铺陈事件，以骚体出之，述成帝择日出行，抵甘泉南之橡栾山，又经平原越沟壑抵甘泉宫，述成帝祭祀整个过程。扬雄是否有意识地把概述与铺陈以散体与骚体分开叙之呢？扬雄自序中记载他随成帝出行甘泉宫祭祀与作赋之事，称"从上甘泉"，他是"群僚"中的一员。虽然扬雄亲身参与了此事，但在赋中没有写他的个人行动，其个人形象被淹没在"群僚"形象之中了。赋的主人公是成帝，或者说是以成帝为首的朝廷整体。整篇赋中，扬雄叙述的是自己的见闻。

《河东赋》，扬雄自序称此赋的创作说：

> 其三月，将祭后土，上乃帅群臣横大河，凑汾阴。既祭，行游介山，回安邑，顾龙门，览盐池，登历观。陟西岳以望八荒，迹殷、周之虚。①

赋中即依此顺序铺叙作者所经历的"上乃帅群臣""祭后土"及历经各地的情况。《河东赋》最后一节是作者直述对大汉的歌颂与对成帝的谏劝，期望成帝"轶五帝之遐迹兮，蹑三皇之高踪"②，这是作者思想感情的直抒，当然也是作者个人形象的体现。当作者以客观叙述的口吻叙事，他只是作为参与朝廷大典的群僚之一员，其个体身份不曾独立；但作者在篇末歌颂与讽谏时，其个体身份有所凸显，这应该是表现了作者参与事件进而发表意见的愿望。但由于作者参与事件的个人形象不具体，其发表意见的力量未免有所削弱。

扬雄之所以要在赋中记时事并强调自己的参与，与他对赋的看法有关。《汉书·扬雄传》载：

> 雄以为赋者，将以风也，必推类而言，极丽靡之辞，闳侈钜衍，竞于使人不能加也，既乃归之于正，然览者已过矣。往时武帝好神仙，相如上《大人赋》，欲以风，帝反缥缥有陵云之志。繇是言之，赋劝而不止，明矣。又颇似徘优淳于髡、优孟之徒，非法度所存，贤人君子诗

---
① 费振刚、胡双宝、宗明华辑校《全汉赋》，北京：北京大学出版社，1993年，第183页。
② 同上书，第184页。

赋之正也,于是辍不复为。①

这段文字也见于《扬雄自序》。《七发》《子虚》《上林》以虚构人物述虚构事件,扬雄以真实人物述真实事件,同是讽谏之意,后者比前者更显得有现实感与力量,扬雄要以此增强其赋的讽谏性。另外,扬雄以亲身参与者身份来写真实存在的国家大事,而且,其"群僚"之一员的自我身份是确实存在、社会公认的,因此,这种自我感觉比起"颇似俳优"的感觉当然不可同日而语。

上述扬雄对赋的认识是其晚年形成的,但不能否认他是一贯有这样的想法的,并做出了改变彼时汉赋状况的努力。而所谓最终"辍不复为",说明他认为其努力的效果不明显。

三、以自己为主导写经历之事

与扬雄同时的刘歆,则以个体且是主人公身份参与并叙述事件,这是其《遂初赋》的作法。《遂初赋》前有一段文字,叙述了事件的背景与经过,称刘歆在朝廷受排挤而出为河内太守,又徙为五原太守,于是他"经历故晋之域,感今思古,遂作斯赋,以叹征事而寄己意"。这段文字当是编录者对赋的介绍,不能认为是刘歆所为。赋中先自述为什么出行,又述经历,"仆夫期而在涂","驰太行之严防兮,入天井之乔关",再"回高都而北征","过下虒",再"轶中国之都邑兮,登句注以陵历,历雁门而入云中兮"等等。② 尽管作者仍是在述自己的见闻与联想,但毕竟写到了自己的活动。赋中以经历叙各地掌故,即刘勰《文心雕龙·事类》所称"刘歆《遂初赋》,历叙于纪传"③。如叙"心涤荡以慕远兮,回高都而北征"时,即述此地掌故:

剧强秦之暴虐兮,吊赵括于长平。好周文之嘉德兮,躬尊贤而

---

① [汉]班固《汉书》,北京:中华书局,1962年,第3575页。
② 费振刚、胡双宝、宗明华辑校《全汉赋》,北京:北京大学出版社,1993年,第231—233页。下同。
③ [南朝梁]刘勰著,詹锳义证《文心雕龙义证》,上海:上海古籍出版社,1989年,第1415页。

下士。

此处所述掌故可以认为是针对时事而发。因此,所谓叙事,一是指叙述了作者的行程,二是指叙述掌故以暗喻时事。但仅仅是暗喻,故个体与时事之间的关系是间接、疏离的。

刘歆开创纪行赋作的叙事,后继者络绎不绝,形成传统,且各有创新之处。班彪《北征赋》因被录入《昭明文选》而名气大得多。赋首即称"余遭世之颠覆兮,罹填塞之阨灾。旧室灭以丘墟兮,曾不得乎少留,遂奋袂以北征兮,超绝迹而远游",强调个体"远游"是社会动乱的现实所致,这是此赋的特点。以下历叙征程,多有"我独罹此百殃""揽余涕以于邑兮"等个体抒情。① 班彪此赋亦述沿途所经地的史事,但这些史事与今事的关系是不明确的,就史事而论史事罢了。班昭《东征赋》就沿途古迹抒发感慨。蔡邕《述行赋》序曰:

> 延熹二年秋,霖雨逾月。是时梁冀新诛,而徐璜、左悺等五侯擅贵于其处又起显明苑于城西。人徒冻饿不得其命者甚众。白马令李云以直言死,鸿胪陈君以救云抵罪。璜以余能鼓琴,自朝廷敕陈留太守,发遣余到偃师。病不前,得归。心愤此事,遂托所过述而成赋。②

这是以序的叙事来弥补赋的叙事不足,作为赋的叙事背景。赋中一是叙述历程,二是以古事发愤慨,即赋中所称"聊弘虑以存古兮,宣幽情而属词",三是其特点所在,以写实性的对比方式记录当时的社会生活。

> 命仆夫其就驾兮,吾将往乎京邑。皇家赫而天居兮,万方徂而并集。贵宠扇以弥炽兮,佥守利而不戢。前车覆而未远兮,后乘驱而竞入。穷变巧于台榭兮,民露处而寝湿。清嘉谷于禽兽兮,下糠秕而无粒。

虽不是事件叙述而只是状况描述,但表明了作者对时事关注的眼光,鲁迅

---

① 费振刚、胡双宝、宗明华辑校《全汉赋》,北京:北京大学出版社,1993 年,第 255—256 页。
② 同上书,第 566—568 页。下同。

在《题未定草》中很称赏这段文字,称蔡邕"也是一个有血性的人"①。

上述赋作有一种从宫廷化向平民化的转化,并不是人人都可以像扬雄一样随皇上出行参加朝廷大典,那么就记叙自己的出行吧。这些赋作虽然记的是作者个体的出行,是个体的参与,叙述从何地到何地,但作者并未参与什么现实事件,即没有记述在路途上遇到了什么样的事件,只是写到了自己所见景象。赋中以联想起来的历史事件抒发对现实事件的感慨,表明了赋家的一种渴望,他们渴望叙事,渴望叙述时事,那么,怎样才能直接叙写时事呢?

建安时比较多地出现征战类赋作,如阮瑀《纪征赋》、徐幹《西征赋》、繁钦《征天山赋》、杨修《出征赋》、王粲《浮淮赋》、陈琳《武军赋》、应玚《撰征赋》等,又有曹丕《述征赋》、曹植《东征赋》。这些赋作写社会重大事件,个人既作为群僚之一员参与,又有纪行赋那样以个人身份出征的意味。此类赋可说是扬雄与刘歆两类赋作写法的综合,但在叙时事与作者以主人公身份参与事件方面尚无大的表现。

四、关于赋的叙事与征实

世人对赋的叙事性有一个认识过程,这种认识是随着赋的发展而发展的。汉时司马迁仅就个别赋指出其叙事性,魏时曹丕《典论·论文》剖析文体称"诗赋欲丽"②,但在另一场合中又称"赋者,言事类之所附也"③,强调赋的叙事性。西晋时,对赋的叙事与其事是否征实有过一场讨论。

陆机《文赋》在剖析赋这一文体的特征与功能时提出其叙事性:"赋体物而浏亮。"李善注:"赋以陈事,故曰体物。"④认为"体物"的含义中有叙事成分。如果对"体物"之"物"做较为宽泛的理解,则"物"实有二义,

---

① 鲁迅著,鲁迅先生纪念委员会编纂《鲁迅全集》第六卷,北京:人民文学出版社,1973年,第414页。
② [南朝梁]萧统编,[唐]李善注《文选》,北京:中华书局,1977年,第720页下。
③ 《魏书·后妃传》裴松之注引《魏略》载曹丕语,[晋]陈寿撰,[南朝宋]裴松之注,陈乃乾校点《三国志》,北京:中华书局,1982年,第158页。
④ [南朝梁]萧统编,[唐]李善注《文选》,北京:中华书局,1977年,第241页上。

一为物品,二为事情。"物"作为"事"解,古即有例,朱右曾校释《逸周书·五权》"二曰物,物以权官"曰:

> 物,犹事也。事繁官多,事简官省。①

又《史记·魏公子列传》载:

> 物有不可忘,或有不可不忘。夫人有德于公子,公子不可忘也;公子有德于人,愿公子忘之也。②

此处的"物"即作"事"解。

那么,陆机称赋的"体物"是赋既可摹物,又可叙事。另外,同时代的挚虞更把赋的摹物与叙事功能说得很清楚了,其《文章流别论》称:

> 古之作诗者,发乎情,止乎礼义。情之发,因辞以形之;礼义之指,须事以明之。故有赋焉,所以假象尽辞,敷陈其志。③

挚虞认为,赋的创作就要"须事以明之",而"假象尽辞"之"象"是类似于"卦象"之"象"的意思,或指物,或指事,那么"假象尽辞"也就是借助语言摹物与叙事。挚虞紧接着又指出,"今之赋,以事形为本",应避免"假象过大,则与类相远;逸辞过壮,则与事相违"④的毛病,从中我们亦可见出他对赋的叙事功能的肯定。此后南朝梁时萧统编《文选》,其《文选序》称赋为"纪一事","咏一物",当是继承挚虞而更为直截了当的说法。

西晋时又有左思《三都赋序》,分几个层次提出征实理论。一是古人的征实,如称"古诗之流"中,"见绿竹猗猗,则知卫地淇澳之产"等。二是批评司马相如、扬雄、班固、张衡诸人的赋,"考之果木,则生非其壤;校之神物,则出非其所",是"于义则虚而无征",是"侈言无验"。⑤ 并举例说:

---

① [清]朱右曾《逸周书集训校释》,上海:商务印书馆,1937年,第73页。
② [汉]司马迁《史记》,北京:中华书局,1959年,第2382页。
③ [唐]欧阳询撰,汪绍楹校《艺文类聚》,上海:上海古籍出版社,1982年,第1018页。
④ 同上。
⑤ [南朝梁]萧统编,[唐]李善注《文选》,北京:中华书局,1977年,第74页上下。下同。

扬雄赋《甘泉》，而陈"玉树青葱"；班固赋《西都》，而叹以"出比目"；张衡赋《西京》，而述以"游海若"。

三是提出自己《三都赋》的作法：

余既思摹《二京》而赋《三都》，其山川城邑，则稽之地图；其鸟兽草木，则验之方志；风谣歌舞，各附其俗；魁梧长者，莫非其旧。

四是提出自己的理论：

美物者贵依其本，赞事者宜本其实。匪本匪实，览者奚信？

我们看到其论述的落脚点在于：赋的叙事须"依其本""本其实"。

赋要叙事、征实，所叙之事当然也要征实。至此，赋要叙真实之事在理论、观念上获得了认可。

五、东晋征行赋的叙事

东晋及以后的赋在叙事尤其是叙时事方面有了长足的进步，这应该与挚虞、左思诸人倡导赋的叙事、事的征实风气有一定的因果关系。在东晋及南朝，赋创作在形式上有一种注重叙事的作法，如谢灵运给自己的《山居赋》作注，颜之推给自己的《观我生赋》作注。注什么？就是注事件，嫌赋的叙事或赋以典故叙事有令读者不甚明白之处，故注之。我们再来看赋自身的叙事。

先是郭璞有《流寓赋》，记载自己从故乡南迁的历程，今仅存叙写从猗氏经解池等地至洛阳一段。联系赋名，其中述猗氏实况是对战乱灾难的纪实，但仍未摆脱《三都赋序》所说"升高能赋，颂其所见也"的窠臼。东晋袁宏的《东征赋》应引起我们注意。《世说新语·文学篇》载：

袁宏始作《东征赋》，都不道陶公。胡奴诱之狭室中，临以白刃，曰："先公勋业如是！君作《东征赋》，云何相忽略？"宏窘蹙无计，便答："我大道公，何以云无？"因诵曰："精金百炼，在割能断。功则治人，职思靖乱。长沙之勋，为史所赞。"

刘孝标注引《续晋阳秋》说：

> 宏为大司马记室参军，后为《东征赋》，悉称过江诸名望。时恒温在南州，宏语众云："我决不及桓宣城。"时伏滔在温府，与宏善，苦谏之，宏笑而不答。滔密以启温，温甚忿，以宏一时文宗，又闻此赋有声，不欲令人显闻之。后游青山饮酌，既归，公命宏同载，众为危惧。行数里，问宏曰："闻君作《东征赋》，多称先贤，何故不及家君？"宏答曰："尊公称谓，自非下官所敢专，故未呈启，不敢显之耳。"温乃云："君欲为何辞？"宏即答云："风鉴散朗，或搜或引。身虽可亡，道不可陨。则宣城之节，信为允也。"温泫然而止。①

从上述两则记载，可知东晋时的某些风气：其一，时人作征行赋，常述说近代人物或当代时事，《东征赋》所涉人物及事迹即属其父辈；其二，读者对赋叙说之事期望很高，故十分认真地看待自己的父辈是否被写入、被描述得怎么样；其三，按照历来风气，写纪行赋必定是自己征行的所见所闻所感。也就是说，纪行赋已由以往写沿途历程引出古人古事来暗喻今人今事，转化为直接叙说近人近事，这一点已得到社会的共识，且人们对叙写近人近事都很感兴趣。

又有谢灵运《撰征赋》，叙述自己在晋义熙十二年仲冬奉朝命去彭城慰劳刘裕之事。赋主要是颂扬刘裕，但其记述则以晋事为主，把西晋与东晋百余年间的重大政治事件都记载进去了，其中对自己祖先的歌颂是与对祖国大事的吟咏联系在一起的。尤其值得赞赏的是，作者还注重对自己活动的记载，所谓"诏微臣以劳问，奉王命于河湄"云云，并把自己的活动记录与对刘裕北伐事业的记录结合起来，这种对时事与对自我参与较为详尽的叙述，是以往赋中不曾出现过的，作者已不是旁观者了。更为值得注意的是此赋的序，序的特点有二，一是较为系统地叙说了刘裕出兵的前因后果及具体过程，所谓"兴止戈之师，躬暂劳之讨，以义熙十有二年五

---

① [南朝宋]刘义庆撰，[南朝梁]刘孝标注，余嘉锡笺疏，周祖谟、余淑宜、周士琦整理《世说新语笺疏》(修订本)，上海：上海古籍出版社，1993年，第273—274页。

月丁酉,敬戒九伐,申命六军,治兵于京畿,次师于汳上"云云;二是叙写自己写赋的过程,先述自己的历程,但不是依所历地域来叙事,而是以时间来串联叙事。作者叙述自己"采访故老,寻履往迹。而远感深慨,痛心殒涕,遂写集闻见,作赋《撰征》",①彻底表明自己记时事与征实的意图。

从东晋征行赋来看,其叙事性比前代有所增强,其中时事真正地出现了:一来赋中虽然写了一些作者不曾经历的事件,但这些事件是作者生活的这个朝代的事,是与现实有关系的近事;二来赋中写去前线劳军的所见所闻,作者不是旁观者,劳军活动本身就是作者所参与的时事。

六、南朝征行赋的叙自我与叙时事

南朝时还有征行类作品,如梁张缵《南征赋》,写作者赴任时溯长江上达长沙,江湘名城皆所经历,故东吴东晋下迄齐梁的许多重要史实得以贯穿起来。又有陈沈炯《归魂赋》,写其被西魏虏入长安,后得东归之事,赋在述身世时有对时事的叙述,但大量篇幅是写征途景物与典故。除此之外,赋的叙事与作者作为主人公的参与还有新的进展方向。

一是有些赋作时事性进一步增强,从赋名亦可看出,有些赋题名为近期发生的事件,如"围城"之类,有些赋甚至题名为对时事的感愤慨叹,如"悯时"之类。诸如:

沈约《悯国赋》,写"处围城之惵惵,得无用于行间","畏高冲之比拟,壮激矢之南度,骇潜师之夜过","矛森森而密竖,旗落落而疏布"。② 这些围城中的情况甚为真切。

萧纲《围城赋》,"问豺狼其何者,访虺蜴之为谁"③,质问是谁引狼入室引起战乱造成围城局面。

萧詧《悯时赋》,据《周书·萧詧传》载,魏把江陵合城长幼俘虏入关,梁又丧失襄阳之地,时为傀儡梁王的萧詧,见"邑居残毁,干戈日用,耻其

---

① 《谢灵运传》,[南朝梁]沈约《宋书》,北京:中华书局,1974 年,第 1743—1753 页。
② [唐]欧阳询撰,汪绍楹校《艺文类聚》,上海:上海古籍出版社,1982 年,第 1072 页。
③ [唐]姚思廉《梁书》,北京:中华书局,1974 年,第 539 页。

威略不振,常怀忧愤",故作此赋。① 赋中称:

  忽值魏师入讨,于彼南荆。既车徒之艳赫,遂一鼓而陵城。

这些作品以时事为叙述对象,但赋中对生活经历与对事件参与的描摹较少甚或没有。

  二是以自我生涯为描述对象以带出时事叙述的赋。从赋的题名来看,即以人生作为叙述对象,如"观我生""述身"等。诸如:

  谢晦《悲人道》,强调个人经历,历叙佐刘裕篡晋、受顾命、废少帝、出镇荆州及徐、傅被杀后起兵反抗。此赋一是从自己出发,未能从更大的时事视角来观览事件;二是叙述个体之事以抒情言志立意,而不是从"纪行"立意,故有人认为这篇作品是抒情的诗。

  颜之推《观我生赋》,明为叙己,但大量篇幅是写时事。因为是从自己经历出发而叙,故有的重大事件叙之过少,如梁亡于侯景之事。但作者还是要抓住三次大的变故,所谓"予一生而三化"②,"三化"指侯景之乱、江陵之战、邺下之亡。

  李谐《述身赋》,《魏书·李谐传》载,"元颢入洛,以为给事黄门侍郎。颢败,除名,乃为《述身赋》"。赋中述自身"及伯舅之西伐","复奉役于前辕"等经历;又称"何古今之一揆,每治少而乱多",③后半部分叙时事,多有对当时政局的叙述。

  萧绎《玄览赋》,叙其任江州刺史以前的经历,赋首称"岁次旃蒙,月建司空"④点明年月以示纪实,赋中多有对当时政局的叙说。

  征行赋对自我及所参与的事件的描摹是较为充分的,但没有具备在更大范围内描摹事件的眼光,或者说受自身参与事件的限制。详察此类

---

① [唐]令狐德棻等《周书》,北京:中华书局,1971年,第861页。下同。
② [唐]李百药《北齐书》,北京:中华书局,1972年,第625页。
③ [北齐]魏收《魏书》,北京:中华书局,1974年,第1456—1458页。
④ [唐]欧阳询撰,汪绍楹校《艺文类聚》,上海:上海古籍出版社,1982年,第474页。

赋的渊源,当是"述行""序志"二者的结合①。班固《幽通》《思玄》及汉时那些赋题中标明"志"的作品只是"序志",征行赋又增加或加强了叙事及叙时事的成分;相对述行类来说,又增强了对个体身世或自身参与的事件的叙写。汉时冯衍有《显志赋》开征行赋端绪,既标明言志,又述游历长安附近的所见所闻及幻想中游历四方的所见所感,只是两方面的叙写都不充分,而且此种叙写在很长时间内绝无嗣响,直至南朝时才再创高峰。

七、庾信《哀江南赋》在叙事上的突出贡献

真正体现赋的叙事与作为主人公的作者参与的最高成就的是庾信《哀江南赋》,它把叙事与叙时事、叙自我与叙参与时事有机地结合起来,相映成辉,相得益彰。庾信在序中说此赋的内容:

> 追为此赋,聊以记言,不无危苦之辞,惟以悲哀为主。②

古时有"左史记言,右史记事"之称,此赋既悲痛梁朝灭亡,又叙说个人危苦,以前者为主。所谓"哀江南",一是全方位哀痛梁朝的灭亡,二是个人之哀,哀个人在梁朝灭亡中的遭遇。

庾信在赋中多处叙述自己参与梁朝灭亡的某些事件,其序起首就把侯景之乱、梁朝灭亡与自己的经历概括叙出:

> 粤以戊辰之年,建亥之月,大盗移国,金陵瓦解。余乃窜身荒谷,公私涂炭。华阳奔命,有去无归。

"窜身荒谷"指庾信在金陵陷落时逃奔江陵,"公私涂炭"指庾信身处战乱之中,"华阳奔命"指庾信奉命出使西魏。作者在赋中未言金陵陷落时自己的表现,《周书·庾信传》载侯景来犯时,任建康令的庾信"以众先

---

① 《诠赋》称汉赋创作:"夫京殿苑猎,述行序志,并体国经野,义尚光大。"[南朝梁]刘勰著,詹锳义证《文心雕龙义证》,上海:上海古籍出版社,1989年,第283页。
② [北周]庾信撰,[清]倪璠注,许逸民校点《庾子山集注》,北京:中华书局,1980年,第94—169页。下同。

退"①,这不光彩的一页写出来令人难堪;赋中作者只言逃奔江陵时的艰辛,以"人有秦庭之哭"作引子叙出求援之事,以下"尔乃假刻玺于关塞"至"星犹看于斗牛","若乃阴陵失路"至"滥尸丞于御史"两段均叙此事,其中多有对江上战况的叙写。赋中又称"荆璧睨柱,受连城而见欺,载书横阶,捧珠盘而不定",这是写自己出使西魏未获成功,反而西魏在此时攻打梁朝。

《哀江南赋》的叙事性增强了,其表现就是不仅仅叙说事件,还解释事件是怎样发生发展的,有了较强的情节性。如叙侯景与萧正德内外勾结及侯景杀萧正德之事:

> 始则王子召戎,奸臣介胄。既官政而离逖,遂师言而泄漏。

叙述济阳江氏兄弟、羊侃、柳仲礼抗击侯景的事件,也有较强的情节性。又如叙元帝当政时外交上招怨东魏西魏、内政上兄弟残杀:

> 既而齐交北绝,秦患西起。况背关而怀楚,异端委而开吴。驱绿林之散卒,拒骊山之叛徒。营军梁溠,蒐乘巴渝。问诸淫昏之鬼,求诸厌劾之符。荆门遭虞延之戮,夏口滥逵泉之诛。

《哀江南赋》中还多有细节描摹,加强了情节的真实感,如写围困中的梁武帝"履端废朝"(元旦不能临朝)、"探雀鷇而未饱"(用赵武灵王被困时掏鸟蛋吃谓梁武帝饮食不足)等。赋中白描、直叙的细节相对较少,多是用典故描摹,如侯景之死,梁将王僧辨把他的双手截下来送北齐,把头割下来送江陵,躯体送建康暴尸,三天后烧骨扬灰,赋中"燃腹为灯,饮头为器",是用董卓、智伯被杀后的遭遇来称说。其实,白描式的直叙并非难事,而且更有意味。此赋在叙述事件情节时亦多用典故,当然也没有直叙好。但是,庾信叙古事,读者一下就可理解是以典故叙时事,与前辈征行赋叙古事暗喻时事以寓感慨有本质的不同。

《哀江南赋》的叙事性很大程度上表现在人物形象的刻画中。一是

---

① [唐]令狐德棻《周书》,北京:中华书局,1971年,第733页。

对自我形象的刻画,集中在叙梁乱前的身世、水路奔逃、父逝家衰与在北朝的境况。二是对围城中抗击侯景之乱的人物的叙写,先叙战争中的败将,虽英勇但最终失败,有韦粲、江氏兄弟、羊侃、柳仲礼等,后叙有能力平定战乱或是平定战乱但最终又失败的悲剧人物,有简文帝、王僧辩、邵陵王萧纶、梁元帝诸人。三是对群体人物的刻画,先叙西魏进攻中人民的惨状,后叙被俘掠北行的人民的悲苦。

反过来说,赋中人物形象的刻画对赋的叙事多有促进。一是加强了赋的叙事性,一方面赋中某些小事件或细节是靠人物形象的刻画贯穿起来的,而就此小事件或细节本身来说,在整个赋所叙的大事件结构中是难以安排位置的,这样的例子不少,如称简文帝的"道高于河上"(谈玄论道甚为高明)、邵陵王纶被"蛰熊伤马"、梁元帝的"问诸淫昏之鬼,求诸厌劾之符"等;另一方面是在赋中纵向叙述了大事件后,再以人物形象横向叙述同一事件,如赋在平定侯景后刻画简文帝、王僧辩、邵陵王纶、梁元帝诸人即是此意,如此纵向与横向的结合使事件更完整了。二是扩展了赋的叙事性的内涵,如赋最后述自身,就是为了突出题目之"哀"意,从整体上哀梁朝,从一身来说也是哀自己,这是把赋的叙事性往抒情方面予以扩展。

庾信《哀江南赋》使赋的叙事与作者参与事件的写法达到了时代的高峰。注释《庾子山集》的倪璠评《哀江南赋》说:

> 此赋记梁朝之兴亡治乱及己世之飘摇播迁,古有"诗史",此可谓"赋史"矣。[①]

唐代诗人杜甫有"诗史"之称,这个称誉在唐时就被世人认可,唐人孟棨《本事诗·高逸第三》称:

> 杜逢禄山之难,流离陇蜀,毕陈于诗,推见至隐,殆无遗事,故当时号为"诗史"。[②]

---

① [北周]庾信撰,[清]倪璠注,许逸民校点《庾子山集注》,北京:中华书局,1980年,第98页。
② 丁福保辑《历代诗话续编》,北京:中华书局,1983年,第15页。

称之为"诗史"要满足这样两个条件：一是叙写社会重大时事，二是作者亲身参与时事。庾信《哀江南赋》正是在这两方面有出色的表现，故被称为"赋史"。也可以这样说，杜甫的成功在于把庾信的写法从赋移植到诗中，但我们实在应该记得这种写法的开创者与探索者的贡献，更应该记得这种写法的集大成者——庾信的贡献。

八、赋的吐露心声亦是征实

赋的纪实还应该包括其情感抒发的真实性，沈约在《宋书》中有所阐述，其列传常常写到传主吟诵或创作赋，把赋视为表达内心情感的工具。如卷四十三《傅亮传》：

> 亮布衣儒生，侥幸际会，既居宰辅，兼总重权。少帝失德，内怀忧惧，作《感物赋》以寄意焉。①

又如卷六十三《王华传》：

> 甯子与华并有富贵之愿，自羡之等秉权，日夜构之于太祖。甯子尝东归，至金昌亭，左右欲泊船，甯子命去之，曰："此弑君亭，不可泊也。"华每闲居讽咏，常诵王粲《登楼赋》曰："冀王道之一平，假高衢而骋力。"②

此述王华吟诵王粲《登楼赋》语句以表达统一太平的愿望。又如卷六十六《何尚之传》：

> 二十九年，致仕，于方山著《退居赋》以明所守，而议者咸谓尚之不能固志。③

这是说传主著《退居赋》以明隐居愿望，但又明白指出何尚之"不能固志"。又如卷八十《孝武十四王·刘子鸾传》：

---

① [南朝梁]沈约《宋书》，北京：中华书局，1974 年，第 1339 页。
② 同上书，第 1677 页。
③ 同上书，第 1736 页。

> 母殷淑仪,宠倾后宫,子鸾爱冠诸子,凡为上所盼遇者,莫不入子鸾之府、国。及为南徐州,又割吴郡以属之。六年,丁母忧。追进淑仪为贵妃,班亚皇后,谥曰宣。葬给辒辌车,虎贲、班剑,銮辂九旒,黄屋左纛,前后部羽葆、鼓吹。上自临南掖门,临过丧车,悲不自胜,左右莫不感动。上痛爱不已,拟汉武《李夫人赋》。①

这里叙说殷淑仪去世,宋孝武帝"痛爱不已",于是模拟汉武帝《李夫人赋》创作悼亡之赋。

九、沈约《宋书》以赋证事

赋是否有可征信性?中古赋的纪实、征实属性还可以从人们以赋证事的运用里表现出来。在这方面,沈约《宋书》诸志中多引赋作来证实所阐述之事物,可以说明问题。如卷十二《律历志》:

> 崔寔《四民月令》曰:祖者,道神。黄帝之子曰累祖,好远游,死道路,故祀以为道神。嵇含《祖道赋序》曰:汉用丙午,魏用丁未,晋用孟月之酉。曰莫识祖之所由。说者云祈请道神,谓之祖有事于道者,君子行役,则列之于中路,丧者将迁,则称名于阶庭。或云,百代远祖,名谥雕灭,坟茔不复存于铭表,游魂不得托于庙祧,故以初岁良辰,建华盖,扬彩旌,将以招灵爽,庶众祖之来凭云尔。②

此以嵇含《祖道赋序》证祭祀道神之事。又如卷十四《礼志》:

> 上代聘享之礼,虽颇见经传,然首尾不全。《叔孙通传》载通所制汉元会仪,纲纪粗举,施于今,又未周备也。魏国初建,事多兼阙,故黄初三年,始奉璧朝贺。何承天云,魏元会仪无存者。案何桢《许都赋》曰:"元正大飨,坛彼西南。旗幕峨峨,檐宇弘深。"王沈《正会赋》又曰:"华幄映于飞云,朱幕张于前庭。缃青帷于两阶,象紫极之

---

① [南朝梁]沈约《宋书》,北京:中华书局,1974年,第2063页。
② 同上书,第260页。

峥嵘。延百辟于和门,等尊卑而奉璋。"此则大飨悉在城外,不在宫内也。臣案魏司空王朗奏事曰:"故事,正月朔,贺。殿下设两百华灯,对于二阶之间。端门设庭燎火炬,端门外设五尺、三尺灯。月照星明,虽夜犹昼矣。"如此,则不在城外也。何、王二赋,本不在洛京。何云《许都赋》,时在许昌也。王赋又云"朝四国于东巡",亦赋许昌正会也。①

此以何桢《许都赋》、王沈《正会赋》、何云《许都赋》证上代聘享之礼。《礼志》多有此类记载,诸如:

> 晋武帝世,更定元会注,今有《咸宁注》是也。傅玄《元会赋》曰:"考夏后之遗训,综殷、周之典艺,采秦、汉之旧仪,定元正之嘉会。"此则兼采众代可知矣。②

此以傅玄《元会赋》证元会之事。

> 旧说后汉有郭虞者,有三女。以三月上辰产二女,上巳产一女。二日之中,而三女并亡。俗以为大忌。至此月此日,不敢止家,皆于东流水上为祈禳,自洁濯,谓之禊祠。分流行觞,遂成曲水。史臣案……张衡《南都赋》祓于阳滨又是也。或用秋,《汉书》八月祓于霸上。刘桢《鲁都赋》:"素秋二七,天汉指隅,人胥祓除,国子水嬉。"又是用七月十四日也。自魏以后但用三日,不以巳也。魏明帝天渊池南,设流杯石沟,燕群臣。晋海西钟山后流杯曲水,延百僚,皆其事也。宫人循之至今。③

此以张衡《南都赋》、刘桢《鲁都赋》证三月上巳之事。

> 秦阅三代之车,独取殷制。古曰桑根车,秦曰金根车也。汉氏因秦之旧,亦为乘舆,所谓乘殷之路者也。……《东京赋》曰:"重轮贰

---

① [南朝梁]沈约《宋书》,北京:中华书局,1974年,第342—343页。
② 同上书,第343页。
③ 同上书,第385—386页。

辖,疏毂飞軨。"飞軨以赤油为之,广八寸,长三尺注地,系两轴头,谓之飞軨也。①

此以《东京赋》证车。

> 潘岳《籍田赋》先叙五路九旗,次言琼钑云罕。若罕为旗,则岳不应频句于九旗之下。又以其物匹钑戟,宜是今毕网明矣。此说为得之。②

此以潘岳《籍田赋》证"云罕"非旗。

> 旧有充庭之制,临轩大会,陈乘舆车辇旌鼓于殿庭。张衡《东京赋》云:"龙路充庭,鸾旗拂霓。"晋江左废绝。宋孝武大明中修复。③

此以张衡《东京赋》证"充庭之制"。

> 汉制,自天子至于百官,无不佩刀。司马彪志具有其制。汉高祖为泗水亭长,拔剑斩白蛇。隽不疑云:"剑者,君子武备。"张衡《东京赋》,"纡黄组,腰干将。"然则自人君至士人,又带剑也。自晋代以来,始以木剑代刃剑。④

此以张衡《东京赋》证"佩刀"之制。

> 大明四年正月戊辰,尚书左丞荀万秋奏:"《籍田仪注》,'皇帝冠通天冠,朱纮,青介帻,衣青纱袍。侍中陪乘,奉车郎秉辔。'案《汉·舆服志》曰:'通天冠,乘舆常服也。'若斯岂可以常服降千亩邪?《礼记》曰:'昔者天子为籍千亩,冕而朱纮,躬秉耒耜。'郑玄注《周官》司服曰:'六服同冕',尊故也。时服虽变,冕制不改。又潘岳《籍田赋》云:'常伯陪乘,太仆秉辔。'推此,舆驾籍田,宜冠冕,璪十二旒,朱

---

① [南朝梁]沈约《宋书》,北京:中华书局,1974 年,第 494 页。
② 同上书,第 499—500 页。
③ 同上书,第 501 页。
④ 同上书,第 506 页。

纨,黑介帻,衣青纱袍。常伯陪乘,太仆秉辔。宜改仪注,一遵二《礼》以为定仪。"诏可。①

此以潘岳《籍田赋》证籍田服饰等。《乐志》也多有引赋证事之例:

> 《鞞舞》,未详所起,然汉代已施于燕享矣。傅毅、张衡所赋,皆其事也。……又云晋初有《杯盘舞》《公莫舞》。史臣按:杯盘,今之《齐世宁》也。张衡《舞赋》云:"历七盘而纵蹑。"王粲《七释》云:"七盘陈于广庭。"近世文士颜延之云:"递间关于盘扇。"鲍昭云:"七盘起长袖。"皆以七盘为舞也。《搜神记》云:"晋太康中,天下为《晋世宁舞》,矜手以接杯盘反覆之。"此则汉世唯有盘舞,而晋加之以杯,反覆之也。②

此以张衡《舞赋》等证《鞞舞》。

> 节,不知谁所造。傅玄《节赋》云:"黄钟唱哥,《九韶》兴舞。口非节不咏,手非节不拊。"此则所从来亦远矣。③

此以傅玄《节赋》证乐器"节"。

> 琴,马融《笛赋》云:"宓羲造琴。"《世本》云:"神农所造。"《尔雅》"大琴曰离",二十弦。今无其器。齐桓曰号钟,楚庄曰绕梁,相如曰焦尾,伯喈曰绿绮,事出傅玄《琴赋》。世云焦尾是伯喈琴,伯喈传亦云尔。以傅氏言之,则非伯喈也。④

此以马融《笛赋》、傅玄《琴赋》证乐器"琴"。

> 瑟,马融《笛赋》云:"神农造瑟。"《世本》,"宓羲所造"。《尔雅》

---

① [南朝梁]沈约《宋书》,北京:中华书局,1974 年,第 523 页。
② 同上书,第 551 页。
③ 同上书,第 555 页。
④ 同上书,第 555—556 页。

云:"瑟二十七弦者曰洒。"今无其器。①

此以马融《笛赋》证乐器"瑟"。

  筝,秦声也。傅玄《筝赋序》曰:"世以为蒙恬所造。今观其体合法度,节究哀乐,乃仁智之器,岂亡国之臣所能关思哉。"《风俗通》则曰:"筑身而瑟弦。不知谁所改作也。"②

此以傅玄《筝赋序》证乐器"筝"。

  琵琶,傅玄《琵琶赋》曰:"汉遣乌孙公主嫁昆弥,念其行道思慕,故使工人裁筝、筑,为马上之乐。欲从方俗语,故名曰琵琶,取其易传于外国也。"《风俗通》云:"以手琵琶,因以为名。"杜挚云:"长城之役,弦鼗而鼓之。"并未详孰实。③

此以傅玄《琵琶赋》证乐器"琵琶"。

  笛,案马融《长笛赋》,此器起近世,出于羌中,京房备其五音。又称丘仲工其事,不言仲所造。《风俗通》则曰:"丘仲造笛,武帝时人。"其后更有羌笛尔。三说不同,未详孰实。④

此以马融《长笛赋》证乐器"笛"。

  箎,杜挚《箎赋》云:"李伯阳入西戎所造。"汉旧注曰:"箎,号曰吹鞭。"《晋先蚕仪注》:"车驾住,吹小箎;发,吹大箎。"箎即箎也。又有胡箎。汉旧《筝笛录》有其曲,不记所出本末。⑤

此以杜挚《箎赋》证乐器"箎"。

  又有以赋纪实并付诸实用的例子,如卷二十八《瑞志》:

---

① [南朝梁]沈约《宋书》,北京:中华书局,1974年,第556页。
② 同上。
③ 同上。
④ 同上书,第558页。
⑤ 同上书,第558页。

> 吴孙权黄武元年三月,鄱阳言黄龙见。吴孙权黄龙元年四月,夏口、武昌并言黄龙见。权因此改元。作黄龙牙,常在军中,进退视其所向,命胡综为赋。①

命胡综为《黄龙大牙赋》,就是为了宣扬"黄龙见"之符瑞,歌颂自己的朝廷。这是东吴已经发生过的事,当然,沈约记载此事就表明他认可其真实性。

---

① [南朝梁]沈约《宋书》,北京:中华书局,1974 年,第 798 页。

第四节　"连珠"与"对问"
——刘胜《闻乐对》为连珠雏形辨

关于连珠源于何时有两种说法。其一，扬雄首创说。刘勰《文心雕龙·杂文》载："扬雄覃思文阁，业深综述，碎文琡语，肇为《连珠》，其辞虽小，而明润矣。"①沈约《注制旨连珠表》称："窃寻连珠之作，始自子云。"②其二，傅玄《叙连珠》称："所谓连珠者，兴于汉章帝之世，班固、贾逵、傅毅三子受诏作之。"③连珠体的基本格式前人所述甚详，基本有三。一是每个单篇都是以"某闻"起首，现存连珠作品，从扬雄、班固到南朝作家，基本上都是以"臣闻"起首，只是魏文帝曹丕、梁武帝萧衍作《连珠》不能称"臣闻"，于是称"盖闻"，梁宣帝作《连珠》称"常闻"；而后来梁刘孝仪作《探物作艳体连珠》是女子口吻，故称"妾闻"。因此，《连珠》以"臣闻"起首为正宗，后世多有用之，"盖闻""常闻"等起首为变格。二是每个单篇都做逻辑推理，在理论、事实之间推理，有喻体、主体，有前提、结论；而逻辑推理体现在作品的语言上就是"连珠"，即沈约《注制旨连珠表》所谓"连珠者，盖谓辞句连续，互相发明，若珠之结排也"④。三是后世流传的连珠作品大都以多篇连章的形式出现，那么，多篇连章之间的串联也是"连珠"。连珠体的基本格式，是我们考察连珠起源的起点。

一、从"臣闻"考察连珠起源

《左传》《国语》《战国策》中有许多臣下与君王的对话，多有臣下以"臣闻"起首来发表见解的情形。如《左传·隐公三年》：

> 石碏谏曰："臣闻爱子，教之以义方，弗纳于邪。骄、奢、淫、泆，所

---

① ［南朝梁］刘勰著，詹锳义证《文心雕龙义证》，上海：上海古籍出版社，1989年，第496页。
② ［唐］欧阳询撰，汪绍楹校《艺文类聚》，上海：上海古籍出版社，1999年，第1039页。
③ 同上书，第1035页。
④ 同上书，第1039页。

自邪也。四者之来,宠禄过也。将立州吁,乃定之矣,若犹未也,阶之为祸。"①

这里虽然没有喻体与主体,但已有前提与结论,这是简单的引证式。"臣闻"在《左传》中多是作为引证而用的,有时"臣闻"所引证者也有一些有喻体与主体、前提与结论的,如《左传·隐公四年》:

> 公问于众仲曰:"卫州吁其成乎?"对曰:"臣闻以德和民,不闻以乱。以乱,犹治丝而棼之也。夫州吁,阻兵而安忍。阻兵,无众;安忍,无亲。众叛、亲离,难以济矣。夫兵,犹火也;弗戢,将自焚也。夫州吁弑其君,而虐用其民,于是乎不务令德,而欲以乱成,必不免矣。"②

这里有喻体与主体,也有前提与结论;只不过其前后顺序、语言表述显得随意,没有经过刻意的编排。又如《左传·哀公元年》载伍员之谏吴王"臣闻之:树德莫如滋,去疾莫如尽"③云云的推理过程,语言也没有经过"历历如贯珠"的提炼。

《国语》以"臣闻"句式引证推理,也有例子可述,如《越语上》:

> 大夫种进对曰:"臣闻之贾人,夏则资皮,冬则资𫄨,旱则资舟,水则资车,以待乏也。夫虽无四方之忧,然谋臣与爪牙之士,不可不养而择也。譬如蓑笠,时雨既至必求之。今君王既栖于会稽之上,然后乃求谋臣,无乃后乎?"④

这个"臣闻"句式的论证,包括两个有前提与结论、喻体与主体的推理:一是贾人、货物与君王、谋臣之比喻及推理;二是蓑笠、时雨与君王、谋臣之比喻及推理。但是,这样两个比喻及推理连用的形式,是在一个"臣闻"

---

① 《春秋左传正义》,《十三经注疏》,上海:上海古籍出版社,1997年,第1724页中。
② 同上书,第1725页下。
③ 同上书,第2154页中。
④ [战国]左丘明著,上海师范大学古籍整理组校点《国语》,上海:上海古籍出版社,1978年,第631页。

之下展开的。

最可注意的是《战国策》,其中"臣闻"格式比较正规、整齐,如《战国策·秦三》"应侯谓昭王":

> 臣闻之也:"木实繁者枝必披,枝之披者伤其心。都大者危其国,臣强者危其主。"①

单独来看,这可算是完整的连珠体。《战国策》是谋臣策士纵横捭阖的斗争及相关谋议或辞说,为突出论辩的说服力,常常可见一段对问中有两个以上的比喻、推理、论证连用的"臣闻"格式。如《战国策·秦一》"张仪说秦王"有五个"臣闻"格式的连用:

> 张仪说秦王曰:"臣闻之,弗知而言为不智,知而不言为不忠。为人臣不忠当死,言不审亦当死。虽然,臣愿悉言所闻,大王裁其罪。臣闻,天下阴燕阳魏,连荆固齐,收余韩成从,将西南以与秦为难。臣窃笑之。世有三亡,而天下得之,其此之谓乎!臣闻之曰,'以乱攻治者亡,以邪攻正者亡,以逆攻顺者亡'。"②

以下还有两个"臣闻"。这里最值得注意的是"臣闻"格式的连用,虽然这只是简单的举证式,但形式上的连用说明了人们对这种格式的关注。又如《战国策·楚四》"庄辛谓楚襄王":

> 庄辛至,襄王曰:"寡人不能用先生之言,今事至于此,为之奈何?"庄辛对曰:"臣闻鄙语曰:'见兔而顾犬,未为晚也;亡羊而补牢,未为迟也。'臣闻昔汤、武以百里昌,桀、纣以天下亡。今楚国虽小,绝长续短,犹以数千里,岂特百里哉?"③

这是两个"臣闻"格式的连用,也没有在语言上做"历历如贯珠"的加工。

就基本格式而言,上述例子是以"臣闻"起首做理论、事实之间推理,

---

① [汉]刘向集录《战国策》,上海:上海古籍出版社,1985年,第197页。
② 同上书,第95页。
③ 同上书,第556页。

有两个"臣闻"格式的连用。但单个"臣闻"格式的引证、推理没有做到"历历如贯珠"的"辞句连续";两个以上"臣闻"格式中的引证、推理,其间的串联也没有做到"历历如贯珠"的"辞句连续"。另外,这些以"臣闻"起首的引证推理,只是记言体散文中的一部分,还不是个人著述的、独立的"篇章",正如《文选序》所称"贤人之美辞,忠臣之抗直,谋夫之话,辨士之端……虽传之简牍,而事异篇章"①。

又,先秦诸子散文中以"臣闻"起首来发表见解的格式也有,但比较少,如《商君书·更法第一》所载:

> 杜挚曰:"臣闻之,利不百,不变法;功不十,不易器。臣闻法古无过,循礼无邪。君其图之!"②

其引证、推理及现实运用的论说是不完整的,而且只是记言体散文中的一部分,不能算是独立的"篇章"。

二、"上书"的"臣闻"格式连用

值得注意的是独立的"篇章"中几个"臣闻"连用的格式,如《战国策·秦三》"范子因王稽入秦"中的"献书",其中三个"臣闻"格式的连用为:

> 范子因王稽入秦,献书昭王曰:"臣闻明主莅正,有功者不得不赏,有能者不得不官;劳大者其禄厚,功多者其爵尊,能治众者其官大。故不能者不敢当其职焉,能者亦不得蔽隐。……臣闻周有砥厄,宋有结绿,梁有悬黎,楚有和璞。此四宝,工之所失也,而为天下名器。然则圣王之所弃者,独不足以厚国家乎?臣闻善厚家者,取之于国;善厚国者,取之于诸侯。天下有明主,则诸侯不得擅厚矣。是何故也?为其凋荣也。良医知病人之死生,圣主明于成败之事,利则行

---

① [南朝梁]萧统编,[唐]李善注《文选》,北京:中华书局,1977年,第2页上下。
② 高亨注译《商君书注译》,北京:中华书局,1974年,第12页。

之。害则舍之,疑则少尝之,虽尧、舜、禹、汤复生,弗能改已。①

这些有喻体与主体、前提与结论的"臣闻"格式的连用,只不过三个"臣闻"格式之间离得远一些,中间夹杂有其他部分,使这三个"臣闻"格式的连用未能构成一个相对完整的片断。于是我们就有了这样的设想,假如把"臣闻"之类句式抽绎出来、再汇聚起来,那又会怎么样?

《战国策·燕二》"昌国君乐毅为燕昭王合五国之兵而攻齐"载乐毅之书,现在我们把其中的四个"臣闻"格式抽绎并汇聚起来:

> 臣闻贤圣之君,不以禄私其亲,功多者授之;不以官随其爱,能当之者处之。故察能而授官者,成功之君也;论行而结交者,立名之士也。
>
> 臣闻贤明之君,功立而不废,故著于《春秋》;蚤知之士,名成而不毁,故称于后世。
>
> 臣闻善作者,不必善成;善始者,不必善终。昔者五子胥说听乎阖闾,故吴王远迹至于郢。夫差弗是也,赐之鸱夷而浮之江。故吴王夫差不悟先论之可以立功,故沉子胥而不悔,子胥不蚤见主之不同量,故入江而不改。
>
> 臣闻古之君子,交绝不出恶声;忠臣之去也,不洁其名。②

这样的抽绎汇聚不是很接近连珠体的文字吗?做如此处理的又有汉代邹阳的上书,将其《上书吴王》中的"臣闻"格式抽绎并汇聚如下:

> 臣闻秦倚曲台之宫,悬衡天下,画地而人不犯,兵加胡越;至其晚节末路,张耳、陈胜连从兵之据,以叩函谷,咸阳遂危。何则?列郡不相亲,万室不相救也。
>
> 臣闻蛟龙骧首奋翼,则浮云出流,雾雨咸集。圣王底节修德,则游谈之士,归义思名。

---

① [汉]刘向集录《战国策》,上海:上海古籍出版社,1985年,第181—182页。
② 同上书,第1104—1108页。

> 臣闻鸷鸟累百,不如一鹗。夫全赵之时,武力鼎士,袨服丛台之下者,一旦成市,不能止幽王之湛患。淮南连山东之侠,死士盈朝,不能还厉王之西也。然则计议不得,虽诸、贲不能安其位,亦明矣。①

脱略去前后的具体内容而抽绎并汇聚起来,不是也很像连珠吗?又如把邹阳《狱中上书自明》中"臣闻"格式抽绎汇聚起来:

> 臣闻明月之珠,夜光之璧,以暗投人于道,众莫不按剑相眄者。何则?无因而至前也。蟠木根柢,轮囷离奇,而为万乘器者,何则?以左右先为之容也。故无因而至前,虽出隋侯之珠、夜光之璧,只足结怨而不见德;故有人先谈,则枯木朽株,树功而不忘。
> 臣闻盛饰入朝者,不以私污义;砥厉名号者,不以利伤行。故里名胜母,曾子不入;邑号朝歌,墨子回车。②

于是我们看到,连珠体已是呼之欲出,只要把各处的"臣闻"格式抽绎并汇聚起来就是了。本篇语言进行了有意识的整理,使之有"历历如贯珠"的样子,最简单的如在"蟠木根柢"前加"臣闻"二字,那么其下数句又是一个"臣闻"格式。

章学诚《文史通义》内篇一《诗教上》:"韩非《储说》,比事征偶,《连珠》之所肇也。"③李兆洛《骈体文钞》谓连珠体:"此体昉于韩非之内外《储说》,淮南之《说山》。"④是有一定道理的,《韩非子》中有《说林》《储说》,都是传说故事的集合,连珠则是以各种事例进行推理、论证的集合,这种集合体也应该是经抽绎汇聚而成。

此处所述情况就是我们拟测的连珠体起源的进程。把某种固定格式的文字从原生态语境中抽离出来构成一种新的文体,在中国古代文学史上不乏其例,与连珠体最接近的例子就是韩非《储说》《说林》,把各种各

---

① [南朝梁]萧统编,[唐]李善注《文选》,北京:中华书局,1977年,第545页下—547页上。
② 同上书,第549页下、550页上。
③ [清]章学诚著,叶瑛校注《文史通义校注》,北京:中华书局,1985年,第61页。
④ [清]李兆洛《骈体文钞》,上海:上海古籍出版社,2001年,第561页。

样内容的"说"抽绎并汇聚起来;又如各种说辞、叙事中的格言之类。就《文选》所录文体而言,就有好几种,如:诗,本来可以是叙事中的一部分;序,本是依附于原著起说明作用的;赞,或依附于画,或是祭祀时的唱叹之词,刘勰《文心雕龙·颂赞》所谓"赞者,明也,助也。昔虞舜之祀,乐正重赞,盖唱发之辞也。及益赞于禹,伊陟赞于巫咸,并扬言以明事,嗟叹以助辞也"①;史论,为史传之末对人物的评价;史述赞,为班固《汉书·自序传》对各篇旨意的叙说;这些都被萧统从原生态语境中抽离出来构成新的文体。《文选序》也有明言,要从"记事之史,系年之书"的原生态语境中抽离出"赞论""序述":"至于记事之史,系年之书,所以褒贬是非,纪别异同,方之篇翰,亦已不同。若其赞论之综缉辞采,序述之错比文华,事出于沉思,义归乎翰藻,故与夫篇什,杂而集之。"②而且,这些序、赞、史论、史述赞是可以聚集在一起成为某种文体的集合体的。这说明,"连珠"起源于"对问"中的某一部分并最终构成一种新的文体,从事物的发展规律来说具有必然性。只不过连珠体在语言形式方面有得天独厚的条件,既能以"连珠"串联单个篇章,又能以"连珠"串联多个篇章,构成数首、数十首的"连珠"整体。

三、《闻乐对》为连珠雏形与"连珠"起源于"对问"

对连珠体起源进程的探讨还应该有一条途径,就是脱略非"臣闻"部分,突出"臣闻"部分使其独立成篇。这种途径恰恰与连缀数个"臣闻"而独立成篇是相辅相成的。

我们来看《汉书·景十三王传》的记载:"中山靖王胜以孝景前三年立。武帝初即位,大臣惩吴、楚七国行事,议者多冤晁错之策,皆以诸侯连城数十,泰强,欲稍侵削,数奏暴其过恶。诸侯王自以骨肉至亲,先帝所以广封连城,犬牙相错者,为盘石宗也。今或无罪,为臣下所侵辱,有司吹毛

---

① [南朝梁]刘勰著,詹锳义证《文心雕龙义证》,上海:上海古籍出版社,1989年,第338—340页。
② [南朝梁]萧统编,[唐]李善注《文选》,北京:中华书局,1977年,第2页下。

求疵,答服其臣,使证其君,多自以侵冤。建元三年,代王登、长沙王发、中山王胜、济川王明来朝,天子置酒,胜闻乐声而泣。问其故,胜对曰。"①以下就是中山靖王刘胜的《闻乐对》:

臣闻悲者不可为累欷,思者不可为叹息。故高渐离击筑易水之上,荆轲为之低而不食;雍门子壹微吟,孟尝君为之于邑。<u>今臣心结日久,每闻幼眇之声,不知涕泣之横集也。</u>

夫众煦漂山,聚蚊成雷,朋党执虎,十夫桡椎。是以文王拘于牖里,孔子厄于陈、蔡。<u>此乃烝庶之成风,增积之生害也。臣身远与寡,莫为之先</u>,众口铄金,积毁销骨,丛轻折轴,羽翮飞肉,纷惊逢罗,潸然出涕。

臣闻白日晒光,幽隐皆照;明月曜夜,蚊虻宵见。然云蒸列布,杳冥昼昏;尘埃布覆,昧不见泰山。何则?<u>物有蔽之也。今臣雍阏不得闻,谗言之徒蜂生。道辽路远,曾莫为臣闻,臣窃自悲也。</u>

臣闻社鼷不灌,屋鼠不熏。何则?所托者然也。<u>臣虽薄也,得蒙肺附;位虽卑也,得为东藩,属又称兄。</u>今群臣非有葭莩之亲,鸿毛之重,群居党议,朋友相为,使夫宗室摈却,骨肉冰释。斯伯奇所以流离,比干所以横分也。《诗》云"我心忧伤,怒焉如捣;假寐永叹,唯忧用老;心之忧矣,疢如疾首",臣之谓也。②

以上是《闻乐对》全部内容的载录,笔者把某些文字标了下划线,画线文字是具体内容的叙说,如果把这些关于自我情感、事迹的具体叙写去掉,再把第二节起首的"夫"换成"臣闻",就是很自然的连珠四首了。

傅玄《连珠序》称连珠是"汉章帝之世""三子受诏作之",这与武帝"问其故"而"胜对曰"的内容同是应诏性质。《汉书》记载,刘胜"具以吏所侵闻。于是上乃厚诸侯之礼,省有司所奏诸侯事,加亲亲之恩焉"③,刘

---

① [汉]班固《汉书》,北京:中华书局,1962年,第2422页。
② 同上书,第2422—2425页。
③ 同上书,第2425页。

胜《闻乐对》起到了上书的作用。

四、抽绎汇聚与脱略具体相结合

无论是抽绎汇聚还是脱略具体以突出"臣闻",此二者的共同点在于作品是在回答"召问""召对",于是我们认为"连珠"起源于"召问""召对"制度下的"应对""候对""问对""对问"。"问对",《左传·襄公十二年》:"灵王求后于齐,齐侯问对于晏桓子。"①"应对",《论语·子张》:"子游曰:'子夏之门人小子,当洒扫应对进退,则可矣,抑末也。本之则无,如之何?'"②"召问""召对",《后汉书·宋意传》:"意少传父业,显宗时举孝廉,以召对合旨,擢拜阿阳侯相。"③君主召见臣下令其回答有关政事、经义等方面的问题,臣下的回答要有一个论证的过程,这就体现为以"臣闻"形式出现的天地事物规律、古今人物事迹论证的事理。秦汉时的待诏就是等待帝王"召问"以"应对",刘勰、沈约说连珠起源于扬雄,扬雄就有待诏的经历,《汉书·扬雄传》载,扬雄"自蜀来至游京师,大司马车骑将军王音奇其文雅,召以为门下史,荐雄待诏";又载扬雄文字"桓谭以为绝伦"。④《汉书·楚元王传赞》曰:"仲尼称'材难不其然与!'自孔子后,缀文之士众矣,唯孟轲、孙况、董仲舒、司马迁、刘向、扬雄。此数公者,皆博物洽闻,通达古今,其言有补于世。传曰'圣人不出,其间必有命世者焉',岂近是乎?"⑤这种待诏经历,殆与扬雄为连珠体创始者有必然关系欤?

刘勰《文心雕龙·杂文》:

> 智术之子,博雅之人,藻溢于辞,辞盈乎气。苑囿文情,故日新殊致。宋玉含才,颇亦负俗,始造"对问",以申其志,放怀寥廓,气实使之。及枚乘摛艳,首制《七发》,腴辞云构,夸丽风骇。盖七窍所发,

---

① 《春秋左传正义》,《十三经注疏》,上海:上海古籍出版社,1997年,第1952页上。
② 《论语注疏》,《十三经注疏》,上海:上海古籍出版社,1997年,第2532页上。
③ [南朝宋]范晔撰,[唐]李贤等注《后汉书》,北京:中华书局,1965年,第1414页。
④ [汉]班固《汉书》,北京:中华书局,1962年,第3583页。
⑤ 同上书,第1972页。

发乎嗜欲,始邪末正,所以戒膏粱之子也。扬雄覃思文阁,业深综述,碎文璅语,肇为"连珠",其辞虽小,而明润矣。凡此三者,文章之枝派,暇豫之末造也。①

枚乘《七发》,也是以客回答吴太子的形式展开,刘勰把"连珠"置放在"对问"、《七发》之后阐述,殆有深意乎?

于是可知,所谓刘胜《闻乐对》为连珠雏形,是说由"臣闻"格式自然演进而成,即以"臣闻"为推理论证格式的文字越来越占主体地位,而其他文字越来越少乃至最终省却。但更重要的还在于观念,即观念上要有意识地把"臣闻"格式抽绎出来而汇聚,不再有具体的场景,脱略实用性。这就是刘胜《闻乐对》为有问而答,而扬雄的作品以及傅玄《连珠序》所称"汉章帝之世""三子受诏作之"的作品为无问而答;二者的区别在于是否脱离实用而真正成为"务虚"的文学,或者说二者的区别昭示了新文体的产生。

所谓无问而答,即这类文字不再是传统的有具体指向的劝谏话语,不再有实用价值,而只是借鉴某种推论的文字,并把它从原生态环境中抽离出来,进行新的组合。这种抽离机制的最大意义在于使原本有具体指向的劝谏话语有了某种抽象性和普适性,这种抽离机制使得劝谏话语在新的语境中被重新联结为新组合,于是其叙述与阐释能生成新的意义。这种新的意义就是脱略具体朝政的叙说,而进入所谓人心之至情、世态之常理之类普世性和公理性的事理叙说。今天我们看到的连珠文,都没有具体的表明内容的题目,也就是说,这些作品抒发的情感、叙述的哲理并不是针对某一特定人物或某一具体事件,而是针对某种社会现象,某一反复出现而长久经历的事件,或是人生、社会,这也是连珠这一文体的特性,超脱于具体事物之上,概括性地抒发情感、叙述哲理。我们之所以说刘胜《闻乐对》是连珠体的雏形,道理就在于此,假如脱略掉刘胜《闻乐对》关

---

① [南朝梁]刘勰著,詹锳义证《文心雕龙义证》,上海:上海古籍出版社,1989年,第489—496页。

于自我情感、事迹的叙写,那么它就完完全全像连珠文了。

由此可以看出章学诚《文史通义》称"韩非《储说》,比事征偶,《连珠》之所肇也",也有不确之处。韩非《储说》全为具体或寓言式的历史人物"比事";而连珠者,除了有具体人物的"比事",还有非具体人物的"比事",如汉扬雄《连珠》曰:

> 臣闻明君取士,贵拔众之所遗,忠臣不荐,善废格而所排,是以岩穴无隐,而侧陋章显也。①

有时是以具体人物"比事"引出非具体人物的"比事",如汉班固《拟连珠》曰:

> 臣闻公输爱其斧,故能妙其巧,明主贵其士,故能成其治。
> 臣闻良匠度见材而成大厦,明主器其士而建功业。②

连珠用以推理论证的"比事"还有社会现象、自然现象等,如班固《拟连珠》曰:

> 臣闻鸾凤养六翮以凌云,帝王乘英雄以济民。《易》曰:"鸿渐于陆,其羽可以为仪。"
> 臣闻马伏皁而不用,则驽与良而为群;士齐僚而不职,则贤与愚而不分。③

总之,要使推理、论证出来的结果尽量剥离具体对象的偶然性,为社会经验、人生事例整理出逻辑的必然性和概念内涵的客观性,更恰切地实现普世性和公理性的事理叙说。

连珠体脱略具体实用而进入普世性和公理性的事理叙说,这一形成过程正好与文学史上诗歌抒情的发展同步。汉代人解诗通常把诗与具体的叙事结合起来,如其论《诗经》、乐府作品都揭示其本事,见于汉代书籍

---

① [唐]欧阳询撰,汪绍楹校《艺文类聚》,上海:上海古籍出版社,1999年,第1036页。
② 同上。
③ 同上。

的有主名的汉人诗作大都伴随着一个事件,如《大风歌》《垓下歌》之类。这表明,汉人认为诗这一文体除抒情功能外还有叙事功能。但诗作与具体事件联系在一起,在某种情况下是妨碍诗歌抒情的发展的。诗人可以就某一具体事件抒发情怀,难道不能在突出具体场景、具体人物的同时,就概括而言的整个人生、整个社会抒发情怀?诗难道不能就虚拟事件抒发情怀?于是建安诗人有所谓的"杂诗",李善注《文选》称之为"不拘流例,遇物即言"①,就是认为其超脱于具体事件之上而重在抒发情怀。以后诗作又可直接题名为"咏怀",表明诗作并非叙述具体事件,不主叙事,只是为了吟咏情怀。葛晓音称,汉魏五言诗"古意"的抒情内涵表现为人心之至情、世态之常理,抒情言志具有普世性和公理性的特质②,当时不能以含义具体的题目来限定它,于是只好采用"古意"这类没有具体表明内容的题目了。

五、语言因素对新的文学文体形成的意义

连珠文体的形成还需要语言上确定"连珠"形式。抽离具体背景的机制要求劝谏话语以新的语言格式出现,劝谏话语被重新联结为新组合的表现之一就在于语言因素。这就是沈约《注制旨连珠表》所说的"连珠者,盖谓辞句连续,互相发明,若珠之结排也"。所谓"连珠",换一种表述就是使语言表达的外在与内在都具有足够的关联性。就其外在来说,语言整齐乃至骈化,至于顺口而下;就其内在来说,推理论证环环相扣,才能真正达到"连珠"。其表现一是诸个"臣闻"格式,二是一个个"臣闻"格式能够排比在一起。

抽离机制要求劝谏话语在新的语境中被"连珠"式地再联结为新组合,当其脱略具体事件的依托时,文体性质起了变化,具有了某种欣赏愉悦功能,这就是南北朝时期所谓"文"的特性,"吟咏风谣,流连哀思者,谓

---

① [南朝梁]萧统编,[唐]李善注《文选》,北京:中华书局,1977年,第415页上。
② 葛晓音《论汉魏五言的"古意"》,《北京大学学报》2009年第2期,第21页。

之文","至如文者,惟须绮縠纷披,宫徵靡曼,唇吻遒会,情灵摇荡";①也即"文"的特性一是文采,二是情感力量。文采演进的途径有二,一是萧统《文选序》所言:

> 若夫椎轮为大辂之始,大辂宁有椎轮之质？增冰为积水所成,积水曾微增冰之凛,何哉？盖踵其事而增华,变其本而加厉。物既有之,文亦宜然。②

这是文采演化的渐进之路。二是观念上,"文"就是要"绮縠纷披,宫徵靡曼",于是就照此要求"文"的文采。"连珠"的语言形式也应当是这样演进形成的,先是逐步自然地"连珠"化,到一定的时候则是观念要求下的"连珠"化。

劝谏话语脱略具体事件的依托,再加上语言形式上"连珠"的欣赏愉悦功能,使文体接受者的心理也有了改变,其新的指向就是使接受者由痛苦的被劝谏者成为幸福的推理论证文字的欣赏者;其中既有接受者对作品内容的接受,又有对形式的欣赏。

脱略具体事件,语言形式的赏心悦目,人们从欣赏方面接受,这三个方面正好构成了应用文进化、改变成为文学的进程。其一,文学强调个别性、特殊性,但又强调这种个别性、特殊性的指向为普世性和公理性,强调全社会的接受。其二,文学是语言的艺术,应用文进化、改变成为文学当然更讲究语言的表达。其三,绝大多数人并不是因为文学作品叙写了自己的事情才被打动而接受文学的,而是从欣赏角度进入文学的;倒过来讲,正是因为文学具备了文学性质,才会被更广泛的人群接受。

因此,论证连珠的文体特征,与其说是"游戏性与严肃性的统一"③,不如探讨连珠体的文学性是怎么表现的,连珠体是怎样成为文学文体的。

现在我们可以看到傅玄对连珠体的论述是切合其演进过程的,《连珠

---

① [南朝梁]萧绎撰,许逸民校笺《金楼子校笺》,北京:中华书局,2011年,第966页。
② [南朝梁]萧统编,[唐]李善注《文选》,北京:中华书局,1977年,第1页下。
③ 李乃龙《游戏性与严肃性的统一——论连珠的文体特征与陆机的〈演连珠〉》,《广西师范大学学报》2007年第4期。

序》云：

> 其文体，辞丽而言约，不指说事情，必假喻以达其旨，而贤者微悟，合于古诗劝兴之义，欲使历历如贯珠，易睹而可悦，故谓之连珠也。①

所谓"不指说事情，必假喻以达其旨"，就是脱略具体；所谓"欲使历历如贯珠"，就是使其语言形式文采化；最终要达到"易睹而可悦"的文学目的。

六、连珠实用的例子及其他

《文选》卷四十弹事类录文三篇，其任昉《奏弹曹景宗》，在起首"御史中丞臣任昉稽首言"之下曰：

> 臣闻将军死绥，咫步无却；顾望避敌，逗桡有刑。至乃赵母深识，乞不为坐；魏主著令，抵罪已轻。是知败军之将，身死家戮，爰自古昔，明罚斯在。②

任昉《奏弹刘整》，在起首"御史中丞臣任昉稽首言"之下曰：

> 臣闻马援奉嫂，不冠不入；氾毓字孤，家无常子。是以义士节夫，闻之有立。千载美谈，斯为称首。③

沈约《奏弹王源》，在起首"给事黄门侍郎兼御史中丞，吴兴邑中正臣沈约稽首言"之下曰：

> 臣闻齐大非偶，著乎前诰；辞霍不婚，垂称往烈。若乃交二族之和，辨伉合之义，升降窳隆，诚非一揆。固宜本其门素，不相夺伦。使秦晋有匹，泾渭无舛。④

---

① ［唐］欧阳询撰，汪绍楹校《艺文类聚》，上海：上海古籍出版社，1999 年，第 1035 页。
② ［南朝梁］萧统编，［唐］李善注《文选》，北京：中华书局，1977 年，第 558 页上。
③ 同上书，第 560 页上。
④ 同上书，第 561 页下—562 页上。

明眼人一看就知道任昉、沈约的这些"臣闻"文字在本质上可视作连珠，只不过是单独的、单个的使用。这些连珠文字的创作情况可以有两种推测：其一，当场为该弹事文而作；其二，可能是从某个"连珠某某首"中抽离出来使用在这个弹事文里的，或许就是从自家的"连珠某某首"中抽离出来，或许是从别人的"连珠某某首"（类似陆机《演连珠五十首》，《文选》卷五十五有录）中抽离出来。倒过来说，这些连珠文字的去向，可能是从这些弹事文里抽离出来构成一个连珠的集合体，这就是"连珠某某首"。

但是，并非所有的"臣闻"格式都可以转化为连珠体，比如邹阳《狱中上书自明》中"臣闻"的例子：

> 臣闻忠无不报，信不见疑，臣常以为然，徒虚语耳！昔者荆轲慕燕丹之义，白虹贯日，太子畏之。卫先生为秦画长平之事，太白食昴，昭王疑之。①

此属反面论证，是用后面的推理论证前述"臣闻"之事不具公理性；这样的"臣闻"格式，连珠体是不用的；连珠体所用一定是以"臣闻"之事为具公理性的正面事物进行推理论证，所以"臣闻"之事一定与其推理论证的方向相一致。

另外，如何追求变化的问题。所谓连珠数首、数十首的集合，是把具有大致相同文体意味、语言构成、推理论证和讽谏意味的单个连珠格式排列集合在一起，于是就有如何避免雷同的问题。沈约《注旨连珠表》谈到这个问题：

> 窃寻连珠之作，始自子云；放易象论，动模经诰，班固谓之命世，桓谭以为绝伦。连珠者，盖谓辞句连续，互相发明，若珠之结排也。虽复金镞互聘，玉轪并驰，妍蚩优劣，参差相间；翔禽伏兽，易以心威，守株胶瑟，难与适变。水镜芝兰，随其所遇；明珠燕石，贵贱相悬。②

---

① ［南朝梁］萧统编，［唐］李善注《文选》，北京：中华书局，1977年，第547页下。
② ［唐］欧阳询撰，汪绍楹校《艺文类聚》，上海：上海古籍出版社，1999年，第1039页。

一方面是说形式"辞句连续,互相发明,若珠之结排也",连珠必有一组以上的对仗,所谓语言的骈化,即"金镳互骋,玉轪并驰";另一方面又强调随手却有千变万化,即"妍蚩优劣,参差相间,翔禽伏兽,易以心威,守株胶瑟,难与适变,水镜芝兰,随其所遇",后二句是化用梁武帝之作,梁武帝《连珠》曰:

> 盖闻水镜不以妍蚩殊照,芝兰宁为贵贱异芳,是以弘道归于兼济,至德由乎两忘。①

沈约直接套用梁武帝《连珠》的成语,一方面赞赏梁武帝之作,另一方面强调了连珠体当有千变万化,就跟"对问"的写法有千变万化一样。

---

① [唐]欧阳询撰,汪绍楹校《艺文类聚》,上海:上海古籍出版社,1999年,第1038页。

主要参考文献

[1] [汉]班固《汉书》,北京:中华书局,1962年版
[2] 陈国庆编《汉书艺文志注释汇编》,北京:中华书局,1983年版
[3] 陈奇猷校注《韩非子集释》,上海:上海人民出版社,1974年版
[4] [晋]陈寿撰,[南朝宋]裴松之注,陈乃乾校点《三国志》,北京:中华书局,1959年版
[5] 程章灿《魏晋南北朝赋史》,南京:江苏古籍出版社,1992年版
[6] 丁福保辑《历代诗话续编》,北京:中华书局,1983年版
[7] [晋]杜预注,[唐]孔颖达等正义《春秋左传正义》,《十三经注疏》,上海:上海古籍出版社,1997年版
[8] [南朝宋]范晔撰,[唐]李贤等注《后汉书》,北京:中华书局,1965年版
[9] [唐]房玄龄等《晋书》,北京:中华书局,1974年版
[10] 费振刚、胡双宝、宗明华辑校《全汉赋》,北京:北京大学出版社,1993年版
[11] [晋]葛洪《抱朴子》,上海:上海古籍出版社,1990年版
[12] [宋]郭茂倩编《乐府诗集》,北京:中华书局,1979年版
[13] [清]郭庆藩撰,王孝鱼点校《庄子集释》,北京:中华书局,1961年版
[14] 郭英德《中国古代文体学论稿》,北京:北京大学出版社,2005年版
[15] 顾颉刚、刘起釪《尚书校释译论》,北京:中华书局,2005年版
[16] 何诗海《汉魏六朝文体与文化研究》,北京:北京大学出版社,2011年版
[17] [魏]何晏等注,[宋]邢昺疏《论语注疏》,《十三经注疏》,上海:上海古籍出版社,1997年版
[18] [清]何文焕辑《历代诗话》,北京:中华书局,1981年版
[19] [日]弘法大师撰,王利器校注《文镜秘府论校注》,北京:中国社会科学出版社,1983年版

［20］［宋］洪兴祖撰，白化文、许德楠、李如鸾、方进点校《楚辞补注》，北京：中华书局，1983 年版

［21］贾奋然《六朝文体批评研究》，北京：北京大学出版社，2005 年版

［22］［汉］孔安国传，［唐］孔颖达等正义《尚书正义》，《十三经注疏》，上海：上海古籍出版社，1997 年版

［23］［唐］李百药《北齐书》，北京：中华书局，1972 年版

［24］［宋］李昉等《太平御览》，北京：中华书局，1960 年版

［25］［唐］李延寿《南史》，北京：中华书局，1975 年版

［26］［唐］李延寿《北史》，北京：中华书局，1974 年版

［27］李士彪《魏晋南北朝文体学》，上海：上海古籍出版社，2004 年版

［28］［唐］令狐德棻等《周书》，北京：中华书局，1971 年版

［29］刘师培著，陈引驰编校《刘师培中古文学论集》，北京：中国社会科学出版社，1997 年版

［30］［汉］刘向集录《战国策》，上海：上海古籍出版社，1985 年版

［31］［汉］刘熙撰，任继昉汇校《释名汇校》，济南：齐鲁书社，2006 年版

［32］［南朝梁］刘勰撰，詹锳义证《文心雕龙义证》，上海：上海古籍出版社，1989 年版

［33］［南朝宋］刘义庆著，［南朝梁］刘孝标注，余嘉锡笺疏，周祖谟、余淑宜、周士琦整理《世说新语笺疏》（修订本），上海：上海古籍出版社，1993 年版

［34］［唐］刘知几著，刘占召评注《史通评注》，北京：中央编译出版社，2010 年版

［35］［唐］刘知几著，叶瑛校注《史通校注》，北京：中华书局，1985 年版

［36］楼宇烈《王弼集校释》，北京：中华书局，1980 年版

［37］逯钦立辑校《先秦汉魏晋南北朝诗》，北京：中华书局，1983 年版

［38］［唐］欧阳询撰，汪绍楹校《艺文类聚》，上海：上海古籍出版社，1982 年版

［39］钱锺书《管锥编》，北京：中华书局，1986 年

［40］［南朝梁］沈约《宋书》，北京：中华书局，1974 年版

［41］［汉］司马迁《史记》，北京：中华书局，1959 年版

［42］孙尚勇《乐府文学文献研究》，北京：人民文学出版社，2007 年版

［43］［汉］孙叔通、卫宏、卫宏、伏无忌、蔡邕，［三国吴］丁孚《汉礼器制度及其他五种》，上海：商务印书馆，1937 年版

［44］［清］孙诒让撰，孙启治点校《墨子间诂》，北京：中华书局，2001 年版

[45]［魏］王弼等注，［唐］孔颖达等正义《周易正义》,《十三经注疏》,上海：上海古籍出版社,1997年版

[46]［汉］王充《论衡》,上海：上海人民出版社,1974年版

[47]王瑶《中古文学史论集》,上海：上海古籍出版社,1982年

[48]［北齐］魏收《魏书》,北京：中华书局,1974年版

[49]［唐］魏徵、令狐德棻《隋书》,北京：中华书局,1973年版

[50]吴承学《中国古代文体学研究》,北京：人民出版社,2011年版

[51]［明］吴讷、徐师曾著,于北山、罗根泽校点《文章辨体序说文体明辨序说》,北京：人民文学出版社,1962年版

[52]［南朝梁］萧统编,［唐］李善注《文选》,北京：中华书局,1979年版

[53]［南朝梁］萧统编,［唐］李善、吕延济、刘良、张铣、吕向、李周翰注《六臣注文选》,北京：中华书局,1987年版

[54]［南朝梁］萧子显《南齐书》,北京：中华书局,1972年版

[55]［唐］徐坚等《初学记》,北京：中华书局,1962年版

[56]［清］许梿评选,［清］黎经诰笺注《六朝文絜笺注》,上海：上海古籍出版社,1982年版

[57]［南朝陈］徐陵《玉台新咏》,北京：人民文学出版社,2010年版

[58]［汉］许慎撰,［清］段玉裁注《说文解字注》,上海：上海古籍出版社,1981年版

[59]徐元诰撰,王树民、沈长云点校《国语集解》,北京：中华书局,2002年

[60]［清］严可均校辑《全上古三代秦汉三国六朝文》,北京：中华书局,1958年版

[61]［北齐］颜之推撰,王利器集解《颜氏家训集解》,上海：上海古籍出版社,1980年版

[62]［唐］姚思廉《梁书》,北京：中华书局,1973年版

[63]［唐］姚思廉《陈书》,北京：中华书局,1972年版

[64]［清］永瑢等《四库全书总目》,北京：中华书局,1965年版

[65]［唐］虞世南《北堂书钞》,北京：中国书店,1989年版

[66]［北周］庾信撰,［清］倪璠集注,许逸民校点《庾子山集注》,北京：中华书局,1980年版

[67]章诗同注《荀子简注》,上海：上海人民出版社,1974年版

［68］章太炎《国故论衡》，上海：上海古籍出版社，2003年版

［69］［清］章学诚著，叶瑛校注《文史通义校注》，北京：中华书局，1985年版

［70］［汉］赵岐注，［宋］孙奭疏《孟子注疏》，《十三经注疏》，上海：上海古籍出版社，1997年版

［71］［清］赵翼著，王树民校证《廿二史札记校证》，北京：中华书局，1984年版

［72］［汉］郑玄笺，［唐］孔颖达等正义《毛诗正义》，《十三经注疏》，上海：上海古籍出版社，1997年版

［73］［汉］郑玄注，［唐］贾公彦疏《周礼注疏》，《十三经注疏》，上海：上海古籍出版社，1997年版

［74］［汉］郑玄注，［唐］孔颖达等正义《礼记正义》，《十三经注疏》，上海：上海古籍出版社，1997年版

［75］［南朝梁］锺嵘撰，曹旭集注《诗品集注》，上海：上海古籍出版社，1994年版

［76］朱自清《诗言志辨》，北京：古籍出版社，1956年版

［77］［战国］左丘明著，上海师范大学古籍整理组校点《国语》，上海：上海古籍出版社，1978年版

后　记

我对文体学研究的关注,起初并不明确,如最早写的《汉魏六朝时代对小说观赏性质的认识》(《文学评论》1985 年第 1 期),只是因其属于中古时期的文学问题,就其本身研究而已。文体学研究的自觉是一点点培养起来的,文章也就多写了几篇,后承蒙中山大学吴承学教授器重,参加其主持的国家社科基金重大项目"中国古代文体学发展史"(10&ZD102)的工作,承担魏晋南北朝文体学发展史的撰作;工作中,吴承学教授倡议我们参与重大项目工作者,除继续努力完成本人承担的工作任务外,再出版一部文体学专著,收录个人历来的文体学论文;专著的内容既不与本人承担的魏晋南北朝文体学发展史重复,又与之相辅相成,于是就有了这部《文体·文事·文学史——中古文体学研究》。

本书除代序、概说外,分为六个部分。

第一章论述具有总体性质的中古文体问题,首先以《文选》之"文"为缘起,阐释中国古代"文"的意味,论述了中古时期的文体命名、文体扩张、文体三分,探讨了《诗品》为目录文体还是总集文体的问题。

第二章论述"言笔之辨"与"文笔之辨","言笔之辨"的讨论展示了古代文章的产生历程以及"言""笔"异同;"文笔之辨"的讨论集中在其发生、发展与中国文章学成立的问题。

第三章论述史学与文体的关系,讨论"左史记言,右史记事"与文体生成,讨论史学文献编纂如何促进着文章总集的生成,讨论史书书、志体例的生成及其文体学意义,论述玄学与文体的关系。

第四章论述说体,既叙说其总体,又突出小说的观赏性质问题。论述乐府的文体问题,突出论述其原生态与非常态化问题。

第五章为诗歌文体论,论述诗歌的文体功能,论述汉代人以汉赋"乱曰"的改革为诗体探索的契机,论述中古"学人之诗"的类型及诗体革新的意义,论述诗对其他文体的影响,即"宫体"由诗向南朝各体文字的蔓延,以及赋体对诗的影响。

第六章为辞赋文体论,讨论赋体的生成与《尚书》的渊源关系,讨论赋的文体以"客主以首引"为象征,赋的叙事功能与中古赋家对事件的参与,赋体之一的"连珠"与"对问"的关系。

本书并非"汉魏六朝文体学史",是因为全书未能述说出史的所有链条,而只是论述了笔者有专长及有心得、创新之处。

现将本书部分篇章的来源说明如下。

代序《中国古代文体学研究的现代视阈——读吴承学〈中国古代文体学研究〉》,原载《学术研究》2012年第4期。

第一章:

第一节《"文"辨》,原名《〈文选〉之"文"辨》,原载《〈文选〉与中国文学传统——第九届〈文选〉学国际学术研讨会论文集》,中华书局,2014年。

第二节《论中古时期文体命名与文体释名》,原载《中山大学学报》2011年第4期。

第三节《中古文体的扩张、互动及非常态化》,原题《论中古文体的扩张、互动及非常态化》,原载《学术月刊》2012年第9期,《学术界》2012年第10期转载,中国人民大学书报资料中心《中国古代、近代文学研究》2013年第1期转载。

第四节《从"诗笔之辨"到文体三分——论"赋"在南北朝的再发现与其文体学意义》,原载《文学遗产》2015年第2期。

第五节《〈诗品〉:目录文体还是总集文体》,原题《论钟嵘〈诗品〉的目录学渊源》,原载《文艺研究》2011年第9期。

第二章:

第一节《"言笔之辨"与古代文体学》,原载《学术月刊》2013年第10期。

第二节《"文笔之辨"原始》,原载《广西师范大学学报》2016 年第 4 期。

第三节《"文笔之辨"与中古政治、文化——中古"文""笔"地位升降起伏论》,原载《文学评论》2015 年第 6 期。

第四节《"文笔之辨"与中国文章学的成立——"文话"出现于隋唐考辨》,原载《社会科学研究》2013 年第 2 期,《新华文摘》2013 年第 10 期"论点摘编"转载。

第三章:

第一节《"左史记言,右史记事"与文体生成——关于叙事诸文体录入总集的讨论》,原载《中山大学学报》2015 年第 4 期。

第二节《史学文献编纂与文章总集生成——史书"载文"论》,原题《史书"载文"论》,原载《学术研究》2015 年第 2 期。

第三节《史书书、志体例的生成——"文胜质则史"辨》,原题《"文胜质则史"论——兼论史书"书、志"体例的生成的文体学意义》,原载《中山大学学报》2016 年第 6 期。

第四节《玄学与文体学》,原题《玄学与魏晋文体学》,原载《玉林师范学院学报》2017 年第 6 期。

第四章:

第一节《小说的文体特点》,原题《汉魏六朝时代对小说观赏性质的认识》,原载《文学评论》1985 年第 1 期,中国人民大学书报资料中心《中国古代、近代文学研究》1985 年第 4 期转载。

第二节《说体考辨——兼论〈文选〉不录说体》,原题《〈文选〉不录"说"体辨——"说"的文体辨析与小说的形成》,原载《广西师范大学学报》2006 年第 3 期,中国人民大学书报资料中心《中国古代、近代文学研究》2007 年第 4 期转载。

第三节《中古乐府歌辞的原生态状况》,原题《论中古乐府歌辞的原生态状况》,原载《广西师范学院学报》2011 年第 4 期,中国人民大学书报资料中心《中国古代、近代文学研究》2012 年第 3 期转载。

第四节《吟唱体的非常态化与超常效应》,原题《"吟唱"的非常态化与超常效应——先秦两汉"吟唱"文体论》,原载《中国文学研究》2016 年第 3 期,中国人民大学书报资料中心《中国古代、近代文学研究》2016 年第 11 期转载。

第五章:

第一节《诗歌文体功能与"诗言志"》,原题《汉代对诗歌文体功能的论述与"诗言志"传统》,原载《广西师范大学学报》1993 年第 2 期,中国人民大学书报资料中心《中国古代、近代文学研究》1993 年第 10 期转载,《高等学校文科学报文摘》1993 年第 5 期转载。

第二节《从抒情诉求到诗体探索——从汉赋"乱曰"的改革谈起》,原题《汉赋"乱曰"的改革:从抒情诉求到诗体探索》,原载《绥化学院学报》2007 年第 1 期。

第三节《中古"学人之诗"的类型与诗体革新》,原载《广西师范学院学报》2014 年第 4 期。

第四节《论"宫体"在南朝各体文字的蔓延——"宫体之文"考述》,原载《学术月刊》2010 年第 8 期,《新华文摘》2010 年第 22 期"论点摘编"转载。

第五节《"以赋为诗"考辨》,原载《罗宗强先生八十寿辰纪念文集》,中华书局,2009 年。

第六章:

第一节《赋与〈尚书〉的渊源关系》,原题《赋与〈尚书〉的渊源关系考说》,原载《江苏大学学报》2012 年第 3 期。

第二节《赋的文体象征——"客主以首引"辨》,原题《"客主以首引"辨——论"客主以首引"成为赋的文体象征》,原载《铜仁学院学报》2010 年第 1 期。

第三节《赋的纪实性》,原题《论赋的叙事功能与中古赋家对事件的参与》,原载《广西师范大学学报》2000 年第 1 期。

第四节《"连珠"与"对问"——刘胜〈闻乐对〉为连珠雏形辨》,原题《论"连珠"体起源于"对问"——刘胜〈闻乐对〉为连珠雏形论》,原载《中山大学学报》2010 年第 1 期,中国人民大学书报资料中心《中国古代、近代文学研究》2010 年第 5 期转载。

本次结集成书,上述文章的内容有增删或改写,文字有部分变动。